普通高等教育“十四五”规划教材

新形态

# 市场营销理论与实务

第二版

王伟浩　汪朝洋　主　编
汪　锋　江友农　副主编

MARKETING THEORY
AND PRACTICE

上海财经大学出版社
SHANGHAI UNIVERSITY OF FINANCE & ECONOMICS PRESS
上海学术·经济学出版中心

图书在版编目(CIP)数据

市场营销理论与实务 / 王伟浩, 汪朝洋主编. 2 版. -- 上海 : 上海财经大学出版社, 2024. 8. (普通高等教育“十四五”规划教材). -- ISBN 978-7-5642-4448-4

Ⅰ. F713.50

中国国家版本馆 CIP 数据核字第 20244533BW 号

□ 策划编辑　陆迎东　陈佶
□ 责任编辑　石兴凤
□ 封面设计　贺加贝

市场营销理论与实务
（第二版）
王伟浩　汪朝洋　主　编
汪　锋　江友农　副主编

上海财经大学出版社出版发行
（上海市中山北一路 369 号　邮编 200083）
网　　址：http://www.sufep.com
电子邮箱：webmaster @ sufep.com
全国新华书店经销
上海新文印刷厂有限公司印刷装订
2024 年 8 月第 2 版　2025 年 2 月第 2 次印刷

787mm×1092mm　1/16　18 印张　461 千字
印数：8 001—11 000　　定价：55.00 元

# 第二版前言

“市场营销理论与实务”是经济贸易类专业的一门专业基础课，在课程体系中处于基础地位。本书主要内容包括营销的基本理论、市场营销环境与战略、消费者行为分析、目标市场营销战略、4P组合、营销管理和营销新视野等。本书基于能力本位的课程理念，紧跟市场营销研究的最新运用成果，依据高职课改理论研究的最新成果，在编写中尽量处理好“职业学力”建构中的“专业性”“通用性”与“核心性”三重内涵，以典型产业和岗位要求、职业教育的目标为方向。本书依据“知识够用、岗位适用、教学乐用”的原则，在对市场营销基本原理讲透的基础上增加大量的案例分析和知识拓展，以扩大学生的知识面，提高学生分析问题、解决问题的能力。

随着云计算、大数据、人工智能等数字技术的发展、移动互联网和物联网的普及，新媒体推广、社群营销、新零售配送和直播带货等新的营销模式得以不断涌现。市场营销已迈入传统与现代、线上＋线下相融合的跨界整合营销的新时代，这要求营销人员的职业素养和知识技能必须得到相应的提升。市场营销作为经济贸易类专业的核心课程，十分有必要从培养学生的职业专业能力、社会能力、方法能力、学习能力出发，遵循有理论、有案例、有分析、有应用的原则，理论知识以“必需、够用”为度，加强实践技能的训练，按理论与实践一体化的模式来组织编写。因此，我们对本书进行了修订。

本版在第一版的基础上遵循职业教育教学规律和高端技能型人才的成长规律，以企业市场营销活动的开展为主线，结合企业市场营销业务的具体实践，重点做了以下改进：

(1)融入党的二十大精神。本版教材将党的二十大精神有机融入，如“中国式现代化”“高质量发展”“充分发挥市场在资源配置中的决定性作用，更好发挥政府的作用”等。

(2)整合相关教学内容。本版教材依照“原理先行、实务跟进、案例同步、实训到位”的原则，整合“理论”“实务”“案例”和“实训”等诸教学内容，循序渐进地展开教学内容，同时，进一步明确学习目标，区分陈述性知识与程序性知识，并与任务单元训练内容相对应。

(3)注重培养学生的职业素养。本版教材兼顾“职业知识”“职业能力”和“职业道德”内涵建设，建构以“健全职业人格”为框架的教材赋型机制，增加了新媒体情境下“线上＋线下”相融合的立体推销的理念与内容，以及网络直播、网络推销、推销员道德责任等方面的案例与分析。

(4)对接“线上线下”教学资源。随着信息技术在教学领域的广泛应用，“互联网＋智能＋技术”的融合在线教学方式是教育发展的方向，线下课堂主导教学、线上资源辅助学习已经成为教学的常态。本版教材按照新形态一体化教材的要求，根据课程的需要增补与纸质教材教学内容互补的二维码教学资源，以满足学习者拓展学习和延伸学习的需求。“线上线下”教学资源的对接，使纸质教材和数字资源相得益彰。

本教材修订总体规划由安徽财贸职业学院王伟浩、安徽审计职业学院汪朝洋负责并担任主编，安徽工商职业学院汪锋、安徽财贸职业学院江友农任副主编。参加本书编写的编者有：安徽审计职业学院汪朝洋(项目一)，安徽工商职业学院汪锋(项目二、项目三)，安徽财贸职业学院陈海龙(项目四)，安徽财贸职业学院江友农(项目五)，安徽财贸职业学院朱元华(项目六)，安徽工商职业学院贾屿(项目七、项目八)，安徽财贸职业学院王伟浩(项目九)，安徽财贸职业学院陈海(项目十、项目十一)。安徽财贸职业学院黄诗义教授、郭湘如教授审阅全稿，并对本书的体例和内容修订提出了宝贵的意见和建议。

在本书的修订过程中，我们大量查阅了各类文章和信息资料，同时参考引用了国内外同行学者的研究观点，借鉴了同类学科、同类教材的研究成果，在此向所有的作者深表谢意！

由于修订时间仓促，加上作者学识所限，本版肯定还存在着纰漏，恳请各位同仁、读者谅解并不吝赐教。

作　者

2024年5月

# 目　录

# 项目一 市场营销导论



## 任务一 认识市场与市场营销

### 任务目标

**➢ 知识目标**

1. 掌握市场和市场营销概念
2. 理解市场构成要素和特征
3. 掌握市场营销组合理论

**➢ 能力目标**

1. 能够根据市场概念思考企业如何做大市场
2. 能够基于市场环境变化理解市场观念演变

### 任务引入

**大地瓜洗衣机**

一位海尔的客户突发奇想:“洗衣机既然能洗衣服,为什么不能洗地瓜呢?”于是他就用洗衣机洗起地瓜来。没想到地瓜还真的被洗干净了,但是洗衣机却不转了。海尔的一位维修人员将洗衣机修好后回到办事处把这件事情当成笑话讲。办事处主任却因此受到启发:“为什么不能开发既能洗衣服又能洗地瓜的洗衣机?”他把这一市场信号和自己的想法立刻向本部汇报。本部经研究,马上决定:“3 天之内设计出图纸,半个月之内投放市场。”半个月后,“海尔大地瓜洗衣机”(见图 1—1)闪亮登场,马上形成了抢购热潮。从此,“大地瓜洗衣机”的故事流传开来，成为“自己做个蛋糕自己吃”“创新需求，引导消费”等理念的最好注脚。

资料来源：https://www.docin.com/p-257675789.html.

**图1—1　能洗大地瓜的洗衣机**

**思考题：**

什么是市场？如何理解“用户需求就是市场所在”？

## 知识分析

市场营销学(marketing)是一门以经济科学、行为科学和现代管理学理论为基础，研究以满足顾客需求为中心的企业市场营销活动及其规律的综合性应用科学。市场营销学的研究对象主要是企业营销活动，即研究卖主的产品或服务如何转移到顾客手中的全过程。

市场营销学于20世纪初期产生于美国。随着经济全球化和科学技术的迅猛发展，市场营销学发生了深刻的变化，即从传统市场营销学演变为现代市场营销学，其应用从营利组织扩展到非营利组织、从国内扩展到国外。

了解市场营销、学习市场营销学这门课程，首先要弄清楚何为市场、市场营销，以及市场观念的演变。此外，准确把握市场营销的核心概念、全面理解现代市场营销的内涵，对于学习市场营销学这门课程，甚至学好市场营销这个专业无疑是很有必要的。

### 一、市场

#### (一)市场的含义

市场(market)是社会分工和商品生产的产物，哪里有社会分工和商品交换，哪里就有市场。随着社会竞争越发激烈，市场对企业的重要性不言而喻。在很大程度上，市场是企业市场营销工作的起点，也是市场营销工作的终点。人们对于“市场”这个词可谓耳熟能详，形形色色的市场、琳琅满目的市场、无处不在的市场，但对于市场的概念，可谓见仁见智。随着经济社会和科学技术的发展，市场的内涵和外延也发生了深刻的变化。

1. 市场是商品交换的场所

《辞海》对市场是这样解释的：商品买卖的场所。这也是最古老、最普遍的市场含义。营销学界认为狭义的市场是指商品交换的场所，强调市场的空间和地理方面的含义，指出市场是买卖双方聚集在一起进行商品交换的场所。

2. 市场是商品交换关系的总和

市场的这种含义在经济学中被广泛使用。市场是商品交换关系的总和，说明商品是用来交换的劳动产品，商品生产者之间的全部经济关系都在市场上体现出来。离开市场，商品生产者既无法获取所需的生产要素，也无法使其产品的价值得以实现。

3. 市场是购买者需求总和

市场的这种含义是现代市场营销从卖方的角度来理解的。市场的发展是一个由买方决定而由卖方推动的动态过程。站在经营者角度，人们常常把卖方称为行业，而将买方称为市场。市场是购买者需求总和，即某种或某类商品的市场是由现实购买者和潜在购买者所组成的群体。

美国著名市场营销学家菲利普・科特勒(Philip Kotler)指出："市场是由一切具有特定欲望和需求，并且愿意和能够以交换来满足这些需求的潜在顾客所组成。"由此可知影响市场的三个主要因素：人口、购买力和购买欲望，用公式表示为：

$$市场=f(人口，购买力，购买欲望)$$

## 延伸知识

### "现代营销学之父"——菲利普・科特勒

菲利普・科特勒(1931—)(见图1—2)，是现代营销集大成者，被誉为"现代营销学之父"，芝加哥大学经济学硕士、麻省理工学院的经济学博士、哈佛大学博士后，获得苏黎世大学等8所大学的荣誉博士学位，美国西北大学凯洛格管理学院终身教授。

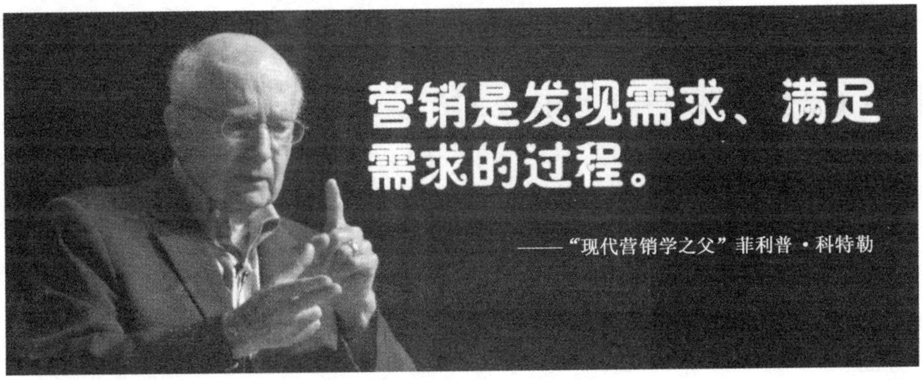


**图1—2　"现代营销学之父"——菲利普・科特勒**

他曾担任美国管理学院主席、美国营销协会董事长和项目主席以及彼得・德鲁克基金会顾问。他是美国等许多大公司在营销战略和计划、营销组织、整合营销等方面的顾问。这些企业包括IBM(International Business Machines)、通用电气(General Electric)、AT&T(American Telephone & Telegraph)、默克(Merck)、霍尼韦尔(Honeywell)、美洲银行(Bank of America)、北欧航空(SAS Airline)、米其林(Michelin)、环球市场集团(GMC)等。

菲利普・科特勒晚年的事业重点是在中国，他每年来华六七次，为平安保险、TCL、创维、云南药业集团、中国网通等公司做咨询。他的理论深受全世界总裁以及营销、经济、管理、教育等各界人士推崇。他非常重视对中国市场的研究。

菲利普・科特勒的著作众多，其中许多被翻译为20多种语言，被58个国家或地区的营销人士视为营销宝典。其中，他的《营销管理》(*Marketing Management: Application, Planning, Implementation and Control*, 1967 年第一版，与凯文·凯勒合著)不断再版，成为世界范围内使用最广泛的营销学教科书。该书成为现代营销学的奠基之作，被选为全球最佳的50本商业书籍之一，被海内外许多学者誉为市场营销学的“圣经”。

**图 1—3 菲利普·科特勒的著作——《营销管理》**

菲利普·科特勒多次获得美国国家级勋章和褒奖，包括“保尔·D. 康弗斯奖”“斯图尔特·亨特森·布赖特奖”“杰出的营销学教育工作者奖”“营销卓越贡献奖”“查尔斯·库利奇奖”。他是美国营销协会(AMA)第一届“营销教育者奖”的获得者，也是唯一三次获得过《营销杂志》年度最佳论文奖——“阿尔法·卡帕·普西奖(Alpha Kappa Psi Award)”的得主。

菲利普·科特勒在他的著作中提到，“企业必须积极地创造并滋养市场”“优秀的企业满足需求，杰出的企业创造市场”。

资料来源：节选自百度百科“菲利普·科特勒”，有修改；图片源于百度图片“菲利普·科特勒”。

**(二)市场的构成要素**

市场是由各种基本要素组成的有机结构体，正是这些要素之间的相互联系和相互作用，决定了市场的形成，推动着市场的现实运动。从宏观或总体角度考察，市场的构成要素主要包括以下三个方面：

1. 有可供交换的商品

这里的商品既包括有形的物质产品，也包括无形的服务，以及各种商品化了的资源要素，如资金、技术、信息、土地、劳动力等。市场的基本活动是商品交换，所发生的经济联系也是以商品的购买或售卖为内容。因此，具备一定量的可供交换的商品，是市场存在的物质基础，也是市场的基本构成要素。倘若没有可供交换的商品，市场也就不存在了。

2. 有向市场提供商品的卖方

商品不能自己到市场中去与其他商品交换，而必须由它的所有者——出卖商品的当事人，即卖方带到市场上去进行交换。在市场上，卖方自身的经济利益和经济需要通过具体的商品交换反映出来。因此卖方就成为向市场提供一定量商品的代表者，并作为市场供给者成为市场构成的基本要素。

3. 有具备支付能力的买方

卖方为市场提供一定量的商品后，还须寻找到既有需求又有支付能力的购买者；否则，商品交换仍无法完成，市场也就不复存在。因此，以买方为代表的市场需求是决定商品交换能否实现的基本要素。

商品、供给、需求作为宏观市场构成的基本要素，通过买方和卖方的相互联系，现实地推动着市场的总体运动。

**（三）市场的基本特征**

在现代市场经济条件下，市场作为市场经济的运行基础和基本形式，具有如下特征：

1. 开放性

市场经济体制下的市场是充分开放的，即向所有的商品生产者、经营者和购买者开放，向各种产权形式的企业开放，向全社会资源要素开放，向各个行业、地区和国家开放。任何性质、规模和形式的企业都可以自由参与市场活动。

2. 多元性

现代市场是一个多元化的完备体系，不仅可供交换的商品种类多种多样，而且参与市场活动的主体、交易方式、交易手段和支付方式等方面也是多元的。多元性特征使得现代市场呈现出高度的复杂性和多变性。

3. 自主性

市场经济活动的主体是企业。企业作为独立的利益主体单位，拥有法定的自主权力，包括有权根据市场需求自主决策投资方向和生产经营活动，自主调整产品结构和经济结构，自主设置内部管理机构，自主决定利益分配方式，由此决定了企业市场经济活动具有高度的自主性。

4. 竞争性

平等进入、公平竞争，是市场运行的基本原则。所有市场参与者在进入市场和从事交易上机会和地位都是平等的，不存在依权力或其他非经济因素形成的等级差别。在平等参与的基础上，各个企业凭借自身的经济实力全方位地开展竞争，通过公平竞争，实现优胜劣汰，因此真正意义上的市场是充满竞争的市场。

**市场在我国资源配置中发挥的作用越来越重要**

**（四）市场分类**

市场分类有不同的划分标准。按照购买者购买的目的和身份，市场可划分为消费者市场、生产商市场、转卖者市场和政府市场。按照交换主体目的的不同，市场可划分为满足个人或家庭生活所需的生活资料市场，以及用于满足企业生产和再生产所需的生产资料市场。按照交易对象的具体内容，市场可分为商品市场、服务市场、劳动力市场、技术市场、信息市场、金融市场等。按照交换内容是否为实物，市场可划分为产品市场和服务市场。按照购买场所是线上或线下划分，市场可划分为实体市场和虚拟市场或网络市场。根据市场竞争强弱程度，市场可划分为完全竞争市场、垄断竞争市场、寡头垄断市场和完全垄断市场。

**中国式现代化**

## 二、市场营销

“市场营销”一词来源于美国，原意是市场上的买卖活动。但随着时间的推移和市场环境的变化，市场营销的内涵也发生了深刻的变化。关于市场营销的概念，国内外学者对其定义五花八门。

美国市场营销协会（American Marketing Association，AMA）在 2013 年对市场营销的定

义是：市场营销是在创造、沟通、传播和交换产品中，为消费者、客户、合作伙伴以及整个社会带来价值的一系列活动、过程和体系。

AMA 在 1960 年对市场营销的定义：市场营销是引导货物和劳务从生产者向消费者或用户所进行的一切商务活动。

AMA 在 1985 年对市场营销的定义：市场营销是对思想、货物和服务进行构思、定价、促销和分销的计划和实施的过程，从而产生能满足个人和组织目标的交换。

菲利普·科特勒对市场营销的定义：市场营销是个人和群体通过创造并同他人交换产品和价值，以满足其需求和欲望的一种社会和管理过程。根据菲利普·科特勒对市场营销的定义，市场营销概念可具体归纳为以下要点：

市场营销的能与不能

(1)市场营销的最终目标是满足需求和欲望。

(2)交换是市场营销的核心，交换过程是一个满足双方需求、欲望的社会过程和管理过程。

(3)交换过程能否顺利进行，取决于企业对交换过程的管理水平和企业产品满足顾客需求的程度。

## 三、市场营销组合理论

尼尔·波顿(Neil Borden)于 1953 年首先提出了“市场营销组合”(marketing mix)这一术语。所谓市场营销组合，是指企业针对目标市场的需要，综合考虑环境、能力、竞争状况，对自己可控制的各种营销因素(如产品、价格、分销、促销等)进行优化组合和综合运用，使之协调配合，扬长避短，发挥优势，以取得更好的经济效益和社会效益。本书主要介绍四种营销组合理论，即 4P 营销理论、4C 营销理论、4R 营销理论和 4V 营销理论。

### (一)4P 营销理论

美国密歇根州立大学教授杰罗姆·麦卡锡(Jerome McCarthy)于 1960 年在《基础营销》一书中提出了著名的 4P 组合，即产品(Product)、价格(Price)、渠道(Place)和促销(Promotion)，如图 1—4 所示。

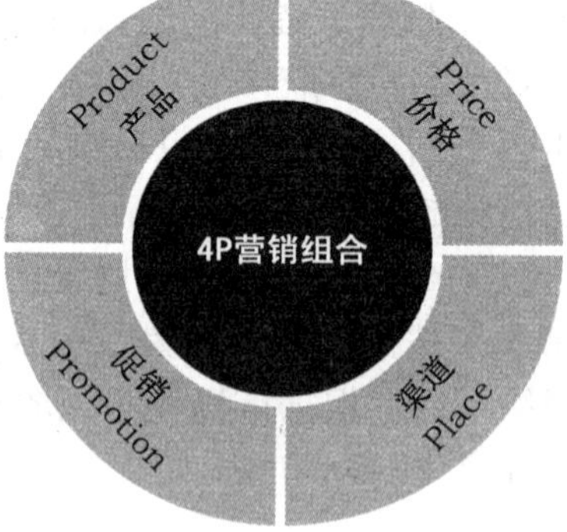


**图 1—4 4P 营销组合**

杰罗姆·麦卡锡认为，企业从事市场营销活动，一方面要考虑企业的各种外部环境，另一方面要制定市场营销组合策略。企业通过实施策略，以适应环境，满足目标市场的需要，进而实现企业目标。

1. 产品

产品是指企业提供给目标市场的货物、服务的集合，包括产品的效用、质量、外观、式样、品牌、包装、规格、服务和保证等。

着力推动
高质量发展

2. 价格

价格是指企业出售产品或服务所追求的经济回报，包括价目表价格、折扣、支付方式、支付期限、信用条件和付款时间等。

3. 渠道

渠道也称分销，是指企业使其产品进入或达到目标市场所进行的各种活动，包括流通途径、环节、场所、仓储和运输等。

4. 促销

促销是指企业利用各种信息媒介，将其产品或服务在目标市场进行宣传、报道和说服，以引起它们的注意和兴趣，激起它们的购买欲望，进而促使其采取购买行为的活动。促销包括人员推销、广告、公关和营业推广。

4P 营销理论是本书介绍的四种营销组合理论中最为基础的一种。4P 营销理论具有的特点十分明显。第一，对于这四种因素（产品、价格、渠道和促销），企业可以调节、控制和运用，如企业根据目标市场情况，能够自主决定生产什么产品、制定什么价格、选择什么分销渠道、采用什么促销方式。第二，这四种因素受企业内部条件、外部环境变化的影响，必须能动地做出相应的反应和进行变化。第三，这四种因素是一个整体，并不是简单地相加或拼凑集合，而应在企业统一目标的指导下彼此配合、相互补充，能够求得大于局部功能之和的整体效应。

## 延伸知识

4P 理论的创始人、20 世纪著名的营销学大师杰罗姆·麦卡锡（见图 1—5），于 1960 年在其第一版《基础营销学》中第一次提出了著名的“4P”[产品（Product）、价格（Price）、渠道（Place）、促销（Promotion）]营销组合经典模型。4P 理论的提出，是现代市场营销理论最具划时代意义的变革。从此，营销管理成为公司管理的一个部分，涉及远远比销售更广的领域。今天，无论有多少新的营销名词、无论有多少关于 4P 过时的说法，4P 都是营销管理理论的基石。

**图 1—5　4P 理论的创始人——杰罗姆·麦卡锡**

## 延伸知识

**6P、10P、11P 理论**

20 世纪 80 年代，市场营销学在理论研究的深度上和学科体系的完善上都得到了极大的发展，其概念有了新的突破。1986 年，菲利普·科特勒在《哈佛商业评论》上发表了《论大市场营销》。他提出了“大市场营销”(Mega Marketing)的概念，即在 4P 组合的基础上增加 2 个 P:“政治力量”(Political Power)、“公共关系”(Public Relations)。菲利普·科特勒认为，企业能够而且应当影响自己所在的营销环境，而不应单纯地顺从和适应环境。在国际国内市场竞争都日趋激烈、各种形式的政府干预和贸易保护主义再度兴起的新形势下，企业要运用政治力量和公共关系，打破国际或国内市场上的贸易壁垒，为企业的市场营销开辟道路。

6P 理论后，随即菲利普·科特勒又提出为了精通战术上的 4P(即产品、价格、渠道和促销)，企业必须先做好另一个战略上的 4P(探查、分割、优先和定位)。

(1)“探查”(Probing)。所谓探查，就是要探查市场由哪些顾客组成、市场是如何细分的、都需要些什么、竞争对手是谁以及怎样才能使竞争更有成效。真正的市场营销人员所采取的第一个步骤就是市场营销调研。

(2)“分割”(Partitioning)。所谓细分，就是把市场分成若干部分。每一个市场上都有各种不同的人(顾客群体)，人们也会有许多不同的生活方式。分割的含义就是要区分不同类型的买主，即进行市场细分，识别差异性顾客群。

(3)“优先”(Prioritizing)。哪些顾客对企业最重要、哪些顾客应成为你推销产品的目标，企业必须优先考虑或选择能够满足其需要的那类顾客。

(4)“定位”(Positioning)。定位就是企业必须在顾客心目中树立某种形象。企业必须决定打算在顾客心目中为自己的产品树立什么样的形象。

在菲利普·科特勒的理解中，应该还有第 11 个“P”，他称之为“人”(People)。这个 P 贯穿市场营销活动的全过程，是实现前面 10 个 P 的成功保证。

资料来源：节选自百度百科“10P 营销理论”。

### (二)4C 营销理论

20 世纪 90 年代，美国市场学家罗伯特·劳特朋(Robert Lauterborn)提出了“4C”即顾客(Customer)、成本(Cost)、便利(Convenience)和沟通(Communication)营销组合。“4C”组合理论重视以顾客为导向，以追求顾客满意为目标，这是由于顾客在营销中越来越居主导地位的市场对企业的必然要求。

1. 顾客

这里主要是指顾客的需求。企业必须首先了解和研究顾客，根据顾客的需求来提供产品和服务。同时，企业提供的不仅是产品和服务，更重要的是由此产生的客户价值(customer value)。

2. 成本

这里所指的成本不仅是企业的生产成本，或者说 4P 中的价格，还包括顾客的购买成本，同时也意味着产品定价的理想情况应该是既低于顾客的心理价格，又能够让企业有所盈利。顾客的购买成本不仅包括其货币支出，还包括其为此耗费的时间、体力、精力以及购买风险的成本。

3. 便利

便利主要是指为顾客提供最大的购物和使用便利。4C 营销理论强调企业在制定分销策略时要更多地考虑顾客的便利，而不是自己方便。企业要通过售前、售中和售后的优质服务让顾客在购物的同时也享受到便利。便利是客户价值不可或缺的一部分。

4. 沟通

沟通主要是指企业应通过同顾客进行积极、有效的双向沟通，建立基于共同利益的新型企业和顾客关系。这不再是企业单向地促销和劝导顾客，而是在双方的沟通中找到能同时实现各自目标的通途。

4C 理论坚持以顾客为导向，企业始终围绕“顾客需要什么”“如何才能更好地满足顾客”两大主题，进行持续的改进活动，以追求顾客满意为目标。4P 与 4C 营销理论的区别和联系如图 1—6 所示。

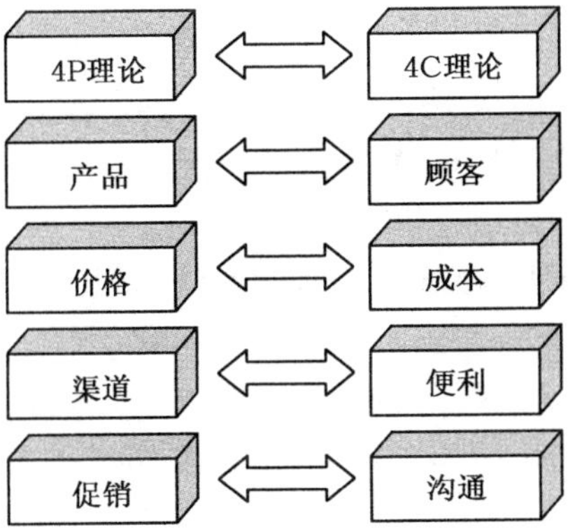


**图 1—6　4P 与 4C 营销理论的区别和联系**

## 延伸知识

罗伯特·劳特朋（见图 1—7），著名的营销理论专家、整合营销传播理论的奠基人之一。他于 1990 年在其《4P 退休 4C 登场》专文中提出了以顾客为中心的一个新的营销模式——著名的 4C 理论，即顾客（Consumer）、成本（Cost）、便利（Convenience）、沟通（Communication）。与传统的 4P 理论相比，4C 理论不再以产品为重心，更注重顾客和如何同顾客沟通。4C 理论是新经济时代的产物。它的出现标志着 4P 时代的终结、整合时代的到来。

1992 年，罗伯特·劳特朋和美国西北大学教授唐·E. 舒尔茨（Don E. Schultz）、斯坦利·I. 田纳本（Stanley I. Tannenbaum）合著了全球第一部 IMC（Integrated Marketing Communications）专著——《整合营销传播》，又强化了“4C 取代 4P”的观点。这本书的问世，标志着整合传播营销理论正式成为一种崭新的营销传播理论。该书已被译成 5 种语言（汉语、日语、韩语、西班牙语及葡萄牙语）。在美国学术界、图书经销商以及客户服务提供商中开展的一项调查显示，《整合营销传播》一书在所有影响广告研究的众多著作中始终保持第 14 位的排名。

图 1—7　整合营销传播理论的奠基人——罗伯特·劳特朋

（三）4R 营销理论

20 世纪 90 年代，美国营销学者唐·E. 舒尔茨在 4C 营销理论的基础上提出了 4R 营销理论，受到了广泛的关注。4R 营销理论阐述了一个全新的市场营销组合，即关联（Relevance）、反应（Response）、关系（Relationship）和回报（Return）。4R 营销理论以竞争为导向，在新的层次上概括了营销的新框架，体现并落实了关系营销的思想。

1. 关联

关联是指企业与顾客建立关联。企业与顾客不仅是利益共同体，也是一个命运共同体。企业保持并发展与顾客之间的长期关系是企业经营的核心理念和最重要的内容。

2. 反应

反应是指企业要提高市场反应速度。在相互影响的市场中，对企业来说最难实现的问题不在于如何控制、制订和实施计划，而在于如何站在顾客的角度及时地倾听其需求，并及时地做出反应，满足其需求。企业应从传统的推测性商业模式转移到高度回应需求的商业模式。

3. 关系

关系是指在企业与客户的关系发生了本质性变化的市场环境中，抢占市场的关键已转变为与顾客建立长期而稳固的关系，与此相适应，产生了 5 个转向：从一次性交易转向强调建立长期友好的合作关系；从着眼于短期利益转向重视长期利益；从顾客被动适应企业单一销售转向顾客主动参与到生产过程中；从相互的利益冲突转向共同的和谐发展；从管理营销组合转向管理企业与顾客的互动关系。

4. 回报

回报是指市场营销为企业带来短期或长期的收入和利润。一方面，追求回报是市场营销发展的动力；另一方面，回报是维持市场关系的必要条件。企业要满足客户需求，为客户提供价值，同时也要获取利润。

4R 营销理论的最大特点是以竞争为导向，着眼于企业与顾客的互动和双赢。企业不仅需积极地满足顾客的需求，而且要主动地创造需求，运用优化和系统的思想整合营销，通过关联、关系、反应等形式与客户形成独特的关系，把企业与客户联系在一起，形成竞争优势，进而得到合理的回报。

## 延伸知识

整合营销传播之父—— 唐·E. 舒尔茨博士(见图1—8),美国西北大学整合营销传播教授,整合营销传播理论的开创者,Agora咨询集团总裁,TAGETBASE营销公司和TARGET-BASE营销协会的高级合伙人,直效营销杂志的前任编辑,美国国家广告研究基金会整合营销传播委员会联合主席,还被直效营销教育基金会推选为第一位“年度直效营销教育家”。

**图1—8　整合营销传播之父—— 唐·E. 舒尔茨博士**

他的著作《整合营销传播》是第一本整合营销传播方面的著述,也是该领域最具权威性的经典著作。书中提出的战略性整合营销传播理论,成为20世纪后半叶最主要的营销理论之一。为此,舒尔茨博士被全球权威的《销售和营销管理》(*Sales and Marketing Management*)杂志推举为“20世纪全球80位对销售和营销最有影响力的人物之一”,与“现代营销学之父”菲利普·科特勒、W. 爱德华·戴明、戴尔·卡耐基、亨利·福特、比尔·盖茨和迈克尔·戴尔等著名的营销大师和营销天才并列。

**(四)4V营销理论**

20世纪80年代之后,随着高科技产业的迅速崛起,高科技企业、高技术产品与服务不断涌现,营销观念、方式也不断丰富与发展,并形成独具风格的营销理念。在此基础上,国内学者吴金明等综合性地提出了4V营销组合理论。4V即差异化(Variation)、功能弹性化(Versatility)、附加价值化(Value)和共鸣(Vibration)。

1. 差异化

管理大师彼得·F. 德鲁克(Peter F. Drucker)在描述企业的定义时说,企业的宗旨只有一个,就是创造顾客。从某种意义上说,创造顾客就是创造差异。顾客是千差万别的,在个性化时代,有差异才能有市场,才能在强手如林的同行业竞争中立于不败之地。差异化营销正是迎合了这种需要。所谓差异化营销,就是企业凭借自身的技术和管理优势,生产出性能上、质量上优于市场上现有水平的产品,或是在销售方面,通过有特色的宣传活动、灵活的推销手段、周到的售后服务,在顾客心目中树立起不同于一般的良好形象。差异化营销一般分为产品差异化、市场差异化和形象差异化。

2. 功能弹性化

产品在顾客中的定位有三个层次(在本教材“项目五　产品策略”中将重点介绍):一是核心功能,它是产品之所以存在的理由,主要由产品的基本功能构成;二是延伸功能,即功能向纵深发展；三是附加功能。一般情况下，产品的功能越多，其所对应的价格也越高；反之亦然。功能弹性化是指根据顾客消费需求的不同，提供不同功能的系列化产品供给，增加一些功能就变成豪华奢侈品（或高档品），减掉一些功能就变成中低档消费品。顾客根据自己的习惯与承受能力选择其具有相应功能的产品。

3. 附加价值化

从产品的价值构成来分析，其包括基本价值和附加价值两个组成部分，前者是由生产和销售某产品所付出的物化劳动和活劳动的消耗所决定，后者则由技术附加、营销或服务附加和企业文化与品牌附加三部分所构成。从经济社会发展趋势来看，围绕产品物耗和社会必要劳动时间的活劳动消耗在价值构成中的比重将逐步下降；而高技术附加价值、品牌或企业文化附加价值与营销附加价值在价值构成中的比重显著且将进一步上升。目前，企业产品之间的竞争已不仅仅局限于核心产品与形式产品，附加产品竞争更加凸显，即更强调产品的附加价值。因此，当代营销新理念的重心在于附加价值化。

4. 共鸣

共鸣是企业持续占领市场并保持竞争力的价值创新给顾客所带来的“价值最大化”，以及由此所带来的企业的“利润极大化”。其强调的是将企业的创新能力与顾客所珍视的价值联系起来，通过为顾客提供价值创新，使其获得最大限度的满足。顾客是追求“效用最大化”者。“效用最大化”要求企业必须从价值层次的角度为顾客提供具有最大价值创新的产品和服务，使顾客能够更多地体验到产品和服务的实际价值效用。因此，只有实现企业经营活动中各个构成要素的价值创新，才能最终实现顾客的“效用价值最大化”，而在顾客能稳定地得到这种“价值最大化”的满足之后将不可避免地成为该企业的终身顾客，从而使企业与顾客之间产生共鸣。

互联网背景下的营销思维（上）

互联网背景下的营销思维（下）

从整体上来分析，4V 营销组合理论既兼顾社会和顾客的利益，又兼顾股东、企业与员工的利益。更为重要的是，通过对“4V”营销的展开，可以培养和构建企业的核心竞争力。

## 任务训练

### 一、实操题

请查询“格力”的相关资料，并结合格力官网（gree. com. cn），对格力空调进行市场分类。

### 二、自测题

**（一）单选题**

1. 站在经营者的角度，人们常把卖方称为行业，而将买方称为（　　）。

A. 厂商　　B. 顾客　　C. 消费者　　D. 市场

2. 影响市场的三个主要因素是人口、购买力和（　　）。

A. 购买欲望　　B. 企业规模　　C. 广告效应　　D. 促销力度

3. 按照交换主体目的的不同，市场可以划分为生活资料市场和（　　）。

A. 劳动力市场　　B. 产品市场　　C. 服务市场　　D. 生产资料市场

4. 美国营销学者唐·E. 舒尔茨提出了4R营销理论，受到了广泛的关注。4R营销理论阐述了一个全新的市场营销组合，即关联、反应、关系和（　　）。

A. 回复　　B. 回报　　C. 利润　　D. 利益

5. 国内学者吴金明等综合性地提出了4V营销组合理论，即（　　）、功能弹性化、附加价值化和共鸣。

A. 个性化　　B. 多样化　　C. 差异化　　D. 现代化

**（二）判断题**

1. 交换是市场营销的核心。（　　）
2. 市场营销的最终目标是满足需求和欲望。（　　）
3. 菲利普·科特勒于1953年首先提出了“市场营销组合”这一术语。（　　）
4. 杰罗姆·麦卡锡提出了著名的4P组合，即产品、价格、渠道和推销。（　　）
5. 4C组合理论重视以顾客为导向，以追求顾客满意为目标。（　　）

**（三）简答题**

1. 简述市场和市场营销。
2. 简述市场的基本特征。
3. 简述4P和4C营销组合理论。

# 任务二　掌握市场营销的核心概念

## 任务目标

**▶ 知识目标**

1. 掌握需要、欲望、需求、产品、价值和满意的概念
2. 理解顾客让渡价值、顾客价值和顾客成本
3. 了解市场营销者和潜在顾客

**▶ 能力目标**

1. 能够理解基于顾客让渡价值提高顾客满意度
2. 能够分清市场营销的交换、交易和关系营销

## 任务引入

### 2015—2020年网上零售增速远高于当年GDP增速

2021年1月18日，国家统计局介绍了2020年的国民经济运行情况。时任国家统计局局长宁吉喆介绍，2020年全年社会消费品零售总额为391 981亿元，比上年下降3.9%。全年全国网上零售额为117 601亿元，比上年增长10.9%。其中，实物商品网上零售额为97 590亿元，增长14.8%，占社会消费品零售总额的比重为24.9%，比上年提高4.2个百分点。2015—2020年网上零售增速远高于当年GDP增速。图1—9为2015—2020年中国网上零售额统计情况。

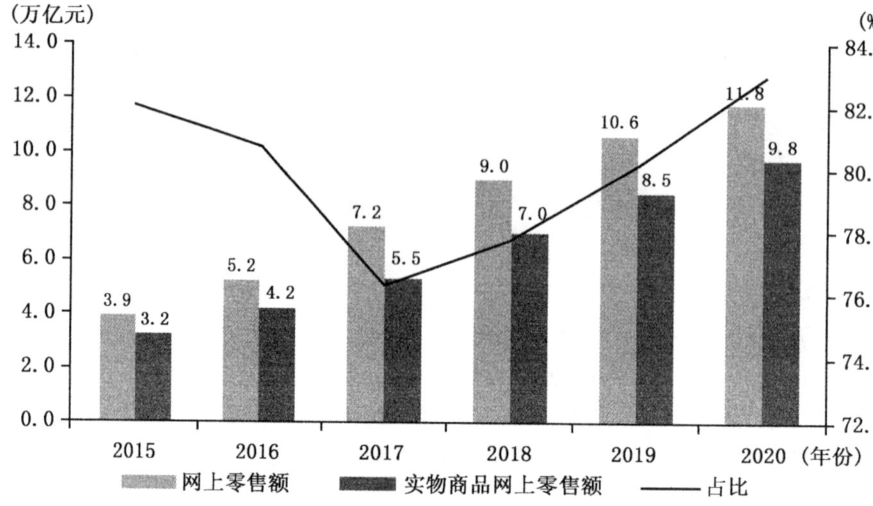


**图1—9 2015—2020年中国网上零售额统计情况**

资料来源:https://www.chyxx.com/industry/202105/954192.html.

**思考题:**

请结合顾客让渡价值理论解释网络经济方兴未艾。

## 知识分析

为了系统地掌握市场营销学的基本理论,在了解市场和市场营销这两个重要概念的基础上,我们有必要进一步学习市场营销的有关核心概念,包括需要、欲望、需求、产品、价值、满意、交换、交易、市场营销者和潜在顾客。学习这一系列市场营销的核心概念,也有助于学习市场观念。

### 一、需要、欲望和需求

#### (一)需要

需要(need)是指人与生俱来的基本要求,如生理和心理需要。任何营销都不可能创造人的基本需要,而任何成功的营销都必须有效地满足人的需要。

#### (二)欲望

欲望(want)是指想得到需要的具体满足物的愿望。经济学对其定义:欲望是一种缺乏的感受与求得满足的愿望。欲望来源于需要,欲望生成行为动机和行为过程。不同背景下的顾客欲望有所不同。欲望会受社会因素及机构因素影响,比如家庭、职业等。欲望会随着社会的变化而变化。

对满足需要的特定事物的意愿或期盼,表现为顾客的选择。比如,为满足"充饥"的生理需要,南方人选择米饭而北方人可能更偏向于面条、馒头,西方人更钟情于汉堡、热狗、比萨等。由此可见,市场营销无法创造需要,但可以影响欲望,并开发特定的产品和服务来满足欲望。

我们到底在卖什么?

（三）需求

需求(demand)是指顾客有能力购买并愿意购买某种产品的欲望。人们不仅有意愿消费某个产品而且具有支付能力获得这个产品。企业可以通过合适的营销手段来引领消费、创造需求，并根据对市场需求的调研，决定是否进入某一产品或服务市场。

市场失灵

市场营销的主要任务是发现、甄别顾客需求，并能将其与企业自身的供给能力联系起来，判断哪些需求对企业来讲是机会，以便抓住机会，比竞争对手更好地满足顾客的需求，赢得顾客的满意和忠诚。

## 二、产品、价值和满意

（一）产品

产品(product)是能够提供到市场上来满足人们某种需要或欲望的任何东西。市场营销中的产品概念不同于我们日常生活中所说的产品，前者既包括有形产品又包括无形产品。企业提供的产品最重要的是能与购买者的欲望相吻合。一个企业的产品越是与顾客的欲望相吻合，其在市场竞争中成功的可能性就越大，因为人们在购买产品时不仅想拥有它，更重要的是通过使用它来满足自己的愿望和利益。换言之，人们购买某种产品的目的是通过产品这个载体来获得自己所需要的服务。市场营销者的任务就是向顾客展示实体产品中所包含的利益或服务。如果企业只卖产品而不注重服务，就会犯“市场营销近视症”而失去市场和顾客。

柠檬市场

（二）价值

市场营销中所讲的价值(value)是指顾客让渡价值(customer delivered value)。顾客让渡价值是指企业转移的、顾客感受得到的实际价值。顾客让渡价值是菲利普·科特勒在《营销管理》一书中提出来的，他认为，“顾客让渡价值是指顾客总价值(total customer value)与顾客总成本(total customer cost)之间的差额。”

顾客总价值是指顾客购买某一产品与服务所期望获得的一组利益，包括产品价值、服务价值、人员价值和形象价值等。顾客总成本是指顾客为购买某一产品所耗费的时间、精神、体力以及所支付的货币资金等。因此，顾客总成本包括货币成本和非货币成本(时间成本、精神成本、体力成本等)，如图1—10所示。

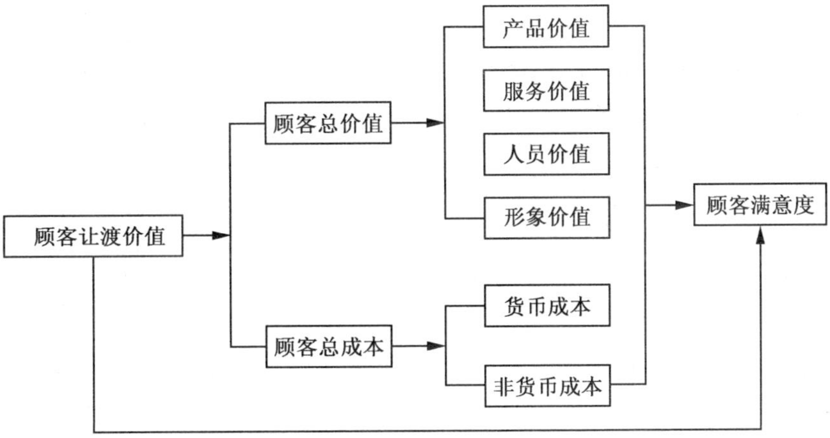


图1—10　顾客让渡价值与顾客满意度的关系

企业为在竞争中战胜对手、吸引更多的潜在顾客，就必须向顾客提供比竞争对手具有更多“顾客让渡价值”的产品，这样才能使自己的产品吸引顾客注意，进而让顾客购买本企业的产品。为此，企业可从两个方面改进自己的工作：一是通过改进产品、服务、人员与形象，提高产品的总价值；二是通过降低生产与销售成本，减少顾客购买产品的时间、精神与体力的耗费，从而降低货币成本与非货币成本。一般来说，顾客获得的让渡价值越高，顾客满意度就会越高。

理解客户价值

**（三）满意**

满意（satisfaction）是指顾客的一种主观心理状态，是顾客对产品价值与期望值比较的结果。如果产品价值高于期望值，顾客就会满意；如果产品价值低于期望值，顾客则会产生不满。大量研究表明，顾客满意度越高，顾客重复购买的可能性就越大，并且顾客还会把这种满意传递给他周围的人，对企业和产品品牌都很有裨益。

产品、价值、满意贯穿于整个营销活动，企业的营销活动基本上也是围绕这三者而展开的。产品是价值的承载者，满意是顾客对购买产品所得到的价值的一种主观判断。企业营销的主要目的就是通过创造产品和价值来赢得顾客的满意。

满意是人的心理感觉状态，它来源于顾客对某品牌产品或服务所设想的期望与最终的绩效进行的比较，也可以说，顾客满意水平是预期期望与最终绩效差异的比较。一个顾客的满意程度存在三种可能状态：一种是绩效不及期望，顾客产生不满意；另一种是绩效与期望相符，顾客满意；还有一种是绩效超过期望，顾客十分满意。企业要提高顾客的满意度，就应该深入了解、把握顾客对企业的产品、服务、价格、信息沟通的期望是什么，提供针对性的服务，让顾客的期望与绩效相符并略有超出，使顾客满意，甚至十分满意。

一般来说，顾客让渡价值水平越高，顾客在购买中所获得的满意程度就越高。企业要想留住现有的顾客，就要设法不断地提高顾客总价值，降低顾客总成本，提高顾客的满意度，培养忠诚顾客。

## 三、交换、交易

**（一）交换**

交换（exchange）是指通过提供某种东西作为回报，从别人处获得自己所需东西的行为。交换是市场营销的核心概念。市场营销学研究的只是通过市场来满足顾客需求的一系列营销活动。只有通过交换，企业才能满足顾客需求，产品和服务才能在市场上实现价值并获得利润。

市场交换的发生必须具备以下 5 个条件：(1)至少有两方；(2)每一方均拥有对方想要的东西；(3)每一方均可以沟通信息和传送货物；(4)每一方均可以自由接受或拒绝对方的东西；(5)每一方均满意于与对方的交换。

交换并非一次性的活动，而是一个过程。交换的双方都要经历一个寻找合适的产品和服务、谈判价格和其他交换条件以及达成交换协议的过程。一旦达成交换协议，交易也就产生了。

谁会对市场营销的最终结果承担责任？

**（二）交易**

交易（transaction）是交换活动的基本单元，由双方之间的价值交换构成的行为，涉及两种以上有价之物，协议一致的条件、时间和地点等。交易是交换的基本组成单位，是双方之间的价值交换，随着交换协议的达成而产生。

企业在与顾客达成的各种交易中会与顾客产生这样或那样的关系。如果企业致力于这种关系的长期性和稳定性，关注顾客的忠诚度，那么我们可以将企业的这种营销策略称为关系营销。如果企业只注重单次交易的营利性，致力于以价格因素来赢得市场占有率，这样的营销策略我们称为交易营销。

**市场营销人员工作内容**

## 四、市场营销者和潜在顾客

在市场营销活动中，我们把更积极、主动地寻求交易的一方称为市场营销者，另一方称为潜在顾客。市场营销者既可以是买方又可以是卖方，如果买卖双方都积极地寻求交易，那么买卖双方都称为市场营销者。从供应链的角度来说，这就意味着某个企业是此时的营销者，而在彼时就是另一个企业的潜在顾客。如农业生产者，当其将自己的产品卖给市场上的需求者时，农业生产者便是营销者；而当农业生产者在准备农业生产、需要购进农业生产资料时，对于农业生产资料供应商来说，农业生产者就是农业生产资料供应商的潜在顾客。以此类推，可得到相应的结论。

**成为一名合格的营销人员**

以人力资源市场为例，当某个人力资源供应者（应聘者）向人力资源需求者（招聘方）提交应聘资料以便获得某个岗位任职机会的时候，这个应聘者就是人力资源产品的市场营销者，招聘方就是潜在顾客。这个应聘者为了获得岗位胜任能力的提升、接受某个教育培训机构的训练，便成为教育训练机构的潜在顾客。而这个教育培训机构在招募培训师、购买教学培训设备时，便成为其他供应商的潜在顾客。

**营销人员的成长之路**

以上事实表明，在一个有着分工的社会，每一个组织和个人都在进行着市场营销。因此，市场营销者和潜在顾客的角色不是一成不变的。

# 任务训练

## 一、实操题

请你结合顾客让渡价值理论分析其对企业营销活动有哪些启示。

## 二、自测题

**（一）单选题**

1. 市场营销中的产品既包括有形产品又包括（　　）。

A. 无形产品　　B. 服务　　C. 理念　　D. 专利

2.（　　）是指顾客有能力购买并愿意购买某种产品的欲望。

A. 需求　　B. 需要　　C. 交换　　D. 交易

3. 在市场营销活动中，我们把更积极、主动地寻求交易的一方称为市场营销者，另一方称为（　　）。

A. 潜在顾客　　B. 顾客　　C. 消费者　　D. 中间商

4.（　　）是指通过提供某种东西作为回报，从别人处获得自己所需东西的行为。

A. 交易　　B. 交换　　C. 价值　　D. 服务

5. 顾客让渡价值是指（　　）与顾客总成本之间的差额。

A. 产品价值　　B. 服务价值　　C. 人员价值　　D. 顾客总价值

**(二)判断题**

1. 营销可创造人的基本需要,同时任何成功的营销都必须有效地满足人的需要。 (　　)

2. 产品、价值、满意贯穿于整个营销活动,企业的营销活动基本上也是围绕这三者而展开的。 (　　)

3. 满意是指顾客的一种客观认知,是顾客对产品价值与期望值比较的结果。 (　　)

4. 交换是指通过提供某种东西作为回报,从别人处获得自己所需东西的行为。 (　　)

5. 市场营销者既可以是买方又可以是卖方,如果买卖双方都积极地寻求交易,那么买卖双方都称为市场营销者。 (　　)

**(三)简答题**

1. 简述需要、欲望和需求的联系与区别。

2. 简述顾客让渡价值。

3. 简述交易与交换的关系。

# 任务三　理解市场观念演变

## 任务目标

**➢ 知识目标**

1. 掌握市场观念及其演变过程
2. 理解传统营销观念和现代营销观念
3. 了解市场观念新发展理念

**➢ 能力目标**

1. 能够分析不同企业在不同时期所秉持的市场观念
2. 能够基于经济环境变化理解市场观念新发展理念

## 任务引入

**诺基亚手机怎么了?**

诺基亚曾创造了手机行业的高度。2008 年,诺基亚手机份额曾高达 40%,这对任何手机厂商来说都是遥不可及的数字。三星巅峰时,份额大约为 30%。最关键的是,诺基亚拥有其他企业所没有的口碑。诺基亚手机可以砸核桃(见图 1—11),这就是一个价值连城的广告。

然而,2013 年 9 月 3 日,微软宣布收购诺基亚,以 37.9 亿欧元的价格收购诺基亚旗下的大部分手机业务。

图 1—11　诺基亚手机可以砸核桃

资料来源：https://www.sohu.com/a/69661015_355077.

**思考题：**

诺基亚手机以“可以砸核桃”的高质量著称，而最终被微软公司收购。请问产品质量是顾客还是企业说了算？

## 知识分析

观念是行为的先导。个人的观念决定着其行为，企业在经营过程中也受其观念制约。市场观念是企业在市场营销活动中所遵循的指导思想与经营哲学，是企业处理企业、顾客和社会三者关系的原则。市场观念是否正确，关系到营销管理的顺利开展与企业的市场竞争力。企业市场观念随着经济社会的发展而不断演变，先后经历了 5 个发展阶段，即生产观念、产品观念、推销观念、市场营销观念和社会营销观念。这种演变的基本轨迹是由企业利益导向转变为顾客利益导向，再发展到社会利益导向。图 1—12 显示了市场观念在处理企业、顾客和社会三者利益关系上的变化趋势。

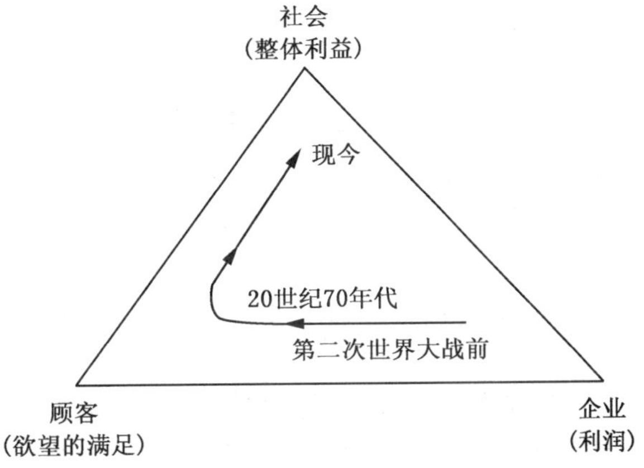


图 1—12　企业市场观念的变化趋势

## 一、以企业利益为中心的营销观念

### (一)生产观念

生产观念(production concept)是指导企业营销行为的最古老的观念之一。这种观念产生于20世纪20年代前。其主要表现是“我生产什么,就卖什么”。这种经营哲学不是从顾客需要出发,而是从企业生产出发。这种观念立足于两个重要前提:第一,顾客的注意力只集中在是否买得起和价格便宜与否上;第二,顾客并不关注同类产品还有非价格差异(如质量、花色品种、造型、外观、服务等差异)。

生产观念是在卖方市场条件下产生的。在资本主义工业化初期、第二次世界大战末期以及战后一段时期内,由于物资短缺、产品供不应求,生产观念在企业经营管理中颇为流行。企业将工作重心放在如何有效地利用生产资源及提高劳动生产率,以获得最大产量及降低生产成本上。在这种观念的指导下生产和销售的关系必然是“以产定销”。

生产观念的核心是一切从生产出发,而不必过多地关注市场需求差异,其主要特点是:第一,企业将主要精力放在产品的生产上,产品品种单一,追求高效率、大批量、低成本。第二,企业对市场的关心主要表现在关心市场上产品的有无以及产品的多少,而不是市场上顾客的需求。第三,企业管理中以生产部门作为主要部门。最典型的例子就是福特汽车公司1914年开始生产的T型汽车。

### 延伸知识

**福特T型车的兴衰**

美国汽车大王亨利·福特于1899年、1901年曾与别人合伙经营汽车公司,均因产品(高价赛车)不适合市场需求,根本无法销售而以失败告终。福特汽车公司创办于1903年,第一批福特车因实用、质量可靠、定价合理,生意一开始就非常兴隆。1906年,福特推出的车是面向富裕阶层的豪华型车,车体笨重,且多为定制,一般顾客买不起,结果销售量下降。1907年,亨利·福特及时调整市场营销占有率,实行“薄利多销”,于是销量又魔术般地回升。当时,全国性的经济衰退萌发,许多企业纷纷倒闭,唯独福特汽车公司生意兴隆,年盈利725万美元。到1908年初,亨利·福特按照当时顾客(尤其是广大农场主)的需要,做出了明智的战略性决策:致力于生产统一规格、价格低廉、适合当时顾客需求的“T型黑色车”,并且在实施标准化的基础上组织大规模生产。此后10余年,福特车销售量迅速增长,最高一年达到100万辆。到1925年10月,福特汽车公司一天就能造出9 109辆“T型车”(见图1—13),平均每10秒钟一辆。在20世纪20年代的几年中,福特汽车公司的纯收入达5亿美元,成为当时世界上最大的汽车公司。

到20世纪20年代中期,随着美国经济的增长和居民收入、生活水平的提高,情况又发生了变化:那时美国公路已四通八达,路面大大改善,美国广大顾客开始追求时髦。简陋的“T型车”虽然价格低廉,但已不能招徕顾客,因此销售量开始趋于下降。可是,当时亨利·福特脱离市场现实,顽固地坚持“不管顾客需要什么颜色的汽车,我只生产黑色的”观念。而通用汽车公司却时时刻刻注视着顾客需求的动态变化,以适应当时的市场需要,不断创新,推出新颜色、新样式的汽车,于是,通用汽车公司的“雪佛兰”车开始排挤福特汽车公司的“T型车”。1926年,“T型车”销售量陡降。到1927年5月,亨利·福特不得不停止生产“T型车”,改产“A型车”。

图 1—13　福特 T 型车

在福特车改产期间，通用汽车公司乘虚而入，占领了福特车市场的大量地盘，成为汽车工业市场上的领先者。

资料来源：李先国. 营销师[M]. 北京：中国环境科学出版社，2003.

**（二）产品观念**

产品观念(product concept)认为，顾客最喜欢高质量、多功能和具有某种特色的产品，企业应致力于生产高质量的产品，并不断地加以改进。产品观念产生于市场产品供不应求的“卖方市场”形势下。秉持产品观念的企业往往把注意力放在产品上，而不是放在市场需要上。在市场营销管理中缺乏远见，只看到自己的产品质量好，而看不到市场需求的变化，就会掉入“市场营销近视症”的陷阱，如图 1—14 所示。

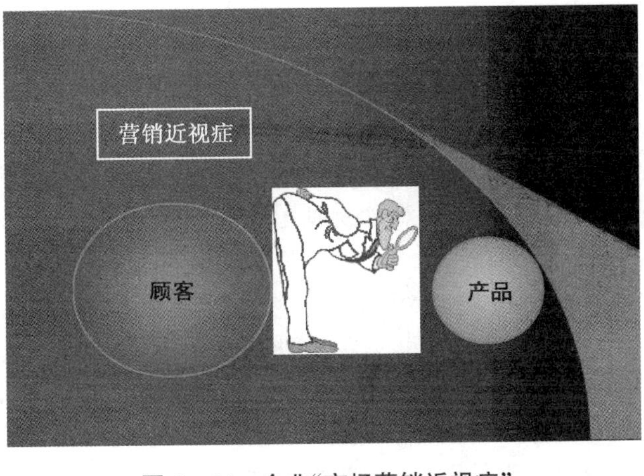


图 1—14　企业“市场营销近视症”

执行产品观念的企业称为产品导向型企业。产品观念是生产观念的一种变体，即迷恋自己的产品，认为只要产品质量高，即使不推销，顾客也会主动购买。因此，企业的中心任务就是开发和生产出质量高、性能好和有特色的产品。最具有代表性的口号就是“酒香不怕巷子深”。

产品观念的主要特点是：第一，企业把主要精力放在产品的改进和生产上，追求高质量、多功能；第二，轻视促销，单纯强调以产品本身来吸引顾客；第三，企业管理仍以生产部门为主要部门，但加强了生产过程中的质量控制。

**（三）推销观念**

推销观念（selling concept）是指以千方百计推销企业现有产品或服务为中心的一种经营指导思想。这种观念认为，顾客通常有一种购买惰性和抗衡心理，除非企业采取适当的诱导和刺激措施，否则顾客就不会主动地购买本企业的产品。因此，企业要实现其盈利目标，在重视生产的同时必须重视加强广告和推销工作，千方百计地让顾客对企业的产品产生兴趣。

推销观念在西方国家盛行于 20 世纪 20 年代到第二次世界大战结束时期。这一时期，由于科技进步以及科学管理和大规模生产的推广，商品产量迅速增加，特别是 1929－1933 年经济危机期间，大量的商品滞销、积压，许多工商企业纷纷倒闭，市场极度萧条。这种现状促使许多企业家认识到：即使有物美价廉的产品，也未必能够卖得出去。因此，企业这一时期的中心任务就是重视和加强推销工作。

执行推销观念的企业被称为推销导向型企业，其具体表现为：“我们卖什么，人们就买什么。”在这一观念的指导下，企业的产品是“被卖出去的”，而不是“被买去的”。这一阶段企业致力于产品推广和促销，甚至夸大宣传产品的好处，以求说服甚至强迫顾客购买。此外，企业重视和加强销售部门的工作，以求通过扩大销售量来获取更多的利润。

自从产品供过于求，“卖方市场”转为“买方市场”，推销观念就被企业普遍采用。许多企业家感到，即使有物美价廉的产品也未必能卖出去，从过去的“酒香不怕巷子深”发展到“王婆卖瓜，自卖自夸”。

推销观念的出现，提高了市场营销在企业经营工作中的地位，是经营指导思想的一个进步，但是其并未脱离以生产为中心，仍属“以产定销”的范畴，因为它的着眼点仍然是产品，仍然着眼于既定产品的推销，至于推销的产品是否满足顾客的需要，则未加以关注。

## 二、以顾客利益为中心的营销观念——市场营销观念

以顾客利益为中心的观念，又称为市场营销观念（marketing concept），其形成是企业经营观念上的一次革命。第二次世界大战后，由于科学技术快速发展，社会生产力明显提高，资本主义国家的市场已经名副其实的供过于求，厂家面临着一个逐步成熟的“买方市场”。生产和消费的矛盾日益尖锐，即使广泛采用推销手段，保证产品质量和制定合理的价格也不足以刺激消费。在这种情况下，现有的各种经营观念受到了严峻的挑战，许多企业逐渐用市场营销观念取代推销观念。

市场营销观念的核心原则到 20 世纪 50 年代中期基本定型，由产品、价格、渠道和促销组成的营销策略组合作为一个整体被认同，奠定了现代营销学的基础和基本框架。市场营销观念认为，企业的一切计划与策略安排应以顾客为中心。只有正确确定目标市场的需求与欲望，通过各种手段的合理配合，满足所选择的目标市场的需求，才能实现企业的营销目标。市场营销观念有四个支柱：目标市场、整体营销、顾客满意和营利性，即从选定的市场出发，通过产品、价格、渠道、促销之间及与其他管理功能的协调配合，满足顾客的需求和让顾客满意，进而获取利润。市场营销观念抛弃了以企业为中心的指导思想，建立了以顾客为中心的指导思想。

执行市场营销观念的企业，称为市场营销导向企业。它要求企业将营销管理的重心放在

善于发现和了解目标顾客的需求上，顾客需要什么，企业就生产什么，并尽可能使顾客满意，从而实现企业目标。因此，企业在决定其生产经营时必须根据市场需求及企业的自身条件，选择目标市场，组织生产经营活动。其产品设计、生产、定价、分销和促销活动，都要以顾客需求为出发点。在产品销售之后，企业需了解顾客的意见，用于改进自身的营销工作，最大限度地提高顾客的满意程度。

市场营销观念的出现，使企业的经营观念发生了根本性变化，使企业从“以产定销”的模式转变为“以销定产”或“以需定产”，即生产和经营顾客需要的产品，在此基础上实现利润。

市场营销观念同推销观念有何差别？哈佛大学教授西奥多·莱维特（Theodore Levitt）曾对推销观念和市场营销观念做过深刻的比较。他指出推销观念注重卖方需求，市场营销观念则注重买方需求。推销观念以卖方需求为出发点，考虑如何把产品变成现金；而市场营销观念则考虑如何通过制造、传送产品以及与最终消费产品有关的所有事物，来满足顾客的需求。

## 三、以社会利益为中心的营销观念——社会市场营销观念

社会市场营销观念（social marketing concept）产生于 20 世纪 70 年代，是对市场营销观念的修正和补充，是对市场营销观念的新发展。20 世纪 70 年代以后，西方市场环境发生了很大变化。以美国为例，自 20 世纪 70 年代以来出现了环境恶化、资源缺乏、通货膨胀、失业率高等一系列社会问题。许多工商企业为了盈利，片面强调迎合顾客的需要，而忽视了社会的长远利益。

社会市场营销观念就是要求企业不仅需坚持市场营销导向，以满足顾客的需求为己任，并以此获取利润，而且要兼顾顾客的长远利益。因此，企业在制定营销战略和策略时要权衡三方面的利益，即企业利益、顾客需求和社会利益。企业在营销活动过程中要承担社会责任，在满足顾客需求、获取合理利润的同时还应注重资源集约、环境友好、低碳导向。

企业的市场观念的演变是由外部市场环境变化引起的，每一个新观念的产生都是企业适应外部环境变动的结果。随着我国社会主义市场经济的发展，人们的生活方式、价值观念、消费观念正在发生深刻的变化，因此，我国企业的市场营销观念也要与时俱进。

## 延伸知识

### 传统营销观念与现代营销观念的区别

通常我们将生产观念、产品观念和推销观念统称为传统营销观念；市场营销观念和社会营销观念统称为现代营销观念。现代营销观念的产生改变了传统营销观念的思维方式，也改变了传统营销观念指导下的企业经营策略和手段。传统营销观念与现代营销观念的区别见表 1—1。

**表 1—1　　传统营销观念与现代营销观念的比较**

| 营销观念 | | 市场特征 | 出发点 | 营销手段 | 经营策略 | 目标 |
|---|---|---|---|---|---|---|
| 传统营销观念 | 生产观念 | 供不应求 | 生产 | 提高产量<br>降低成本 | 以产定销 | 增加生产<br>取得利润 |
| | 产品观念 | 供不应求 | 产品 | 提高质量<br>增加功能 | 以高质量取胜 | 提高质量<br>获得利润 |
| | 推销观念 | 生产能力过剩 | 销售 | 推销与<br>促销 | 以多销取胜 | 扩大销售<br>获得利润 |

续表

| 营销观念 | | 市场特征 | 出发点 | 营销手段 | 经营策略 | 目　标 |
|---|---|---|---|---|---|---|
| 现代营销观念 | 市场营销观念 | 买方市场 | 顾客需求 | 整体市场营销 | 以比竞争者更有效地满足顾客需要取胜 | 满足需要获取利益 |
| | 社会营销观念 | 买方市场 | 顾客需要社会利益 | 整体市场营销 | 以满足顾客需要和社会利益取胜 | 满足顾客需要增进社会利益获得经济效益 |

## 四、市场观念新发展

市场观念经历了生产观念、产品观念、推销观念、市场营销观念和社会营销观念。随着市场环境变化，市场观念不断深化、丰富，许多新的市场观念便产生了。这些观念相互交融，共同构成了市场观念新发展理念。基于市场观念新发展理念，下面主要介绍 7 种市场观念。

### （一）关系营销观念

美国得克萨斯州 A&M 大学的伦纳德·L. 贝瑞（Leonard L. Berry）教授于 1983 年在美国市场营销学会的一份报告中最早对关系营销（relationship marketing）做出如下定义："关系营销是吸引、维持和增强客户关系。"1996 年，他又给出更为全面的定义："关系营销是为了满足企业和相关利益者的目标而进行的识别、建立、维持、促进同顾客的关系，并在必要时终止关系的过程，这只有通过交换和承诺才能实现。"

关系营销是把营销活动看成一个企业与顾客、供应商、分销商、竞争者、政府机构及其他公众发生互动作用的过程，其重点是建立和发展与这些公众的良好关系。关系营销的核心是留住顾客，提供产品和服务，在与顾客保持长期关系的基础上开展营销活动，实现企业的营销目标。实施关系营销并不以损害企业利益为代价，关系营销提倡的是企业与顾客建立、发展与维系长期稳定的关系策略。

### （二）绿色营销观念

绿色营销观念（green marketing concept）是在当今社会环境破坏、污染加剧、生态失衡、自然灾害威胁人类生存和发展的背景下提出来的新观念。自 20 世纪 80 年代以来，伴随着各国消费者环保意识的日益增强，世界范围内掀起了一股绿色浪潮，绿色工程、绿色工厂、绿色商店、绿色商品、绿色消费等新概念应运而生。不少专家认为，人类正走向绿色时代，21 世纪将是绿色世纪。在这股浪潮冲击下，绿色营销观念也就自然而然地相应产生。

绿色营销观念主要强调把顾客需求与企业利益和环保利益三者有机统一起来。它最突出的特点就是充分顾及资源利用与环境保护问题；要求企业从产品设计、生产、销售到使用整个营销过程都要考虑到资源的节约利用和环保利益，做到安全、卫生、无公害等，其目标是实现人类的共同愿望和需要——资源的永续利用与保护和改善生态环境。为此，开发绿色产品的生产与销售，发展绿色产业是绿色营销的基础，也是企业在绿色营销观念下从事营销活动成功的关键。近年来，新能源汽车是绿色营销中最热门的话题之一。图 1—15 为蔚来新能源电动车。

图 1—15　蔚来新能源电动车

## 延伸知识

### “碳中和”浪潮下的绿色变革

据东航发布，2021 年 10—12 月，东航将在 13 条国内精品航线上执行全国首批、总计约 780 班全生命周期“碳中和”航班、逾百万公里的航迹，完成绿色飞行。而就在 2021 年 10 月 12 日上午，我国第一班全生命周期“碳中和”航班——东航 MU5103“上海虹桥—北京首都”航班成功首航。

购票搭乘东航“碳中和”航班完成出行的旅客，将收到“东航邀请助力碳中和”的手机短信；旅客作为“东方万里行”会员，可使用 100 分的“东方万里行”积分，支持植树造林、可再生能源发电等“碳中和”项目，参与抵消飞行过程中产生的碳足迹。旅客在贡献积分、助力“碳中和”后将获得东航颁发的电子勋章和感谢信，东航 App 旅客 ID 后将点亮电子环保勋章图标。

东航的这波操作，不仅是积极响应国家的碳中和政策号召，更在营销端破圈，收获了业内外人士和大众的好评。初步统计，东航目前推出的所有“碳中和”航班，上座率接近 100%。

自从政府首次对外提出“2030 年前实现碳达峰，2060 年前实现‘碳中和’”的承诺以来，国内掀起了新一轮“绿色发展”的潮流。从产业发展的角度，“碳中和”不仅是环保概念，更是经济概念。

“碳中和”大势之下，光伏、风电、水电、核电等绿色能源相关企业迎来一个高速发展期。2021 年 2 月以来，不断有资金跟进热炒“碳中和概念股”。除了在发热和供电这样的“碳源头”推动低碳，对于建筑和交通运输等传统产业，如何在“碳应用”环节下功夫、降低碳排放，才是重中之重。

资料来源：https://view.inews.qq.com/a/20211115A0DGDC00，略有修改。

### （三）文化营销观念

文化营销观念（cultural marketing concept）是企业基于目标市场的文化特点发掘产品、品牌与企业文化的关联因素，给予产品、品牌与企业以丰富的个性化的文化内涵，使企业营销活动富有文化特色，运用文化因素形成竞争优势的一种营销观念。

企业应善于运用文化因素来实现市场制胜。在企业的整个营销活动过程中，文化渗透于其始终，一是商品中蕴含着文化，二是经营中凝聚着文化。文化营销中的文化是目标市场消费者与产品文化的高度契合。企业在关注产品文化的同时一定要关注消费者文化，进行文化营销首先要调查目标市场上消费者的文化。

**（四）整体营销观念**

1992 年，菲利普·科特勒提出了营销新观念——整体营销观念（total marketing concept），其核心是从长远利益出发。企业的营销活动应囊括构成其内外部环境的所有重要行为者。整体营销包括供应商营销、分销商营销、最终顾客营销、职员营销、财务公司营销、政府营销、同盟者营销、竞争者营销、传媒营销和一般大众营销。前四者构成微观环境，后六者体现宏观环境。

整体营销观念理论突破了以最终顾客市场营销为中心的传统市场营销理论的概念，提出从长远利益出发，企业的市场营销活动应包括其内外部环境的所有重要行为者。整体市场营销促使我们对原有的竞争模式进行思考，强调与那些成绩卓著的优秀供应商建立长期稳定的合作关系。整体营销理论还认为，在当今开放的市场中，企业的营销活动必须是在追求共同利益的基础上去实现其目标。

**（五）创造需求营销观念**

现代市场营销观念的核心是以顾客为中心，认为市场需求引起供给，每个企业必须依照顾客的需要与愿望组织商品的生产与销售。随着消费需求呈现多元性、多变性、个性化、差异化的特征，需求表现出了模糊不定的“无主流化”趋势，许多企业对市场需求及走向常感捕捉不准，适应需求难度加大。为此，在日益激烈的市场竞争环境下，一些企业总结了现代市场营销实践经验，提出了创造需求营销观念（creating demand marketing concept），核心是指市场营销活动不仅仅限于适应、刺激需求，还在于能否产生对产品的需要。

日本索尼公司原董事长盛田昭夫认为，“我们的目标是以新产品领导消费大众，而不是问他们需要什么，要创造需要。”索尼公司的认识有三方面是新颖的：其一，生产需要比生产产品更重要，创造需求比创造产品更重要。其二，创造需要比适应需要更重要，现代企业不能只满足于适应需要，更应注重“以新产品领导消费大众”。其三，“创造需求”是营销手段，也是企业经营的指导思想，它是对近几十年来一直强调“适应需求”的市场营销观念的发展。

**（六）全方位营销观念**

全方位营销观念（holistic marketing concept）是以开发、设计、实施营销计划、过程及活动为基础的，关注营销计划、过程及其活动的广度和彼此之间的相互依赖性。

全方位营销观念认为，在营销实践中每个细节都是特别重要且不可或缺的，营销者要全方位关注和协调市场营销活动的范围和复杂维度。全方位营销的重要维度包括整合营销、关系营销、内部营销以及绩效营销，如图 1—16 所示。

**（七）营销革命 3.0 观念**

2001 年，菲利普·科特勒、何麻温·卡塔加雅（Hermawan Kartajaya）和伊万· 塞蒂亚万（Iwan Setiawan）三人共同出版的《营销革命 3.0：从产品到顾客，再到人文精神》提出了营销 3.0 时代的到来。菲利普·科特勒及其同事在此前提出的概念基础上对营销 3.0 时代进行了权威解读。营销 3.0 时代超越了以产品为基础的营销 1.0 时代和以顾客为基础的营销 2.0 时

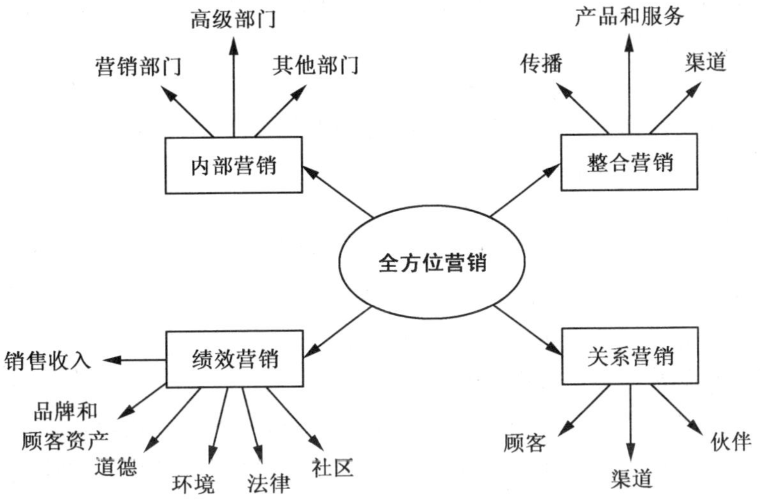


**图 1—16 全方位营销关系**

代，用一种更全面的眼光看待顾客，把他们视为具有多维性、受价值驱动的人群，甚至是企业潜在的合作者。

进入 21 世纪，一种全新的营销新浪潮正席卷而来。在新的市场环境中，营销传播不再像以往一样单纯追求对顾客进行信息灌输，而是以媒体的创新、内容的创新、传播沟通方式的创新去征服目标受众——相比以大众营销为核心的营销 1.0 时代、以分众营销为核销 2.0 时代，这种新的营销传播浪潮命名为“创意营销传播”，即营销 3.0 时代。当今的顾客在进行消费选择时注重的是那些能满足其创意性、群体性和理想性的产品和企业。企业意识到其必须面对自觉意识日益增强和善于利用高科技的顾客。在这种情况下，传统的营销法则已经彻底失去了作用，正确的做法是企业必须开发出能够激发和反映顾客价值观的产品、服务、企业文化。

**新时代营销的变化**

## 任务训练

### 一、实操题

根据本项目提及的“大地瓜洗衣机”案例，请你分析海尔公司秉持的市场观念。

### 二、自测题

**（一）单选题**

1.“我生产什么，就卖什么”体现（　　）。

A. 生产观念　B. 产品观念　C. 推销观念　D. 市场营销观念

2.“酒香不怕巷子深”体现（　　）。

A. 生产观念　B. 产品观念　C. 推销观念　D. 社会营销观念

3. 以“顾客需要什么，我们就生产、供应什么”作为座右铭的企业是（　　）企业。

A. 生产导向型　B. 销售导向型　C. 市场营销导向型　D. 社会营销导向型

4. 关系营销的核心是留住（　　），提供产品和服务，在与其保持长期关系的基础上开展营销活动，实现企业的营销目标。

A. 供应商　　B. 分销商　　C. 顾客　　D. 政府机构

5.（　　）认为在营销实践中每个细节都是特别重要且不可或缺的，营销者要全方位关注和协调市场营销活动的范围和复杂维度。

A. 文化营销观念　　B. 创造需求营销观念

C. 全方位营销观念　　D. 整体营销观念

**（二）判断题**

1. 生产观念的市场特征表现为产品供过于求。（　　）

2. 推销观念是以顾客为中心的市场观念。（　　）

3. 市场营销观念有四个支柱：目标市场、整体营销、顾客满意和顾客忠诚。（　　）

4. 社会市场营销观念要求企业在制定营销战略和策略时权衡三方面的利益，即企业利益、顾客需求和社会利益。（　　）

5. 随着消费需求呈现多元性、多变性、个性化、差异化的特征，需求表现出了模糊不定的"无主流化"趋势。为此，一些企业总结出现代市场营销实践经验，提出了创造需求的观念。（　　）

**（三）简答题**

1. 简述市场观念。

2. 简述市场观念的演变。

3. 结合教材、借助网络，简述市场观念新发展理念。

# 项目二　市场营销环境与战略

任务一　分析市场营销环境
任务二　识别和选择竞争者
任务三　制定并实施竞争战略

## 任务一　分析市场营销环境

### 任务目标

**➢ 知识目标**

掌握企业营销环境的构成和分析要点

**➢ 能力目标**

能够列举出特定企业微观、宏观环境的主要因素，并判断其对企业的影响

### 任务引入

**Campbell 公司即食汤在英国市场的失败**

美国的 Campbell 公司第一次在英国市场上经销该公司的即食汤时，因未能及时了解到英国和美国主妇之间的文化价值观的差异而遭到失败。Campbell 公司认为，英国和美国的文化环境相似，为此把在美国市场上销售过的素菜汤和肉汤等按原样出口到英国市场。不仅如此，该公司对市场的反应做出的决策应对也不到位。

Campbell 公司即食汤广告对英国主妇无效反应的原因如下：

(1)英国的主妇具有保守的价值观，所以对不需要进一步追加料理过程的 Campbell 公司即食汤持有否定态度。在英国购买即食汤的主妇一般被认为是不关心其家庭成员健康的主妇。

(2)Campbell 公司即食汤的广告内容对英国主妇保守教育子女的观念不适合。Campbell

公司即食汤广告内容是在餐桌上子女向母亲要求给他们购买Campbell公司即食汤，母亲为此到商场去购买Campbell公司即食汤。但是，英国主妇们认为凡事都听从子女们的要求去做是滋生孩子坏习惯的主要原因之一。美国和英国主妇之间存在的这种文化价值观的差异，导致消费者行为的差异。然而，Campbell公司在不了解这种差异的情况下在英国市场上开展了营销活动，其结果是以失败而告终。

资料来源：李岩，黄业峰. 市场营销学[M]. 北京：科学出版社，2012.

**思考题：**

1. 美国Campbell公司失败的原因是什么？
2. 试分析影响一个企业取得成功的因素。

## 知识分析

企业的市场营销决策和活动都是在一定的环境下与其他企业、目标客户和社会公众的相互关联中开展的，而营销环境又是不断变化的。市场营销环境是影响市场营销活动的首要因素，也是企业能否实现既定的营销目标的重要因素。因此企业只有适应内外环境的各种要求，才能在竞争激烈和环境多变的形势下得以生存和发展。

**市场真的需要去“跑”吗？**

### 一、企业营销环境概述

市场营销环境也称市场经营环境，是指处在营销管理职能外部影响市场营销活动的所有不可控制因素的总和。企业营销活动与其经营环境密不可分。根据企业对环境因素的可控度，企业营销环境可分为市场宏观环境和市场微观环境。微观环境因素包括企业、供应者、营销中介、顾客、竞争者和公众。宏观环境因素由人口环境、经济环境、自然环境、技术环境、政治环境、文化环境六个因素组成。

#### （一）企业营销环境的内容

企业营销环境是指与企业营销活动有潜在关系，直接或间接影响企业营销活动的所有外部力量和相关因素的集合。

企业市场营销环境的内容既广泛又复杂。不同的因素对营销活动各个方面的影响和制约各不相同，相同的因素对不同的企业所产生的影响和形成的制约也会大小不一。一般来说，市场营销环境主要包括微观营销环境和宏观营销环境。

1. 微观营销环境

微观营销环境又称作业环境，是指与企业紧密相连、直接影响其营销能力的各种参与者。这些参与者包括企业自身、供应商、营销中介、顾客、公众以及竞争者。例如，某一企业的原材料供应商突然减少对企业的原材料供应量，这势必直接影响该企业的生产总量。

2. 宏观营销环境

宏观营销环境是指影响企业微观环境的巨大社会力量，包括人口、经济、政治法律、社会文化、自然及科技等多方面的因素，如国家的经济发展战略对于一个企业营销活动的影响就不是直接的，而是间接的。国家经济发展战略先是影响各个行业的市场需求，再进一步影响这个行业中具体企业产品的需求。对企业来说，它所面临的环境因素影响不可能是单个的，而是由若干环境因素组成的集合系统，呈多层次、多变性和复杂性。为此，营销环境是复杂的，企业对营销环境的分析一定要全面、系统，这样才能准确把握。

通常，微观环境对企业的营销活动影响是直接的、具体的，而宏观环境对企业的影响是间接的、深远的。微观环境因素和宏观环境因素共同构成多因素、多层次、多变化的企业营销环境的综合体，如图 2—1 所示。

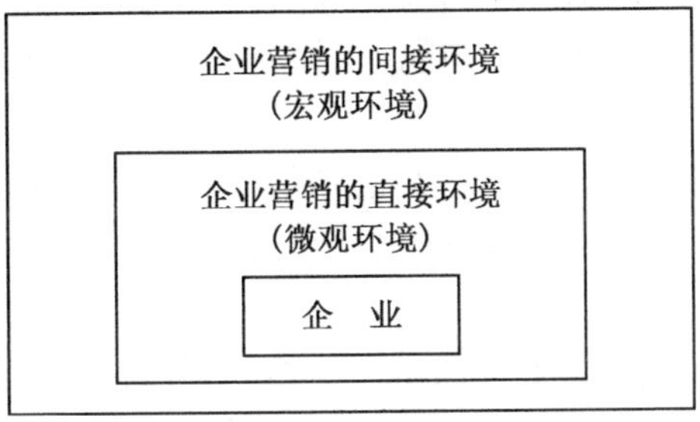


**图 2—1　企业的市场营销环境**

### （二）企业营销环境的特点

1. 客观性

企业总是在特定的社会经济和其他外界环境条件下生存和发展。这种环境并不以营销者的意志为转移，具有强制性与不可控性，也就是说，企业营销管理者和人员虽然能分析和认识营销环境，但无法摆脱环境的约束，也无法控制营销环境，特别对间接的社会力量更难以把握。企业不可能改变人口总量，也不可能改变社会文化，在客观的环境面前只能研究它、适应它。

2. 差异性

不同国家或地域之间，社会文化、人口、政治等社会力量存在迥然不同的条件，企业面对不同国家或区域市场，就呈现环境的差异性；而且同样一种环境因素，对不同企业的影响也是不同的，如海湾危机，造成国际石油资源市场的供给和需求极大波动，对消耗油料的相关产业，如石化系统的企业影响巨大，而对那些与石油关系不大的企业，影响就小。

3. 相关性

营销环境的相关性是指环境因素间相互影响、相互制约。这种相关性表现在以下两个方面：

（1）环境某一因素的变化会引起其他因素的互动变化。如国家提出解决“农业、农村、农民”的“三农”问题后，相继制定了加强农业建设的一系列方针政策。这些政策的实施，影响了农业产业结构的调整，拉动了对农业的投资，并为农业产业的发展提供了新的机遇，也为以农产品为原料的制造企业提供了开发产品、调整产品结构的契机。

（2）企业营销活动受多种环境因素的共同制约。企业的营销行为不仅仅受单一环境因素的影响，而且是多个环境共同制约。如企业的产品开发就要受制于国家环保政策、技术标准、消费者的需求特点、竞争者的产品、替代品等多种因素的制约，如果不考虑这些外在的力量，生产出来的产品进入市场也是不可能的。

4. 动态性

营销环境是企业营销活动的基础和条件，这并不意味着营销环境是一成不变的、静止的。从中国所处的间接营销环境来说，今天的环境和十多年前的环境已经发生了很大的变化。例如，国家产业政策过去的重点放在重工业上，现在已经明显向农业、服务业倾斜。这种产业结构的变化对企业的营销活动带来了决定性的影响。再如，我国消费者的消费倾斜已从追求物质的数量化向追求物质的质量及个性化转变，也就是说，消费者的消费心理正趋于成熟，这无疑对企业的营销活动产生最直接的影响。当然，市场营销环境的变化是有快慢和大小之分的，有的变化快一点，有的则慢一点；有的变化大一些，有的则小一些。例如，科技、经济等因素的变化相对快而大，因而对企业营销活动的影响相对大而稳定。企业的营销活动必须适应环境的变化，不断地调整和修正自己的营销策略，否则，将会使其丧失市场机会。

5. 不可控性

影响市场营销环境的因素是多方面的，也是复杂的，并表现出企业的不可控性。例如，一个国家的政治法律制度、人口增长以及一些社会习俗等，企业不可能随意改变应对措施。

6. 可影响性

企业可以通过对内部环境要素的调整与控制来对外部环境施加一定的影响，最终促使某些环境要素向预期转化。现代营销学认为，企业经营成败的关键，就在于企业能否适应不断变化的市场营销环境。“适者生存”既是自然界演化的法则，也是企业营销活动的法则，如果企业不能很好地适应外部环境的变化，则很可能在竞争中失败，从而被市场所淘汰。强调企业对所处环境的反应和适应，并不意味着企业对于环境是无能为力或束手无策的，只能消极地、被动地改变自己以适应环境，而是应从积极、主动的角度出发，能动地去适应营销环境，或者说运用自己的经营资源去影响和改变营销环境，为企业创造一个更有利的活动空间，然后使企业有效地适应营销活动与营销环境。

**市场营销活动的影响因素**

## 二、微观营销环境分析

企业的微观营销环境主要是指对企业营销活动产生直接影响的组织和力量。构成微观营销环境的主要因素有：企业的供应商、企业内部参与营销决策的各部门、营销中介、顾客、公众、竞争者，如图 2—2 所示：

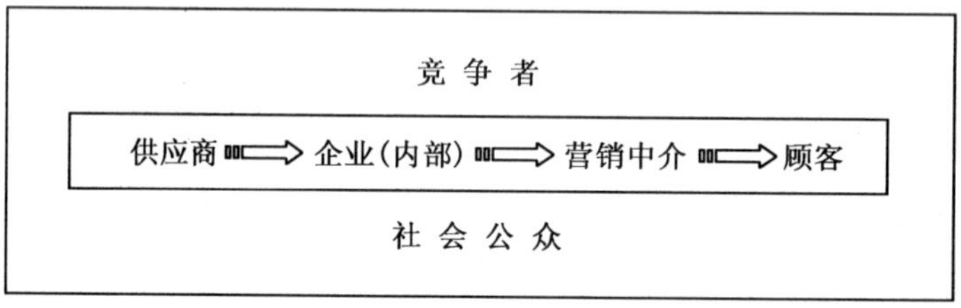


**图 2—2　企业市场营销的微观环境**

### (一)供应商

供应商是指向企业及其竞争者提供生产产品和服务所需资源的企业或个人。供应商所提供的资源主要包括原材料、设备、能源、劳务、资金等，这些资源的变化直接影响到企业产品的产量、质量以及利润，从而影响企业营销计划和营销目标的完成。

供应商对企业营销活动的影响主要表现为供应的稳定性、供应的价格、供应物资的质量及供应时间和履约程度。

1. 供应的稳定性

原材料、零部件、能源及机器设备等货源的保证，是企业营销活动顺利进行的前提。如葡萄酒厂不仅需要葡萄等原料来进行酿造加工，还需要具备设备、能源等其他生产要素，任何一个环节的供应出现了问题，都会导致企业的生产活动无法正常开展。

2. 供应的价格

供应物资的价格变动会影响企业的生产成本的变化，如果供应商提高原材料价格，则生产企业也将被迫提高其产品价格，由此可能影响到企业的销售量和利润。

3. 供应物资的质量

供应物资的质量直接影响到企业产品的质量，并会进一步影响到销售量、利润及企业信誉。

4. 供应时间和履约程度

供应方的物资货源在时间上和连续性上要切实保证，防止因断档而延误企业的正常生产。

**（二）企业内部参与营销决策的各部门**

企业开展营销活动也要充分考虑到企业内部的环境力量。企业内部设立了管理、行政、财务、研发、采购、生产、营销等诸多部门。营销部门又由品牌经理、营销研究人员、广告及促销专家、销售经理及销售代表等组成。

企业营销部门与企业业务部门之间既有多方面的合作，又存在争取资源方面的矛盾。所以在制订营销计划、开展营销活动时，企业必须考虑到与其他各部门的合作和协调。营销管理系统内部由于所肩负的职能各不相同，系统内的各部门也要协调一致，服务于营销目标。现代企业管理没有协调就难以避免内部摩擦与消耗，因此，如何通过内部有效沟通，协调好企业的各职能部门和营销管理系统的内部关系，就成为营造良好的微观环境、更好地实现营销计划的关键。图 2—3 为企业内部营销环境。

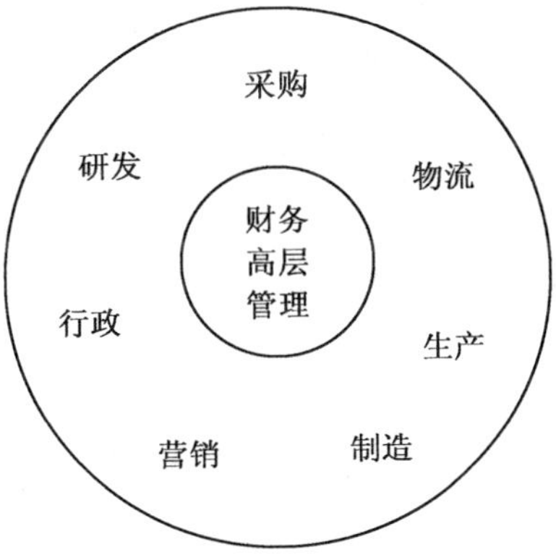


**图 2—3　企业内部营销环境**

**（三）营销中介**

营销中介帮助企业推广及分销产品，包括营销中间商、服务代理商、实体分配企业以及金融机构等。

1. 中间商

营销中间商是指协助销售、分配产品至最终顾客的企业，如代理商、经销商等，它们直接向企业取货，利用自身已经建立的销售机制，推销给下一级消费者。中间商对企业产品从生产领域到消费领域的流通具有极其重要的影响。企业要选择合格的中间商，在建立合作关系后，随时了解和掌握其经营活动，并采取一些激励性措施来推动其业务活动的开展，而一旦中间商不能履行其职责或市场环境变化，企业应及时终止与中间商的关系。

2.服务代理商

服务代理商指广告公司、广告媒介经营公司、市场调研机构、市场营销咨询企业、财务代理、税务代理等专门提供各种营销服务的企业。它们协助企业进行市场定位和市场推广。一些大的集团公司往往有自己的广告和市场调研部门，而大多数公司一般则以合同的方式委托专业公司办理这些事务。服务代理商服务质量的好坏直接影响到企业的营销活动。

3.实体分配企业

实体分配企业是指从事仓储、运输活动的物流机构，它们协助制造企业将产品实体运往销售目的地，完成产品空间位置的移动，到达目的地之后，还有一段待售时间，需要协助保管和储存。物流的安全性和方便性直接影响营销的质量。

4.金融机构

金融机构包括银行、信贷、信托公司、保险公司等。企业应与这些公司保持良好的关系，以保证融资及信贷业务的稳定和渠道的畅通。

**（四）顾客**

企业的营销活动应以满足顾客需要为中心。顾客是企业产品服务的对象，也是影响企业营销的重要力量，任何企业的产品和服务，得到了顾客的认可就取得了市场。所以，分析顾客的心理、了解顾客对企业产品的态度是企业营销管理的核心。一般来说，企业的顾客来自以下5种市场：

1.消费者市场

消费者市场，指为满足个人或家庭消费需求而购买产品及服务的个人和家庭。

2.生产者市场

生产者市场，指为生产其他产品及服务，以赚取利润而购买产品和服务的组织。

3.中间商市场

中间商市场，指购买产品及服务以转售，从而从中营利的组织。

4.政府市场

政府市场，指购买产品及服务以提供公共服务或把这些产品及服务转让给其他需要的人或相关机构。

5.国际市场

国际市场，指国外购买产品及服务的个人及组织，包括外国消费者、生产商、中间商及政府。

上述五类市场的顾客需求各不相同，要求企业以不同的方式提供产品和服务。它们的需求、欲望和偏好直接影响企业营销决策的制定。

**（五）公众**

公众，是指对企业完成其营销目标的能力有着实际或潜在利益关系和影响力的群体或个人。公众对企业的态度会对企业的营销活动产生巨大的影响，既可能有助于增强企业实现其营销目标的能力，又可能妨碍这种能力。因此企业必须采取一定的措施，成功地处理与主要公众的关系，争取公众的支持和偏爱，为自己营造和谐、宽松的社会环境。企业主要面临以下6类公众：

1.金融公众

金融公众主要包括银行、投资公司、证券公司、股东等，其对企业的融资能力有重要的影响。

2. 媒介公众

媒介公众指的是报纸、杂志、电台、电视台等传播媒介，它们掌握传媒工具，有着广泛的社会联系，能直接影响社会舆论对企业的认识和评价。

3. 政府公众

政府公众指与企业经营活动有关的各级政府机构或部门。企业在开展营销活动时必须认真研究政府的政策方针与措施的发展变化情况，从中寻找对企业营销活动的限制或机遇。

4. 社团公众

社团公众指与企业营销活动有关的非政府机构，如消费者组织、环境保护组织以及其他群众团体。企业营销活动涉及社会各方面的利益，来自社团公众的意见、建议对企业营销决策有着十分重要的影响。

5. 社区公众

社区公众指企业所在地附近的居民和社区团体。社区是企业的邻里，企业保持与社区的良好关系，为社区的发展做一定的贡献，会受到社区居民的好评，它们的口碑能帮助企业树立形象。

6. 内部公众

内部公众指企业内部的管理人员及一般员工，企业的营销活动离不开内部公众的支持。

**（六）竞争者**

企业很少能够单独为某一顾客市场服务，总会面对各种各样的竞争对手。企业的竞争对手不仅包括同行业竞争者，还包括非同行业竞争者。从消费需求的角度，企业的竞争者可以划分为以下四类：

1. 愿望竞争者

愿望竞争者指提供不同的产品以满足不同需求的竞争者。例如，消费者要选择一种消费品，其所面临的选择可能有电脑、电视机、摄像机、出国旅游等，这时电脑、电视机、摄像机以及出国旅游之间就存在着竞争关系，成为愿望竞争者。

2. 普通竞争者

普通竞争者指提供不同的产品以满足相同需求的竞争者。如面包车、轿车、摩托车、自行车都是交通工具，在满足需求方面是相同的，它们就是普通竞争者。

3. 产品形式竞争者

产品形式竞争者指生产同类但规格、型号、款式不同的产品的竞争者。如自行车中的山地车与城市车、男式车与女式车，就构成产品形式竞争者。

4. 品牌竞争者

品牌竞争者指生产相同规格、型号、款式的产品，但品牌不同的竞争者。以电视机为例，海信、海尔、长虹等众多生产商之间就互为品牌竞争者。

上述四种不同的竞争者与企业构成了不同的竞争关系。企业在制定营销策略前必须先弄清竞争对手特别是同行业竞争对手的生产经营状况，做到知己知彼，从而有效地开展营销活动。

**入境还得先问俗**

## 三、宏观营销环境分析

宏观环境又称间接营销环境，包括人口环境、经济环境、政治和法律环境、社会文化环境、自然环境、科技环境六大要素。企业及其微观环境都处在大的宏观环境下，所以影响较为广泛，如图2—4所示：

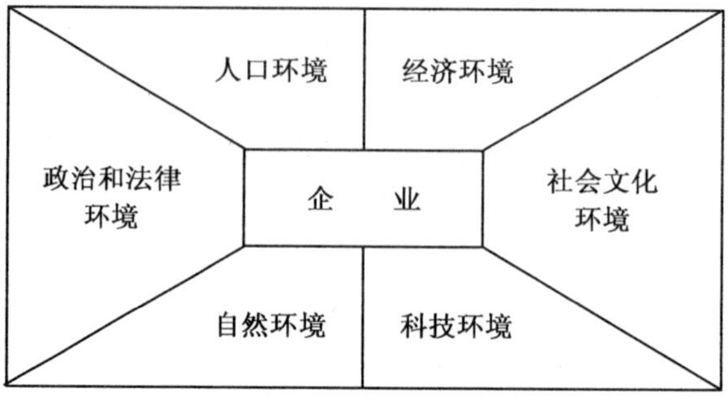


**图2—4　企业营销的宏观环境**

**（一）人口环境**

PEST分析简介

人口是市场的第一要素。人口数量直接决定市场的潜在容量，人口的性别、年龄、民族、居住地点、婚姻状况、密度、职业等也对市场格局产生深刻的影响，并直接影响企业的市场营销活动和经营管理活动。企业应重视对人口环境的研究，密切关注人口特性及其发展动向，及时地调整营销策略以适应人口环境的变化。

1.人口数量

人口数量是决定市场规模和潜力的一个基本要素，如果收入水平不变，人口越多，对食物、衣着、日用品的需要量也越多，则市场也就越大。

企业应充分关注人口数量的变化。人口总量的变化会影响对某些生活必需品的需求，如衣着、食物、住房、交通等。特定年龄段的人口数量的变化会影响到某些行业的发展，如人口的老龄化必将影响到一些保健品、老年消费品行业，促进这些产业的发展。

2.人口结构

人口结构主要包括人口的年龄结构、性别结构、家庭结构、社会结构、民族结构、职业结构等。

3.人口的地理分布

地理分布指人口在不同地区的密集程度。人口的这种地理分布表现在市场上，就是各地人口的密度不同，则市场大小不同；消费习惯不同，则市场需求特性不同。人口流入较多的地方由于劳动力增多，就业问题突出，行业竞争较激烈。但人口增多也使当地基本需求量增加，消费结构发生一定的变化，从而带来较多的市场份额和营销机会。

**（二）经济环境**

经济环境指企业营销活动所面临的外部经济因素，其运行状况及发展趋势会直接或间接地对企业营销活动产生影响。

1.消费者收入

购买力是市场形成并影响其规模大小的决定因素，也是影响企业营销活动的直接经济因素。消费者的购买力来自消费者的收入，但消费者并不是把全部收入都用来购买商品或劳务，购买力只是收入的一部分。

2.消费者支出

随着消费者收入的变化，消费者支出模式会发生相应的变化，进而影响到消费结构，经济学家常用恩格尔系数(Engel’s Coefficient)来反映这种变化。

恩格尔系数＝食物支出变动百分比/收入变动百分比

恩格尔系数是衡量一个国家、地区、城市、家庭生活水平高低的重要参数。食物开支占总消费量的比重越大,恩格尔系数越大,生活水平越低;反之,食物开支所占比重越小,恩格尔系数越小,生活水平越高。

## 延伸知识

### 恩格尔系数

恩格尔系数是食品支出总额占个人消费支出总额的比重。19世纪中期,德国统计学家和经济学家恩格尔(见图2—5)对比利时不同收入的家庭消费情况进行了调查,研究了收入增加对消费需求支出构成的影响,提出了带有规律性的原理,由此被命名为恩格尔定律。其主要内容是:一个家庭收入越少,家庭收入中(或总支出中)用来购买食物的支出所占的比例就越大。随着家庭收入的增加,家庭收入中(或总支出中)用来购买食物的支出比例则会下降。推而广之,一个国家越穷,每个国民的平均收入中(或平均支出中)用于购买食物的支出所占比例就越大。随着国家的富裕,这个比例呈下降趋势。

图2—5　恩斯特·恩格尔

众所周知,吃是人类生存的第一需要,在收入水平较低时,其在消费支出中必然占有重要地位。随着收入的增加,在食物需求基本满足的情况下,消费的重心才会开始向穿、用等其他方面转移。

恩格尔定律是根据经验数据提出的,是在假定其他一切变量都是常数的前提下才适用的,因此在考察食物支出在收入中所占比例的变动问题时,还应当考虑城市化程度、食品加工、饮食业和食物本身结构变化等因素对于家庭食物支出增加的影响。只有达到相当高的平均食物消费水平时,收入的进一步增加才不对食物支出产生重要的影响。

联合国根据恩格尔系数的大小,对世界各国的生活水平有一个划分标准,即一个国家平均家庭恩格尔系数大于60%为贫穷;50%—60%为温饱;40%—50%为小康;30%—40%属于相对富裕;20%—30%为富足;20%以下为极其富裕。按此划分标准,20世纪90年代,恩格尔系数在20%以下的只有美国,达到16%;欧洲、日本、加拿大,一般在20%—30%之间,呈富裕状态;东欧国家,一般在30%—40%之间,相对富裕;剩下的发展中国家,基本上处于小康水平。

中国关键年份的恩格尔系数数据变化如下:

1978年,平均值为60%(农村为68%,城镇为59%),属于贫穷级别;

2003年,平均值为40%(农村为46%,城镇为37%),属于小康级别;

2015年,平均值为30.6%,属于相对富裕级别;

2016年,平均值为30.1%,属于相对富裕级别,距离上升到富足级别只相差0.1个百分点;

2019年,平均值为28.2%,属于富足级别。

使用恩格尔系数应注意以下方面:

一是恩格尔系数是一种长期趋势,时间越长,趋势越明显,某一年份恩格尔系数波动是正常的;

二是在进行国际比较时应注意可比口径,在中国城市,由于住房、医疗、交通等方面存在大量补贴,因此进行国际比较时应调整到相同口径;

三是地区间消费习惯不同,恩格尔系数略有不同。

在适用恩格尔系数进行国际比较时,由于各国的价格体系、福利补贴等方面差异较大,所以要注意个人消费支出的实际构成情况,运用恩格尔系数反映消费水平和生活质量会产生误差。

在计算恩格尔系数的时候个人消费总支出需要除去购房支出或者是金融产品支出。就中国的情况来说,购房支出属于资产转移或者是资产投资行为。其他个人投资性支出也不能纳入个人消费总额。

3.消费者储蓄和信贷

消费者的购买力还受储蓄和信贷的直接影响。当收入一定时,储蓄越多,现实消费量就越小,而潜在消费量越大;反之,储蓄越少,现实消费量就越大,而潜在消费量越小。另外,储蓄目的的不同,也往往会影响到潜在需求量、消费模式、消费内容、消费发展方向的不同。这就要求企业营销人员在调查、了解储蓄动机与目的的基础上制定不同的营销策略,为消费者提供有效的产品和劳务。

消费者信贷对购买力的影响也很大。消费者信贷,指消费者凭信用先取得商品使用权,然后按期归还贷款,以购买商品。信贷消费允许人们购买超过自己现实购买力的商品,创造了更多的需求。我国现阶段的信贷消费还停留在初级阶段,信贷商品基本上局限于住房、汽车等,但相较于以前已有了较大的发展。

4.社会经济发展水平

企业的市场营销活动还要受到整个国家或地区的经济发展水平的制约。经济发展阶段不同、居民的收入不同,顾客对产品的需求也不一样,从而会在一定程度上影响企业的营销。如在经济发展水平比较高的地区,消费者更注重产品的款式、性能及特色,品质竞争多于价格竞争。而在经济发展水平比较低的地区,消费者往往更注重产品的功能及实用性,价格因素显得比产品品质更为重要。因此,对于不同经济发展水平的地区,企业应采取不同的市场营销策略。

**(三)政治和法律环境**

政治和法律环境是影响企业营销的重要的宏观环境因素,包括政治环境和法律环境。政治环境引导着企业营销活动的方向，法律环境则为企业规定经营活动的行为准则。政治与法律相互联系，共同对企业的市场营销活动发挥影响和作用。

1. 政治环境

政治环境主要包括国家的政治体制、政治局势、政党体制和国家政策等方面。一个国家或地区政治与生活稳定是企业顺利进行营销活动的前提。政治环境一般是企业无法控制的环境因素。广义的政治环境还包括国内政治环境和国际政治环境。

2. 法律环境

法律环境是指国家或地方政府所颁布的各项法规、法令和条例等，它是企业营销活动的准则，企业只有依法进行各种营销活动，才能受到国家法律的有效保护。

法律环境包括本国法律、目标市场国家法律、国际法律的环境。从事国际营销活动的企业，不仅要遵守本国的法律制度，还要了解和遵守国外的法律制度和有关的国际法规、惯例和准则。例如，欧洲国家曾规定禁止销售不带安全保护装置的打火机，无疑限制了中国低价打火机的出口市场。日本政府也曾规定，任何外国公司进入日本市场，必须找一个日本公司同它合伙，以此来限制外国公司的进入。

**（四）社会文化环境**

任何企业都处在一定的社会文化环境中，它的经营活动必然要受到这种社会文化的影响和制约。社会文化环境，一般指在一种社会形态下已经形成价值、观念、宗教信仰、道德规范、审美观念以及风俗习惯等的总和。企业应了解、研究和分析社会文化环境，针对不同的文化环境制定不同的营销策略。社会文化环境主要包括以下几个方面：

1. 教育状况

受教育程度的高低，影响到对商品的需求。通常文化素质高的国家或地区的消费者要求商品包装典雅、华贵，对附加功能也有一定的要求。受教育程度的高低，也会影响到企业的调研、分销等营销活动。

2. 宗教信仰

宗教是影响人们消费行为的重要因素之一，某些国家或地区的宗教组织甚至在教徒购买决策中有决定性的影响。企业可以把影响大的宗教组织作为自己的重要公共关系对象，在营销活动中也要注意到不同的宗教信仰，以避免由于矛盾和冲突给企业营销活动带来损失。

3. 价值观念

价值观念指人们对社会生活中各种事物的态度和看法。不同文化背景下人们的价值观念往往有着很大的差异，消费者对商品的需求和购买行为深受价值观念的影响。

4. 消费习俗

消费习俗指人们在长期的经济与社会活动中所形成的一种消费方式与习惯。不同的消费习俗，具有不同的商品需求。研究消费习俗，不但有利于组织消费产品的生产与销售，而且有利于正确、主动地引导健康消费。了解目标市场消费者的禁忌、习俗、避讳、信仰、伦理等是企业进行市场营销的重要前提。

在研究社会文化环境时，企业还要重视亚文化群对消费需求的影响。每一种社会文化除核心文化外都包含若干亚文化群。因此，企业市场营销人员在进行营销环境分析时应充分考虑到各亚文化群，可将其视为细分市场，以满足不同消费者的需求。

**（五）自然环境**

自然环境是指自然界提供给人类各种形式的物质自然资料，如阳光、空气、水、森林、土地等。自然环境对企业营销的影响表现为自然资源短缺、能源成本上升、环境污染增加、政府干预等。

1. 自然资源短缺

自然界的资源可分为无限资源和有限资源两大类，其中，有限资源又可分为有限可再生资源和有限不可再生资源。伴随着人类文明和社会经济的不断发展，人们大量地开采各种矿产，使有限不可再生资源日趋匮乏，如银、锡、铀等已近于枯竭的边缘。

2. 能源成本上升

石油这一重要的不可再生的能源资源，已成为世界未来经济发展的障碍。在石油价格不断上涨的情况下，不少企业正寻求新的其他形式的能源如太阳能、风能、原子能等，这些都将会给企业的营销环境带来新的变化。

3. 环境污染增加

工业生产活动对自然环境造成了很大的影响。随着现代工业的进一步发展，环境污染问题也日趋严重。环境污染问题已引起全世界人民的广泛重视，公众对环境问题的关心，为企业创造了新的市场机会，促使企业研究开发污染控制技术及环保型产品。

4. 政府干预

环境污染问题日趋严重，公众对环境问题的关心也使得各国政府加强了对环境保护的干预，颁布了各种政策法规治理环境，防止污染。

## 延伸知识

最新全球各国燃油车禁售时间见图 2—6，最新全球车企传统燃油车禁售时间见图 2—7。

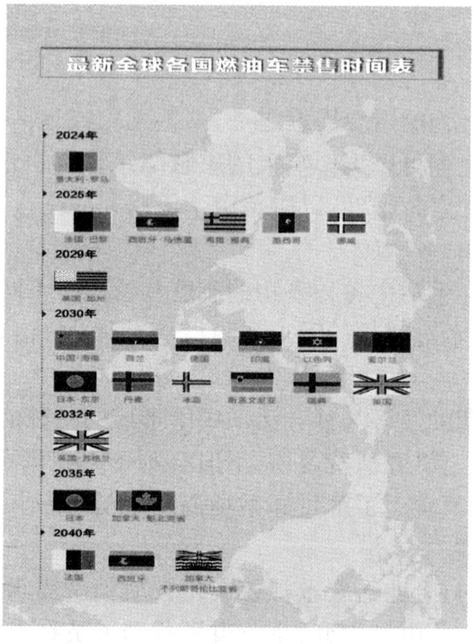


图 2—6　最新全球各国燃油车禁售时间表

图 2—7　最新全球车企传统燃油车禁售时间表

**（六）科技环境**

科学技术是社会生产力中最活跃的因素。作为营销环境的一部分，科技环境不仅直接影响企业内部的生产和经营，还同时与其他环境因素相互依赖、相互作用。科学技术革命既给企业市场营销创造了机会，也带来了威胁。企业可以应用新技术，不断更新原有产品，满足消费者的需求。而新技术的出现，也使得企业现有产品面临被淘汰的威胁。另外，新技术的发展也会引起人们的消费观、价值观及企业营销策略的变化。

**市场信息的获取方法**

## 任务训练

### 一、实操题

查询申通快递的相关资料，请分析申通快递的微观环境，其各影响因素是如何相互作用的。

### 二、自测题

**（一）单选题**

1. 下列环境因素属于市场营销微观环境因素的有（　　）。

A. 人口　　B. 购买力　　C. 公众　　D. 自然环境

2.（　　）不属于市场营销宏观环境。

A. 人口环境　　B. 文化环境　　C. 经济环境　　D. 顾客

3. 银行、保险公司、证券交易所等属于企业的(　　)。

A. 政府公众　　B. 金融公众　　C. 媒介公众　　D. 社会公众

(二)多选题

1. 微观营销环境又称作业环境，是指与企业紧密相连，直接影响其营销能力的各种参与者。这些参与者包括(　　)。

A. 企业自身　　B. 竞争者　　C. 供应商　　D. 营销中介

E. 顾客　　F. 公众

2. 宏观营销环境是指影响企业微观环境的巨大社会力量，包括(　　)等多方面的因素。

A. 人口　　B. 竞争者　　C. 社会文化　　D. 经济

E. 科技　　F. 政治和法律

3. 供应商对企业营销活动的影响是(　　)。

A. 供应的稳定性　　B. 供应的价格　　C. 供应物资的质量　　D. 供应商的融资渠道

E. 供应时间和履约程度

4. 研究消费收入时，要注意(　　)。

A. 国内生产总值　　B. 人均国民收入

C. 工作单位福利收入　　D. 个人可任意支配收入

E. 个人可支配收入　　F. 家庭收入

(三)判断题

1. 中国消费者在传统上不习惯超前消费，这是受宗教信仰的影响。(　　)

2. 微观环境与宏观环境之间是一种并列关系，微观营销环境并不受制于宏观营销环境，它们各自独立地影响企业的营销活动。(　　)

3. 同一个国家不同地区的企业之间营销环境基本上是一样的。(　　)

4. 市场营销环境是一个动态系统，每一环境因素都随着社会经济的发展而不断变化。(　　)

(四)简答题

1. 什么是营销环境？具有什么特色？

2. 研究企业营销环境有什么意义？

## 任务二　识别和选择竞争者

### 任务目标

▶ **知识目标**

1. 了解行业竞争的基本力量

2. 掌握竞争者分析的方法

▶ **能力目标**

能够正确地评估企业的竞争者

## 任务引入

### 伊利与蒙牛

背景与情境：1993 年，呼和浩特市回民奶食品加工厂股份制改造为“内蒙古伊利实业股份有限公司”，后成立内蒙古伊利实业集团股份有限公司，简称“伊利集团”。如今，伊利集团已成为全国乳品行业龙头企业之一，并以强劲的实力领跑中国乳业，成为国家 520 家重点工业企业和国家 8 部委首批确定的全国 151 家农业产业化龙头企业之一。

1999 年 7 月，同样在呼和浩特，蒙牛乳业由自然人出资采取发起设立方式成立。短短 6 年时间，蒙牛集团业务规模增长了 200 多倍，以“火箭的速度”经历了神话般的发展，其主营业务收入在全国乳制品企业中的排名直线上升，多次荣列“中国乳品行业竞争力第一名”。

作为行业老大与老二，又同为来自大草原的乳业企业，伊利集团与蒙牛集团从来都不缺乏竞争，从原材料争夺到终端市场销售、从产品价格到销售渠道、从营销手段到公关策略，它们的竞争几乎已经渗透到企业经营中的所有环节：前者打造乳业第一品牌，后者进行品牌比附定位；你方借势“超级女声”，我方赞助“奥运营销”……

尽管伊利集团与蒙牛集团在市场竞争中比拼，在“擂台上”PK，一次次针尖对麦芒，却又相互借力、相互合作，演绎着彼此相长、保持旺盛的共同发展之路。

竞争，使伊利集团和蒙牛集团都发展壮大！

**思考题：**

伊利集团和蒙牛集团互为竞争对手，又是如何发展壮大的？

## 知识分析

竞争者分析，是战略分析方法之一，是对竞争对手的现状和未来动向进行分析，包括：识别现有的直接竞争者和潜在竞争者；收集与竞争者有关的情报和建立数据库；对竞争者的战略意图和各层面的战略进行分析；识别竞争者的长处和短处；洞察竞争者在未来可能采取的战略和可能做出的竞争反应。企业参与市场竞争，由于需求的复杂性、层次性、易变性，技术的快速发展和演进、产业的发展，使得市场竞争中的企业面临复杂的竞争形势。一个企业可能会被新出现的竞争对手打败，或者由于新技术的出现和需求的变化而被淘汰。企业必须密切关注竞争环境的变化，了解自己的竞争地位及彼此的优劣势，只有知己知彼，方能百战不殆。

### 一、影响竞争的五种力量

市场中有众多企业，一个企业不会也不可能把其他所有企业都作为竞争对手，市场营销策略也需要针对相应的竞争者而制定。

从理论上分析，竞争者有狭义竞争者与广义竞争者之分。确定竞争者的关键是如何把握“竞争者”的概念。广义上，与本企业生产相似或同类产品的企业都可以看作竞争者。

同行业内企业的竞争是最直接、最残酷的。当然，行业外的力量也不容忽视，它将对本行业中所有的企业产生影响。美国战略家迈克尔·波特(Michael Porter)从竞争的角度指出市场中存在五种竞争力量，它们共同决定了一个市场或细分市场的长期内在吸引力。行业竞争的五种基本力量见图 2—8。

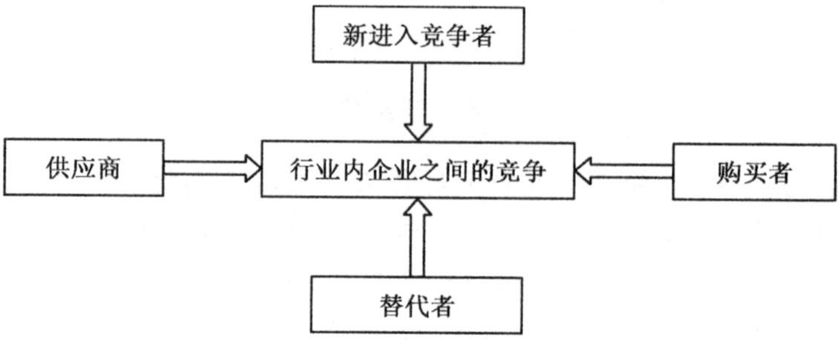


**图 2—8 行业竞争的五种基本力量**

## 延伸知识

迈克尔·波特(见图 2—9)出生于密歇根州的大学城——安娜堡,父亲是位军官。波特在普林斯顿学的是机械和航空工程,随后转向商业,获哈佛大学的 MBA 及经济学博士学位,并获得斯德哥尔摩经济学院等 7 所著名大学的荣誉博士学位。

**图 2—9 竞争战略之父——迈克尔·波特**

1983 年,他被任命为美国总统里根的产业竞争委员会主席,开创了企业竞争战略理论并引发了美国乃至世界的竞争力讨论。他先后获得过大卫·威尔兹经济学奖、亚当·斯密奖,五次获得麦肯锡奖,拥有很多大学的名誉博士学位。他 32 岁即获哈佛商学院终身教授之职,是当今世界上竞争战略和竞争力方面公认的权威。迈克尔·波特博士获得的崇高地位源于他所提出的"五种竞争力量"和"三种竞争战略"的理论观点。作为国际商学领域最备受推崇的大师之一,迈克尔·波特博士至今已出版了 17 本书及发表了 70 多篇文章。其中,《竞争战略》一书已经再版 53 次,并被译为 17 种文字;另一本著作《竞争优势》,至今也已再版 32 次。波特博士的课已成了哈佛商学院的必修课之一。迈克尔·波特的3部经典著作《竞争战略》《竞争优势》《国家竞争优势》被称为“竞争三部曲”。

迈克尔·波特对竞争情有独钟，他的第一部广为流传的著作是1980年出版的《竞争战略》，它改变了CEO的战略思维。他在书中总结出五种竞争力，即行业中现有对手之间的竞争和紧张状态、来自市场中新生力量的威胁、替代的商品或服务、供应商的还价能力以及消费者的还价能力，这就是著名的“五力模型”。在激烈的商业竞争中，只有灵活运用战略才能胜出，因此，波特为商界人士提供了三种卓有成效的战略，即成本优势战略、差异化战略和缝隙市场战略。公司应视具体情况和自身特点来选择战略方针，同时还应该考虑连接产品或者供给的系列信道。波特首次将这种信道称为价值链，并在每一条价值链上区分出内部后勤、生产或供给、外部物流及配送、市场营销及售后服务五种主要的活动，而每一项活动都伴随着各自的派生活动，每一家公司的价值链相应地融入一个更为广阔的价值体系。

资料来源：https://www.zhihu.com/topic/19711370/intro.

**（一）同行业内企业竞争的威胁**

如果企业的某个细分市场已经有了众多实力强大的或竞争意识强烈的竞争者，那么该细分市场就会失去吸引力。

如果某个细分市场处于稳定或者衰退状态，而企业产能不断扩大，会导致产品固定成本增加、企业退出的门槛变高，加之竞争者原来的投资很多，那么情况就会变得更糟糕。这些情况常导致该细分市场内爆发价格战、广告争夺战等恶性竞争，使企业付出高昂的代价。一般来说，行业内的竞争有五种基本竞争形式。

1. 份额竞争

这种竞争形式主要是在成熟行业中表现突出。当市场需求减缓、需求增长不断下降时，企业为了保持已有的利润率和维持投资效益，只有通过扩大市场占有率达到目的，因此，份额竞争与资源竞争会越来越激烈。

2. 均势竞争

若某个行业的所有竞争者力量均衡，任何一个企业均无明显优势可言，那么该行业可称为均衡竞争行业。处于这个行业中的竞争对手，要避免展开价格战、广告战、促销战等竞争手段，应该积极研发新产品、新技术，才能更容易生存和发展。

3. 差别竞争

差别竞争是同行业企业之间常用的竞争手段。若企业产品可以差别化，则实行产品差别竞争；若产品难以实现差别化，则实行营销差别化，如通过提高企业品牌知名度、降低价格、提高服务水平来争取消费者。

4. 规模竞争

在经验曲线陡峭的行业，规模扩张是企业降低成本最有效的手段。企业不断追加投资、扩大规模，使得市场上产品数量不断增加，供过于求，导致产品价格不断下降。当降价达到一定程度时，该行业的投资回报率会很快降低。

## 延伸知识

**波士顿经验曲线**

波士顿经验曲线（见图2—10）又称经验学习曲线、改善曲线。1960年，波士顿咨询公司的布鲁斯·亨德森首先提出了经验曲线效应。亨德森发现生产成本和总累计产量之间存在一致相关性。

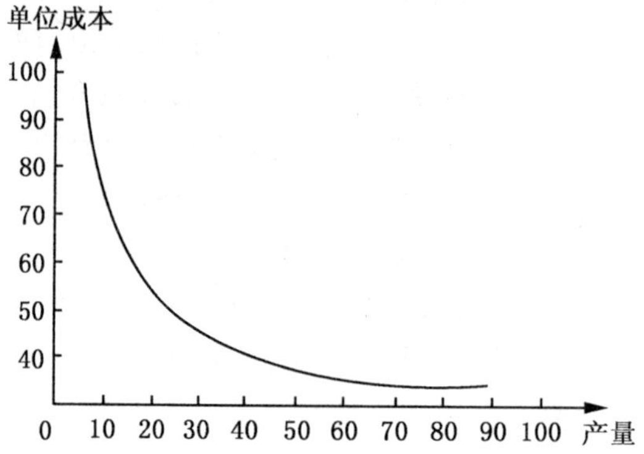


图 2—10　经验曲线

经验曲线是一种表示生产单位时间与连续生产单位之间关系的曲线。学习曲线效应及与其密切相关的经验曲线效应表示经验与效率之间的关系。当个体或组织在一项任务中习得更多的经验时,它们会变得效率更高。这两个概念出自英语谚语"实践出真知"。

1960 年,波士顿咨询公司(Boston Consulting Group)的布鲁斯·D. 亨德森(Bruce D. Henderson)首先提出了经验曲线效应(Experience Curve Effect)。亨德森发现生产成本和总累计产量之间存在一致相关性。

简而言之,如果一项生产任务被多次反复执行,则它的生产成本将会随之降低。每一次当产量倍增的时候,代价值(包括管理、营销、分销和制造费用等)将以一个恒定的、可测的比率下降。此后,研究人员对各个行业的经验曲线效应进行了研究,发现下降的比率在 10%—30%。

经验曲线是一个人们较为熟知的概念。一家工厂生产某种产品的数量越多,生产者就能越多地了解如何生产该产品,从生产中获得的经验也就越来越多。那么,在以后的生产中,工厂就可以有目的地并且较为准确地减少该产品的生产成本。每当工厂的累积产量增大 1 倍时,其生产成本就可以降低一定的百分比(该百分比的具体大小因行业不同而有所差别)。

5. 多元化竞争

单一经营的风险以及对行业前景的悲观预期,会使企业将部分资金、设备投入其他行业,这样就导致行业普遍存在多元化经营现象,因此也就出现了多元化竞争。

## 延伸知识

### 多元化经营战略

多元化经营战略又称为多角化经营战略,也称多角化增长战略、多样化战略或多产品战略。多角化经营战略属于开拓发展型战略,是企业发展多品种或多种经营的长期谋划。多元化经营,就是企业尽量增大产品大类和品种,跨行业生产经营多种多样的产品或业务,扩大企业的生产经营范围和市场范围,充分发挥企业的特长和利用企业的各种资源,提高经营效益,保证企业的长期生存与发展。

最早研究多角化主题的是美国学者安索夫(H. I. Ansoff)。他于 1957 年在《哈佛商业评论》上发表的《多元化战略》一文中强调多元化是“用新的产品去开发新的市场”。他首次提出的多元化经营主要针对企业经营的产品种类和数量而言。但是这种以产品种类多少来定义企业的多元化是不准确的，因为高度相关的多种产品经营与高度不相关的、跨产业的多种产品经营，即使企业的最终产品种类的数量相同，但表现出的多角化的程度是不一样的，显然后者的多元化程度更高，对企业经营的影响更大。

彭罗斯(E. T. Penrose，1959)在其出版的《企业成长理论》中定义多元化是企业在基本保留原有产品生产线的情况下扩展其生产活动，开展若干新产品(包括中间产品)的生产，并且这些新产品与原有产品在生产和营销中有很大的不同。他认为多元化包括最终产品的增加、垂直一体化的增加以及企业运作的基本领域数量的增加。他的定义弥补了安索夫的多元化定义中的不足，更接近企业多元化经营的实质。但其不足之处在于，他将企业经营的一体化与多元化混为一谈，认为一体化是企业多元化的一种形式。

鲁梅尔特(R. P. Rumelt，1974)指出，多元化战略是通过结合有限的多元化的实力、技能或目标，与原来活动相关联的新的活动方式表现出来的战略。多角化的实质是拓展进入新的领域，强调培植新的竞争优势和现有领域的壮大。

企业多元化经营的形式多种多样，但主要可归纳为以下四种类型：

(1)同心多元化经营(concentric diversification)战略。同心多元化经营战略也称集中化多元化经营战略，指企业利用原有的生产技术条件，制造与原产品用途不同的新产品，如汽车制造厂生产汽车，同时也生产拖拉机、柴油机等。

同心多元化经营的特点是，原产品与新产品的基本用途不同，但它们之间有较强的技术关联性。

(2)水平多元化经营(horizontal diversification)战略。水平多元化经营战略也称为横向多元化经营战略，指企业生产新产品销售给原市场的顾客，以满足他们新的需求。如某公司原生产收割机卖给农民，以后再生产农用化学品，仍然卖给农民。

水平多元化经营的特点是，原产品与新产品的基本用途不同，但它们之间有密切的销售关联性。

(3)垂直多元化经营(vertical diversification)战略。垂直多元化经营战略也称为纵向多元化经营战略。它又分为前向一体化经营(forward integration)战略和后向一体化经营(backward integration)战略。前向一体化多元经营，是指原料工业向加工工业发展，制造工业向流通领域发展，如钢铁厂设金属家具厂和钢窗厂等。后向一体化多元经营，指加工工业向原料工业或零部件、元器件工业扩展，如钢铁厂投资铁矿采掘业等。

垂直多元化经营的特点是，原产品与新产品的基本用途不同，但它们之间有密切的产品加工阶段关联性或生产与流通关联性。一般而言，后向一体化多元经营可保证原材料、零配件供应，风险较小；前向一体化多元经营往往在新的市场遇到激烈的竞争，但原料或商品货源有保障。

(4)整体多元化经营(conglomerate diversification)战略。整体多元化经营战略也称混合式多元化经营战略，是指企业向与原产品、技术、市场无关的经营范围扩展。如美国电话电报公司的主要业务是电信，后扩展经营旅馆业。整体多元化经营需要充足的资金和其他资源，故为实力雄厚的大公司所采用。

**(二)新进入竞争者的威胁**

一个细分市场的吸引力因进出市场难易程度不同而有所区别。

最有吸引力的细分市场应该是难以进入，容易退出。在这样的细分市场里，新的企业很难进入，但经营不善的企业可以安然撤退。

如果细分市场进入和退出都比较困难，则说明该细分市场的利润潜力大，但风险也大。如果某个细分市场上企业可以进退自如，那么企业可以获得的回报率不高。

最坏的情况是细分市场容易进入，而退出困难。这种情况导致在行业繁荣时企业蜂拥而入，但在行业萧条时企业却很难退出。其结果是企业产能过剩，收入下降。

**（三）替代品的威胁**

与某一产品具有相同功能，能满足同一需求的不同性质的其他产品属于替代产品。如果某个细分市场上存在替代产品，那么该细分市场就失去吸引力。替代产品会限制细分市场上价格和利润的增长。企业应该密切注意产品的价格趋向。如果在这些替代产品行业中技术有所发展或者竞争日趋激烈，那么这个细分市场的价格和利润就可能下降。扩大产品的差异化、研发新产品是应对这一威胁的好办法。

**（四）购买者议价能力增强的威胁**

如果某个细分市场中购买者的讨价还价能力很强或逐渐增强，那么该细分市场的吸引力就会降低，购买者会寻求更低的价格，对产品质量和服务提出更高的要求，导致企业形成恶性竞争。

**（五）供应商议价能力增强的威胁**

如果供应商集中或者有组织，或者替代产品少，或者供应的产品是重要的投入要素，或者转换成本高，或者供应商可以向前实行联合，那么供应商的讨价还价能力就会增强，企业细分市场的吸引力会因此降低。所以，企业应与供应商建立良好的关系，并开拓多种供应渠道。

## 二、竞争者分析

市场竞争取胜的首要保证是要了解竞争对手。企业制定市场竞争策略的一个中心任务就是了解竞争对手，预测竞争对手可能采取的策略行动，估计竞争对手对本企业市场竞争行为可能做出的反应等，这样才能制定相应的策略，有必胜的把握。

实践证明，了解对手就要掌握相关信息。实践中掌握竞争对手的相关信息本身就是一项挑战性的工作。竞争对手有意隐瞒信息或散布虚假信息，常常会导致对竞争对手的深入分析陷入困境，所以对市场竞争者的分析就具有特别重要的意义。

**（一）识别竞争者**

竞争者在市场经济中客观存在，对于企业来说，通常不能轻易识别和辨认。竞争具有狭义和广义之分，狭义的竞争者指的是现实的直接的竞争，是生产、经营与本企业提供的产品相似的或可以互相替代的产品、以同类顾客为目标市场的其他企业；而广义的竞争者是来自多方面的，企业与顾客、供应商之间都存在着某种意义上的竞争关系。

虽然竞争者客观存在，但企业通常不能轻易地发现自己所有的竞争者。一般来说，企业能够直接感受到现实的竞争者的存在，却往往不能够准确地把握哪些企业是自己潜在的竞争者。而潜在的竞争对手也许要比现实的竞争对手更具威胁。企业可从以下三个方面发现竞争者：

1. 从本行业角度发现竞争者

提供同一类产品或服务的企业，或者提供可相互替代的产品的企业，构成一个行业，如汽车行业、家电行业、食品行业、运输行业等。由于同行业之间产品的相似性和可替代性，彼此之间形成了竞争关系，因此首先从本行业出发发现竞争者。在本行业内部，由于价格、质量和其他的差异等各种因素的影响，产品的销量可能出现此升彼降的现象。因此，企业需要全面、透彻地了解本行业的竞争状况，发现强劲的竞争者。

2. 从市场和消费者角度发现竞争者

企业还可以从市场和消费者需要的角度出发来发现竞争者。这样，凡是满足相同的市场需求或者服务于同一目标市场的企业，无论是否属于同一行业，都可能是企业潜在的竞争者。例如，从消费者交通出行的需求看，乘汽车、坐火车、坐飞机、骑自行车和电动车、自驾都能满足消费者出行的需求，这些分属于不同的行业，它们之间形成了竞争。从满足消费者需求角度出发来发现竞争者，可以开拓企业的思路，从更广泛的角度认识企业现实的和潜在的竞争者。

3. 从市场细分角度发现竞争者

为了更好地发现竞争者，企业应当结合行业和市场两个方面，结合产品细分和市场细分来进行分析。企业要估计各个细分市场的容量、现有竞争者的市场占有率以及各个竞争者当前的实力，在各个细分市场确定市场目标与策略。

**（二）分析竞争者的目标和战略**

1. 竞争者的市场目标

考察竞争对手的市场目标具有特别重要的意义。企业在不同时期和不同发展阶段制定的目标和目标组合是不同的。通过了解竞争者的目标，即可以借此了解竞争者目前的市场地位、经营状况、财务状况，其对自己的状况是否满意，可以推断这个竞争对手的策略及发展动向，以及其对外部环境因素的变化或其他企业竞争策略的反应。

企业的战略目标多种多样，如获利能力、市场占有率、现金流量、成本降低、技术领先、服务领先等，每个企业都有不同的侧重点和目标组合。了解竞争者的战略目标及其组合可以判断他们对不同竞争行为的反应。例如，一个以低成本领先为目标的企业对竞争企业在制造过程中的技术突破会产生强烈反应，面对竞争企业增加广告投入则不太在意。

竞争者的目标由多种因素确定，包括企业的规模，历史、经营管理状况，经济状况等。

2. 判断竞争者的战略

竞争对手会采取什么样的竞争战略，对于企业制定竞争战略具有重要意义。竞争者之间可能采取不同的战略，也可能采取类似的战略。战略的相似度越高，竞争则越激烈。企业通常采用价格竞争和非价格竞争两种基本形式。

价格竞争是指企业运用价格手段，通过价格提高、维持或降低以及竞争者对定价或变价的灵活反应等，来与竞争者争夺市场份额的一种竞争方式。

价格竞争是市场运作中不可避免的一种经济规律，关键是如何根据自身的资源及所处的环境，采取有效的措施使企业在竞争中生存与发展。

价格竞争是竞争对手易于仿效的一种方式，很容易招致竞争对手以牙还牙的报复，两败俱伤，最终不能提高经济效益。价格竞争已逐渐成为市场营销的主流。

非价格竞争即价值竞争，就是为顾客提供更好、更有特色或者更能适合各自需求的产品和服务的一种竞争。随着社会经济的发展和人们生活水平的提高，需求的个性化、差异化、多样化、层次化、动态化已逐步成为当今市场消费的基本特征。非价格竞争可以通过了解消费者需求的变化，不断按照消费者潜在的和现实的需求改进产品、改进营销策略，以丰富多彩的竞争手段和形式，满足消费者的消费需求，应对竞争者的挑战。非价格竞争则可以通过产品升级、技术革新、质量改良、品牌建树、超值服务等多种手段来吸引消费，达到扩大产销量的目的。

（三）评估竞争者

评估竞争者可分为三步进行。

1. 收集信息

收集竞争者业务上最新的关键数据，主要有销售量、市场份额、心理份额、情感份额、毛利、投资报酬率、现金流量、新投资、设备能力利用等。收集信息的方法是查找第二手资料和向顾客、供应商及中间商调研，从而拿到第一手资料。

延伸知识

**心理份额**

心理份额是指你所认为的同行业中最为知名的公司的具体、真实的市场份额，通俗点说，当回答“举出这个行业中你首先想到的一家公司？”这一问题时，这家公司的顾客占市场全部顾客的百分比。比如，当我们提到洗发水企业，就马上会想到宝洁公司，那么宝洁公司的市场份额就是你的心理份额。

比如，提起可乐，马上联想到可口可乐；提起北京旅游，马上联想到天安门；提到低价电商，马上联想到拼多多。每个公司都在消费者的头脑地图里有一个条件反射式的“份额”、一个“地位”，这个就是心理份额。

比如消费者的头脑里形成了一个理念，一提到凯迪拉克品牌汽车，就联想到动力强大、有肌肉感、空间大、有面子、显得有档次……这个消费者现在不一定已经购买了凯迪拉克汽车（可能还用不上，可能还买不起），所以心理份额不会立即完全一比一地反映到市场份额上。但是，随着制造成本的下降（解决“买不起”的问题）和习惯的形成（解决“还用不上”的问题），心理份额会不断地转化到市场份额上。

心理份额对于企业来说非常重要。研究表明，心理份额稳步上升的公司最终将获得市场份额和利润。如果一个企业的心理份额下降，就表明该企业的市场营销效率和提供的相关服务质量水平在下降。

现实当中，很多企业实施心理份额战略，从而保证了其心理份额得到有效稳步提升，这对于带动市场份额的提升相当有利。

2. 分析评价

收集有关竞争者的情报资料是件相当困难的事，但还是要为此付出努力，因为这有助于对竞争者的优势和劣势进行较为准确的估计，帮助企业做出向谁挑战、怎样挑战的决策。企业在收集足够的情报资料后必须利用分析比较的方法对竞争者进行评价。

每位竞争对手能否有效地实施其战略并达到目标，取决于他们的资源与能力、优势与弱点。企业可通过比较每位竞争者过去的重要的业务数据，如销售额、市场占有率、投资收益率、生产能力等分析其优势和不足，也可通过向中间商顾客调查来了解竞争者的实力，还可跟踪调查竞争者的各项财务指标的变化情况，特别是利润率和资金周转速度的变化来加以比较和分析。

3. 评估优势和劣势

竞争者的优势和劣势通常体现在以下几个方面：

（1）产品：地位、适销性、组合。

（2）营销和渠道：广度和宽度、效率和实力、服务能力、营销的水平、能力、研发和销售。

（3）生产和经营：规模经济、设备状况等因素所决定的生产规模与生产成本，设施与设备的技术先进性与灵活性，专利与专有技术，生产能力的扩展，质量控制与成本控制，区位优势，员工状况，原材料的来源与成本。

(4)研究与开发能力：企业内部在产品、工艺、基础研究、仿制等方面所具有的研究与开发能力，研究与开发人员的创造性、可靠性、简化能力等方面的素质与技能。

(5)资金实力：资金结构、筹资能力、现金流量、资信度、财务比率、财务管理能力。

(6)组织和管理能力：企业组织成员价值观的一致性与目标的明确性、组织结构与企业策略的一致性、组织结构与信息传递的有效性、组织对环境因素变化的适应性与反应程度、组织成员的素质、企业管理者的领导素质和能力。

**(四)估计竞争者的反应模式**

在不同的市场观念指导下，由于竞争者的策略、目标、优势和劣势不同，对于市场上的降价、促销、新产品的推出等竞争行为可能做出不同的反应。企业要研究竞争者的市场观念，估计竞争者的市场反应和可能采取的行为，为本企业的市场策略提供决策依据。一般情形下，竞争者的市场反应可以分为以下几种类型：

1. 从容型或迟钝型竞争者

某些竞争企业对市场竞争措施的反应不强烈，行动迟缓，这可能是因为竞争者受到自身资金、规模、技术等方面的限制，无法及时捕捉到信息，做出适当的反应；也可能是因为竞争者对自己的竞争力过于自信，对于对手的表现不屑于采取反应行为；还可能是因为竞争者对市场竞争措施重视程度不够，未能及时捕捉到市场竞争变化的信息。

2. 选择型竞争者

某些竞争企业对不同的市场竞争措施的反应是有区别的。例如，大多数竞争企业对降价这样的价格竞争措施总是反应敏锐，倾向于做出强烈的反应，力求在第一时间采取报复措施进行反击；而对于非价格竞争如改善服务、增加广告、改进产品、强化促销等措施则不太在意，认为对自己不构成直接威胁，不会及时做出反应。

3. 强烈反应型竞争者

许多竞争企业对市场竞争因素的变化十分敏感，一旦受到竞争和挑战，就会迅速地做出强烈的市场反应，进行激烈的报复和反击，势必将挑战自己的竞争者置于死地。这些强烈反应型竞争者通常都是市场上的领先者，具有某种竞争优势。因此，一般企业轻易不敢或不愿挑战其在市场上的权威地位，尽量避免与其直接、正面交锋。一般而言，领先者和挑战者直接的竞争往往如此。

4. 随机型竞争者

这类竞争企业对市场竞争所做出的反应通常是随机的，往往不按规则出牌，让人觉得不可捉摸。例如，随机型竞争者在某些时候可能对市场竞争的变化做出反应，又可能不做出反应；他们既可能迅速做出反应，又可能反应迟钝；其反应既可能是剧烈的，又可能是柔和的。

**SWOT分析简介**

## 任务训练

### 一、实操题

1. 请查询江淮汽车的相关资料，正确评估该企业目前的主要竞争对手有哪些，并对竞争对手进行有效分析。

2. 2021 年,国家实行双减政策,给诸多培训机构造成重大的冲击,或破产或转型或升级。请以新东方为例,分析目前的竞争格局。

## 二、自测题

### (一)多选题

1. 五种竞争力分析模型包括(　　)。

A. 同行业竞争者的竞争　　B. 替代品的竞争

C. 新进入者的竞争　　D. 购买者讨价还价能力

E. 供应商商品质量水平

2. 行业内的竞争有多种基本竞争形式,包括(　　)。

A. 份额竞争　　B. 均势竞争　　C. 差别竞争　　D. 规模竞争

E. 多元化竞争

3. 评估竞争者一般可以分以下几步进行,包括(　　)。

A. 收集信息　　B. 分析评价

C. 评估优势和劣势　　D. 研究本企业的生产能力

### (二)分析题

2021 年 12 月 18 日,2021 蔚来日(NIO Day 2021)在苏州举行。本届 NIO Day 上,蔚来发布中型智能电动轿跑 ET5。请从市场竞争角度,分析 ET5 的市场产品竞争格局。

# 任务三　制定并实施竞争战略

## 任务目标

**▶ 知识目标**

1. 了解企业的基本竞争战略

2. 掌握市场竞争策略

**▶ 能力目标**

能够有效分析企业的竞争态势,制定合理的竞争策略

## 任务引入

### 我国啤酒市场的走势

中国已经成为世界啤酒第一产销大国。越来越多的国际资本正势不可挡地涌入中国,与急需增强资本优势、开拓国际国内市场的中国啤酒企业展开合作,优势互补,共同开拓中国啤酒市场。外资第一次大规模进入中国啤酒市场是在 20 世纪 90 年代初期,50 多家外资啤酒品牌全面进军中国,当时国内大多数大中型啤酒企业被外资控股或收购,市场上出现大量的外资啤酒品牌。20 世纪 90 年代中后期,由于中国啤酒市场地方保护严重,价格战等一系列恶性竞

争出现，绝大多数外资啤酒企业水土不服，大规模撤出中国市场。现在，外资在策略上已经比较成熟和现实，找到更为可行的介入方式"改用资本说话"，绝大部分采用参股控股国内强势企业的策略。目前，我国三大啤酒品牌(青岛、燕京和珠江)都有外资参股控股。

这样，啤酒市场在外资的推动下渐次展开新一轮的品牌整合，出现寡头垄断竞争格局。分析人士指出，就啤酒业而言，国际啤酒市场趋于饱和，近10年增长缓慢。中国啤酒市场有很大潜力，每年有5%—10%的增长率。中国人均消费量约为19升，如果要达到国际中等人均消费水平30余升，我国啤酒产量将达到4 000万吨的规模，市场空间巨大。随着啤酒产品结构的改善和西部、农村地区消费需求的进一步挖掘，啤酒市场尤其是中低档啤酒市场的春天会再次来临。

资料来源：https://wenku.so.com/d/609ea854805f1c2bf83ddf23b1cbedb2.

**思考题：**

1. 啤酒市场竞争可以看作什么类型的竞争？为什么？

2. 20世纪90年代中后期，进入中国啤酒行业的外资为什么大规模地撤出中国？

## 知识分析

战略的本义是对战争的谋略，引申义是谋略。谋略是大计谋，是对整体性、长期性、基本性问题的计谋。竞争战略是对竞争的谋略，发展战略是对发展的谋略，什么战略就是对什么的谋略。谋略的本质特征有四个：整体性、长期性、基本性、计谋性。竞争战略就是对竞争中的整体性、长期性、基本性问题的计谋，发展战略就是对发展中的整体性、长期性、基本性问题的计谋。

竞争战略被认为是企业战略的一部分，是在企业总体战略的制约下指导和管理具体战略经营单位的计划和行动。企业竞争战略要解决的核心问题是，如何通过确定顾客需求、竞争者产品及该企业产品这三者之间的关系，来奠定该企业产品在市场上的特定地位并维持这一地位。

### 一、企业的基本竞争战略

迈克尔·波特于20世纪80年代提出了对企业战略制定产生深远影响的五力竞争模型，认为行业内部的竞争状态取决于五种竞争作用力：同行业内企业竞争的威胁、新进入竞争者的威胁、替代品的威胁、购买者议价能力增强的威胁和供应商议价能力增强的威胁。面对这五种力量的威胁，企业有三种基本竞争战略可供选择：总成本领先战略、差异化战略和目标集聚战略。

#### (一)总成本领先战略

这是指企业力争使其总成本降低到行业最低水平，并以此作为战略竞争的基本前提。企业要采用这种战略，就必须建立起达到有效规模的生产设施，使单位成本降低，强化成本与管理费用的控制，争取最大的市场份额，从而以较低的价格在市场上赢得竞争优势。

实行总成本领先战略的企业由于其成本优势可以使公司在与竞争对手的竞争中受到保护，获得高于产业平均水平的收益。同时，低成本为潜在进入者设置了较高的门槛。那些生产技术不熟练、缺乏经验或未达到规模经济的企业会因自身的成本较高而不进入该行业。另外，低成本还可在一定程度上抵御替代品替代的威胁。

实现总成本领先的目标，要求企业有严格的成本控制，在企业经营的各个环节实施高效的劳动管理和责任管理，精简工艺流程，用先进的技术设备和熟练的员工提高劳动生产率，保障在与竞争对手的对抗中赢得基于成本的竞争优势。

（二）差异化战略

差异化战略要求企业与竞争对手相比有显著的独特优势，主要体现在产品及其设计、品牌、服务等各个方面或几个方面，形成企业独特的差异化。通过差异化，分割不同的品牌，减少消费者对产品价格的敏感性，进而使消费者对企业或品牌的差异化产生认同和信任，以此设置较高的进入障碍对竞争对手进行阻隔。

要实现差异化战略目标，企业在市场营销、产品的研发设计等方面需要具备强大的实力，在质量、技术和工艺等方面要形成良好的声誉，夯实差异化的产品基础。同时，企业要对产品的基础研究、新产品开发和市场营销等职能进行有效的协调和控制，形成有助于创新的激励机制和企业文化。

差异化要求企业创造出一系列有意义的差异。这些有意义的差异是被消费者认可和被市场接受的差异，企业可通过产品差异化、服务差异化、人员差异化、营销渠道差异化和形象差异化等途径来实施差异化战略。

（三）目标集聚战略

总成本领先和差异化从战略上看是针对整个市场或整个行业，在大范围内谋求竞争优势。目标集聚战略是指在综合考虑外部环境因素和内部条件的基础上针对某个特定的顾客群、特定细分市场开展经营活动，赢得竞争优势。

目标集聚战略是中小企业常用的一种战略，通过集中或市场集聚把目标放在某个特定的、相对狭小的领域内，在局部市场争取成本领先或差异化。企业围绕一个特定的目标市场进行密集性的生产经营活动，可以更好地了解不断变化的市场需求，能够比竞争对手更有效地提供产品或服务，以满足消费者的需要，从而获得那些以更广泛的市场为经营目标的企业所不具备的竞争优势。

以上三种基本战略是企业基于行业特点、企业能力、限制条件及竞争状况抗衡竞争作用力的可供选择方案，企业必须结合内外环境因素和条件做出适合本企业的最佳战略选择。

## 二、市场竞争策略

企业在对市场上的竞争者进行全面分析并制定了自己的竞争战略后，要根据自己在同行业中所处的竞争地位，结合本企业的策略目标、资源、环境因素和预期市场目标，制定正确的市场竞争策略。现代市场营销理论根据企业在市场上的竞争地位，把企业分为市场领先者、市场挑战者、市场跟随者以及市场补缺者。不同位置的企业采取不同的竞争策略。

按照菲利普·科特勒的说法，一个行业企业可以分成三类：最大的企业即市场领先者，小企业即市场补缺者，中型企业即市场挑战者或市场跟随者。各类企业都有适合自己的竞争战略。

（一）市场领先者策略

市场领先者的产品在市场上占有率最高，并在产品设计研发、生产、价格变动、分销渠道建设和促销战略等方面占有绝对优势地位。市场领先者是市场竞争的先导者，也是其他企业挑战、模仿或回避的对象。如日化行业的宝洁公司、快餐领域的麦当劳、软饮行业的可口可乐都是各自所在行业的市场领先者。

市场领先者通常可以采取三种战略维护自己的优势，保持自己的领先地位，即扩大市场需求总量、保护现有市场份额、提高市场占有率。

1. 扩大市场需求总量

扩大市场总需求会进一步增加市场领先者的收益，因为在总体产品需求数量增加时，市场领先者本身拥有高的市场份额会使其获得最大利益。市场领先者拓展整个市场的方法有以下三种：

(1)开发新用户。企业可以通过吸引新使用者、开发新的细分市场或使用地理扩张策略进行新用户开发。

(2)开发产品的新用途。即通过扩充产品的新功能、新用途，达到扩大市场需求的目的，比如，手机的文字处理功能、收发邮件功能、网络浏览功能的不断完善，对电脑市场形成一定的替代效应，从而使手机市场逐步扩大。

(3)增加用户的使用量。通过说服产品使用者增加使用量是扩大市场需求量的有效途径。最常见的方法有：促使消费者在更多场合使用该产品，增加使用产品的频率和每次使用产品的数量。

2.保护现有市场份额

市场领先者在市场中的地位会受到来自竞争对手的挑战，因此保护企业现有市场阵地就显得尤为重要。市场领先者可以通过不断创新、掌握主动权，在新产品开发、分销渠道建设、顾客服务等方面形成独特的竞争优势来壮大自己的实力。市场领先者企业可以通过防御战略保护现有市场份额。

(1)阵地防御。这是最基本的防御形式，属于静态、被动的防御，指企业围绕现有产品或业务构筑牢固的防线，根据竞争对手在产品、价格、渠道、促销等方面可能采取的进攻而制定的防御性营销战略。

(2)侧翼防御。即将防御目标集中在自己的薄弱环节，防止对手乘虚而入。与阵地防御相比，侧翼防御的策略性更强，不让竞争对手找到“突破口”。

(3)反攻防御。即在防御的同时反攻竞争对手的领地，削弱竞争对手的竞争力。如面临京东网上商城对传统实体店的挑战，国美电器、苏宁电器纷纷推出自己的网上商城，反攻网上购物阵地。

(4)运动防御。即通过市场拓展和多元化经营扩展自己的阵地，在运动中提高自己的竞争力。领先企业可将自己的技术优势向其他相关产品延伸，也可利用品牌优势和自身的经营实力向其他非相关领域拓展，扩充自己的竞争能力。

(5)先发防御。这是采取先发制人，以攻为守，主动出击市场的防御策略。如中国的家电市场，面临外资品牌和国内其他厂家的挑战，长虹在1996年引导的彩电价格战采取的就是先发防御策略。1996年3月26日，长虹突然宣布：从即日起，旗下17英寸到29英寸所有品种的彩电在全国61个大中城市150家大型商场采取降价销售，降价幅度从8%到18%，平均每台彩电让利从100元到850元。这场由长虹发起、国内几乎所有彩电企业都参与的降价销售，一举将此前中外企业市场份额从2∶8改写为8∶2。通过主动出击市场，长虹不但扩大了市场份额，还找到了规模化盈利的新路径。

3.提高市场占有率

市场领先者通过提高企业的市场占有率来增加收益，维护自己的市场主导地位。企业可以通过渗透或并购手段提高市场占有率。市场占有率的增加就意味着销售额的巨大增加。但企业需要注意的是，随着市场占有率的提高，其成本也会随之增加。因此企业需要加强成本管理，在有效规模内生产经营，保持有竞争力的利润水平。并购是很多市场领导企业常采用的策略，但是需要考虑引发反垄断诉讼的可能性、并购后企业的管理及与原有企业文化的融合等问题。

**（二）市场挑战者策略**

与市场领先者相比，市场挑战者处于次要市场地位，但伺机向市场领先者发起挑战，以获取更大的市场份额。市场挑战者首先要明确自己的战略目标和挑战对象，对于不同的对象有不同的战略目标。市场挑战者有时会挑战与自己势均力敌的企业，以夺取对方市场。一般而言，市场挑战者有如下策略可供选择：正面进攻、侧翼进攻、包围进攻、迂回进攻、前击进攻等。针对这些策略，市场挑战者往往采取组合策略进行行动，以改善自己的市场地位。

1. 正面进攻

正面进攻，即集中兵力正面向对手最具实力的环节发动进攻，而不是向对手的薄弱环节进攻。正面进攻是实力和耐力的较量，成功的条件是必须具有超过对手的实力优势。但正面进攻是最残酷的竞争，常会两败俱伤，即使取得胜利，也将消耗巨大的实力，所以不具有压倒优势（新技术、低成本、资金雄厚等）的企业，一般不应用这种策略。例如，百事可乐挑战可口可乐就是典型的正面进攻。

2. 侧翼进攻

侧翼进攻就是集中优势力量攻击对手的弱点。此战略的思路在于：再强大的对手总有相对薄弱的防线，因此进攻者有时可采取“声东击西”的策略，佯攻正面，实攻侧面或背面，以使竞争对手措手不及。进攻者具体可采取两种策略：一种是地理性侧翼进攻，即在全国或全世界寻找对手力量薄弱的地区，在这些地区市场发动进攻；另一种是市场细分性侧翼进攻，即寻找还未被领先企业覆盖的商品或服务的细分市场，在这些小市场上迅速填空补缺。侧翼进攻战略通过辨认细分市场、寻找市场空当，缓解了许多企业为争夺同一目标市场而浴血奋战的局面，并使需求得到更高程度的满足，所以是一种最积极、最有效和最经济的竞争策略，比正面进攻有更多的成功机会。

3. 包围进攻

包围进攻则是在几条战线上同时发动一场大规模的进攻，迫使对手分散兵力保卫其前方、两翼和后方，这是一种全方位的、大规模的进攻战略。

4. 迂回进攻

这是一种最间接的进攻策略，企业完全避开对手的现有阵地而迂回进攻，具体做法有三种：一是发展无关的产品，实行产品多元化；二是以现有产品进入新地区的市场，实行市场多元化；三是发展新技术、新产品以取代现有产品。

5. 前击进攻

这一策略主要适用于规模较小、力量较弱的企业。其目的在于以小型的、间断性的进攻干扰对手的士气，以不断削弱防守者的力量，瓦解其士气，最终获得永久的立足点。较小企业在进攻大企业时，常因实力较弱而难以使用侧翼进攻、正面进攻和包围进攻等战略，所以只能发动一系列的短期攻击。进攻矛头可指向大竞争者的任何地方，以消耗其力量和蚕食其市场。

**（三）市场跟随者策略**

市场跟随者是指那些不愿对领导者发动正面攻击的、处于次要地位的企业。这些企业通过仿造或改良产品，节省产品研发费用来获取竞争优势。市场跟随者策略有以下三种选择：

1. 紧密跟随

通过复制、模仿领导者的产品或包装，在市场营销组合方面尽可能仿效领先者。

2. 有距离的跟随

与领先者在目标市场、产品创新、价格水平和分销渠道等方面保持一定的差异。

3. 有选择的跟随

这种追随者不盲目追随，而是根据自己的实际，择优追随，创造性地改进与领先者相竞争的产品。

**（四）市场补缺者策略**

市场补缺者是指那些关注市场上被大企业忽略的细分市场，在这些市场上通过专业化经营来获得最大限度收益的企业。几乎每个行业都有些小企业，这些小企业专心致力于市场中被大企业忽略的某些细分市场，在这些细分市场上通过专业化经营来获取最大限度的收益。这些小企业具备占有该市场所必要的资源和能力，能在该细分市场上建立自己的商业信誉并通过专业化形成自己的竞争优势。

反不正当竞争

市场补缺者可以通过创造补缺市场、扩大补缺市场、保护补缺市场等策略来赢得自己的生存和发展机会。

## 任务训练

### 一、实操题

由于国际环境的变化，2021 年华为手机受到的冲击史无前例。请查询相关资料，分析目前华为手机市场的竞争态势。

### 二、自测题

**（一）单选题**

1. 在行业同类产品的市场上，占有率最高的企业是（　　）。

A. 市场领先者　　B. 市场挑战者　　C. 市场跟随者　　D. 市场补缺者

2. 企业采用发扬自身差别优势之长，提供个性突出的产品或服务，比同行竞争者能更有效地满足目标顾客的需求，这种竞争战略是（　　）。

A. 成本领先战略　　B. 差异化战略　　C. 集中化战略　　D. 多元化战略

3. 企业将目标市场锁定在某一个或几个较小的细分市场上，实行专业化经营，走小而精、小而专的道路是一种（　　）。

A. 成本领先战略　　B. 差异化战略　　C. 集中化战略　　D. 多元化战略

4. 市场挑战者在其选择的进攻战略中，集中优势力量攻击竞争对手的弱点，使其措手不及，这种战略是（　　）。

A. 正面进攻　　B. 侧翼进攻　　C. 围堵进攻　　D. 迂回进攻

5. 在那些产品差异性很小而价格灵敏度很高的资本密集且产品同质的行业中，竞争者之间通常是谋求（　　）。

A. 攻击领先者　　B. 阵地防御　　C. 和平共处　　D. 迂回进攻

**（二）判断题**

1. 总体战略是由企业中层负责制定、落实的基本战略。（　　）

2. 只有以低成本作为价格竞争的基础，企业才能占领最大化的市场份额。（　　）

3. 非价格竞争被人们认为是竞争的高级形式。（　　）

# 项目三　消费者行为分析

任务一　分析消费者购买行为的影响因素
任务二　分析消费者购买决策过程

## 任务一　分析消费者购买行为的影响因素

### 任务目标

➢ **知识目标**

1. 正确理解消费者购买行为的含义
2. 掌握消费者购买行为的特征

➢ **能力目标**

有效区分消费者购买行为的类型

### 任务引入

**广东凉茶遭遇水土不服**

郭某在北京黄金地段开了一家广东凉茶馆，原以为凭借着加多宝、王老吉在神州大地刮起的广东凉茶风能大赚一笔，不承想开业3个月以来，经营就陷入困境。大部分顾客就是奔着新鲜来喝上一杯，但回头客极少。在这个以客户为中心的时代，忠诚客户的多少是衡量企业竞争力的根本特征。郭某的广东凉茶馆缺乏忠诚的顾客和活力，导致日常经营陷入困境。

虽然郭某的广东凉茶馆一再向北京顾客宣传其广东凉茶的鲜明特色，但他忽视了北京消费者是否接受这一特色，其经营陷入困境就是理所当然的了。

首先，凉茶起源于岭南地区，因为广东、广西属于典型的亚热带气候，夏季炎热，多雨潮湿，偏燥热，炎热时间比较长，很容易令人生“热气”，即北方人所说的“上火”。先民们为了除湿去热，便将一些清热消暑、祛湿解毒的中草药配成各式各样的凉茶。北方的气候则四季分明，春季干燥，夏季炎热，秋高气爽，冬天寒冷。干燥的气候特征使得消费者对“上火”的概念不强。因此对于广东凉茶，其销售定位不能强调其除湿去热功能。

其次，广东凉茶的推广需要时间。凉茶是岭南文化的产物，由于色、味以及制作工艺上与中药类似，大多数外地市场的消费者都将凉茶混淆等同于中药。北京消费者需要时间了解和接受凉茶文化。

最后，传统的广东凉茶口味很淡，而且有一点苦涩，北方人很难习惯。虽然凉茶开始深入人心，但北京消费者能否接受并形成消费习惯还需要在口味上做些改良。

资料来源：https://t.cj.sina.com.cn/articles/view/7042637322/1a3c61e0a00100uitn? from=tech.

**思考题：**

哪些因素可能会影响到消费者的购买行为，应该采取什么改进措施？

## 知识分析

在现代市场经济条件下，企业研究消费者行为是着眼于与消费者建立和发展长期的交换关系，为此，不仅需要了解消费者是如何获取产品与服务的，而且也需要了解消费者是如何消费产品，以及产品在用完之后是如何被处置的。因为消费者的消费体验、消费者处置旧产品的方式和感受均会影响消费者的下一轮购买，也就是说，会对企业和消费者之间的长期交换关系产生直接的作用。传统上，对消费者行为的研究，重点一直放在产品、服务的获取上，关于产品的消费与处置方面的研究则相对被忽视。随着对消费者行为研究的深化，人们越来越深刻地意识到，消费者行为是一个整体、是一个过程，获取或者购买只是这一过程的一个阶段。因此，研究消费者行为，既应调查、了解消费者在获取产品或服务之前的评价与选择活动，也应重视在产品获取后对产品的使用、处置等活动。只有这样，对消费者行为的理解才会趋于完整。

**认识消费者**

### 一、消费者购买行为的含义和特征

#### （一）消费者购买行为的含义

消费者购买行为是指人们为满足需要和欲望而寻找、选择、购买、使用、评价及处置产品和服务时介入的过程活动，包括消费者的主观心理活动和客观物质活动两个方面。严格地说，消费者购买行为由一系列环节组成，即消费者购买行为来源于系统的购买决策过程，并受到内外多种因素的影响。企业营销通过对消费者购买行为的研究来掌握其购买行为的规律，从而制定有效的市场营销策略，实现企业的营销目标。

#### （二）消费者购买行为的特征

企业要想在市场竞争中能够适应市场、驾驭市场，就必须掌握消费者购买行为的基本特征。

1. 购买者多而分散

消费购买涉及每一个人和每个家庭，购买者多而分散。为此，消费者市场是一个人数众多、幅员辽阔的市场。由于消费者所处的地理位置各不相同、闲暇时间不一致，因此造成购买地点和购买时间分散。

2. 购买量少，多次购买

消费者购买是以个人和家庭为购买和消费单位的。由于受到消费人数、需求量、购买力、储藏地点、商品保质期等诸多因素的影响，消费者为了保证自身的消费需要，往往购买批量小、批次多，购买频繁。

3. 购买的差异性大

消费者购买因受年龄、性别、职业、收入、文化程度、民族、宗教等影响，其需求有很大的差异性，对商品的要求也各不相同，而且随着社会经济的发展，消费者的消费习惯、消费观念、消费心理不断发生变化，从而导致消费者购买的差异性大。

4. 大多属于非专家购买

绝大多数消费者购买缺乏相应的专业知识、价格知识和市场知识，尤其是对某些技术性较强、操作比较复杂的商品，更显得知识缺乏。在多数情况下，消费者购买时往往受感情的影响较大。因此，消费者很容易受广告宣传、商品包装、装潢以及其他促销方式的影响，产生购买冲动。

5. 购买的流动性大

消费者购买时必须慎重选择，加之在市场经济比较发达的今天，人口在地区间的流动性较大，因而导致消费购买的流动性很大。消费者购买经常在不同产品、不同地区及不同企业之间流动。

6. 购买的周期性

有些商品消费者需要常年购买、均衡消费，如主食、副食品等生活必需商品；有些商品消费者需要季节购买或节日购买，如一些时令服装、节日消费品；有些商品消费者需要等商品的使用价值基本消费完毕才重新购买，如电话机与家用电器。这就表现出消费者购买有一定的周期性。

7. 时代特征

消费者购买常常受到时代精神、社会风俗的导向，从而使人们对消费购买产生一些新的需要。如随着电子商务的发展，足不出户的网络购物成为消费者的购物时尚；又如社会对知识的重视、对人才的需求量增加，从而使人们对书籍、文化用品的需求明显增加。这些显示出消费购买的时代特征。

8. 发展性

随着社会的发展和人民消费水平、生活质量的提高，消费需求也在不断地推进。过去只要能买到商品就行，现在追求品牌；过去不敢问津的高档商品如汽车等，现在已飞入寻常百姓家；过去自己承担的劳务现在由劳务从业人员承担；等等。这种新的需求不断产生，而且是永无止境的，使消费者购买具有发展性。

认清消费者购买行为特征的意义十分重大，它有助于企业根据消费者的购买特征来制定营销策略，规划企业经营活动，为市场提供消费者满意的商品和服务。

顾客眼中的“好产品”

## 二、消费者购买行为类型

### （一）依据消费者购买行为的介入程度进行分类

1. 复杂型购买行为

复杂型购买行为中品牌差异大、消费者介入程度高。当消费者初次选购价格昂贵、购买次数较少、冒风险和高度自我表现的商品时，则属于高度介入购买。由于对这些产品的性能缺乏了解，为慎重起见，消费者往往需要广泛地收集有关信息，经过认真地学习，产生对这一产品的信念，形成对品牌的态度，并慎重地做出购买决策。

对这种类型的购买行为，企业应设法帮助消费者了解与该产品有关的知识，并让他们知道和确信本产品在比较重要的性能方面的特征及优势，使他们树立对本产品的信任感。

此期间，企业要特别注意针对购买决策者做介绍本产品特性的多种形式的广告。

2. 化解不协调型购买行为

化解不协调型购买行为即品牌差异小、消费者介入程度高的购买行为。消费者购买一些品牌差异不大而价格高的商品时，虽然他们对购买行为持谨慎的态度，但他们的注意力更多的是集中在品牌价格是否优惠、购买时间和地点是否便利上，而不是花很多精力去收集不同品牌间的信息并进行比较，而且从产生购买动机到决定购买之间时间较短。因此这种购买行为容易产生购后的不协调感。消费者购买某一产品后，或因产品自身的某些方面不称心，或得到了其他产品更好的信息，从而产生不该购买这一产品的后悔心理或心理不平衡。为了改变这样的心理，追求心理平衡，消费者会广泛地收集各种对已购产品的有利信息，以证明自己的购买决定的正确性。

为此，企业应通过调整价格和售货网点的选择，并向消费者提供有利的信息，帮助消费者消除不平衡心理，坚定其对所购产品的信心。

3. 寻求多样化型购买行为

寻求多样化型购买行为即品牌差异大、消费者介入程度低的购买行为。当消费者购买的商品品牌差异大，但价格低，可供选择的品牌很多时，他们并不花太多的时间选择品牌和专注于某一产品，而是经常变换品种。例如，购买饼干，他们上次买的是巧克力夹心，而这次想购买奶油夹心。这种品种的更换并非对上次购买饼干的不满意，而是想换换口味。

面对这种广泛选择的购买行为，当处于市场优势地位时，企业应注意以充足的货源占据货架的有利位置，并通过提醒性的广告促成消费者建立习惯性的购买行为，而当企业处于非市场优势地位时，则应以降低产品价格、免费试用、介绍新产品的独特优势等方式，鼓励消费者进行多品种的选择和新产品的试用。

4. 习惯型购买行为

习惯型购买行为即品牌差异小、消费者介入程度低的购买行为。消费者有时购买某一商品，并不是因为特别偏爱某一品牌，而是出于习惯。例如，醋是一种价格低廉、品牌差异不大的商品，消费者购买它时，大多不会关心品牌，而是靠多次购买和多次使用而形成的习惯去选定某一品牌。

针对这种购买行为，企业要特别注意给消费者留下深刻的印象。企业的广告要强调本产品的主要特点，以鲜明的视觉标志、巧妙的形象构思赢得消费者对本企业产品的青睐。为此，企业的广告要加强重复性、反复性，以加深消费者对产品的熟悉程度。

**数据告诉你20个有趣的电商消费心理**

**（二）依据消费者的购买目标分类**

1. 全确定型

这类消费者在购买商品前已经有明确的购买目标，对商品的名称、型号、规格、颜色、式样以及价格的幅度都有明确的要求。这类消费者进入商店以后，一般都是有目的地选择，主动地提出所要购买的商品，并对所要购买的商品提出具体要求，当商品能满足其需要时，则会毫不犹豫地买下商品。

2. 半确定型

这类消费者在购买商品前已有大致的购买目标，但具体要求还不够明确，最后需经过选择比较才完成购买。如原先计划好购买空调，但购买什么牌子、规格、型号、式样等心中没数。这类消费者进入商店以后，一般要经过较长时间的分析、比较才能完成其购买行为。

3. 不确定型

这类消费者在购买商品以前没有明确的或既定的购买目标。这类消费者进入商店主要是参观游览、休闲，漫无目的地观看商品或随便了解一些商品的销售情况，有时对感兴趣或合适的商品会偶尔购买，有时则观后离开。

**（三）依据消费者的购买态度分类**

1. 习惯型

这类消费者出于对某种商品或某家商店的信赖、偏爱产生经常、反复的购买。由于他们经常购买和使用，因此对这些商品十分熟悉，体验较深，再次购买时往往不会花费时间进行比较选择，注意力稳定、集中。

2. 理智型

这类消费者在每次购买前对所购的商品要进行较为仔细的研究、比较。他们购买时感情色彩较少、头脑冷静、行为慎重、主观性较强，不轻易相信广告、宣传、承诺、促销方式以及促销人员的介绍，主要关注商品的质量、款式。

3. 经济型

这类消费者购买时特别重视价格，对于价格的反应特别灵敏。消费者购买时无论是选择高档商品还是中低档商品，首选的是价格，对“大甩卖”“清仓”“血本销售”等低价促销最感兴趣。一般来说，这类消费者与自身的经济状况有关。

4. 冲动型

这类消费者容易受商品的外观、包装、商标或其他促销的刺激而产生购买行为。购买都是以直观感觉为主，从个人的兴趣或情绪出发，喜欢新奇、新颖、时尚的产品，购买时不愿进行反复的选择、比较。

5. 疑虑型

这类消费者具有内倾性的心理特征，购买时小心谨慎和疑虑重重。他们购买一般缓慢、费时，常常是“三思而后行”，会犹豫不决而中断购买，购买后还会疑心是否上当受骗。

6. 情感型

这类消费者的购买多属情感反应，往往以丰富的联想力衡量商品的意义。他们购买时注意力容易转移、兴趣容易变换，对商品的外表、造型、颜色和命名都较重视，以是否符合自己的想象作为购买的主要依据。

7. 不定型

这类消费者的购买多属尝试性，其心理尺度尚未稳定，购买时没有固定的偏爱，在上述六种类型之间游移。这种类型的购买者多数是独立生活不久的年轻人。

## 三、消费者购买行为影响因素

消费者的购买行为经历了由刺激引发需求，产生动机，然后采取购买行为的过程。在这个过程中，许多因素影响着消费者的购买行为，决定消费者购买活动的特征和差异。这些因素既包括文化、社会等消费者的外在因素，又包括个人、心理等消费者的内在因素。

**(一)影响消费者购买行为的外在因素**

1. 文化因素

文化在消费者行为中起着最广泛和深刻的影响。营销者需要研究文化、亚文化对消费者购买所起的作用。

(1)文化

文化是指人类从生活实践中建立起来的知识、价值观念、信仰、道德、理想、规范和习俗等的集合体。文化是人类欲望和行为最基本的决定因素,对消费者的购买行为具有广泛而深远的影响。每个人都在一定的社会文化环境中成长,从而形成了基本的文化价值观念。例如,美国文化注重效率与实践、上进心强、以自我为中心、追求自由、思维活跃和富有朝气,中国的传统文化则是仁爱、信义、礼貌、诚实、忠孝、勤劳、谦虚、尊老爱幼等。文化的差异导致消费行为的差异,表现为饮食、起居、服饰、礼仪、宗教等物质文化和精神文化各个方面的差异,最终形成消费者需求的差异。

(2)亚文化

亚文化是指与主文化相对应的、属于某一区域或为某个集体所特有的文化。亚文化群体成员具有共同的信仰、特征或经历等。亚文化群体主要包括民族亚文化群、宗教亚文化群、种族亚文化群和地理区域亚文化群等。

①民族亚文化群。世界上许多国家或地区都存在着不同的民族,民族文化对消费者的购买习惯与消费偏好有非常重要的影响。同一个民族的人拥有相似的文化和风俗习惯,因而有相似的购买行为,而不同民族的人则会有较大差异。例如,有的民族对某些动物、花木等敬若神明,而有的民族则正好相反,视其为不吉利或禁忌。

## 延伸知识

### 不同国家送花禁忌有哪些

(1)在中国广东、香港等地,由于方言的关系,送花时尽量避免用以下的花:剑兰(见难)、茉莉(没利),更忌吊钟花(倒挂金钟),因“吊钟”与“吊终”谐音。梅花的“梅”与倒霉的“霉”同音,因此这些花都不宜轻易送人。

(2)比利时国家的人民最忌讳蓝色,遇到不祥之事,都用蓝色花做标志。

(3)在法国,人们非常溺爱鸢尾花,视其为国花。切忌带菊花,菊花代表哀悼。意大利人和西班牙人同样不喜欢菊花,认为它是不祥之花,但德国人和荷兰人对菊花却十分偏爱。

(4)瑞士的国花是金合欢花,瑞士人认为红玫瑰带有浪漫色彩。因此,送花给瑞士朋友时不要随便用红玫瑰,以免误会。

(5)巴西人忌讳黄色和紫色的花,认为紫色是不吉祥色调,视黄色为凶丧的色。千万不要送巴西人绛紫色的花。

(6)在俄罗斯,黄色的蔷薇花意味着绝交和不吉利,送花时应注意避免。而且送鲜花要送单数,因为在俄罗斯只有对死人吊唁时才送双数,朋友之间送花都是送单数。

(7)在英国切记不要送百合花,因为这意味着死亡,也不能送黄玫瑰,英国人认为此花象征分离。英国人一般不爱观赏或栽植红色或白色的花。

(8)德国人最爱蓝色的矢车菊,并视之为国花,一般不能将白色玫瑰花送朋友的太太,因为它是赠送情人的礼品。德国人不喜欢客人随便赠送玫瑰花,因为玫瑰花在德国有浪漫的含义。

②宗教亚文化群。许多国家存在不同的宗教，每种宗教都有自己不同的教规和戒律，因此，分属不同宗教群体的消费者在购买行为和消费习惯上表现出各自不同的特点。

③种族亚文化群。世界上有不同的种族，各个种族都有自己独特的生活习惯和文化传统，它们的购买行为各不相同。例如，在开拓亚裔美国人市场时，有亚裔背景的名人对产品的营销非常有帮助，在耐克公司聘请篮球明星林书豪做广告后，其运动鞋在亚裔消费者中的销量显著增加。

④地理区域亚文化群。由于地理环境、经济发展水平和风俗习惯的差异，因此人们具有不同的生活方式、口味与爱好等。如我国有东北、西北、华东和华南等大区之分，有城市与乡村、沿海与内地之分，其消费需求就有明显的区别。

2. 社会因素

消费者的购买行为与其所处的社会环境密切相关。社会是指以共同的物质生产活动为基础而相互联系的人们所构成的总体。影响消费者购买行为的社会因素包括相关群体、家庭、社会角色与地位等。

(1)相关群体

相关群体是指影响个人思想、态度、信仰和行为的一些团体。每一相关群体都有其价值观和行为规范，群体内的成员都必须遵守这些共同的观念和规范。相关群体可以分为三类：①对个人影响最大的群体，如家庭、亲朋好友、邻居和同事等；②对个人影响次一级的群体，如各种社会团体、学会、研究会等；③崇拜性群体，个人不直接参加，但对其行为有重大影响，如社会名流、影视明星、体育明星等。这种崇拜性群体的举动都会成为一部分追随者的样板，如对时装、化妆品可利用这种示范效应进行推销。

(2)家庭

家庭是构成社会的细胞，也是消费品市场的主要购买者，其成员的购买行为具有强烈和持续的影响，同一家庭成员往往具有相同的行为规范。家庭购买决策大致可分为四种类型：丈夫决定型、妻子决定型、共同决定型、各自做主型。不同的家庭购买商品的决策重心也不相同。

(3)社会角色与地位

社会角色是周围人要求一个人在各种不同的场合中应起的作用。每一个社会角色都将在某种程度上影响其购买行为。每一个社会角色都伴随着一种地位，这一地位反映了社会对他的总评价，而地位又随着不同阶层和地理区域有所变化。

**数据告诉你20个有趣的电商消费心理**

**(二)影响消费者购买行为的内在因素**

1. 个人因素

消费者的购买行为还受其个人特征的影响，特别是受其年龄与家庭生命周期阶段、职业与教育、经济条件、生活方式的影响。

(1)年龄与家庭生命周期阶段

消费者的年龄通常是决定其需求的重要因素。人们在一生中会不断改变他们对产品或服务的选择。人们对食品、服装、家具及娱乐的品位常常与年龄有关。一个人从出生到死亡要经历婴儿期、儿童期、青年期、成年期、中年期和老年期6个阶段，处于不同生命周期阶段的消费者有着不同的心理需求和购买习惯。

消费者购买行为还受到其所处的家庭生命周期阶段的影响。家庭生命周期是指年轻消费者离开父母独立生活，到年老进而死亡的家庭生活全过程，主要包括形成、扩展、稳定、收缩、空巢与解体 6 个阶段。处于每一家庭生命周期阶段的消费者都会有自己最感兴趣的产品，企业营销人员应确定其目标市场上顾客所处的家庭生命周期阶段，并针对每一阶段提供合适的产品和有针对性的营销策略。

(2)职业与教育

职业与教育是社会阶层因素在个人身上的集中反映。一个人的职业和受教育程度会影响其对产品或服务的购买。例如，大学生在校期间喜欢穿运动衫、旅游鞋，而毕业以后做了白领，则西装革履，从衣着打扮到言谈举止都会发生很大的变化。

(3)经济条件

经济条件是指由消费者所拥有的、可供支配的收入、储蓄、资产、融资能力和理财观念等所形成的资产负债氛围。经济状况决定着个人的购买能力，并在很大程度上制约着个人的需求结构和购买行为。经济状况越好，消费者的购买量越大，购买决策时间越短，购买行为的实施越容易，企业营销的难度相对就小；当经济状况不好、消费者收入较低时，消费者购买就会很慎重，注意价格因素，企业营销的难度就大。

(4)生活方式

生活方式是人们花费时间和金钱的生活方式的统称，它反映了人们的个人活动、兴趣和态度。不同文化、社会阶层的群体，具有不同的生活方式。即使来自相同的亚文化群、社会阶层甚至相同职业的人，也可能会有不同的生活方式，进而有着不同的购买需求。市场营销者为消费者提供了实现其不同生活方式的产品或服务，使消费者有可能按照个人的偏好，选择最适当的生活方式。

2. 心理因素

心理是人的大脑对于外界刺激的反应方式与反应过程。消费者的购买行为除了自身的需求外，很大程度上是建立在对外界各种刺激的心理反应基础之上的。而由于人们的生活经历千差万别，因此人们的心理状况也就千变万化、各不相同。心理因素是影响消费者购买行为最为直接、最为隐含的因素，主要包括动机、知觉、学习、态度、个性与自我概念。

(1)动机

动机是由需要引起，是产生购买行为的原动力。需要是人未得到某些满足的感受状态。一种未被满足的需要会使人产生紧张或不适，当它达到某种迫切的程度时，便成为一种驱使人行动的内在刺激，即驱动力；当驱动力被引向一种可以减弱或消除它的刺激物时，便成为一种动机。因此，动机是推动人们为达到特定目的而采取行动的迫切需要，是行为的直接原因。

(2)知觉

知觉是指人脑对直接作用于感觉器官的客观事物的整体反应。知觉来自感觉。所谓感觉，是人脑对当前直接作用于感觉器官的个别属性的反映，是指个体通过视、听、嗅、味、触等感官，对刺激物的外形、色彩、气味和粗糙程度等个别属性做出反应。由于每个人都以各自的方式注意、整理与解释感觉到的信息，因此，一个人的知觉往往与客观事实差距很大。

(3)学习

学习是指人在生活过程中经过实践而获得的后天经验，能够对行为或行为潜能产生比较持久的改变过程。这种经验包括自己的直接经验，也包括通过观察或聆听得到的间接经验。由于市场环境不断变化，新产品、新品牌不断涌现，因此消费者必须在多方收集有关信息之后才能做出决策，这本身就是一个学习过程。

(4)态度

态度是指消费者对某个客体的见解和倾向。这种见解和倾向表现为对人对事所持有的偏爱或厌恶的特殊感受。态度对消费者的购买行为有很大的影响。顾客的态度是后天学习来的。文化、社会阶层、相关群体、后天经验等因素都对态度产生重要影响。一般来说,顾客态度的形成,主要有三个方面的依据:一是顾客本身对某种产品或劳务的感觉;二是顾客相关群体的影响;三是自己的经验及学习的知识。态度能够帮助顾客选择目标,影响购买决定。因此,服务企业应根据顾客的态度改进和设计产品或服务,使产品或服务更好地满足顾客的要求,或者利用促销手段不断改变其态度,以利于产品或服务的销售。

(5)个性与自我概念

个性是指一个人独特的心理特征,它导致一个人对自身及周围环境产生相对一致和持久的反应。个性常用性格术语来描述,如自信的、好控制他人的、好交际的、自主的、适应性强的以及进取的等。每个人的个性都会影响其购买行为。在分析消费者对特定产品或品牌的购买行为时,个性也很有帮助。例如,咖啡制造商发现,大量喝咖啡的人一般来说都比较好交际,所以在广告中表现的是人们一边轻松、自然地进行社交活动,一边喝着冒热气的咖啡的场景。

了解组织购买者

自我概念又称自我形象,是指个人对自己的认识。例如,有些消费者会把自己看成有文化、有品位、有教养和追求时尚的人。消费者会寻求符合或能够改善自我形象的产品和服务。企业营销人员应尽量开发符合这些消费者自我形象的产品。

## 任务训练

### 一、实操题

请查询苹果手机销售数据的相关资料,分析客户在选择手机型号时是如何进行购买行为决策的。

### 二、自测题

**(一)单选题**

1. 消费者购买行为的特点是(　　)。

A. 市场较集中　　B. 购买人数多而散

C. 专用性较强　　D. 购买决策常为集体决策

2. 李军正在购买一套两室两厅的单元房,其购买行为应该属于(　　)。

A. 习惯型购买行为　　B. 寻求多样化购买行为

C. 化解不协调购买行为　　D. 复杂型购买行为

3. 影响消费者购买行为的个人因素主要有(　　)。

A. 动机　　B. 收入　　C. 民族　　D. 文化

**(二)判断题**

1. 消费者的需要与动机成正比,即需要越强烈,动机也越强烈。(　　)

2. 一般而言,人的需要是由低层次向高层次发展的。(　　)

**(三)简答题**

影响消费者行为的个体因素有哪些?

# 任务二　分析消费者购买决策过程

## 任务目标

▶ **知识目标**

1. 了解消费者购买行为模式
2. 掌握消费者购买行为中的角色特点

▶ **能力目标**

正确分析消费者购买决策过程

## 任务引入

### 老年人消费行为分析及企业的营销对策

某公司对600位老年人的消费行为进行了问卷调查，发现老年消费者行为存在一定的规律。这次调查发现，51.2%的老年消费者是理智型的消费者。随着年龄的增加，他们的消费经验也不断增加，哪些商品能满足自己的需要，他们心中有数。因此，他们会多加选择，在充分考虑各种因素之后购买自己满意的商品。调查还发现，有20%左右的老年消费者属于习惯型的消费者。他们通过反复购买、使用某种商品，对这种商品有较为深刻的印象，形成消费、购买习惯，并且不会轻易改变。这些老年人对于不了解的商品不轻易使用，极少发生冲动型购买。

老年人在购买商品时强调质量可靠(29.8%)、方便实用(26.4%)、经济合理(25.8%)、舒适安全(24.7%)，至于商品的品牌、款式、颜色、包装装潢，是放在第二位考虑的。

调查发现，老年人多选择大商场和离家较近的商店购买商品，因为他们希望商品质量得到保障，还希望得到周到的服务，如商品咨询、导购服务、运行较慢的扶手电梯和购物时的休息场所等。另外，在专卖店和连锁店购物的老年人也占有一定的比例。还有极少一部分老年人会通过电视直销和电话购买商品。

问卷针对广告的影响做了调查，大多数老年人选择了“影响一般”(41.9%)，一部分老年人选择了“没有什么影响”(22.7%)，另一部分老年人对广告有反感情绪。由于老年人心理成熟、经验丰富，他们相信通过多家选择和仔细判断就能选出自己满意的商品。老年人也希望通过广告了解一些商品的性能和特点，并以此作为选择某些商品的参考。

在促销措施上，老年人最乐意接受的促销手段分别是样品派送(30%)、价格折扣(22.2%)、展销会(12.2%)、商品咨询(19%)、有奖销售(6.3%)、现场演示(5.9%)、赠品促销(2.24%)、发放奖券(2.2%)。

与其他消费群体相比，老年人群体由于在生理、心理、经验等方面有着明显的差异，因此，老年人的消费购买行为也具有其自身的特征。充分认识这些特征，对于企业开拓老年人市场、制定相应的营销策略具有重要的意义。通过对本案例的研究，我们发现老年人的消费购买行为包括以下特征：对消费品的种类和结构有特殊的需求；有比较稳定的消费习惯和品牌忠诚；购买商品讲求方便；部分老年人具有补偿性的消费行为；等等。据此，企业针对老年人市场的营销策略可以是产品策略(实用方便,针对性强)、广告策略(提示为主,以理服人)、促销策略(情感营销,以情促销)、分销策略(增加便利,开设专柜)。

资料来源:https://wenku.baidu.com/view/7461eafc770bf78a65295448.html.

**思考题:**

老年人的消费购买行为的特点有哪些?如何提升老年人的消费忠诚度?

## 知识分析

消费者购买决策是指消费者谨慎地评价某一产品、品牌或服务的属性并进行选择、购买能满足某一特定需要的产品的过程。消费者购买决策受以下几个方面影响:产品质量安全、消费者的购买习惯、消费者的收入水平、消费者的年龄阶段、消费者的家庭及其亲戚朋友、社会消费文化的影响、社会供给的制约、交通物流的影响、门店消费环境的因素、产品销售情况的影响和售后因素等。因此消费者购买决策受多个方面因素的影响,任何一个小方面的因素都可能影响消费者是否购买产品或服务。

### 一、消费者购买行为模式

对消费者购买行为规律的研究涉及消费者购买行为的基本模式,它主要回答以下一些问题:

形成购买群体的是哪些人?——购买者

他们要购买什么商品?——购买对象

为什么要购买这些商品?——购买目的

他们在什么时候购买?——购买时间

他们在哪里购买?——购买地点

他们以什么方式购买?——购买方式

这6个方面显示了消费者购买行为的主体、客体、动机、时间、地点和方式,指明了对消费者购买行为研究的基本内容。这些问题往往要通过广泛、深入的市场调查来获得答案,企业则必须在此基础上发现消费者的购买行为规律,并有的放矢地开展营销活动。

对一个具体的消费者来讲,企业的营销活动是否能够产生作用、能够产生多大作用、对哪些人最为有效,可以从心理学的"认识—刺激—反应"模式加以认识,这是研究购买者行为最基本的方法。因为任何购买者的购买决策都是在一定的内在因素的促动和外在因素的激励之下而采取的。要使企业的营销活动获得成功,关键看这些活动是怎样对消费者产生影响的。不同的消费者各自会对其做出怎样的反应,而形成不同反应的原因又到底是什么。我们可从"认识—刺激—反应"模式出发去建立消费者购买行为模式(见图3—1)。

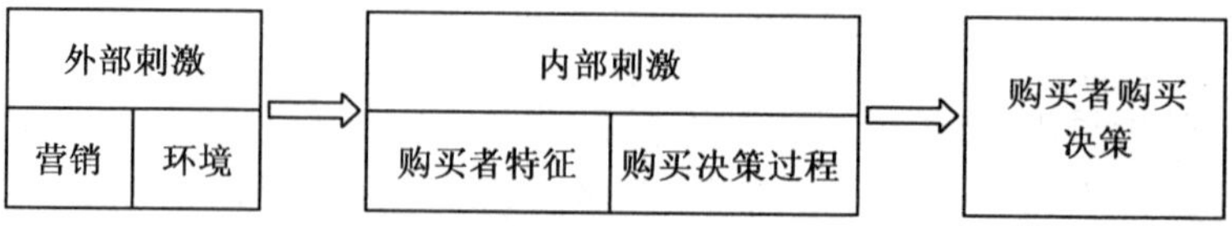


**图3—1 消费者购买行为模式**

从这一模式我们可以看到，具有一定潜在需求的消费者首先是受到企业营销活动刺激和各种外部环境因素影响才产生购买取向的。不同特征的消费者对于外界的各种刺激和影响又会基于其特定的内在因素和决策方式做出不同的反应，从而形成不同的购买取向和购买行为，这就是消费者购买行为的一般规律。

在这一购买行为模式中，各种外部刺激是可以看得到的，购买者最后的决策和选择也是可以看得到的，但是购买者如何根据外部的刺激进行判断和决策的过程却是看不见的，这就是心理学中所谓的“黑箱”效应。购买者行为分析就是要对这一“黑箱”进行分析，设法了解消费者的购买决策过程以及影响这一决策过程的各种因素的规律。因此，对消费者购买行为的研究主要包括两个部分：一是对影响购买者行为的各种因素的分析，二是对消费者购买决策过程的研究。

### 延伸知识

**“黑箱”理论**

“黑箱”理论，是指对特定的系统开展研究时人们把系统作为一个看不透的黑色箱子，研究不涉及系统内部的结构和相互关系，仅从其输入和输出的特点了解该系统规律。用“黑箱”方法得到的对系统规律的认识，不通过分析生态系统内部结构和相互关系，而是根据生态系统整体物质与能量的输入和输出关系及其影响因子得到该生态系统的结构和功能的规律。

“黑箱”的研究方法的出发点在于：自然界中没有孤立的事物，任何事物间都是相互联系、相互作用的，所以，即使我们不清楚“黑箱”的内部结构，仅注意到它对于信息刺激做出如何的反应及它的输入—输出关系，就可对它进行研究。如果我们能设计出一个系统，在同样的输入作用下，它的输出和所模拟对象的输出相同或相似，就可以确认实现了模拟的目标。在此，信息的输入，就是一个事物对“黑箱”施加影响；信息的输出，就是“黑箱”对其他事物的反作用。事实上，人们在对信息进行分析和综合时很少追求结构上的相似性，而总是把握信息的观点和行为功能的观点。

“黑箱”理论是一种系统整体优化法，即从系统的观点出发，着重从整体与部分之间、整体与外部环境之间的相互联系中综合地考察对象，从而达到全面地、最佳地解决问题的目的。

在控制论中，通常把所不知的区域或系统称为“黑箱”，而把全知的系统和区域称为“白箱”，介于“黑箱”和“白箱”之间或部分可观察的“黑箱”称为“灰箱”。一般来讲，社会生活中广泛存在着不能观测却可以控制的“黑箱”问题。比如，我们每天都看电视，但我们并不了解电视机的内部构造和成像原理，对我们而言，电视机的内部构造和成像原理就是“黑箱”。

“黑箱”是我们未知的世界，也是我们要探知的世界。如何了解未知的“黑箱”呢？我们只能在不直接影响原有客体“黑箱”内部结构、要素和机制的前提下通过观察“黑箱”中“输入”“输出”的变量，得出关于“黑箱”内部情况的推理，寻找、发现其内部规律，实现对“黑箱”的控制。这种研究方法叫做“黑箱”方法。

深度解析10种消费者行为模型

## 二、消费者购买决策的参与者

购买决策在许多情况下并不是由一个人单独做出的，而是有其他成员的参与，是一种群体决策的过程。这不仅表现在一些家庭采购中共同使用的产品（如电冰箱、电视机、住房等），也表现在一些个人单独使用的产品(如服装、手表、化妆品等)的购买决策过程中,因为这些个人在选择和决定购买某种个人消费品时常常会同他人商量或者听取他人的意见。因此,了解哪些人参与了购买决策、他们各自在购买决策过程中扮演怎样的角色,对于企业的营销活动是很重要的。

一般来说,参与购买决策的成员大体可形成以下 5 种主要角色:

(1)发起者,即购买行为的建议人,首先提出要购买某种产品;

(2)影响者,对发起者的建议表示支持或者反对的人,这些人不能对购买行为的本身进行最终决策,但是他们的意见会对购买决策者产生影响;

(3)决策者,对是否购买、怎样购买有权进行最终决策的人;

(4)购买者,执行具体购买任务的人,其会对产品的价格、质量、购买地点进行比较选择,并同卖主进行谈判和成交;

(5)使用者,产品的实际使用人,其决定了对产品的满意程度会影响购买后的行为和再次购买的决策。

这 5 种角色相辅相成,共同促成了购买行为,是企业营销的主要对象。必须指出的是,五种角色的存在并不意味着每一种购买决策都必须 5 人以上才能做出,在实际购买行为中有些角色可在一个人身上兼而有之,如使用者可能也是发起者,决策者可能也是购买者。而且在非重要的购买决策活动中,决策参与的角色也会少一些。

认识购买决策的群体参与性,对于企业营销活动有十分重要的意义:一方面,企业可根据各种不同角色在购买决策过程中的作用,有的放矢地按一定的程序分别进行营销宣传活动;另一方面,也必须注意到这些商品在购买决策中的角色错位,如男士的内衣、剃须刀等生活用品有时会由妻子决策和采购;在对儿童玩具的选购过程中,家长的意愿占了主要地位;等等。这样才能找到准确的营销对象,提高营销活动的效果。

## 三、消费者购买决策的过程模型

消费者购买决策过程见图 3—2。

**图 3—2　消费者购买决策过程**

### (一)需求认知

消费者认识到自己有某种需要时,是其决策过程的开始。这种需要可能是由内在的生理活动引起的,也可能是受到外界的某种刺激引起的,例如,看到别人穿新潮服装,自己也想购买;或者是内外两方面因素共同作用的结果。因此,营销者应注意不失时机地采取适当的措施,唤起和强化消费者的需要。

### (二)信息搜集

信息来源主要有以下 4 个方面:

(1)个人来源,如家庭、亲友、邻居、同事等;

(2)商业来源,如广告、推销员、分销商等;

(3)公共来源，如大众传播媒体、消费者组织等；

(4)经验来源，如操作、实验和使用产品的经验等。

**社交媒体对顾客购买行为的影响**

**(三)方案评价**

消费者得到的各种有关信息可能是重复的甚至是互相矛盾的，因此还要进行分析、评估和选择，这是决策过程中的决定性环节。

在消费者的评估选择过程中，以下几点值得营销者注意：

(1)产品性能是购买者所考虑的首要问题；

(2)不同消费者对产品的各种性能给予的重视程度不同或评估标准不同；

(3)多数消费者的评选过程是将实际产品同自己理想中的产品相比较。

**(四)购买决策**

消费者对商品信息进行比较和评选后，已形成购买意愿，然而从购买意图到决定购买之间，还要受到以下两个因素的影响：

(1)他人的态度。反对态度越强烈，或持反对态度者与购买者的关系越密切，则修改购买意图的可能性就越大。

(2)意外的情况。消费者如果发生了意外的情况如失业、急需、涨价等，则很可能改变购买意图。

**(五)购后评价**

购后评价包括购后的满意程度和购后的活动。

消费者购买商品后往往会通过使用或他人的评判，对其购买选择进行检验，重新考虑购买这种商品是否明智、合算、理想等，这就形成购后反应。当他们感到十分不满意时，肯定不会再买这种产品，甚至有可能退货，劝阻他人购买这种产品。所以，了解消费者的购后反应、提高消费者购买后的满意程度，已经成为企业营销人员的重要工作。当然，消费者也不一定在购买任何商品时都经过这么复杂的决策过程，比如，购买价格低廉的日用品时，由于已经有过反复购买的经验，因此属于“习惯型购买”，不需要花太多时间搜集信息，反复比较就可能随便买下，尝试新产品的可能性也比较大。但消费者在购买住房和汽车这类耐用消费品时，就会十分谨慎，不经过一个漫长的分析比较过程是不会决定购买的，属于“复杂型购买”。

## 任务训练

### 一、实操题

请查询小米官网相关资料，以小米的一款产品发展为例，分析消费者购买决策的变化情况。

### 二、自测题

**(一)单选题**

1.(　　)指由于后天经验而引起个人知识结构和行为的改变。

A. 感觉　　B. 学习　　C. 知觉　　D. 个性

2. 消费者购买过程是消费者购买动机转化为(　　)的过程。

A. 购买决策　　B. 购买意志　　C. 购买行动　　D. 购买意向

3. 消费者从包装物上获取信息，这种信息来源属于(　　)。

A. 个人来源　　B. 商业来源　　C. 公共来源　　D. 经验来源

**(二)判断题**

1. 消费者的购买行为是由消费者的经济决定的。　(　　)

2. 对于复杂的购买行为，营销者应该制定策略帮助购买者掌握产品知识，运用各种途径宣传品牌优势、影响最终购买决定、简化购买决策过程。　(　　)

**(三)简答题**

1. 消费者购买决策过程的主要参与者包括哪些角色？

2. 在消费者购买决策过程的信息搜集过程中，企业需要做哪些营销工作？

# 项目四　市场细分、目标市场、市场定位策略

任务一　掌握市场细分策略
任务二　明确目标市场策略
任务三　制定市场定位策略

## 任务一　掌握市场细分策略

### 任务目标

▶ **知识目标**

1. 理解市场细分的含义、作用
2. 理解市场细分的依据和原则
3. 掌握市场细分的程序与方法

▶ **能力目标**

合理、有效地对市场进行细分

### 任务引入

**王老吉卖给谁**

凉茶是广东、广西地区的一种由中草药熬制、具有清热去湿等功效的“药茶”。在众多老字号凉茶中，又以王老吉最为著名。王老吉凉茶发明于清道光年间，至今已有100多年，被公认为凉茶始祖，有“药茶王”之称。到了近代，王老吉凉茶更随着华人的足迹遍及世界各地。

20世纪50年代初，由于政治原因，王老吉药号分成两支：一支被政府收编归入国有企业，发展为今天的王老吉药业股份有限公司(原羊城药业)，主要生产王老吉牌冲剂产品(国药准字)；另一支由王氏家族的后人带到中国香港。在中国内地，王老吉的品牌归王老吉药业股份有限公司所有；中国内地以外有凉茶市场的国家或地区，王老吉的品牌基本上都为王氏后人所

图 4—1　王老吉凉茶

注册。加多宝是位于东莞的一家港资公司，由香港王氏后人提供配方，经王老吉药业特许在内地独家生产、经营红色罐装王老吉(食健字号)。

在 2002 年以前，从表面看，红色罐装王老吉(以下简称红色王老吉)是一个经营得很不错的品牌，销量稳定，盈利状况良好，有比较固定的消费群，其红色王老吉饮料的销售业绩连续几年维持在 1 亿多元。在发展到这个规模后，加多宝的管理层发现，要把企业做大并走向全国，他们必须克服一连串的问题，甚至连原本的一些优势也成为困扰企业继续成长的原因。

而在这些困扰中，最核心的问题是企业不得不面临一个现实难题——红色王老吉当“凉茶”卖，还是当“饮料”卖？

资料来源：成美营销顾问。

**思考题：**

当“凉茶”卖和当“饮料”卖有什么不同？消费者是否一样？

## 知识分析

在现代市场营销理论中，市场细分(market segmenting)、目标市场(market targeting)、市场定位(market positioning)是构成公司营销战略的核心三要素，被称为 STP 营销战略。

## 延伸知识

### 市场细分理论的发展

市场细分的概念是美国营销学家温德尔·史密斯(Wendell Smith)于 1956 年最早提出的。此后，美国营销学家菲利浦·科特勒进一步发展和完善了温德尔·史密斯的理论并最终形成了成熟的 STP 理论——市场细分(Segmenting)、选择适当的市场目标(Targeting)和定位(Positioning)(见图 4—2)。它是战略营销的核心内容，指企业在一定的市场细分的基础上确定自己的目标市场，最后把产品或服务定位于目标市场。

资料来源：节选自百度百科：https://baike.baidu.com/item/STP%E7%90%86%E8%AE%BA/5628768?fr=aladdin.

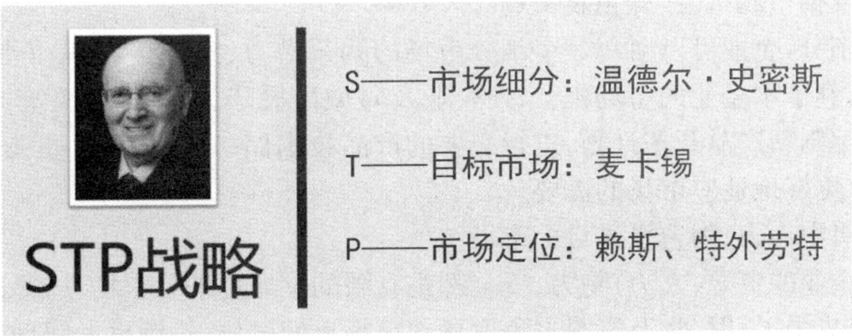


图 4—2　STP 战略

## 一、市场细分的概念及作用

开拓市场三部曲之一市场细分

### （一）市场细分的概念

市场细分和目标市场的概念是于 20 世纪 50 年代中期由美国市场营销学家温德尔·史斯密提出的，是第二次世界大战后市场营销理论的新发展，是买方市场环境下的一种现代市场营销观念。企业认识和了解不同的消费者群，选择其中的一个或几个作为准备进入的目标市场，并针对该目标市场的特点，制订和实施适当的营销组合方案，以满足目标消费者的需求。市场细分是一种以人为本、以满足人的需求为目标的营销观念。

市场细分是指企业按照消费者需求的差异性，把某一产品的整体市场划分为若干个各有相似欲望和需求的子市场的过程。消费者的需求千差万别，这种差异是绝对的。同时，消费者的需求又会因为种种原因、不同的人群可以体现一定的相似性，这种相似性是相对的。因此，分属于同一细分市场的消费者，他们的需要和欲望较为相似；分属于不同细分市场的消费者对同一产品的需要和欲望存在着明显的差别。例如，有的消费者喜欢计时基本准确、价格比较便宜的手表，有的消费者需要计时准确、耐用且价格适中的手表，有的消费者要求计时准确、具有象征意义的名贵手表。手表市场据此可细分为三个子市场。

企业面对着成千上万的消费者，因为他们的需求和欲望是千差万别的并且分散于不同的地区，又随环境因素的变化而变化。对于这样复杂多变的大市场，任何一个企业都不可能满足该市场上全部顾客的需求。又由于生产企业的资源、设备、技术等方面的限制，也不可能满足全部顾客的需要，企业只能根据自身的优势条件，从事某方面的生产、营销活动，选择力所能及的、适合自己经营的目标市场，因此有必要对市场进行细分。

### （二）市场细分的作用

细分市场是从消费者的角度进行划分的，是根据市场细分的理论基础，即消费者的需求、动机、购买行为的多元性和差异性来划分的。通过市场细分，对企业的生产、营销起着极其重要的作用。

1. 有利于选择目标市场和制定市场营销策略

市场细分后的子市场比较具体，企业比较容易了解消费者的需求，可以根据自己的经营思想、方针及生产技术和营销力量，确定自己的服务对象，即目标市场。针对较小的目标市场，便于制定特殊的营销策略。同时，在细分市场上，信息容易被了解和反馈，一旦消费者的需求发生变化，企业便可迅速改变营销策略，制定相应的对策，以适应市场需求的变化，提高企业的应变能力和竞争力。

2. 有利于发掘市场机会，开拓新市场

通过市场细分，企业可以对每一个细分市场的购买潜力、满足程度、竞争情况等进行分析对比，探索出有利于本企业的市场机会，使企业及时做出投产、异地销售决策或根据本企业的生产技术条件编制新产品开拓计划，进行必要的产品技术储备，掌握产品更新换代的主动权，开拓新市场，以更好地适应市场的需要。

3. 有利于集中人力、物力投入目标市场

任何一个企业的资源、人力、物力、资金都是有限的。通过细分市场，选择适合自己的目标市场，企业可以集中人、财、物及资源去争取局部市场上的优势，然后再占领自己的目标市场。

4. 有利于企业提高经济效益

上述三个方面的作用都能使企业提高经济效益。除此之外，企业通过市场细分后可以面对自己的目标市场，生产出适销对路的产品，既能满足市场需要，又可增加企业的收入；产品适销对路可以加速商品流转，加大生产批量，降低企业的生产销售成本，提高生产工人的劳动熟练程度，提高产品质量，全面提高企业的经济效益。

细分市场是有一定的客观条件的。当社会经济的进步、人们生活水平的提高、顾客需求呈现出较大差异时，细分市场才成为企业在营销管理活动中急需解决的问题。因此，只有商品经济发展到一定阶段，市场上商品供过于求，消费者需求多种多样，企业无法用大批量生产产品的方式或差异化产品策略有效地满足所有消费者需要的时候，细分市场的客观条件才具备。但是，细分市场不仅是一个分解的过程，也是一个聚集的过程。所谓聚集的过程，就是把对某种产品特点最易做出反应的消费者集合成群。这种聚集过程可以依据多种标准连续进行，直到识别出其规模足以实现企业利润目标的某一个消费者群。

## 二、市场细分的依据

### （一）消费者市场细分依据

常用的几个具有代表性的市场细分的依据主要有地理变量、人文变量、心理变量、行为变量（见表4—1）。

**表4—1　消费者市场细分依据**

| 细分标准 | | 具体项目 |
|---|---|---|
| 地理变量 | 行政区划 | 东北、华北、华东、中南、西南、西北 |
| | 城镇 | 直辖市、省会城市、大城市、中等城市、小城市、乡镇 |
| | 自然环境 | 高原、山区、丘陵、平原、湖泊、草原 |
| | 气候条件 | 干燥、潮湿、温暖、严寒 |
| 人文变量 | 性别 | 男性、女性 |
| | 年龄 | 婴幼儿、儿童、少年、青年、中年、老年 |
| | 职业 | 工人、农民、公务员、教师、经理、厂长、营销员等 |
| | 月收入（元） | 人均3 000元以下、3 000—5 000元、5 001—10 000元、10 000元以上等 |
| | 教育 | 小学及以下、中学、大学、研究生 |
| | 家庭状况 | 1—2人、3—4人、5人以上 |
| | 宗教信仰 | 佛教、道教、基督教、天主教、伊斯兰教 |
| | 民族 | 汉、回、蒙、藏、苗、傣、壮、高山、朝鲜族等 |

续表

| 细分标准 | | 具体项目 |
|---|---|---|
| 心理变量 | 社会阶层 | 上上层、上中层、上下层、中上层、中层、中下层、下层 |
| | 相关群体 | 家庭、亲朋、同事、团体、协会、组织、明星、影星 |
| | 生活方式 | 传统型、保守型、现代型、时髦型 |
| | 个性特征 | 理智型、冲动型、情绪型、情感型 |
| 行为变量 | 利益诉求 | 品牌、质量、价格、功效、式样、包装、服务 |
| | 购买时机 | 规律性、无规律性、季节性、节令性、非节令性 |
| | 使用状况 | 从未使用过、少量使用过、中量使用过、大量使用过 |
| | 使用频率 | 曾经使用者、首次使用者、经常使用者 |
| | 品牌忠诚 | 坚定忠诚者、不坚定忠诚者、转移者、非忠诚者 |

1. 按地理变量细分市场

按照消费者所处的地理位置、自然环境来细分市场，比如，根据国家、地区、城市规模、气候、人口密度、地形地貌等方面的差异将整体市场分为不同的小市场。地理变量之所以作为市场细分的依据，是因为处在不同地理环境下的消费者所表现出的消费观念、价值观念、购买性格特征、流行与时尚明显不同，他们对企业采取的营销策略与措施会有不同的反应。例如，由于居住环境的差异，城市居民与农村消费者在室内装饰用品的需求上大相径庭。再例如，以饮食的口味偏好来说，云、贵、川地区人们喜爱吃麻辣，是因为这些地区冬季阴冷、潮湿，而花椒和辣椒有活血抗寒、祛风湿之功效。亚洲人喜欢吃热汤面，而美国人没有吃热汤面的饮食习惯，而是喜好“吃面条时干吃面，喝热汤时只喝汤”，一般不会把面条和热汤混在一起食用。印度人不像中国人一样使用筷子，所以在印度出售的面条长度要短些。用蔬菜代替肉类，因为许多印度人是素食者。

## 延伸知识

### 日清杯面调查创造出美国方便面市场

许多食品企业都在感叹：“人们的口味越来越挑剔了，真是众口难调。”可是，日本的日清食品公司却不信这个邪，始终坚持“只要口味好，众口也能调”的独特经营宗旨。从人们的口感差异性出发，不惜人力、物力、财力，在食品的口味上下功夫，终于改变了美国人“不吃热汤面”的饮食习惯，使日清公司的方便面成为美国人的首选快餐食品。

他们如何做到这一点？

日清公司在准备进入美国食品市场之前，为了能够确定最佳“切入点”，曾不惜高薪聘请美国食品行业的市场调查权威机构，对方便面的市场前景和发展趋势进行全面、细致的调查和评估。可是调查结论却让日清食品公司大失所望——“由于美国人没有吃热汤面的饮食习惯，而是喜好‘吃面条时干吃面，喝热汤时只喝汤’，决不会把面条和热汤混在一起食用，由此可以断定，汤面合一的方便面在美国市场绝无销路”。

日清公司并没有迷信这种结论，而是派出自己的专家考察组前往美国进行实地调研。经过千辛万苦的调查，最后得出了与美国市场调查机构完全相反的结论——美国人的饮食习惯随着世界各地不同种族移民的大量增加，正在悄悄地发生着变化。再者，美国人在饮食中越来越注重口感和营养，只要在口味上和营养上投其所好，方便面有可能迅速占领美国食品市场，成为美国人的饮食“新宠”。

基于此结论，日清公司确定了“四脚灵蛇舞翩跹”的营销策略，全力以赴地向美国食品市场大举挺进：

“第一脚”——针对美国人热衷于减肥运动的生理需求和心理需求，巧妙地把自己生产的方便面定位于“最佳减肥食品”，在声势浩大的公关广告宣传中，刻意渲染方便面“高蛋白，低热量，去脂肪，不易肥胖，价格廉，易食用”等；针对美国人好面子、重仪表的特点，精心制作出“每天一包方便面，轻轻松松把肥减”“瘦身最佳绿色天然食品，非方便面莫属”等具有煽情色彩的广告语，挑起美国人的购买欲望，获得了“四两拨千斤”的营销奇效。

“第二脚”——为了满足美国人以叉子用餐的习惯，果敢地将适合筷子夹食的长面条加工成短面条，为美国人提供饮食之便；并从美国人爱吃硬面条的饮食习惯出发，一改方便面适合东方人口味的柔软特性，精心加工出稍硬又有筋道的美式方便面，以便吃起来更有嚼头。

“第三脚”——由于美国人“爱用杯不爱用碗”，于是日清公司别出心裁地把方便面命名为“杯面”，并给它起了一个地地道道的美国式副名——“装在杯子里的热牛奶”，期望“方便面”能像“牛奶”一样，成为美国人难以割舍的快餐食品；根据美国人“爱喝口味很重的浓汤”的独特口感，不仅在面条制作上精益求精，而且在汤味佐料上力调众口，使方便面成为“既能吃又能喝”的二合一方便食品。

“第四脚”——从美国人食用方便面时总是“把汤喝光而将面条剩下”的偏好中灵敏地捕捉到方便面制作工艺求变求新的着力点，一改方便面“面多汤少”的传统制作工艺，研制生产了“汤多面少”的美式方便面，并将其副名更改为“远胜于汤”，从而使“杯面”迅速成为美国消费者人见人爱的“快餐汤”。

挟此出奇制胜的营销策略，日清食品公司成功突破了“众口难调”的产销“瓶颈”，轻而易举地打入了美国快餐食品市场，开辟出一片新天地。

地理变量易于识别，是细分市场应考虑的重要因素，但处于同一地理位置的消费者需求仍会有很大差异。简单地以某一地理特征区分市场，不一定能真实地反映消费者的需求共性与差异，企业在选择目标市场时还需结合其他细分变量予以综合考虑。

2. 按人文变量细分市场

按人文统计变量，如年龄、性别、家庭规模、家庭生命周期、收入、职业、教育程度、宗教、种族、国籍等为基础细分市场。消费者需求、偏好与人口统计变量有着密切的关系，比如只有收入水平很高的消费者才可能成为高档服装、名贵化妆品、高级珠宝等的经常买主。人口统计变量比较容易衡量，有关数据相对容易获取，由此构成了企业经常以它作为市场细分依据的重要原因。哪里有人群，哪里就有衣、食、住、行、用等各种需求。而人们在性别、年龄、职业、民族等方面的不同，也形成了人们在生理、心理、社交、兴趣、爱好等方面明显的差异，从而形成了以人文变量而划分的不同需求的细分市场。例如，服装市场，就可以用性别变量细分为男式服装市场和女式服装市场；用年龄变量来细分，又可以分为婴幼儿服装市场、少儿服装市场、青年服装市场、中年服装市场、老年服装市场；按档次也可分为高、中、低档服装市场。又例如，对于书籍、文化用品、艺术品，文化层次及受教育水平高的消费者群体，其需求量明显高于其他群体。而且，职业因素所带来的需求差别也是极为明显的。例如，20 世纪 90 年代初期，南京已经开始向居民供应“色拉油”，可是大部分居民不能接受这种“太透明”的食用油。但是，在鼓楼区，这种油卖得特别好。究其原因，原来该区多为政府机关和高校所在地，由于职业和受教育程度的不同，较别的城区更能理解“色拉油”属精炼品，低油烟、低杂质，比普通“豆油”“菜籽油”更具保健作用。所以，虽然价格较高，但是该区消费者也能自愿接受。

(1)性别。由于生理上的差别，男性与女性在产品需求与偏好上有很大不同，如在服饰、发型、生活必需品等方面均有差别。像美国的一些汽车制造商，过去一直是迎合男性要求设计汽车；现在随着越来越多的女性参加工作和拥有自己的汽车，这些汽车制造商正研究市场机会，设计具有吸引女性消费者特点的汽车。

(2)年龄。不同年龄的消费者有不同的需求特点，如青年人对服饰的需求与老年人的需求差异较大。青年人需要鲜艳、时髦的服装，老年人需要端庄、素雅的服饰。

(3)职业与教育。指按消费者职业的不同、所受教育的不同以及由此引起的需求差别细分市场，比如，农民购买自行车偏好载重自行车，而学生、教师则是喜欢轻型的、样式美观的自行车；又如，由于消费者所受教育水平的差异所引起的审美观具有很大的差异，诸如不同消费者对居室装修用品的品种、颜色等会有不同的偏好。

(4)收入。高收入消费者与低收入消费者在产品选择、休闲时间的安排、社会交际等方面都会有所不同。比如，同是外出旅游，在交通工具以及食宿地点的选择上，高收入者与低收入者会有很大的不同。正因为收入是引起需求差别的一个直接而重要的因素，在诸如服装、化妆品、旅游服务等领域根据收入细分市场相当普遍。

(5)家庭生命周期。一个家庭，按年龄、婚姻和子女状况，可划分为 7 个阶段。在不同阶段，家庭购买力以及家庭人员对商品的兴趣与偏好会有较大差别。

①单身阶段：年轻，单身，几乎没有经济负担，新消费观念的带头人，娱乐导向型购买。

②新婚阶段：年轻夫妻，无子女，经济条件比较好。购买力强，对耐用品、大件商品的欲望、要求强烈。

③满巢阶段Ⅰ：年轻夫妻，有 6 岁以下子女，家庭用品购买的高峰期。不满足现有的经济状况，注意储蓄，购买较多的儿童用品。

④满巢阶段Ⅱ：年轻夫妻，有 6 岁以上未成年子女，经济状况较好，购买趋向理智型，受广告及其他市场营销刺激的影响相对减少，注重档次较高的商品及子女的教育投资。

⑤满巢阶段Ⅲ：年长的夫妇与尚未独立的成年子女同住，经济状况仍然较好，妻子或子女皆有工作，注重储蓄，购买冷静、理智。

⑥空巢阶段：年长夫妇，子女离家自立，前期收入较高，购买力达到高峰期，较多购买老年人用品，如医疗保健品，娱乐及服务性消费支出增加，后期退休收入减少。

⑦孤独阶段：单身老人独居，收入锐减，特别注重情感、关注等需要及安全保障。

除了上述方面，经常用于市场细分的人口变数还有家庭规模、国籍、种族、宗教等。实际上，大多数公司通常是采用两个或两个以上人文统计变量来细分市场的。

**万豪酒店的市场细分**

3. 按心理变量细分市场

根据购买者所处的社会阶层、相关群体、生活方式、个性特征等心理因素细分市场就叫心理细分。它是消费者在购买、使用及消耗商品或劳务过程中反映出来的心理状态，可分为两类：一类是本能性消费心理，取决于消费者的生活方式、个性特征；另一类是社会性消费心理，直接受社会阶层、相关群体的影响。总之，消费者的欲望、需求、购买动机、购买行为都直接受心理变量的影响。例如，多少年来全中国商家乐此不疲的法宝——“打折降价销售、惊爆价”，就是针对庞大的，具有求实、求廉心理动机的中低收入消费群体的。

（1）社会阶层。社会阶层是指在某一社会中具有相对同质性和持久性的群体。处于同一阶层的成员具有类似的价值观、兴趣爱好和行为方式，不同阶层的成员则在上述方面存在较大的差异。很显然，识别不同社会阶层的消费者所具有的不同特点，将为很多产品的市场细分提供重要的依据。美国学者将美国社会分为六个阶层，即上上层、上下层、中上层、中下层、下上层、下下层。单就上上层和上下层来说，它们之间也有明显的需求差别。“老牌富豪”，出生于显赫世家，是政府、商界、文化圈中的领袖人物，也必然是消费“模范”，他们很少炫耀性地挥霍，而在教育上却不计代价。上下层由所谓的“暴发户”或新兴富豪构成，他们的财富是靠自己挣来的。新兴富豪都有一种强烈的愿望，即证明所获得的地位，为此常会炫耀，一掷千金地去追赶“尖端”的时髦。

（2）相关群体。相关群体是指对某个人的态度或行为有直接或间接影响的群体。相关群体对消费者购买行为的影响表现在：一是相关群体为每个人提供各种可供选择的消费行为或生活方式。二是相关群体引起人们的仿效欲望，从而影响人们对某种事物或商品的态度。例如，“追星现象”就是青年人受相关群体中明星的影响。近几年，因韩国偶像剧而引发的“韩流”就直接、迅猛地“席卷”了大江南北的无数青少年，他们借助韩式服饰、发型，极丰富地表现出超越传统的个性特征。

（3）生活方式。通俗地讲，生活方式是指一个人怎样生活。人们追求的生活方式各不相同，如有的追求新潮、时髦，有的追求恬静、简朴；有的追求刺激、冒险，有的追求稳定、安逸。西方的一些服装生产企业，为“简朴的妇女”“时髦的妇女”和“有男子气的妇女”分别设计不同的服装；烟草公司针对“挑战型吸烟者”“随和型吸烟者”及“谨慎型吸烟者”推出不同品牌的香烟，均是依据生活方式细分市场的。

（4）个性特征。个性是指一个人比较稳定的心理倾向与心理特征，它会导致一个人对其所处环境做出相对一致和持续不断的反应。俗话说“人心不同，各如其面”，每个人的个性都会有所不同。通常，个性会通过自信、自主、支配、顺从、保守、适应等性格特征表现出来。因此，个性可以按这些性格特征进行分类，从而为企业细分市场提供依据。在西方国家，对诸如化妆品、香烟、啤酒、保险之类的产品，有些企业以个性特征为基础进行市场细分并取得成功。

4.按行为变量细分市场

所谓行为变量，是指与消费者购买行为和习惯密切相关的一些因素，包括利益诉求、购买时机、使用者状况、使用频率和消费者对品牌的忠诚度等。根据购买者对产品的了解程度、态度、使用情况及反应等将它们划分成不同的群体，叫行为细分。行为变量能更直接地反映消费者的需求差异，因而成为市场细分的最佳起点。按行为变量细分市场主要包括：

（1）利益诉求。消费者购买某种产品总是为了满足某种需要。企业提供产品的利益往往并不是单一的，而是多方面的。消费者对这些利益的追求有所侧重，如购买手表，有的追求经济实惠、价格低廉，有的追求耐用、可靠和使用维修方便，还有的则偏向于显示社会地位等。消费者购买商品最主要的目的，就是追求该商品能够给他带来怎样的利益。不同的消费者群所追求的利益效用各不相同。例如，对于洗发水来说，有的人重视其保护、滋润头发之功效，有的人追求其品牌时尚，有的人关注其治疗效果，也有人注重价格。因此，宝洁公司分别向市场中的不同消费者群体推出五种不同利益诉求的洗发香波：海飞丝——去头屑，潘婷——维生素原B5营养发质，飘柔——柔顺光滑，沙宣——现代时尚，伊卡璐——草本精华纯天然。

(2)购买时机。根据消费者提出需要、购买和使用产品的不同时机，将他们划分成不同的群体。有人按季节规律购物，也有人反季节购买；有的人经常大量使用某产品，而有的人却很少使用。例如，城市公共汽车运输公司可根据上班高峰时期和非高峰时期乘客的需求特点划分不同的细分市场并制定不同的营销策略；生产果珍之类清凉解暑饮料的企业，可以根据消费者一年四季对果珍饮料口味的不同，将果珍市场的消费者划分为不同的子市场。

(3)使用频率。根据顾客是否使用和使用程度细分市场，通常可分为经常购买者、首次购买者、潜在购买者、非购买者。大公司往往注重将潜在使用者变为实际使用者，较小的公司则注重保持现有使用者，并设法吸引使用竞争产品的顾客转而使用本公司的产品。

(4)使用数量。根据消费者使用某一产品的数量大小细分市场，通常可分为大量使用者、中度使用者和轻度使用者。大量使用者人数可能并不多，但他们的消费量在全部消费量中占很大的比重。美国一家公司发现，美国啤酒的80%是被50%的顾客消费掉的，另外一半的顾客的消耗量只占消耗总量的12%。因此，啤酒公司宁愿吸引重度饮用啤酒者，而放弃轻度饮用啤酒者，并把重度饮用啤酒者作为目标市场上的消费者。公司还进一步了解到大量喝啤酒的人多是工人，年龄在25—50岁之间，喜欢观看体育节目，每天看电视的时间不少于3—5小时。很显然，根据这些信息，企业可以大大改进其在定价、广告传播等方面的策略。

(5)品牌忠诚度。企业还可根据消费者对产品的忠诚程度细分市场。有些消费者经常变换品牌，另外一些消费者则在较长时期内专注于某一或少数几个品牌。通过了解消费者的品牌忠诚情况、品牌忠诚者与品牌转换者的各种行为与心理特征，不仅可为企业细分市场提供基础，同时也有助于企业了解为什么有些消费者忠诚于本企业产品，而另外一些消费者则忠诚于竞争企业的产品，从而为企业选择目标市场提供启示。按照消费者对品牌的忠诚度进行细分，可以分为四类：一是坚定的品牌忠诚者——非该品牌的不买；二是不坚定的忠诚者——只忠诚于少数几个可以互相替代的品牌；三是转移者——对品牌的偏好时常会转移；四是非忠诚者——无忠诚的品牌。

另外，企业还可根据市场上顾客对产品的态度来细分市场。不同消费者对同一产品的态度可能有很大差异，如有的很喜欢持肯定态度，有的持否定态度，还有的则持既不肯定又不否定的无所谓态度。针对持不同态度的消费群体进行市场细分并在广告、促销等方面应当有所不同。

**(二)生产者市场细分依据**

许多用来细分消费者市场的标准，同样可用于细分生产者市场，如根据地理、追求的利益和使用率等变量加以细分。不过，由于生产者与消费者在购买动机和行为上存在差别，所以，除了运用前述消费者市场细分标准外，还可用一些新的标准来细分生产者市场。

1.用户规模

在生产者市场中，有的用户购买量很大，而另外一些用户购买量很小。以钢材市场为例，像建筑公司、造船公司、汽车制造公司对钢材的需求量很大，动辄数万吨的购买，而一些小的机械加工企业，一年的购买量也不过几吨或几十吨。企业应当根据用户规模大小来细分市场。根据用户或客户的规模不同，企业的营销组合方案也应有所不同。比如，对于大客户，宜于直接联系、直接供应，在价格、信用等方面给予更多优惠；而对众多的小客户，则宜于使产品进入商业渠道，由批发商或零售商组织供应。

2.产品的最终用途

产品的最终用途不同也是工业者市场细分标准之一。工业品用户购买产品，一般都是供再加工之用，对所购产品通常都有特定的要求。比如，同是钢材用户，有的需要圆钢，有的需要带钢；有的需要普通钢材，有的需要硅钢、钨钢或其他特种钢。企业此时可根据用户的要求，将大体相同的用户集合成群，并据此设计出不同的营销策略组合。

3. 工业者的购买状况

工业者购买的主要方式包括直接重购、修正重购及新任务购买。不同的购买方式的采购程度、决策过程等不相同，因此可将整体市场细分为不同的小市场群。

## 三、有效市场细分的条件

企业可根据单一因素，也可根据多个因素对市场进行细分。选用的细分标准越多，相应的子市场也就越多，每一子市场的容量就越小；相反，选用的细分标准越少，子市场就越少，每一子市场的容量则相对越大。如何寻找合适的细分标准对市场进行有效细分，在营销实践中并非易事。一般而言，成功而有效的市场细分应具备以下条件：

**（一）可进入原则——企业资源吻合**

指细分出来的市场应是企业营销活动能够抵达的，亦即企业通过努力能够使产品进入对顾客施加影响的市场，一方面，有关产品的信息能够通过一定的媒体顺利传递给该市场的大多数消费者；另一方面，企业在一定时期内有可能将产品通过一定的分销渠道运送到该市场，否则该细分市场的价值就不大。比如，生产冰激凌的企业，如果将我国中西部农村作为一个细分市场，恐怕在一个较长时期内都难以进入。市场细分的可进入原则包括两个方面：一是政治法律环境对企业进入某个市场没有壁垒阻碍。二是企业的资源能力、竞争能力能够使企业了解和获取该细分市场的情报信息及展开市场营销组合策略，将产品或服务通过一定的分销渠道进入目标市场。

**（二）可盈利原则——经营有利可图**

通过细分，必须使子市场有足够的需求量，能够保证企业获取足够的利润，有较大的利润上升空间，即细分出来的市场其容量或规模要大到足以使企业获利。在进行市场细分时，企业必须考虑细分市场上顾客的数量，以及他们的购买能力和购买产品的频率。如果细分市场的规模过小，市场容量太小，细分工作烦琐，成本耗费大，获利小，就不值得去细分。因此，市场在很多情况下不能无限制地细分下去，避免造成规模上的不经济。市场细分必须把握一个前提条件，即细分出的子市场必须有足够的需求水平，是现实可能中最大的同质市场，值得企业为它制订专门的营销计划，只有这样，企业才可能进入该市场，才可能有利可图。

**（三）可衡量原则——目标市场容量定量化**

指细分的市场是可以识别和衡量的，亦即细分出来的市场不仅范围明确，而且对其容量大小也能大致做出明确的判断。企业选择细分市场的依据变量应该是可以识别、可以定量化的，能够用数据来描述细分市场中消费者的一些购买行为特征、勾勒细分市场的边界，能够用数据来表达和判断市场容量的大小；否则，既会使细分市场边界模糊、准确划分很困难或无效划分，又会使得无法有针对性地制定营销战略。

**（四）可操作性原则——经营运作的前提**

企业能够以自身的资源占有能力、营销运作及管理控制能力，运用科学的方法对市场进行深入调研分析，正确认识评估市场营销的宏观环境和微观环境，制定和灵活实施产品策略、价格策略、分销策略、促销策略，影响和引领细分市场中的消费欲望、消费行为，满足消费者的需求，并引领新的需求。

### （五）对营销策略反应的差异性

指各细分市场的消费者对同一市场营销组合方案会有差异性反应，或者说对了营销组合方案的变动，不同细分市场会有不同的反应。如果不同细分市场的顾客对产品需求差异不大，行为上的同质性远大于其异质性，此时，企业就不必费力对市场进行细分。另外，对于细分出来的市场，企业应当分别制订出独立的营销方案。如果无法制定出这样的方案，或其中某几个细分市场对是否采用不同的营销方案不会有大的差异性反应，便不必进行市场细分。

## 四、市场细分的程序与方法

### （一）市场细分的程序

美国市场学家麦卡锡提出细分市场的一整套程序，这一程序包括七个步骤：

1. 选定产品市场范围

即确定进入什么行业，生产什么产品。产品市场范围应根据顾客的需求，而不是根据产品本身的特性来确定。例如，某一房地产公司打算在乡间建造一幢简朴的住宅，若只考虑产品特征，则该公司可能认为这幢住宅的出租对象是低收入顾客，但从市场需求角度看，高收入者也可能是这幢住宅的潜在顾客。因为高收入者在住腻了高楼大厦之后，恰恰可能向往乡间的清静，从而可能成为这种住宅的顾客。

2. 列举潜在顾客的基本需求

比如，公司可以通过调查，了解潜在消费者对前述住宅的基本需求。这些需求可能包括：遮风挡雨，安全、方便、宁静，设计合理，室内陈设完备，工程质量好等。

3. 了解不同潜在用户的不同要求

对于列举出来的基本需求，不同顾客强调的侧重点可能会存在差异。比如，经济、安全、遮风挡雨是所有顾客共同强调的，但有的用户可能特别重视生活的方便，另外一类用户则对环境的安静、内部装修等有很高的要求。通过这种差异比较，不同的顾客群体即可初步被识别出来。

4. 抽掉潜在顾客的共同要求，而以特殊需求作为细分标准

上述所列购房的共同要求固然重要，但不能作为市场细分的基础。如遮风挡雨、安全是每位用户的要求，就不能作为细分市场的标准，因此应该被剔除。

5. 根据潜在顾客基本需求的差异，划分为不同的群体或子市场，并赋予每一子市场一定的名称

例如，西方房地产公司常把购房的顾客分为好动者、老成者、新婚者、度假者等多个子市场，并据此采用不同的营销策略。

6. 进一步分析每一细分市场

进一步分析每一细分市场的需求与购买行为特点，并分析其原因，以便在此基础上决定是否可以对这些细分出来的市场进行合并或做进一步细分。

7. 估计每一细分市场的规模

估计每一细分市场的规模，即在调查的基础上估计每一细分市场的顾客数量、购买频率、平均每次的购买数量等，并对细分市场上产品的竞争状况及发展趋势进行分析。

### （二）市场细分的方法

企业在运用细分标准进行市场细分时必须注意以下问题：

第一，市场细分的标准是动态的，是随着社会生产力及市场状况的变化而不断变化的。如

年龄、收入、城镇规模、购买动机等都是可变的。

第二，不同的企业进行市场细分时应采用不同的标准。因为各企业的生产技术条件、资源、财力和营销的产品不同，所以采用的标准也有区别。

第三，企业在进行市场细分时可采用一项标准，即单一变量因素细分，也可采用多个变量因素组合或系列变量因素进行市场细分。

下面介绍几种市场细分的方法。

1. 单一因素法

单一因素法即选用单个因素进行市场细分。1978 年，资生堂公司在日本对化妆品市场进行调查以后，依据年龄因素，把潜在消费者分为四类：第一类是 15—17 岁的女孩子，讲时髦、好打扮，对化妆品的需要意识很强烈，但购买的往往是单一的化妆品；第二类是 18—24 岁的女孩，对化妆品很关心并采取积极的消费行为，只要中意，价格再高也在所不惜，往往成套购买化妆品；第三类是 25—34 岁的青年妇女，多数已婚，对化妆品的需求心理和消费行为虽然有所变化，化妆却仍然是她们的生活习惯；第四类是 35 岁以上的妇女，分为积极派和消极派，但也显示了对单一化妆品的需要。这样就区分出了四个不同的细分市场。

2. 综合因素法

综合因素法运用两个以上的因素同时从多个角度进行市场细分。比如，依据收入高、中、低，家庭规模大、中、小和车主年龄 20—30 岁、31—45 岁、46—59 岁、60 岁以上三个因素细分轿车市场，可以得到 36(3×3×4)个不同的细分市场。这种方法适合于消费者需求差别情况较为复杂，从多方面分析、认识的场合。

3. 系列因素法

系列因素法也用两个以上因素，但是根据一定的顺序逐次细分市场。细分的过程也就是一个比较、选择细分市场的过程，下一阶段的细分在上一阶段选定的细分市场中进行。例如，日本的黄樱酒酿造公司，依据以下思路进行市场细分：首先，依据地理标准对消费者分类，选中日本关东地方是因为关西地方已有许多日本名酒，如“滩之名酒”“伏见名酒”等品牌有较大影响；关东地方尚无名酒品牌，许多人在酒店要酒时只以“一级酒”“二级酒”的称呼代之，没有特别指定某种酒的习惯，同时关东地方属于日本首都圈，人口比较集中，约为 3 000 万人，与其他地方相比亦占有较大优势。其次，依据消费者的年龄分类，“黄樱”选择了中年人士——他们通常是酒的爱好者、消费的主力。虽然在日本市场上，威士忌、葡萄酒、白兰地等大量流入，但是日本烧酒也甚为流行。这个年龄层的人今后仍然是“黄樱”的支持者。最后，“黄樱”又用心理标准对中年人士喝酒追求的利益再次细分……最终确定了自己的目标市场(见图 4—3)。

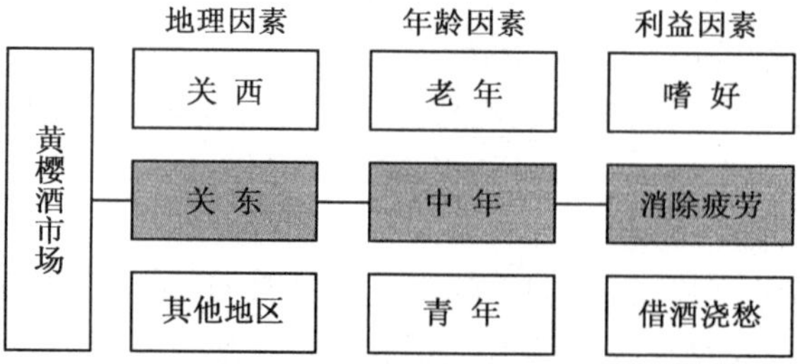


**图 4—3　黄樱酒细分市场的方法**

## 任务训练

### 一、实操题

中国白酒及茶叶品牌众多，请选择一款产品，为其进行市场细分，并制定策略。

### 二、自测题

**(一)单选题**

1. 消费者市场细分变量主要有地理变量、人口变量、心理变量和行为变量四类。其中，气候变化属于(　　)。

A. 行为变量　　B. 人口变量　　C. 心理变量　　D. 地理变量

2. 市场细分后的每一个细分市场都是由具有类似的(　　)倾向或行为的消费者群体组成。

A. 购买力　　B. 需求　　C. 心理品牌　　D. 收入

3. 市场细分的目的是选择(　　)。

A. 竞争优势　　B. 顾客需求　　C. 目标市场　　D. 有利战机

4. 以下不是有效市场细分条件的是(　　)。

A. 与企业资源吻合　　B. 经营有利可图　　C. 市场容量定量化　　D. 投入少

**(二)判断题**

1. 企业选择目标市场的前提和依据是市场细分。(　　)

2. 消费者需求和购买行为的差异性是市场细分的主要依据。(　　)

**(三)简答题**

什么是市场细分？

# 任务二　明确目标市场策略

## 任务目标

**➢ 知识目标**

1. 正确理解目标市场的概念
2. 理解目标市场评估依据
3. 理解目标市场的几种模式
4. 掌握目标市场策略

**➢ 能力目标**

1. 能够正确评估目标市场
2. 能够选择合适的目标市场
3. 能够选择合适的目标市场模式
4. 能够制定合适的目标市场策略

## 任务引入

### 王老吉的目标市场

在广东，传统凉茶（如冲剂、自家煲制、凉茶铺等）因下火功效显著，消费者普遍当成“药”服用，但也不能经常饮用。而“王老吉”这个具有上百年历史的品牌就是凉茶的代称，可谓说起凉茶想到王老吉，说起王老吉就想到凉茶。因此，红色王老吉受品牌名所累，并不能很顺利地让广东人接受它作为一种可以经常饮用的饮料，销量大大受限。

另外，加多宝生产的红色王老吉配方源自香港王氏后人，是国家批准的食健字号产品，其气味、颜色、包装都与消费者观念中的传统凉茶有很大区别，而且口感偏甜。按中国“良药苦口”的传统观念，广东消费者自然感觉其“降火”药力不足，当产生“下火”需求时，不如到凉茶铺，或自家煎煮。所以对消费者来说，在最讲究“药效”的凉茶中，它也不是一个好的选择。

在广东区域，红色王老吉拥有凉茶始祖王老吉的品牌，却长着一副饮料化的面孔，让消费者觉得“它好像是凉茶，又好像是饮料”，陷入认知混乱之中。

而在加多宝的另一个主要销售区域浙南，主要是温州、台州、丽水三地，消费者将“红色王老吉”与康师傅茶、旺仔牛奶等饮料相提并论，没有不适合长期饮用的禁忌。加之当地在外华人众多，经他们的引导带动，红色王老吉很快成为当地最畅销的产品。企业担心，红色王老吉可能会成为来去匆匆的时尚，如同当年在浙南红极一时的椰树椰汁，很快又被新的时髦产品替代，一夜之间在大街小巷消失得干干净净。

面对消费者这些混乱的认知，企业急需通过广告手段提供一个强势的引导，明确红色王老吉的核心价值，并与竞争对手区别开来。

在两广以外，人们并没有凉茶的概念，甚至调查中消费者说“凉茶就是凉白开吧？”“我们不喝凉的茶水，泡热茶”。内地的消费者“降火”的需求已经被填补，大多是通过服用牛黄解毒片之类的药物来解决。

做凉茶困难重重，做饮料同样危机四伏。如果放眼整个饮料行业，以可口可乐、百事可乐为代表的碳酸饮料，以“康师傅”“统一”为代表的茶饮料、果汁饮料更是处在难以撼动的市场领先地位。

而且，红色王老吉以“金银花、甘草、菊花等”草本植物熬制，有淡淡的中药味，对口味至上的饮料而言，的确存在不小障碍，加之红色王老吉 3.5 元的零售价，如果加多宝不能使红色王老吉与竞争对手区分开来，它就永远走不出饮料行业列强的阴影。

这就使红色王老吉面临一个极为尴尬的境地：既不能固守两地，又无法在全国范围推广。

资料来源：成美营销顾问。

**思考题：**

王老吉原来的目标市场是什么？如果要走向全国，则其目标市场又是什么？

## 知识分析

著名的市场营销学者麦卡锡提出了应当把消费者看作一个特定的群体，称为目标市场。通过市场细分，有利于明确目标市场；通过市场营销策略的应用，有利于满足目标市场的需要，即目标市场就是通过市场细分后企业准备以相应的产品和服务满足其需要的一个或几个子市场。

选择目标市场、明确企业应为哪一类用户服务、满足他们的哪一种需求，是企业在营销活动中的一项重要策略。为什么要选择目标市场呢？因为不是所有的子市场对本企业都有吸引力。任何企业都没有足够的人力资源和资金满足整个市场或追求过分大的目标，只有扬长避短，找到有利于发挥本企业现有的人、财、物优势的目标市场，才不至于在庞大的市场上瞎撞乱碰。

开拓市场三部曲之二
目标市场选择

## 一、目标市场的含义及其评估

企业的目标市场是企业营销活动所要满足的市场需求，是企业决定要进入的市场。企业的一切营销活动都是围绕目标市场进行的。选择和确定目标市场，是企业制定营销战略的首要内容和基本出发点，不仅直接关系着企业的经营成果以及市场占有率，而且还直接影响企业的生存。因此，企业在选择目标市场时必须认真评价目标市场的营销价值，从市场潜力、竞争状况以及本企业的资源条件、营销能力和营销特点全面分析评估再研究是否值得开拓，能否实现以最小的消耗取得最大的营销成果。一般来说，企业考虑进入的目标市场应做以下几方面的评估：

### （一）有一定的市场规模和增长潜力

要评估细分市场是否有适当的规模和增长潜力，适当规模是与企业规模和实力相适应的。较小的市场对于大企业，不利于充分利用企业的生产能力；而较大的市场对于小企业，则小企业缺乏能力来满足较大市场的有效需求或难以抵御较大市场上的激烈竞争。增长潜力是要有尚未满足的需求，有充分发展的潜力。

红牛开拓校园
目标市场

### （二）细分市场结构，有足够的市场吸引力

吸引力主要是从获利的角度看市场长期获利率的大小。市场可能具有适当的规模和增长潜力，但从利润立场来看不一定具有吸引力。波特认为有 5 种力量决定整个市场或其中任何一个细分市场的长期的内在吸引力。细分市场可能具备理想的规模和发展特征，然而从赢利的观点来看，它未必有吸引力。这 5 种力量是：同行业竞争者、潜在的新参加的竞争者、替代产品、购买者和供应商。企业必须充分估计这 5 种力量对长期获利率所造成的影响，预测各细分市场的利润。它们具有如下 5 种威胁（见图 4—4）：

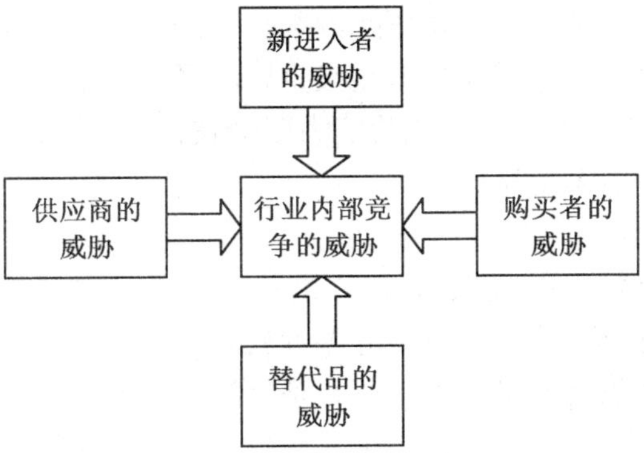


**图 4—4　影响市场吸引力的 5 种力量（迈克尔·波特五力模型）**

1. 行业内部竞争的威胁

如果某个行业市场已经有了众多的、强大的或者竞争意识强烈的竞争者，那么该细分市场就会失去吸引力。如果该细分市场稳定或者衰退，生产能力不断大幅度扩大，固定成本过高，撤出市场的壁垒过高，竞争者投入很大，那么情况就会更糟。这些情况常常会导致价格战、广告争夺战、新产品推出，并使公司参与竞争就必须付出高昂的代价。

2. 新进入者的威胁

如果某个细分市场会增加新的生产能力和大量资源并争夺市场份额的新的竞争者，那么该细分市场就会没有吸引力。问题的关键是新的竞争者能否轻易地进入这个细分市场。如果新的竞争者进入这个细分市场遇到森严的壁垒，并且遭受细分市场内原来公司的强烈报复，那么他们便很难进入。保护细分市场的壁垒越低，原来占领细分市场的公司的报复心理越弱，这个细分市场就越缺乏吸引力。某个细分市场的吸引力随其进退难易的程度而有所区别。根据行业利润的观点，最有吸引力的细分市场应该是进入的壁垒高、退出的壁垒低；细分市场进入和退出的壁垒都高，利润潜力大，但伴随较大的风险；细分市场进入和退出的壁垒都较低，公司便可以进退自如，然而获得的报酬虽稳定但不高；最坏的情况是进入细分市场的壁垒较低，而退出的壁垒却很高。于是在经济良好时，大家蜂拥而入，但在经济萧条时，却很难退出，其结果是生产能力过剩，收入下降。

3. 替代品的威胁

如果某个细分市场存在着替代产品或者有潜在替代产品，那么该细分市场就会失去吸引力。替代产品会限制细分市场内价格和利润的增长。公司应密切注意替代产品的价格趋向。如果在这些替代产品行业中技术有所发展，或者竞争日趋激烈，那么这个细分市场的价格和利润就可能会下降。

4. 购买者的威胁

如果某个细分市场中购买者的讨价还价能力很强或正在加强，那么该细分市场就没有吸引力。购买者便会设法压低价格，对产品质量和服务提出更高的要求，并且使竞争者互相斗争，所有这些都会使销售商的利润受到损失。对于购买者比较集中、该产品在购买者的成本中占较大比重、产品无法实行差别化、顾客的转换成本较低等，购买者的讨价还价能力就会加强。销售商为了保护自己，可选择议价能力最弱或者转换销售商能力最弱的购买者。较好的防卫方法是提供顾客无法拒绝的优质产品。

5. 供应商的威胁

如果公司的供应商——原材料和设备供应商、公用事业、银行等，提价或者降低产品和服务的质量，或减少供应数量，那么该公司所在的细分市场就会没有吸引力。如果供应商集中或者有组织，或者替代产品少，或者供应的产品是重要的投入要素，或者转换成本高，或者供应商可以向前实行联合，那么供应商的讨价还价能力就会较强大。因此，与供应商建立良好的关系和开拓多种供应渠道才是防御上策。

**（三）符合企业的目标和资源**

某些细分市场虽然有较大的吸引力，但不能推动企业实现发展目标，甚至分散企业的精力，使之无法完成其主要目标，这样的市场应考虑放弃；另外，还应考虑企业的资源条件是否适合在某一细分市场经营。只有选择那些企业有条件进入、能充分发挥其资源优势的市场作为目标市场，企业才会立于不败之地。因此，企业选择目标市场必须考虑：第一，是否符合企业的长远目标，如果不符合，就只有放弃；第二，企业是否具备在该市场获胜所需的技术和资源，如企业的人力、物力、财力等，如果不具备，则也只能放弃。但是仅拥有必备的力量是不够的，还必须具备优于竞争者的技术和资源，具有竞争的优势，才适宜进入该细分市场。

## 二、目标市场模式选择

企业在对不同细分市场评估后就必须对进入哪些市场和为多少个细分市场服务做出决策。一般来说，可采用的目标市场模式有以下 5 种(见图 4－5)。

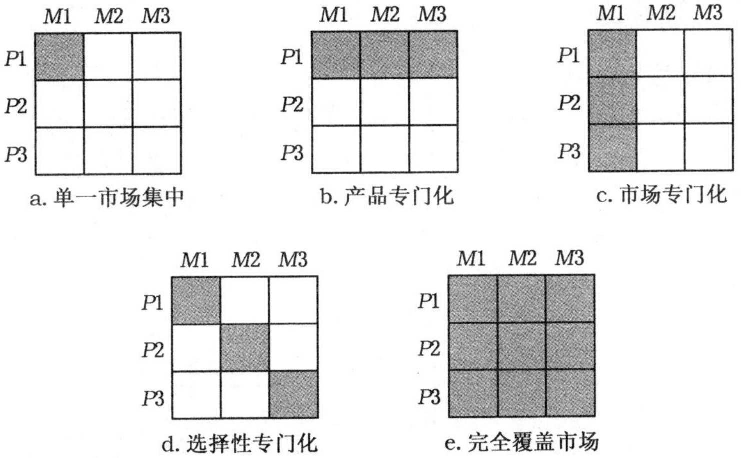


**图 4－5 目标市场模式**

### (一)单一市场集中

最简单的方式是公司选择一个细分市场集中营销。大众汽车公司集中经营小汽车市场；通过密集营销，公司更加了解本细分市场的需要，并树立特别的声誉，便可在该细分市场建立稳固的市场地位。另外，公司通过生产、销售和促销的专业化分工，也获得了许多经济效益。如果细分市场补缺得当，公司的投资便可获得高报酬。但密集市场营销比一般情况下风险更大。

### (二)产品专门化

用此法集中生产一种产品，公司向各类顾客销售这种产品。例如，显微镜生产商向大学实验室、政府实验室和工商企业实验室销售显微镜。公司准备向不同的顾客群体销售不同种类的显微镜，而不去生产实验室销售可能需要的其他仪器。公司通过这种战略，在某个产品方面树立起很高的声誉。但如果产品(显微镜)被一种全新的显微技术代替，则会发生危机。

### (三)市场专门化

市场专门化是指专门为满足某个顾客群体的各种需要而服务。例如，公司可为大学实验室提供一系列产品，包括显微镜、示波器、本生灯、化学烧瓶等。公司专门为这个顾客群体服务，而获得良好的声誉，并成为这个顾客群体所需各种新产品的销售代理商。但如果大学实验室突然经费预算削减，则它们就会减少从这个市场专门化公司购买仪器的数量，从而产生危机。

### (四)选择性专门化

采用此法选择若干个细分市场，其中，每个细分市场在客观上都有吸引力，并且符合公司的目标和资源。但在各细分市场之间很少有或者根本没有任何联系，然而每个细分市场都有可能赢利。这种多细分市场目标优于单细分市场目标,因为这样可以分散公司的风险,即使某个细分市场失去吸引力,公司仍可继续在其他细分市场获取利润。

**(五)完全覆盖市场**

完全覆盖市场是指公司想用各种产品满足各种顾客群体的需求。只有大公司才能采用完全覆盖市场战略,例如,国际商用机器公司(计算机市场)、通用汽车公司(汽车市场)和可口可乐公司(饮料市场)。

## 三、目标市场策略选择

**(一)无差异市场营销策略**

无差异市场营销策略是指企业将产品的整个市场视为一个目标市场,用单一的营销策略开拓市场,即用一种产品和一套营销方案吸引尽可能多的购买者。无差异市场营销策略只考虑消费者或用户在需求上的共同点,而不关心他们在需求上的差异性。可口可乐公司在 20 世纪 60 年代以前曾以单一口味的品种、统一的价格和瓶装、同一广告主题将产品面向所有顾客,采取的就是无差异市场营销战略(见图 4—6)。

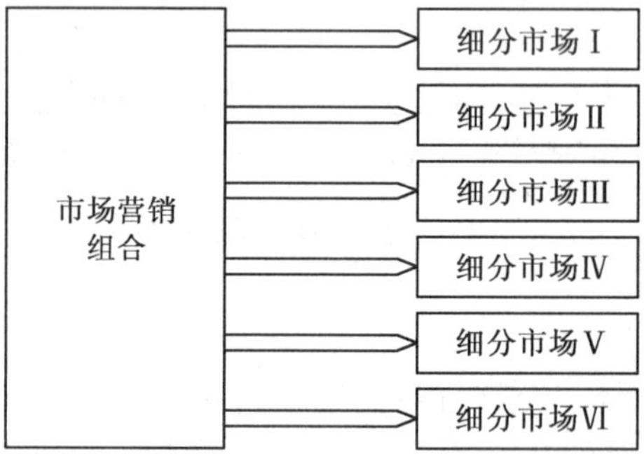


**图 4—6　无差异市场营销策略**

无差异市场营销的理论基础是成本的经济性。生产单一产品,可以减少生产与储运成本。无差异的广告宣传和其他促销活动可以节省促销费用,减少企业在市场调研、产品开发、制订各种营销组合方案等方面的营销投入。这种策略对于需求广泛、市场同质性高且能大量生产、大量销售的产品比较合适。

无差异市场营销策略一般适用于垄断产品、专利产品、新产品的导入期且市场同质性高或供不应求的产品,对于大多数企业、大多数产品来说并不一定合适。首先,消费者需求客观上千差万别并不断变化,一种产品长期为所有消费者和用户所接受较罕见。其次,当众多企业如法炮制,都采用这一策略时,会造成市场竞争异常激烈,同时在一些小的细分市场上消费者需求得不到满足,这对企业和消费者都是不利的。最后,易于受到竞争企业的攻击。当其他企业针对不同细分市场提供更有特色的产品和服务时,采用无差异策略的企业可能会发现自己的市场正在遭到蚕食,但又无力有效地予以反击。正是由于这些原因,世界上一些曾经长期实行无差异营销策略的大企业最后也被迫改弦更张,转而实行差异性营销策略。被视为实行无差异营销典范的可口可乐公司,面对百事可乐、七喜等企业的强劲攻势,也不得不改变原来的策略,一方面向非可乐饮料市场进军,另一方面针对顾客的不同需要推出多种类型的新可乐。

## 延伸知识

### 七喜——非可乐

七喜汽水面世之初，面临百事可乐和可口可乐两个巨头，夹缝里如何求生存？七喜为自己的汽水精心设计了简短的广告词："七喜——非可乐"，一下子把饮料市场一分为二：一边是百事可乐、可口可乐等市场所有的可乐型饮料，另一边是刚刚面世的、非可乐的七喜，在众多的可乐饮料市场上为自己"创造"出了一个新的市场。七喜以"不含咖啡因"的非可乐痛击了可口可乐和百事可乐。这场非可乐广告宣传的结果是：七喜汽水在第一年的销售量提高了 10%，而且以后每年都有所增加。

这句广告词本身并不出众，可是如果你了解它的出现背景，就知道它的妙处了。七喜汽水"非可乐"是借助类别定位的一个经典案例。可口可乐与百事可乐是市场的领导品牌，占有率极高，在消费者心目中的地位不可动摇。"非可乐"的定位使七喜处于与"百事可乐""可口可乐"对立的类别，成为可乐饮料之外的另一种选择，不仅避免与两巨头的正面竞争，还巧妙地与两品牌挂钩，使自身处于和它们并列的地位。成功的类别定位使七喜(见图 4—7)在美国龙争虎斗的饮料市场上占据了老三的位置。

图 4—7　七喜饮料

### (二)差异性市场营销策略

差异性市场营销策略(见图 4—8)是将整体市场划分为若干细分市场，针对每一细分市场制定一套独立的营销方案。比如，服装生产企业针对不同性别、不同收入水平的消费者推出不同品牌、不同价格的产品，并采用不同的广告主题来宣传这些产品，采用的就是差异性市场营销策略。江苏森达集团，组织设计、销售、生产部门的人员到全国各地进行市场调查，发放问卷数 10 万份，对收回的问卷进行综合分析，针对消费者对皮鞋的价格、风格、款式的不同要求进行市场细分，并制定了集团的产品分流战略：男女鞋分流、风格分流、档次分流、市场分流等，以满足不同层次、不同地域的消费需求。1998 年，森达皮鞋市场占有率达到 31.9%。

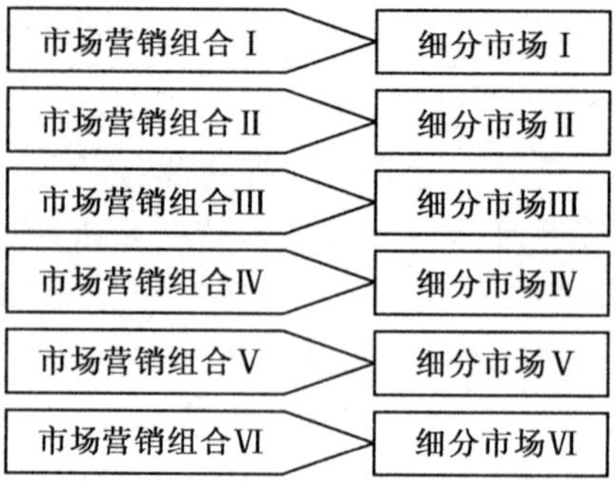


图4—8　差异性市场营销策略

差异性市场营销策略的优点是：小批量、多品种，生产机动灵活、针对性强，使消费者需求更好地得到满足，由此促进产品销售。另外，由于企业是在多个细分市场上经营，一定程度上可以减少经营风险；一旦企业在几个细分市场上获得成功，就有助于提高企业的形象及市场占有率。

差异性市场营销策略的不足之处主要体现在两个方面：一是增加营销成本。由于产品品种多，因此管理和存货成本将增加；由于公司必须针对不同的细分市场发展独立的营销计划，因此会增加企业在市场调研、促销和渠道管理等方面的营销成本。二是可能使企业的资源配置不能有效集中，顾此失彼，甚至在企业内部出现彼此争夺资源的现象，使拳头产品难以形成优势。

**（三）集中性市场营销策略**

无论实行差异性市场营销策略还是无差异市场营销策略，企业均是以整体市场作为营销目标，试图满足所有消费者在某一方面的需要。集中性市场营销策略（见图4—9）则是集中力量进入一个或少数几个细分市场，实行专业化的生产和销售。实行这一策略，企业不是追求在一个大市场角逐，而是力求在一个或几个子市场占有较大份额。

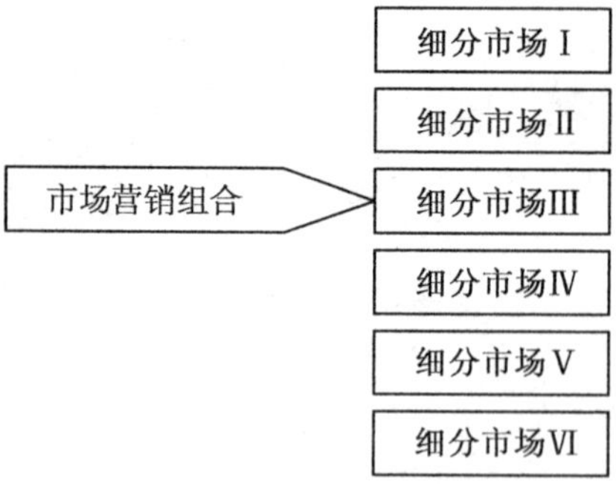


图4—9　集中性市场营销策略

例如，生产空调的企业不是生产各种型号和款式、面向不同顾客和用户的空调机，而是专门生产安装在汽车内的空调机。又如，汽车轮胎制造企业只生产用于换胎业务的轮胎，均是采用此策略。在激烈的市场竞争中，一些大企业往往着眼大产品、高利润，追求"规模经济效益"，对小批量、多品种的产品往往不愿顾及或难以涉足，而中小企业只要善于寻找市场"缝隙"，运用“弥隙”战略拾遗补阙，将“缝隙”市场培育成型，并力争形成有市场竞争力的优势。江苏技术进出口公司1996年赴美投资考察，发现国际市场对自动化、智能化程度低的割草机的需求很大并呈现供不应求之势，其中，美国的草地机械市场需求高达70亿美元，但其制作工艺滞后于其他产业20年，是美国唯一没有电子技术的行业。该公司瞄准这一市场空当，联合南京理工大学共同研制开发三代三类割草机，在美国申请了19项专利，投资建立舒泰克公司。产品很快打开市场，至1999年底已销售割草机15万台。2000年上半年，仅带动出口就达368万美元。由此可见，再完善、成熟的市场也都存在各种各样的“缝隙”，经营机会随处可见，关键在于人们是否能够去探求和发现。一般地说，资源相对薄弱的中小企业宜采用这一策略。

集中性市场营销策略的指导思想是：与其四处出击，收效甚微，不如突破一点，取得成功。这一策略特别适合于资源力量有限的中小企业。中小企业由于受财力、技术等方面因素制约，在整体市场可能无力与大企业抗衡，但如果集中资源优势在大企业尚未顾及或尚未建立绝对优势的某个或某几个细分市场进行竞争，则成功的可能性更大。

集中性市场营销策略的局限性体现在两个方面：一是市场区域相对较小，企业发展受到限制。二是潜伏着较大的经营风险，一旦目标市场突然发生变化，如消费者趣味发生转移，或强大的竞争对手进入，或新的更有吸引力的替代品出现，都可能使企业因没有回旋余地而陷入困境。因此采用该战略时必须密切注意市场动向，做好充分的应变准备。

## 四、影响目标市场策略选择的因素

### （一）企业的资源能力

企业的资源能力主要包括企业的人力、物力、财力等，这是选择目标市场的首要因素。如果企业的资源雄厚，人力、物力、财力充裕，则可采用差异性或无差异性市场营销策略；反之，如果企业的资源薄弱，人力、物力、财力不足，则实行集中性市场营销策略为宜。例如，国内的不少企业，由于资源条件相对薄弱，若想在市场上占有一席之地，则以采用集中性市场营销策略为上。

### （二）产品差异性

这是指产品自然属性的差异和消费者对产品需求选择的程度。一般来说，自然品质差异较小的产品，消费者对其产品特征的感觉相似程度较高，购买时选择性较低，可以采取无差异性市场营销策略；反之，品质差异性大、选择性强的产品，则宜采用差异性或集中性市场营销策略。

### （三）产品生命周期

企业应随着产品所处的寿命周期阶段的变化采取不同的营销策略。一般来说，企业的新产品处在投放市场的导入期宜采取无差异性市场营销策略，或针对某一特定细分市场实行集中性市场营销策略，以便提高产品的知名度，探测市场需求和潜在顾客情况，也有利于节约市场开发费用。当产品进入成长期和成熟期，竞争者增多时，企业应采取差异性市场营销策略，以应付竞争或开拓新的市场，延长产品生命周期；当产品进入衰退期时，企业为了集中力量对付竞争者，则宜采用集中性市场营销策略。

### （四）竞争者的策略

一般来说，企业所采用的营销战略应与竞争对手有所区别。当竞争对手采取无差异性市场营销策略时，企业应实行差异性市场营销战略；而当竞争对手采用差异性市场营销战略时，企业应考虑实行更深一层的差异性或集中性市场营销策略。当然这只是一般原则，还得根据竞争对手的力量和市场的具体情况而定。

**（五）市场特点**

市场特点主要是指消费者需求偏好等方面的类似程度。如果某市场消费者的需求偏好大致相同，则宜在该市场采用无差异性市场营销战略；反之，如果消费者的需求偏好差异较大，则宜采用差异性或集中性市场营销策略。根据目标市场各个消费者群的需求特点，企业分别设计几种不同的或特定的产品与营销组合。

目标市场的进入方式有：以技术优势挺进市场；借助企业原有的声誉挺进市场；填补空白，大胆、全面挺进市场，收购现成的企业，是进入目标市场最为快捷的方式之一；以内部发展的方式进入市场；等等。企业进入市场的时间选择也很重要，过早或过晚切入市场对企业经营都不利。尤其季节性强或具有特定消费对象的产品，适时视情况切入市场会收到事半功倍的效果。

**（六）目标市场的道德选择**

市场目标有时会引起争议。公众关注对容易被侵入群体（例如，孩子）或有弱点的群众（如城市贫民）的不公平的营销手段，或促销潜在的有害产品。当这些问题被涉及时，营销者需要负起社会责任。

## 任务训练

### 一、实操题

中国白酒及茶叶品牌众多，请选择一款产品，为其制定目标市场策略。

### 二、自测题

**（一）单选题**

1. 集中性市场营销策略尤其适合于（　　）。

A. 跨国公司　　B. 大型企业　　C. 中型企业　　D. 小型企业

2. 企业只推出单一产品，运用单一的市场营销组合，力求在一定程度上适合尽可能多的顾客的需要，这种战略是（　　）。

A. 无差异市场营销策略　　B. 密集市场营销策略

C. 差异性市场营销策略　　D. 集中性市场营销策略

3. 目标市场的评估不包括（　　）。

A. 市场规模和增长潜力　　B. 细分市场的吸引力

C. 企业的目标和资源　　D. 市场的方向

4. 小企业目标市场选择模式适合（　　）。

A. 单一市场集中　　B. 完全覆盖市场

C. 市场专门化　　D. 选择性专门化

5. 影响市场结构吸引力的因素不包括（　　）。

A. 供应商　　B. 替代品　　C. 新加入者　　D. 市场规模

**（二）判断题**

1. 市场专业化是指企业只选取一个细分市场，只生产一类产品，供应给一类顾客群，进行集中营销。（　　）

2. 选择目标市场，就是评选出一个或几个细分的小市场，作为企业进军的目标。　（　　）
3. 选择目标市场最重要的是市场潜力，无须考虑企业的资源和能力。　（　　）
4. 目标市场无须考虑产品的生命周期，只要赢利就行。　（　　）
5. 市场规模大小比成长潜力更重要，可以获得确定的利益。　（　　）

**（三）简答题**

1. 什么是目标市场？
2. 影响目标市场策略选择的因素有哪些？
3. 目标市场策略选择有哪些？

# 任务三　制定市场定位策略

## 任务目标

**➢ 知识目标**

1. 理解市场定位的概念
2. 掌握市场定位的流程
3. 掌握市场定位的策略

**➢ 能力目标**

能够制定合适的市场定位策略

## 任务引入

### 王老吉的市场定位

2002年年底，加多宝找到成美顾问公司，初衷是想为红色王老吉拍一条以赞助奥运会为主题的广告片。成美经初步研究后发现，红色王老吉的销售问题不是通过简单地拍广告就可以解决的，其首要解决的问题是品牌定位。

红色王老吉虽然销售了7年，其品牌却从未经过系统定位，连企业也无法回答红色王老吉究竟是什么，消费者更不用说，完全不清楚为什么要买它——这是红色王老吉的品牌定位问题。这个根本问题不解决，拍什么样"有创意"的广告片都无济于事。正如广告大师大卫·奥格威所说：一个广告的效果更多的是取决于你产品的定位，而不是你怎样写广告（创意）。经过一轮深入沟通后，加多宝公司最后接受了建议，决定暂停拍广告片，委托成美先对红色王老吉进行品牌定位。

为了了解消费者的认知，研究从市场上红色王老吉、竞争者所传播的信息入手，厘清它们可能存在于消费者心目中的大概位置，以及它们的优势和弱点。成美研究人员在进行二手资料收集的同时对加多宝内部、两地的经销商等进行了专家访谈。在研究过程中，他们发现"红色王老吉拥有凉茶始祖王老吉的品牌，却长着一副饮料化的面孔"，这等于一个产品有了相互矛盾的双重身份。而加多宝并不清楚消费者的认知、购买动机等，如企业一度认为浙南消费者的购买主要是因为"高档""有'吉'字喜庆"。面对这种现实情况，企业决定由成美牵头，引进市场调查公司协助了解消费者的认知。

由于调查目的明确，很快就在消费行为研究中发现，广东的消费者饮用红色王老吉为烧烤、登山等活动场合，原因不外乎“烧烤时喝一罐，心理安慰”“上火不是太严重，没有必要喝黄振龙”（黄振龙是凉茶铺的代表，其代表产品功效强劲，有祛湿降火之效）。

而在浙南，饮用场合主要集中在外出就餐、聚会、家庭。在对当地饮食文化的了解过程中，研究人员发现该地的消费者对于“上火”的担忧比广东有过之而无不及，座谈会桌上的话梅蜜饯、可口可乐无人问津，被说成“会上火”的危险品。而他们评价红色王老吉时经常谈到“不会上火”“健康，小孩老人都能喝，不会引起上火”。可能这些观念并没有科学依据，但这就是浙南消费者头脑中的观念，这是研究需要关注的“唯一事实”。

这些消费者的认知和购买消费行为均表明，消费者对红色王老吉并无“治疗”要求，而是作为一个功能饮料购买。购买红色王老吉的真实动机是用于“预防上火”，如希望在品尝烧烤时减少上火情况的发生等，真正上火以后可能会采用药物，如牛黄解毒片、传统凉茶类治疗。

再进一步研究消费者对竞争对手的看法，则发现红色王老吉的直接竞争对手，如菊花茶、清凉茶等由于缺乏品牌推广，仅仅是低价渗透市场，并未占据“预防上火的饮料”的定位。而可乐、茶饮料、果汁饮料、水等明显不具备“预防上火”的功能，仅仅是间接的竞争。

同时，任何一个品牌定位的成立，都必须是该品牌最有能力占据的，即有据可依。研究人员对于企业、产品自身在消费者心目中的认知进行了研究。结果表明，红色王老吉的“凉茶始祖”身份、神秘中草药配方、175 年的历史等，显然是有能力占据“预防上火的饮料”定位的。

由于“预防上火”是消费者购买红色王老吉的真实动机，显然有利于巩固和加强原有市场。是否能满足企业对于新定位的期望“进军全国市场”，成为研究的下一步工作。通过二手资料、专家访谈等研究，一致显示，中国几千年的中药概念“清热解毒”在全国广为普及，“上火”“去火”的概念也在各地深入人心，这就使红色王老吉突破了地域品牌的局限。

至此，品牌定位的研究基本完成。在合作 1 个月后，成美向加多宝提交了品牌定位研究报告，首先明确红色王老吉是在“饮料”行业中竞争，其竞争对手应是其他饮料；其品牌定位——“预防上火的饮料”，其独特的价值在于喝红色王老吉能预防上火，让消费者无忧地尽情享受生活：煎炸、香辣美食、烧烤、通宵达旦看足球……

2002 年，重新定位后，王老吉饮料年销量 1.8 亿元；

2003 年，王老吉饮料年销量 6 亿元；

2004 年，王老吉饮料年销量近 15 亿元；

2005 年，王老吉饮料年销量超过 25 亿元（包括利乐装）；

2006 年，王老吉饮料年销量近 40 亿元（含盒装）；

2007 年，王老吉饮料年销量近 90 亿元（含盒装）。

资料来源：成美营销顾问。

**思考题：**

品牌定位是什么，与市场定位之间的关系是什么？王老吉的市场定位是什么？

## 知识分析

从 2000 年悉尼奥运开始，中国运动员在奥运会上大放异彩，摘下了 28 枚金牌，名列全球第三。2008 年北京奥运会，中国以 51 枚金牌位居榜首，是奥运历史上首个登上金牌榜首的亚洲国家。不可否认，东方人与西方人的体型先天就有些差距，东方人灵巧，西方人高大，因此，中国摘金的定位是专攻西方人的弱项——“不够灵巧”，换句话说，也就是主攻“灵巧、技术含量高”的项目。中国在奥运会上的伟大成就就是定位策略的成功案例之一，也非常值得企业界学习借鉴和研究。企业营销的重要任务之一就是要找到自己的目标市场，然后根据目标市场的特点来确定营销方案，这就是企业的市场定位，其实质是取得目标市场的竞争优势。这是决定营销组合策略实施成败的关键。

**开拓市场三部曲之三 市场定位**

## 一、市场定位的概念

市场定位（Market Positioning）是20世纪70年代由美国学者阿尔·赖斯（Al Ries）和杰克·特劳特提出的一个重要营销学概念。所谓市场定位，就是勾画企业产品在目标市场即目标顾客心目中的形象，使企业所提供的产品具有一定的特色，适应一定顾客的需要和偏好，并与竞争者的产品有所区别。江苏森达集团开发的“好人缘”牌皮鞋就定位为面向大众的质优价廉产品，海尔集团是质量争先、技术领先的产品定位。企业营销定位可分为产品定位、市场定位、企业定位和竞争定位等。市场定位的关键是找空子，你所要寻找的那个空隙必须是消费者心目中的空隙。这一市场空隙，只有与消费者心中的空隙吻合，才有可能获得营销的成功。市场定位不是一成不变的，要适时而动、因势而变。孙子言“水因地而制流，兵因敌而制胜。故兵无常势，水无常形。能因敌变化而制胜者，谓之神”。市场与战场一样风云变幻，市场定位要根据市场的变化而变化，如成功进行定位转换的瑞士Swatch手表和万宝路香烟。对于产品和企业多元化的定位，应在每个细分市场上找到制胜点，防止事业范围的盲目扩展；否则，“城门失火，殃及池鱼”，原有的事业也会受其拖累。

## 二、市场定位的流程

市场定位流程是指企业在调查研究的基础上明确潜在的竞争优势，选择本企业的竞争优势和定位战略以及显示独特的竞争优势的方案策划。

### （一）明确潜在的竞争优势

1. 竞争者的定位状况

在市场上顾客最关心的是产品的属性和价格。因此，企业必须：（1）明确竞争者在目标市场上的定位；（2）正确衡量竞争者的潜力，判断其有无潜在竞争优势，据此进行本企业的市场定位。

2. 目标顾客对产品的评价标准

即要了解顾客对其购买的产品的最大偏好和愿望，以及他们对产品优劣的评价标准，作为定位的依据。

3. 明确竞争优势

竞争优势产生于企业为顾客创造的价值，顾客愿意购买的就是价值。竞争优势有两种基本类型：一是成本优势；二是产品差异化。

### （二）选择相对竞争优势

经过分析，企业会发现许多潜在的优势，然而并不是每一种优势都是企业能够利用的，企业要善于发现并利用自身存在或创造出来的相对竞争优势。相对竞争优势是企业能够比竞争者做更好的工作或在某方面有胜过竞争者的能力，可以是现有的，也可以是潜在的。

选择相对竞争优势可以采用比较方法，创造自己的竞争优势，据此进行本企业的市场定位。例如,以生产中低档手表为主的丹东手表工业公司,认识到自己无力与大企业名牌手表相抗衡,提出"走下铁路上公路,离开城市到农村"的营销战略,树立起适合农村消费者偏好的产品形象,选择自己的竞争优势,确立自己的市场定位。

### (三)显示独特的竞争优势

选定的竞争优势不会自动地在市场上显示出来,企业要进行一系列活动,让其独特的竞争优势吸引目标顾客。企业应通过自己的理念识别系统、行为识别系统和视觉识别系统,向顾客表明自己的市场定位。要做到这一点,就必须进行创新策划,强化本企业及其产品与其他企业及其产品的差异性,主要在于:(1)创造产品的独特优势;(2)创造服务的独特优势;(3)创造人力资源的独特优势;(4)创造形象的独特优势。

## 三、市场定位的策略

### (一)竞争性定位策略

竞争性定位策略又称"针锋相对"定位策略,指企业选择在目标市场上与现有的竞争者靠近或重合的市场定位,要与竞争对手争夺同一目标市场的消费者。实行这种定位策略的企业,必须具备以下条件:(1)能比竞争者生产出更好的产品;(2)该市场容量足以吸纳两个以上竞争者的产品;(3)比竞争者拥有更多的资源和更强的实力。

例如,美国可口可乐与百事可乐是两家以生产销售碳酸型饮料为主的大型企业。可口可乐自 1886 年创建以来,以其独特的味道扬名全球。第二次世界大战后百事可乐采取了针锋相对的策略,专门与可口可乐竞争。半个多世纪以来,这两家公司为争夺市场而展开了激烈的竞争,而它们都以相互间的激烈竞争作为促进自身发展的动力及最好的广告宣传,百事可乐借机得到迅速发展。1988 年,百事可乐荣登全美十大顶尖企业榜,成为可口可乐强有力的竞争者。当大家对百事可乐—可口可乐之战(见图 4—10)兴趣盎然时,双方都是赢家,因为喝可乐的人越来越多,两家公司都获益匪浅。

图 4—10　百事可乐—可口可乐之战

**（二）填补空缺式定位**

填补空缺策略也叫避强定位策略，指企业尽力避免与实力较强的其他企业直接竞争，寻找新的、尚未被占领的但又为许多消费者所重视的市场进行定位。例如："金利来"进入中国内地市场时，就是填补了男士高档衣物的空位。通常在两种情况下适用这种策略：一是这部分潜在市场即营销机会没有被发现，在这种情况下，企业容易取得成功；二是许多企业发现了部分潜在市场，但无力占领，这就需要有足够的实力才能取得成功。

在金融业兴旺发达的香港，"银行多过米铺"这句话毫不过分。在这一弹丸之地各家银行使出浑身解数，走出了一条利用定位策略突出各自优势的道路，使香港的金融业呈现出一派繁荣景象。汇丰银行定位于分行最多、实力最强、全港最大的银行，是实力展示式的诉求。20 世纪 90 年代以来，为拉近与顾客的情感距离，新的定位立足于"患难与共、伴同成长"，旨在与顾客建立同舟共济、共谋发展的亲密朋友关系。恒生银行定位于充满人情味、服务态度最佳的银行，通过走感性路线赢得顾客，突出服务这一卖点也使它有别于其他银行。渣打银行定位于历史悠久、安全可靠的英资银行。这一定位树立了可信赖的"老大哥"形象，传达了让顾客放心的信息；中国银行定位于有强大后盾的中资银行，这一定位直接针对有民族情结、信赖中资的目标顾客群。

**（三）另辟蹊径式定位**

当企业意识到自己无力与同行强大的竞争者相抗衡，从而获得绝对优势地位时，企业可根据自己的条件取得相对优势，即突出宣传自己与众不同的特色，在某些有价值的产品属性上取得领先地位，如美国七喜汽水突出宣传自己不含咖啡因的特点，成为非可乐型饮料的领先者。

**（四）重新定位策略**

企业对已经上市的产品实施再定位就是重新定位策略。采用这种策略的企业必须改变目标消费者对其原有的印象，使目标消费者建立新的认识。一般情况下，这种定位目的在于摆脱困境，重新获得增长与活力。例如，美国强生公司的洗发液由于产品不伤皮肤和眼睛，最初定位于婴儿市场，当年曾畅销一时；后来由于人口出生率下降、婴儿减少，产品逐渐滞销。经过分析，该公司决定重新将产品定位于年轻的女性市场，突出介绍该产品能使头发松软、富有光泽等特点，再次吸引了大批年轻女性。自行车作为传统的代步工具，从 20 世纪 50 年代美国年产销 400 万辆下降为年产销 130 万辆，后来重新定位为健身休闲用品，增加品种类型和花色，获得大量热爱运动的消费者的喜爱。橘子汁传统定位为维生素 C 保健饮品（保健功能），后来重新定位为消暑解渴、提神、恢复体力的饮品，使得销量大增。

## 四、产品定位方法

**（一）特色定位法**

根据特定的产品属性来定位。产品属性包括制造该产品时采用的技术、设备、生产流程以及产品的功能等，也包括与该产品有关的原料、产地、历史等因素。如龙井茶、瑞士表等都是以产地及相关因素定位，而一些名贵中成药的定位则充分体现了原料、秘方和特种工艺的综合。

**（二）利益定位法**

根据需要满足的需求或所提供的利益来定位。这里的利益包括顾客购买产品时追求的利益和购买企业产品时能获得的附加利益。产品本身的属性及消费者获得的利益能使人们体会到它的定位。如大众汽车"气派"，丰田车"经济可靠"，沃尔沃车"耐用"，而奔驰是"高贵、王者、显赫、至尊"的象征，奔驰的电视广告中较出名的广告词是"世界元首使用最多的车"。如市场中，摩托罗拉向目标消费者提供的利益点是“小、薄、轻”，而诺基亚则宣称“无辐射”。如无铅皮蛋、不含铅的某种汽油等将其定位为不含铅，间接地暗示含铅对消费者的健康不利。有一则广告说，七喜汽水“非可乐”，强调七喜不是可乐型饮料，意在响应美国当时的反咖啡因运动，暗示可乐饮料中含咖啡因，对消费者的健康不利。这种定位关键是要突出本企业产品的优势和特点，以及对目标顾客有吸引力的因素，从而在竞争者中突出自己的形象。

**（三）用途定位法**

根据产品使用场合及用途来定位。例如，“金嗓子喉宝”专门用来保护嗓子，“丹参滴丸”专门用来防治心脏疾病。为老产品找到一种新用途，是为该产品创造定位的好方法。尼龙从军用到民用，便是一个最好的用途定位例证。小苏打一度被广泛用作家庭的刷牙剂、除臭剂和烘烤配料等，现在国外开始把它作为冰箱除臭剂、调味汁和肉卤的配料、夏令饮料的原料之一等。如防晒霜被定位于防止紫外线将皮肤晒黑晒伤，而保持和补充水分的润肤霜则被定位于防止皮肤干燥。

**（四）使用者定位法**

根据使用者的类型来定位，企业常常试图把某些产品指引给适当的使用者即某个细分市场，以便根据该细分市场的看法塑造恰当的形象。康佳集团针对农村市场的“福临门”系列彩电，充分考虑农民消费者的需求特殊性，定位为质量过硬、功能够用、价位偏低，同时增加了宽频带稳压器等配件产品。如强生公司将其婴儿洗发液重新定位于常常洗头而特别需要温和洗发液的年轻女性，使其市场占有率由3%提高至14%。

**（五）竞争定位法**

根据竞争者来定位，可以接近竞争者定位，如康柏公司要求消费者将其个人电脑与IBM个人电脑摆在一起比较，企图将其产品定位为使用简单而功能更多的个人电脑；也可远离竞争者定位，如七喜将自己定位为“非可乐”饮料，从而成为软饮料的第三巨头。

**（六）档次定位法**

不同的产品在消费者心目中按价值高低有不同的档次。对产品质量和价格比较关心的消费者来说，选择在质量和价格上的定位也是突出本企业形象的好方法。企业可以采用“优质高价”定位和“优质低价”定位。如劳力士表价格高达几万元，是众多手表中的至尊，也是财富与地位的象征。拥有它，无异于暗示自己是一名成功的人士或上流社会的一员。

**（七）形状定位法**

根据产品的形式、状态定位。这里的形状可以是产品的全部，也可以是产品的一部分。如“白加黑”感冒药、“大大”泡泡糖都是以产品本身表现出来的形式特征为定位点，打响了其市场竞争的一炮。

**（八）感情定位法**

运用产品直接或间接地冲击消费者的情感体验而进行定位。如“田田珍珠口服液”以“田田珍珠，温柔女性”为主题来体现其诉求和承诺。由于“田田”这一品牌名称隐含“自然、清纯、迷人、温柔”的感情形象，因而其感情形象的价值迅速通过“温柔女性”转为对“女性心理”的深层冲击。“田田”这一女性化特质的品牌名称，明确将一种感情形象的价值倾向作为其产品定位的出发点，并以此获得市场商机。

**（九）文化定位法**

将某种文化内涵注入产品之中，形成文化上的品牌差异，称为文化定位。文化定位可以使品牌形象独具特色。如万宝路引入“男性文化”因素，改换代表热烈、勇敢和功名的红色包装，用粗体黑字描画名称，表现出阳刚、含蓄和庄重，并让结实、粗犷的牛仔担任万宝路的形象大使，强调“万宝路的男性世界”，不断塑造、强化健壮的男子汉形象，终于使万宝路香烟的销售额和品牌价值位居世界香烟排名榜首。

**（十）附加定位法**

通过加强服务，树立和加强品牌形象，称为附加定位。对于生产性企业而言，附加定位需要借助于生产实体形成诉求点，从而提升产品的价值；对于非生产性企业来说，附加定位可以直接形成诉求点。例如，“海尔真诚到永远”是海尔公司响彻全球的一句口号。

**市场定位常见的八大错误**

市场定位实际上是一种竞争策略，是企业在市场上寻求和创造竞争优势的手段，要根据企业及产品的特点、竞争者及目标市场消费需求特征加以选择。实际营销策划中往往是多种方法结合使用。

## 任务训练

### 一、实操题

中国白酒及茶叶品牌众多，请选择一款产品，为其制定市场定位策略。

### 二、自测题

**（一）单选题**

1. 市场定位流程不包括（　　）。

A. 明确优势　B. 选择相对优势　C. 显示优势　D. 发现新优势

2. 市场定位策略不包括（　　）。

A. 竞争定位　B. 空白定位　C. 重新定位　D. 差异定位

3. “太平鸟”原来是专做男装的，后来也做女装，采用的定位是（　　）。

A. 特色定位　B. 差异定位　C. 性别定位　D. 重新定位

4. “农夫山泉”有点甜是（　　）。

A. 特色定位　B. 利益定位　C. 感情定位　D. 文化定位

5. 九华山作为四大佛教圣地，采用的定位是（　　）。

A. 特色定位　B. 差异定位　C. 文化定位　D. 重新定位

**（二）判断题**

1. 市场定位就是给产品寻找目标顾客群。（　　）

2. 飘柔洗发水，让你的头发更柔顺，采用的定位是利益定位。（　　）

3. 海尔中国造，采用的是文化定位。（　　）

4. 黄山毛峰、太平猴魁，采用的是特色定位。（　　）

5. “今年过节不收礼，收礼只收脑白金”，脑白金采用的是文化定位。（　　）

**（三）简答题**

1. 什么是市场定位？

2. 市场定位的策略有哪些？

3. 市场定位的方法有哪些？

# 项目五　产品策略



## 任务一　理解产品的整体概念

### 任务目标

**➢ 知识目标**

1. 正确理解产品的整体概念
2. 正确理解产品的分类

**➢ 能力目标**

1. 能够从产品整体概念出发提升产品的价值
2. 能够根据不同产品的特点进行相关营销策略的制定

### 任务引入

#### 吉列女士剃须刀

男性长胡子，因此需要刮胡刀；女性不长胡子，自然不需要刮胡刀。

1907 年，吉列先生创建公司，生产自己的产品，使男人刮胡子变得方便、舒适和安全，因此大受欢迎；到 1920 年，世界上已有约 2 000 万人使用吉列刮胡刀；进入 20 世纪 70 年代，吉列公司的销售额已达 20 亿美元，成为著名的跨国公司。

吉列公司进行了周密的市场调查，发现在美国 8 360 万 30 岁以上的妇女中，有 6 590 万人为了保持美好的形象，要定期刮除腿毛和腋毛。在这些人之中，除去使用电动刮胡刀和脱毛剂者之外，有2 300多万人主要靠购买各种男用刮胡刀来满足此项需要，一年在这方面的花费高达7 500万美元。相比之下，美国妇女一年花在眉笔和眼影上的开支为6 300万美元，染发剂为5 500万美元。毫无疑问，这是一个极有潜力的市场。

根据这项调查结果，吉列公司精心设计了新产品，它的刀头部分和男用刮胡刀并无两样，采用一次性使用的双层刀片，刀架不采用男性用刮胡刀通常使用的黑色和白色，而是选取色彩绚烂的塑料以增强美感，并将握柄改为利于女性使用的扁状，握柄上还印了朵雏菊，更是增添了几分情趣。这样一来，新产品更显示了女性的特点。吉列女士刮毛刀见图5—1。

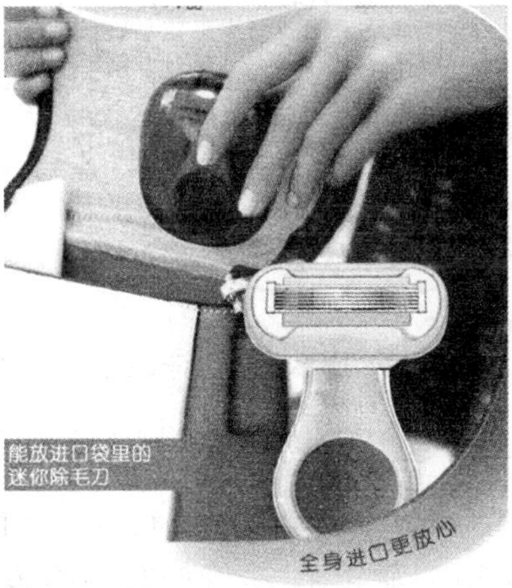


**图5—1　吉列女士刮毛刀**

为了使"雏菊刮毛刀"迅速占领市场，吉列公司还拟订了七个"卖点"并在消费者中征求意见。这些"卖点"包括：(1)突出刮毛刀的"双刀刮毛"；(2)突出其"完全满足妇女的需求"；(3)价格"不到50美分"；(4)产品使用安全；等等。最后，公司根据多数妇女的意见，选择了"不伤玉腿"作为推销时突出的重点，刊登广告进行刻意宣传。结果"雏菊刮毛刀"一炮打响，迅速畅销全美，吉列公司也因此上了一个新的台阶。

**思考题：**

讨论新开发产品创意的来源。

## 知识分析

美国哈佛大学教授尼尔·鲍顿(Neil Borden)于1953年提出市场营销组合的概念。4P理论的创始人、20世纪著名的营销学大师杰罗姆·麦卡锡于1960年在《基础营销》一书中提出了著名的4P(产品、价格、渠道、促销)组合。而产品是市场营销组合中的第一个要素，也是最基本的营销因素。从某种意义上来说，企业的成败兴衰、营销活动效果的好坏最终取决于它为市场所提供的产品能否满足顾客的需求。没有能满足顾客需求的产品，也就无所谓价格、渠道和促销策略。那么何为产品？

### 一、产品及产品整体概念

人们通常理解的产品是指具有某种特定物质形状和用途的物品，是看得见、摸得着的东西。这是一种狭义的定义。广义的产品是指人们通过购买而获得的能够满足某种需求和欲望的物品的总和,它既包括具有物质形态的产品实体,又包括非物质形态的利益。

市场营销理论认为,产品整体概念包含核心产品、形式产品、附加产品三个层次(见图5—2)。

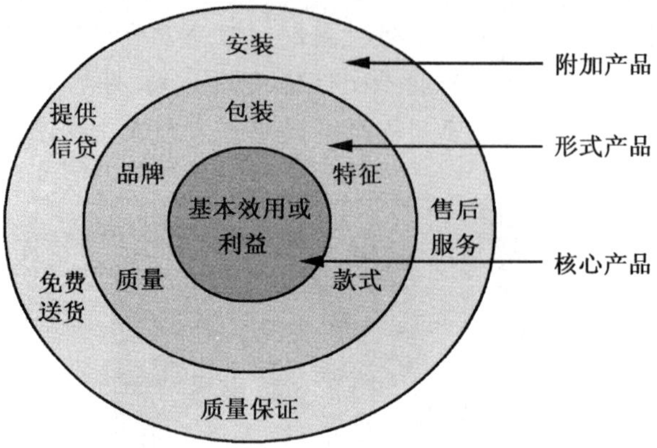


**图5—2　产品整体概念(三层次论)**

### (一)核心产品

核心产品是指向顾客提供的产品的基本效用或利益。从根本上说,每一种产品实质上都是为解决问题而提供服务。例如,对旅馆来说,晚间宾客购买的就是“休息和睡觉”这一核心产品。

### (二)形式产品

形式产品是指核心产品借以实现的形式或目标市场对某一需求的特定满足形式。形式产品由五个特征所构成,即质量、款式、特征、品牌和包装。例如,拥有许多客房的建筑物就是旅馆的基本形式。

**让产品与众不同**

### (三)附加产品

附加产品是指顾客购买有形产品时所获得的全部附加服务和利益,包括提供信贷、免费送货、质量保证、安装、售后服务等。附加产品的概念来源于对市场需要的深入认识。因为购买者的目的是满足某种需要,所以他们希望得到与满足该项需要有关的一切。美国学者西奥多·莱维特曾经指出:“新的竞争不是发生在各个公司的工厂生产什么产品,而是发生在其产品能提供何种附加利益(如包装、服务、广告、顾客咨询、融资、送货、仓储及具有其他价值的形式)。”

**胖东来爱心服务与便民设施**

## 延伸知识

**产品整体概念的演变**

1. 两层次结构的产品整体模型

彼得·D. 贝内特(Peter D. Bennet,1988)构建了一个三角形的两层次模型,见图5—3。在这个模型中,附加产品包括送货、修理服务、品牌形象、保证、包装和信贷。他指出:“附加产品是伴随利益而增加价值的物品、服务和思想,是卖方打算卖的东西和买方感知到的东西两者的综合。”

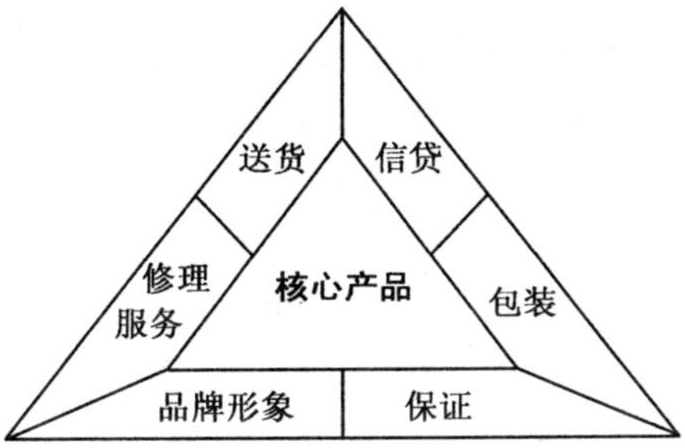


**图 5—3　贝内特的两层次模型**

大卫·L. 库尔茨和路易斯·E. 布恩(David L. Kurtz and Louis E. Boone,1987)推出了一个正方形的两层次模型,见图 5—4。内层的正方形是提供给消费者的物品或服务的物理特征和功能特征,外面的正方形包括品牌、包装和标签、保证和服务以及产品形象等。

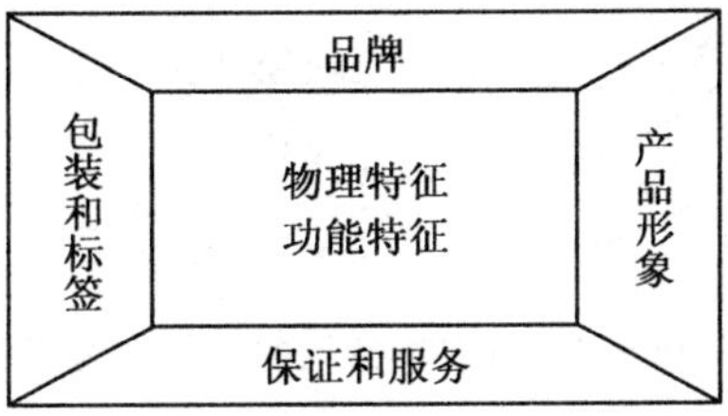


**图 5—4　库尔茨和布恩的两层次模型**

2. 三层次结构的产品整体模型

科特勒在其著作《营销管理》(1976)中最早提出了三层次论,即核心产品、形式产品和附加产品。核心产品是提供给购买者或购买者所追求的基本效用或利益;形式产品是产品的外观,包括质量、特征、款式、品牌和包装;附加产品为买主取得有形产品时所获得的附加利益。

科特勒在《营销管理》(1984)中又提出三个层次的具体位置。核心产品位于产品整体的中心,它回答"购买者真正要购买的是什么",形式产品位于产品整体的中间层,附加产品位于产品整体的最外层。三层次结构模型的层次增加,本质上是对两层次结构模型中第二层次所包括的内容进行再次划分的结果。

3. 四层次结构的产品整体模型

四层次结构的产品整体模型是莱维特(1986)提出的。他提出了四个层次:一是核心产品或一般产品,它是产品的有形属性;二是期望产品,它是消费者对有形属性或其他属性的期望,是需要满足的最低限度的购买条件,诸如送货条件、安装服务、售后服务、维修、备件、训练、包装、便利等;三是附加产品,超出顾客期望的部分;四是潜在产品,是可能增加对购买者具有效用或可能具有效用的特点和利益。

4. 五层次结构的产品整体模型

五层次结构的产品整体模型最早见于科特勒的《营销管理》(1984)著作中。与他的三层次模型相比,五层次模型增加了期望产品(第三层)和潜在产品(第五层),改造了原来的第二层,形式产品的提法代之以"一般产品",附加产品被推向第四层。五层次由内到外依次是核心产品、形式产品、期望产品、附加产品、潜在产品。核心产品是最基本的层次,是购买者真正购买的基本服务或基本利益;形式产品由核心利益转化而来;期望产品是购买者购买这种产品时通常期望和赞同的一组属性和条件;附加产品是期望产品之外的购买者欲求;潜在产品包括产品在将来可能经过的所有附加和转化。潜在产品指出了产品可能的演变,而附加产品描述的是产品中现今包括的东西。

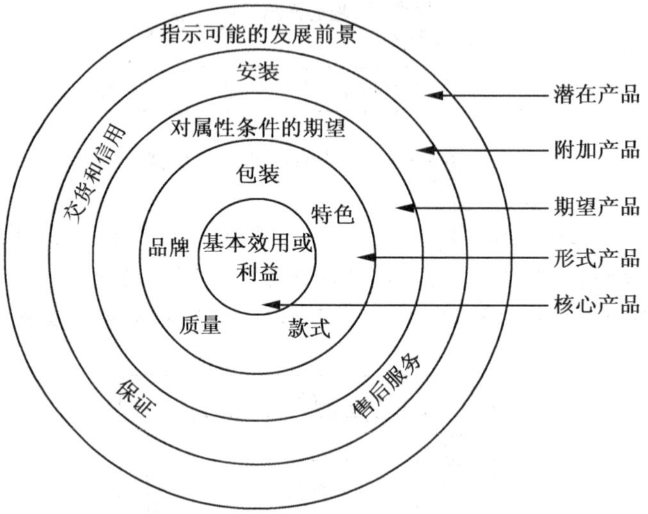


图 5—5　五层次结构的产品整体模型

## 二、产品分类

**(一)按产品的耐用性和有形性划分**

按产品的耐用性和有形性,产品可划分为有形产品和无形产品。

1. 有形产品

有形产品分为耐用品和非耐用品。

(1)耐用品,是指在正常情况下能够多次使用的物品,如住房、汽车;

(2)非耐用品,是指在正常情况下一次或几次使用即被消费掉的有形物品,如食品、化妆品。

2. 无形产品

无形产品主要是指各种服务产品,是为出售而提供的活动或利益,如修理、理发、教育等。

**(二)按产品的用途划分**

按产品的用途,产品可分为消费品和工业品两大类。

1. 消费品

消费品按消费者的购买习惯又可分为下列四种:

(1)便利品。便利品是指消费者通常频繁购买或需要随时购买,并且只花最少精力和最少时间去比较品牌、价格的消费品,例如,肥皂、报纸等。便利品可进一步分成常用品、冲动品以及救急品。常用品是顾客经常购买的产品,如牙膏;冲动品是顾客未经过计划或搜寻而顺便购买的产品;救急品是顾客的需求十分紧迫时购买的产品。

(2)选购品。选购品是指消费者为了物色适当的物品,在购买前往往要去许多商家了解和比较商品的花色、式样、质量、价格等的消费品。例如,儿童衣料、女装、家具等都是选购品。选购品挑选性强，消费者不知道哪家的商品最合适，且因其耐用程度较高，不需经常购买，所以消费者有必要和可能花较多的时间与精力去许多家商店物色合适的物品。选购品可划分为同质品和异质品。同质选购品质量相似，但价格却明显不同，要选购。而对于服装、家具等异质选购品，产品特色比价格更重要。

(3)特殊品。特殊品是指消费者能识别的独特产品或名牌产品，而且愿意多花时间和精力去购买的消费品。例如，特殊品牌和造型的奢侈品、名牌男服、供收藏的特殊邮票和钱币等。

(4)非渴求物品。非渴求物品是指顾客不知道的物品，或者虽然知道却没有兴趣购买的物品，例如，刚上市的新产品、墓地、人寿保险等。非渴求物品的性质，决定了企业必须加强广告、推销工作，同时切实做好售后服务和维修工作。

2. 工业品

工业品根据它们如何进入生产过程和相对昂贵这两点来进行分类，可以分成三类：材料和部件、资本项目以及供应品和服务。

(1)材料和部件。材料和部件是指完全转化为制造商所生产的成品的那类产品。它们可分成两类：原材料、半成品和部件。原材料本身又可以分成两个主类：农产品和天然产品。半成品和部件可以用构成材料(如铁、棉纱)与构成部件(如马达、车胎)来加以说明。构成材料和构成部件通常具有标准化的性质，意味着价格与服务是影响购买的最重要因素。

(2)资本项目。资本项目是指部分进入产成品中的商品，包括两个部分：装备和附属设备。装备包括建筑物(如厂房)与固定设备(如电梯)。附属设备包括轻型制造设备和工具(如手用工具)以及办公设备(如打字机、办公桌)。这种产品不会成为最终产品的组成部分，但在生产过程中起辅助作用。

(3)供应品和服务。供应品和服务是指根本不会形成最终产品的那类物品。供应品可以分为两类：操作用品(如润滑油、打印纸)和维修用品(如油漆、钉子)。供应品相当于工业领域内的方便品。商业服务包括维修或修理服务(如清洗窗户、修理打字机)和商业咨询服务(如法律咨询、广告设计)。

## 任务训练

### 一、实操题

请查询“海底捞”火锅店的相关资料，回答以下问题：

1. “海底捞”火锅店的核心产品是什么？
2. “海底捞”火锅店的形式产品是什么？
3. “海底捞”火锅店的附加产品是什么？

### 二、自测题

**(一)单选题**

1. 某顾客购买的电冰箱具有更换冰箱门打开方向的功能，这种功能属于(　　)产品的概念。

A. 有形　　B. 核心　　C. 形式　　D. 期望

2. 在市场上通常表现为产品质量水平、外观特色、式样、包装等，属于实体物品中的

(　　)。

A. 核心产品　　B. 形式产品　　C. 附加产品　　D. 选购产品

3. 产品款式属于(　　)。

A. 核心产品　　B. 形式产品　　C. 附加产品　　D. 产品实质

4. 产品质量属于产品整体中的(　　)部分。

A. 核心　　B. 形式　　C. 附加　　D. 特殊

5. 一家化妆品公司宣称:"我们不销售化妆品,我们销售美丽。"在产品整体概念里,这里的"美丽"指的是(　　)。

A. 核心产品　　B. 延伸产品　　C. 期望产品　　D. 潜在产品

6. 从产品整体的角度来看,海尔电冰箱的核心产品是(　　)。

A. 制冷和保鲜　　B. 海尔品牌　　C. 免费送货　　D. 三年保修

7. 产品概念中最基本、最主要的部分是(　　)。

A. 核心产品　　B. 有形产品　　C. 无形产品　　D. 附加产品

**(二)判断题**

形式产品构成了产品最本质的核心部分。　　(　　)

**(三)简答题**

简述产品整体概念的组成。

# 任务二　分析产品生命周期

## 任务目标

**➢ 知识目标**

正确理解产品生命周期理论

**➢ 能力目标**

能够分析产品所处的周期阶段并提出相关的产品营销策略

## 任务引入

**自动净水器生命周期策略**

天然公司于2018年7月向市场推出新产品——天然A型自动净水器,由于采取了新的净水技术且产品自动化水平更高,其产品定价比市场同类产品高出30%。为了促进销售,企业花费了大量的资金进行市场宣传,但是市场认可度不高,产品销售量持续不见起色,月销售量维持在1 000台左右。

2010年底,国内发生了一起水源污染事件,众多媒体开始对家庭健康用水进行广泛的讨论,越来越多的消费者也开始关注家庭用水质量。在此刺激下,自2011年1月开始,家庭净水器市场开始呈现快速增长趋势,天然A型自动净水器的市场销量也大幅度提升,由原来的月销量1 000台迅速提升到2011年6月销售10 000台左右。为了确保公司产品的竞争力,天然公司一方面对天然A型自动净水器进行了改进，另一方面又推出更加小巧的天然B型自动净水器，进一步提升了市场销量，至2011年底，月销量达到25 000台。

2012年初，由于竞争对手的加入，天然公司在家庭净水器市场的增长速度放缓。天然公司及时对天然A、B型自动净水器产品价格进行调整，分别降价15%和10%，并同时推出天然C、D型自动净水器。这些新策略使天然公司净水器月销量从2012年初开始一直保持在26 000台左右。

**思考题：**

天然公司净水器销售量是如何变化的？其他产品是不是有类似的规律呢？

## 知识分析

产品生命周期（product life cycle，PLC）理论是美国哈佛大学教授雷蒙德·弗农（Raymond Vernon）于1966年在其《产品周期中的国际投资与国际贸易》一文中首次提出的。雷蒙德·弗农认为：产品生命是指市场上的营销生命。产品和人的生命一样，要经历形成、成长、成熟、衰退这样的周期。就产品而言，也就是要经历开发、引进、成长、成熟、衰退阶段。而这个周期在不同技术水平的国家里，发生的时间和过程是不一样的，其间存在一个较大的差距和时差。正是这一时差，表现为不同国家在技术上的差距，它反映了同一产品在不同国家市场上的竞争地位的差异，从而决定了国际贸易和国际投资的变化。为了便于区分，他把这些国家依次分成创新国（一般为最发达国家）、一般发达国家和发展中国家。

### 一、产品生命周期的概念及其阶段划分

**（一）产品生命周期的概念**

产品生命周期是指某产品从进入市场到被淘汰退出市场的全部运动过程。

产品生命周期指的是产品的市场寿命，而不是使用寿命。

产品生命周期由需求与技术的生命周期决定。企业开展市场营销活动的思维视角，不是从产品开始，而是从需求出发的。任何产品都只是作为满足特定需要或解决问题的特定方式而存在。

**（二）产品生命周期的阶段划分**

产品生命周期（见图5—6）一般分为四个阶段：产品导入期、产品成长期、产品成熟期和产品衰退期。

1. 产品导入期

产品导入期是指在市场上推出新产品，产品销售呈缓慢增长状态的阶段。

2. 产品成长期

产品成长期是指该产品在市场上迅速为顾客所接受、销售额迅速上升的阶段。

3. 产品成熟期

产品成熟期是指大多数购买者已经接受该项产品，市场销售额缓慢增长或下降的阶段。

4. 产品衰退期

产品衰退期是指销售额急剧下降、利润渐趋于零的阶段。

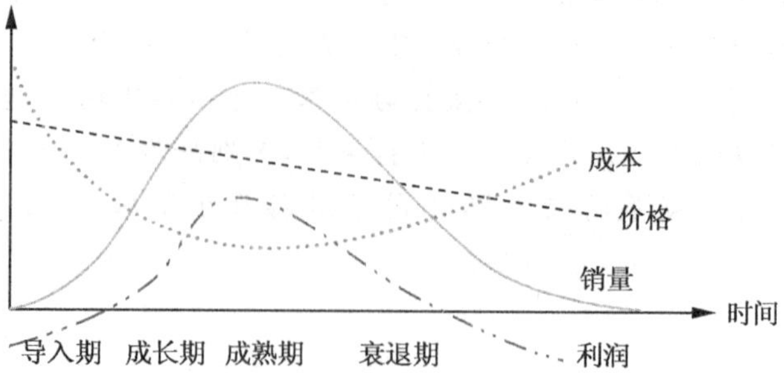


图 5—6　产品生命周期

## 延伸知识

雷蒙德·弗农(见图 5—7),1913 年出生,美国经济学家,第二次世界大战以后国际经济关系研究方面最多产的经济学家之一。从 1959 年开始,他在哈佛大学任教,是克拉维斯·狄龙学院的国际问题讲座教授。

图 5—7　雷蒙德·弗农

雷蒙德·弗农于 1966 年在他的《产品周期中的国际投资与国际贸易》一文中首次提出了产品生命周期理论,由此解释了国际贸易产生的原因。他认为商品与生命相似,有一个出生、成熟、衰老的过程。弗农把产品的生命周期划分为三个阶段,即新产品阶段、成熟产品阶段和标准产品阶段。

## 二、产品生命周期各阶段的市场特征与营销策略

### (一)产品导入期的市场特征与营销策略

1. 导入期的市场特征

(1)消费者对该产品不了解,大部分顾客不愿放弃或改变自己以往的消费行为,销售量小,相应地增加了单位产品成本;

(2)尚未建立理想的营销渠道和高效率的分配模式;

(3)价格决策难以确立,高价可能限制了购买,低价可能难以收回成本;

(4)广告费用和其他营销费用开支较大;

(5)产品技术和性能还不够完善;

(6)利润较少,甚至出现经营亏损,企业承担的市场风险最大。但这个阶段市场竞争者较少,企业若建立有效的营销系统,则可以将新产品快速推进导入阶段,进入市场发展阶段。

2. 导入期的市场营销策略

(1)快速掠取策略。即以高价格和高促销推出新产品。实行高价格是为了在每一单位销售额中获取最大的利润,高促销费用是为了引起目标市场的注意,加快市场渗透。成功地实施这一策略,可以赚取较高的利润,尽快收回新产品,开发投资。实施该策略的市场条件是:市场上有较大的需求潜力;目标顾客具有求新心理,急于购买新产品,并愿意为此付出高价;企业面临潜在竞争者威胁,需要及早树立品牌。

(2)缓慢掠取策略。即以高价格和低促销费用将新产品推入市场。高价格和低促销水平结合可以使企业获得更多利润。实施该策略的市场条件是:市场规模相对较小,竞争威胁不大;市场上大多数用户对该产品没有过多疑虑;适当的高价能为市场所接受。

(3)快速渗透策略。即以低价格和高促销费用推出新产品,目的在于先发制人,以最快的速度打入市场。该策略可以给企业带来最大的市场渗透率和最高的市场占有率。实施这一策略的条件是:产品市场容量很大;潜在消费者对产品不了解,且对价格十分敏感;潜在竞争比较激烈;产品的单位制造成本可随生产规模和销售量的扩大而迅速下降。

(4)缓慢渗透策略。即企业以低价格和低促销费用推出新产品。低价是为了促使市场迅速地接受新产品,低促销费用则可以实现更多的利润。企业坚信该市场需求价格弹性较高,而促销弹性较小。实施这一策略的基本条件是:市场容量较大;潜在顾客易于或已经了解此项新产品且对价格十分敏感;有相当多的潜在竞争者准备加入竞争行列。

**(二)产品成长期的市场特征与营销策略**

1. 成长期的市场特征

(1)消费者对新产品已经熟悉,销售量增长很快;

(2)大批竞争者加入,市场竞争加剧;

(3)建立了比较理想的营销渠道;

(4)市场价格趋于下降;

(5)为了适应竞争和市场扩张的需要,企业的促销费用水平基本稳定或略有提高,但占销售额的比例下降;

(6)由于促销费用分摊到更多的销量上,因此单位生产成本迅速下降,企业利润迅速上升。

2. 成长期的市场营销策略

(1)根据用户需求和其他市场信息,不断提高产品质量,努力发展产品的新款式、新型号,增加产品的新用途。

(2)加强促销环节,树立强有力的产品形象。促销策略的重心应从建立产品知名度转移到树立产品形象,主要目标是建立品牌偏好、争取新的顾客。

(3)重新评价渠道,选择决策,巩固原有渠道,增加新的销售渠道,开拓新的市场。

(4)选择适当的时机调整价格,以争取更多顾客。

企业采用上述部分或全部市场扩张策略,会加强产品的竞争能力,但也会相应地增加营销成本。因此,在成长阶段,企业面临着“高市场占有率”或“高利润率”的选择。一般来说,实施市场扩张策略会减少眼前的利润,但加强了企业的市场地位和竞争力,有利于维持和扩大企业的市场占有率,从长期利润观点看,更有利于企业发展。

**(三)产品成熟期的市场特征与营销策略**

1.成熟期的市场特征

成熟期可以分为三个时期:

(1)成长成熟期。此时期各销售渠道呈饱和状态,增长率缓慢上升,还有少数后续的购买者进入市场。

(2)稳定成熟期。由于市场饱和、消费平稳、产品稳定,因此销售增长率一般只与购买者的人数成比例,若无新购买者,则增长率停滞或下降。

(3)衰退成熟期。销售水平显著下降,原有用户的兴趣已开始转向其他产品和替代品。全行业产品出现过剩,竞争加剧,一些缺乏竞争力的企业将渐渐被取代,新加入的竞争者较少。竞争者之间各有自己特定的目标顾客,市场份额变动不大,突破比较困难。

2.成熟期的市场营销策略

(1)市场改良策略。市场改良策略也称市场多元化策略,即企业发现产品的新用途或改变推销方式等,以使产品销售量得以扩大。采取这种策略可从以下三个方面考虑:

①寻求新的细分市场,把产品引入尚未使用过这种产品的市场,重点是发现产品的新用途,应用于其他领域,以使产品的成熟期延长。

②寻求能够刺激消费者、增加重复购买率的方法。

③市场重新定位,寻求有潜在需求的新顾客。

(2)产品改良策略。产品改良策略也称为“产品再推出”,是指以产品自身的改变来满足顾客的不同需要,吸引有不同需求的顾客,具体包括品质改良、特性改良、式样改良、附加产品改良。

(3)营销组合改良策略。营销组合改良策略是指通过改变定价、销售渠道及促销方式来延长产品的成熟期。

**产品生命周期分析的数据指标**

**(四)产品衰退期的市场特征与营销策略**

1.衰退期的市场特征

(1)产品销售量由缓慢下降变为迅速下降,消费者的兴趣已完全转移;

(2)价格已下降到最低水平;

(3)多数企业无利可图,被迫退出市场;

(4)留在市场上的企业逐渐减少产品附带服务、削减促销预算等,以维持最低水平的经营。

2.衰退期的市场营销策略

(1)集中策略。集中策略即把资源集中使用在最有利的细分市场、最有效的销售渠道和最易销售的品种、款式上。概言之,缩短战线,以最有利的市场赢得尽可能多的利润。

(2)维持策略。维持策略即保持原有的细分市场和营销组合策略,把销售维持在一个低水平,待到适当时机,便停止经营,退出市场。

(3)榨取策略。榨取策略即大大降低销售费用,如广告费用削减为零、大幅度精简推销人员等,虽然销售量有可能迅速下降,但是可以增加眼前的利润。

## 任务训练

### 一、实操题

请分析比亚迪燃油车和新能源车各处于产品周期的什么阶段，并且提出相关营销策略。

### 二、自测题

**（一）单选题**

1. 在产品生命周期中，丰厚的利润一般在（　　）阶段开始出现。

A. 引入期　　B. 成长期　　C. 成熟期　　D. 衰退期

2. 一般来说，在产品生命周期的（　　）阶段，市场竞争不激烈。

A. 投入期　　B. 成长期　　C. 成熟期　　D. 衰退期

3. 在产品生命周期的投入期，消费品的促销目标主要是宣传介绍产品、刺激购买欲望的产生，因此主要应采用（　　）促销方式。

A. 广告　　B. 人员推销　　C. 价格折扣　　D. 营业推广

4. 产品逐渐为用户熟悉，销量迅速增加，盈利也增加，此时产品处于（　　）。

A. 介绍期　　B. 成长期　　C. 成熟期　　D. 衰退期

5. 在产品生命周期的（　　），企业应积极、主动地扩大分销渠道，为日后产品的销售奠定良好的网络基础。

A. 投入期　　B. 成熟期　　C. 衰退期　　D. 成长期

6. 某种产品在市场上的销售量迅速增长，利润显著上升，该产品这时正处在其市场生命周期的（　　）阶段。

A. 导入期　　B. 成长期　　C. 成熟期　　D. 衰退期

7. 当产品销售量的增长减慢、利润增长值接近于零时，这说明产品进入（　　）。

A. 衰退期　　B. 成长期　　C. 导入期　　D. 成熟期

**（二）判断题**

1. 产品在成熟期其利润趋于稳定或已开始下降。（　　）

2. 同一种产品在不同的国家所处的产品生命周期的阶段可能不同。（　　）

3. 当处于产品生命周期成熟期时，企业的生产成本和促销费用较高，产品大多没有利润。（　　）

4. 在产品生命周期的成熟期阶段，企业的销量及利润达到最高并开始下降。（　　）

**（三）简答题**

1. 以产品的生命周期理论为出发点，分析智能手机市场的发展。

2. 简述产品生命周期导入期的特点。

3. 产品生命周期有几个阶段？

# 任务三　制定产品的组合策略

## 任务目标

➢ **知识目标**

1. 正确理解产品组合及其相关概念
2. 掌握产品组合决策的制定

➢ **能力目标**

能够根据企业发展设计产品组合

## 任务引入

### 美国摩托车市场的产品之争

哈雷戴维森公司成立于1903年，是一家摩托车公司，主要产品是大型摩托车。20世纪60年代后，日本本田公司的产品开始进入美国市场。本田公司实行了一套独特的战略来提高人们对摩托车的需求，这套战略的一个核心组成部分就是推广轻便摩托车及针对新顾客群大做广告。

图5—8　哈雷戴维森大型摩托车

面对日本人的冲击，哈雷戴维森是如何采取对策的呢？它根本就没有采取任何行动！至少是行动得太晚了。哈雷戴维森认为自己是各种型号摩托车的领导者，基本上不认为轻便车有多大的市场。

本田公司的轻便摩托车是1959年进入美国市场的，最初并不顺利，第一年只卖出了167辆。摩托车专家们嘲笑这些小型的日本产品是玩具，但这些嘲笑和怀疑很快就被改变了。1960年，本田摩托车销售量为2.2万辆。随后5年，本田摩托车销量猛增了10倍，1965年达到27万辆。到1965年，本田公司已占领了美国摩托车市场80%的份额，此时哈雷戴维森每年仍然只卖出了3.5万辆。

本田用一种小型轻便(50CC)摩托车(见图 5—9)打入美国市场。这种车能在使用少量汽油的情况下行驶数千米,而且只需花不到 300 美元就可买到,其他大多数摩托车都卖到 1 500 美元左右,甚至更高。本田车有 6 种活泼的颜色和 3 种不同的型号同时让顾客选择。而其他公司的摩托车一般只有两三种型号和颜色可供选择,小型本田车时速能达 88.51 千米(55 英里),用 40 美分的常规油就可行驶 288 千米(180 英里),其产品质量是无可挑剔的。

**图 5—9　本田 50CC 轻便摩托车**

**思考题:**

探讨哈雷戴维森在产品组合方面的教训。

## 知识分析

企业提供给市场的通常不是单一产品,而是一系列产品的组合,以满足消费者多样化的需求。产品组合是指一个企业在一定时期内生产经营的各种不同产品、项目的组合。

产品与生物一样,都有出生、成长、成熟到衰退的过程。因此,企业不能仅仅经营单一的产品,任何产品都不可能长期受到市场的欢迎。世界上很多企业经营的产品往往种类繁多,如美国光学公司生产的产品超过 3 万种,美国通用电气公司经营的产品多达 25 万种。当然,并不是经营的产品越多越好。一个企业应该生产和经营哪些产品才是有利的,这些产品之间应该有些什么配合关系,这就是产品组合问题。

**开拓市场的组合拳:产品组合**

### 一、产品组合及其相关概念

#### (一)产品组合、产品线及产品项目

1. 产品组合

产品组合是指一个企业提供给市场的全部产品线和产品项目的组合或结构,即企业的业务经营范围。

2. 产品线

产品线是指产品组合中的某一产品大类,是一组密切相关的产品。譬如,以类似的方式发挥功能,售给相同的顾客群,同一销售渠道出售,同一价格范畴等。

3. 产品项目

产品项目是指产品线中不同品种、规格、质量和价格的特定产品。

例如，某购物中心经营家电、百货、鞋帽、文教用品等，这就是产品组合。其中，“家电”或“鞋帽”等大类就是产品线。冰箱产品中的单开门、双开门、三开门、四开门冰箱被称为产品项目。

**（二）产品组合的宽度、长度、深度和相关性**

1. 产品组合的宽度

产品组合的宽度是指产品组合中所拥有的产品线的数目。

2. 产品组合的长度

产品组合的长度是指产品组合中产品项目的总数。如以产品项目总数除以产品线数目即可得到产品线的平均长度。

3. 产品组合的深度

产品组合的深度是指一条产品线中所含产品项目的多少。

表 5－1 所显示的产品组合的宽度为 4，产品组合的总长度为 18，每条产品线的平均长度为（18÷4＝）4.5。产品组合的深度分别为：服装 6、皮鞋 4、帽子 5、针织品 3。

**表 5－1　　产品组合的深度**

| 服　装 | 皮　鞋 | 帽　子 | 针织品 |
|---|---|---|---|
| 男西装 | 男凉鞋 | 制服帽 | 卫生衣 |
| 女西装 | 女凉鞋 | 鸭舌帽 | 卫生裤 |
| 男中山服 | 男皮鞋 | 礼　帽 | 汗衫、背心 |
| 女中山服 | 女皮鞋 | 女　帽 | |
| 雨衣 | | 童　帽 | |
| 儿童服装 | | | |

4. 产品组合的相关性

产品组合的相关性是指各条产品线在最终用途、生产条件、分配渠道或其他方面相互关联的程度。例如，某家用电器公司拥有电视机、收录机等多条产品线，但每条产品线都与电有关，这一产品组合具有较强的一致性。相反，实行多角化经营的企业，其产品组合的相关性则小。

根据产品组合的四种尺度，企业可以采取四种方法发展业务组合：

（1）加大产品组合的宽度，扩展企业的经营领域，实行多样化经营，分散企业的投资风险；

（2）增加产品组合的长度，使产品线丰满、充裕，成为更全面的产品线公司；

（3）加强产品组合的深度，占领同类产品的更多细分市场，满足更广泛的市场需求，增强行业竞争力；

（4）加强产品组合的相关性，使企业在某一特定的市场领域内加强竞争和赢得良好的声誉。

## 二、产品组合决策

**（一）扩大产品组合**

扩大产品组合包括开拓产品组合的宽度和加强产品组合的深度，前者指在原产品组合中增加产品线，扩大经营范围；后者指在原有产品线内增加新的产品项目。当预测现有产品线的销售额和盈利率在未来可能下降时，企业就须考虑在现有产品组合中增加新的产品线，或加强其中有发展潜力的产品线。

**（二）缩减产品组合**

市场繁荣时期，较长较宽的产品组合会为企业带来更多的盈利机会。但是在市场不景气或原料、能源供应紧张时期，缩减产品线反而能使总利润上升，因为剔除那些获利小甚至亏损的产品线或产品项目，企业可集中力量发展获利多的产品线或产品项目。

**（三）产品线延伸策略**

每个企业的产品都有特定的市场定位。产品线延伸策略指全部或部分地改变原有产品的市场定位，具有向下延伸、向上延伸和双向延伸三种实现方式。

1. 向下延伸

向下延伸是在高档产品线中增加低档产品项目。实行这一决策需要具备以下市场条件：利用高档名牌产品的声誉，吸引购买力水平较低的顾客慕名购买此产品线中的廉价产品；高档产品销售增长缓慢，企业的资源设备没有得到充分利用，为赢得更多的顾客，将产品线向下伸展；企业最初进入高档产品市场的目的是建立厂牌信誉，然后再进入中、低档市场，以扩大市场占有率和销售增长率；补充企业的产品线空白。实行这种策略也有一定的风险，若处理不慎，则会影响企业原有产品特别是名牌产品的市场形象，还必须辅之以一套相应的营销组合策略，譬如，对销售系统的重新设置等。所有这些将大大增加企业的营销费用开支。

2. 向上延伸

向上延伸是在原有的产品线内增加高档产品项目。实行这一策略的主要目的是：高档产品市场具有较大的潜在成长率和较高的利润率；企业的技术设备和营销能力已具备加入高档产品市场的条件；企业要重新进行产品线定位。采用这一策略也要承担一定的风险，要改变产品在顾客心目中的地位是相当困难的，处理不慎，还会影响原有产品的市场声誉。

3. 双向延伸

双向延伸即原定位于中档产品市场的企业掌握了市场优势以后，向产品线的上下两个方向延伸。

**为什么苹果每年只发布一款机型**

## 任务训练

### 一、实操题

为“三只松鼠”公司设计产品组合，并且提出相关的营销策略。

### 二、自测题

**（一）单选题**

1. 企业所拥有的不同产品线的数目是产品组合的（　　）。

A. 深度　　B. 长度　　C. 宽度　　D. 相关性

2. “康师傅”方便面在原有袋装方便面的基础上推出了增加容量和包装改进的“康师傅”面霸120，这属于（　　）。

A. 品牌延伸　　B. 产品线扩展　　C. 多品牌　　D. 新品牌

3. 某企业生产四大类产品，其中一个大类有八个产品项目，则产品组合的长度是（　　）。

A. 4　　B. 8　　C. 32　　D. 12

4. 产品组合的长度是指(　　)的总数。

A. 产品项目　　B. 产品品种　　C. 产品规格　　D. 产品品牌

(二)判断题

拥有的产品线越多,其产品组合宽度就越宽;拥有的产品线越少,其产品组合宽度就越窄。(　　)

(三)简答题

什么是产品组合、产品线和产品项目?

# 任务四　开发新产品

## 任务目标

**知识目标**

1. 正确理解新产品的类型
2. 了解新产品开发的组织
3. 掌握新产品开发的程序
4. 了解新产品扩散的阶段

**能力目标**

能够根据新产品开发程序,把握各阶段的工作重点

## 任务引入

### 贝贝尿布占领美国市场

某公司接受了社会上一位工程师的一项新产品设计——一次性使用尿布。这种尿布比布质尿布更吸尿,而且贴肉一面干燥、柔软。

该公司制定了新产品投放方案,首先决定进行市场调查。该公司通过家庭访问、电话访问、座谈、发意见征求书等形式,对100多万"妈妈"进行了调查,结果妈妈们一致认为尿布用量大,洗涤麻烦,带孩子外出不方便,而且最大的问题是尿布湿漉漉的,孩子的皮肤被刺激得发红。同时关于市场潜力的调查表明,全美国每年要换用150亿次尿布,这是一个很理想的市场。

紧接着公司对此进行了商业性分析,财会部门认为一片尿布只能带来很少的利润,唯有大量销售才能聚集巨额利润;同时也只有大量生产,才能降低成本,足以与其他布质尿布竞争。广告部门对尿布的名称进行了筛选,在七八种提案中选定"贝贝"这个名字。包装部门设计出一种式样新颖、妈妈们便于携带、摆在橱窗里很显眼的匣子。销售部门选定伊利诺伊州作为实验性市场,进行新产品试销。这样,这家公司经过9个月的时间最后试制出这种尿布,定价为10美分,预计销售4亿块。但试销的结果是,只卖出预计销量的一半,很不理想。

结果,公司研究发现,在整个试销过程中,没有把价格这一环节与消费者连接起来。消费

者很欢迎这种产品，但10美分太贵，在带孩子旅游或参加宴会的时候才舍得使用，长期使用负担太重。这样看来，消费者对“贝贝”尿布还是有强烈兴趣的，关键在于价格。于是公司再次进行了成本分析，寻找节约的途径。研究表明，如果每年生产10亿块，其管理费用和固定成本(折旧等)与生产4亿块的相同。而单位成本降低40%，售价从10美分降至6美分，再投入市场后，价廉物美的“贝贝”尿布需求量剧增。不久，美国有一半以上的婴儿都用上了“贝贝”尿布。

**思考题：**

1. 请分析“贝贝”尿布的开发过程。
2. 在开发新产品的过程中，各部门是如何协调行动的？对此你的看法如何？

## 知识分析

创新是企业的生命之源。一个企业如果不致力于开发新产品，就有可能在激烈的市场竞争中被淘汰，“不创新，即死亡”。努力开发新产品，对于企业的生存发展极为重要。从市场营销的角度看，凡是企业向市场上提供的过去没有生产过的产品，都可以称为新产品。这里涉及两个维度：一是时间维度，即史无前例的新产品。例如，贝尔公司第一次将电话这种通信工具推向世界，就属于“史无前例”的新产品。这一类新产品，通常伴随着新的科学原理的产生、新技术的发明和运用而得以出现。二是空间维度，即在特定区域、地域范围内出现的，之前未曾有过的新产品。例如，截至2021年底，我国高铁运营总里程超过4万公里，而将其出口到印度尼西亚，对于印度尼西亚来说就是新产品。

**企业为什么要不断开发新产品？**

### 一、新产品的概念及种类

**(一)新产品的概念**

市场营销学中使用的新产品概念不是从纯技术角度理解的，产品只要在功能或形态上得到改进，与原有产品产生差异，并为顾客带来新的利益，即视为新产品。

**(二)新产品的种类**

(1)全新产品，即运用新一代科学技术革命创造的整体更新产品；

(2)新产品线，使企业首次进入一个新市场的产品；

(3)现有产品线的增补产品；

(4)现有产品的改进或更新，对现有产品性能进行改进或注入较多的新价值；

(5)再定位，进入新的目标市场或改变原有的产品市场定位，推出新产品；

(6)成本减少，以较低的成本推出同样性能的新产品。

### 二、新产品开发的程序

为了提高新产品开发的成功率，建立科学的新产品开发管理程序，不同行业的生产条件与产品项目不同，管理程序也有所差异，但一般企业新产品开发管理程序大致如图5—10所示。

**(一)构思**

构思是为满足一种新需求而提出的设想。在产品构思阶段，营销部门的主要责任是：积极地在不同环境中寻找好的产品构思；积极地鼓励公司内外部人员开发产品构思；将所汇集的产

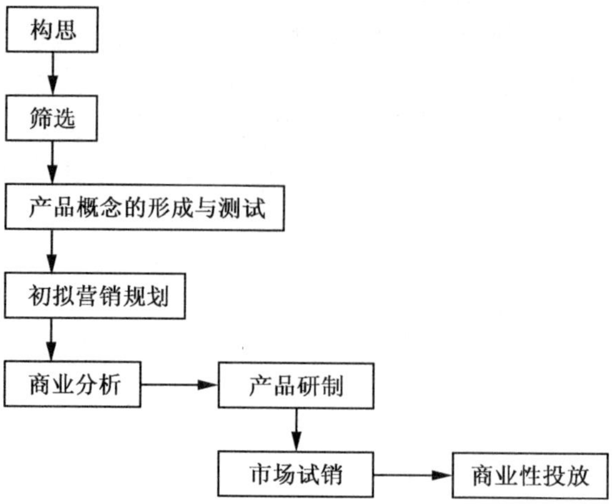


**图 5—10　新产品开发程序**

品构思转送至公司内部有关部门，征求修正意见，使其内容更加充实。

营销人员寻找和搜集新产品构思的主要方法有如下几种：(1)产品属性排列法。(2)强行关系法。先列举若干不同的产品，然后把某一产品与另一种产品或几种产品强行结合起来，产生一种新的构思。(3)多角分析法。这种方法首先将产品的重要因素抽象出来，然后具体地分析每一种特性，再形成新的创意。(4)聚会激励创新法。(5)征集意见法。指产品设计人员通过问卷调查、召开座谈会等方式了解消费者的需求，征求科技人员的意见，询问技术发明人、专利代理人、大学或企业的实验室、广告代理商等的意见。

**(二)筛选**

筛选的主要目的是选出那些符合本企业发展目标和长远利益，并与企业资源相协调的产品构思，摒弃那些可行性小或获利较少的产品构思。筛选应遵循如下标准：(1)市场成功的条件；(2)企业内部条件；(3)产品是否符合企业的营销目标，其获利水平及新产品对企业原有销售的影响。

**(三)产品概念的形成与测试**

新产品构思经筛选后需进一步发展更具体、明确的产品概念。产品概念是指已经成型的产品构思，即用文字、图像、模型等予以清晰阐述，使之在顾客心目中形成一种潜在的产品形象。一个产品构思能够转化为若干个产品概念。

每一个产品概念都要进行定位，以了解同类产品的竞争状况，优选最佳的产品概念。选择的依据是未来市场的潜在容量、投资收益率、销售成长率、生产能力以及对企业设备、资源的充分利用等，可采取问卷的方式将产品概念提交目标市场上有代表性的消费群进行测试、评估。

**(四)初拟营销规划**

企业选择了最佳的产品概念之后，必须制订把这种产品引入市场的初步市场营销计划，并在未来的发展阶段中不断完善。初拟的计划包括三个部分：(1)描述目标市场的规模、结构、消费者的购买行为、产品的市场定位以及短期(如 3 个月)的销售量、市场占有率、利润率预期等；(2)概述产品预期价格、分配渠道及第一年的营销预算；(3)分别阐述较长期(如 3—5 年)的销售额和投资收益率，以及不同时期的市场营销组合等。

### （五）商业分析

商业分析即从经济效益分析新产品概念是否符合企业目标，包括两个具体步骤：预测销售额和推算成本利润。预测新产品销售额可参照市场上类似产品的销售发展历史，并考虑各种竞争因素，分析新产品的市场地位、市场占有率等。

### （六）产品研制

产品研制主要是将通过商业分析后的新产品概念交送研究开发部门或技术工艺部门试制成为产品模型或样品，同时进行包装的研制和品牌的设计。这是新产品开发的一个重要步骤。只有通过产品试制，投入资金、设备和劳动力，使产品概念实体化，发现不足与问题，改进设计，才能证明这种产品概念在技术、商业上的可行性如何。应当强调，新产品研制必须使模型或样品具有产品概念所规定的所有特征。

### （七）市场试销

新产品试销应对以下问题作出决策：(1)试销的地区范围；(2)试销时间；(3)试销中所要取得的资料；(4)试销所需要的费用开支；(5)试销的营销策略及试销成功后应进一步采取的战略行动。

### （八）商业性投放

新产品试销成功，就可以正式批量生产，全面推向市场。这时，企业要支付大量费用，而新产品投入市场的初期往往利润微小甚至亏损，因此，企业在此阶段应对产品投放市场的时机、区域、目前市场的选择和最初的营销组合等方面作出慎重决策。

"新可乐"
如何会失败

## 三、新产品市场扩散

### （一）消费者接受新产品的程序

人们对新产品的采用过程客观上存在着一定的规律性。美国市场营销学者罗吉斯调查了数百人接受新产品的实例，总结归纳出人们接受新产品的程序和一般规律，认为消费者接受新产品一般表现为以下五个重要阶段：认知、兴趣、评价、试用、采用。

1. 认知

这是个人获得新产品信息的初始阶段。新产品信息情报的主要来源是广告，或者通过其他间接渠道获得，如商品说明书、技术资料等。显然，人们在此阶段对所获得的新产品信息的初始阶段只是一般性的了解。

2. 兴趣

消费者不仅认识新产品，而且发生了兴趣。在此阶段，消费者会积极地寻找有关资料，并进行对比分析，研究新产品的具体功能、用途等问题，如果满意，则将会产生初步的购买动机。

3. 评价

这一阶段的消费者主要权衡采用新产品的边际价值，譬如，采用新产品获得的利益和可能承担风险的比较，从而对新产品的吸引力作出判断。

4. 试用

指顾客开始小规模地试用新产品。通过试用，顾客评价自己对新产品的认识及购买的正确性如何。企业应尽量降低失误率，详细介绍产品的性质、使用和保养方法。

5. 采用

顾客通过试用收到了理想的效果，放弃原有的产品，完全接受新产品，并开始正式购买、重复购买。

**(二)顾客对新产品的反映差异**

在新产品的市场扩散过程中,由于社会地位、消费心理、产品价值观、个人性格等多种因素的影响制约,不同顾客对新产品的反应具有很大的差异。

1. 创新采用者

创新采用者也称为“消费先驱”,通常富有个性,勇于革新冒险,性格活跃,消费行为很少听取他人意见,经济宽裕,社会地位较高,受过高等教育,易受广告等促销手段的影响,是企业投放新产品时的极好目标。

2. 早期采用者

早期采用者一般年轻,富于探索精神,对新事物比较敏感并有较强的适应性,经济状况良好,对早期采用新产品具有自豪感。这类消费者对广告及其他渠道传播的新产品信息很少有成见,促销媒体对他们有较大的影响力,但与创新者比较,持较为谨慎的态度。

3. 早期大众

这部分消费者思想一般不保守,接受过一定的教育,有较好的工作环境和固定的收入;对社会中有影响的特别是自己所崇拜的“舆论领袖”的消费行为具有较强的模仿心理;不甘于落后潮流,但由于特定的经济地位所限,购买高档产品时持非常谨慎的态度。他们经常是在征询了早期采用者的意见之后才采纳新产品。研究他们的心理状态、消费习惯,对提高产品的市场份额具有很大的意义。

4. 晚期大众

晚期大众是指较晚地跟上消费潮流的人。他们的工作岗位、受教育水平及收入状况往往比早期大众略差,对新事物、新环境多持怀疑态度或观望态度,在产品成熟阶段才购买。

5. 落后的购买者

这些人受传统思想束缚很深,思想非常保守,怀疑任何变化,对新事物、新变化多持反对态度,固守传统的消费行为方式,在产品进入成熟期甚至衰退期才能接受。

新产品的整个市场扩散过程,从创新采用者至落后的购买者,形成完整的“正态分布曲线”,这与产品生命周期曲线极为相似,为企业规划产品生命周期各阶段的营销战略提供了有利的依据。

## 任务训练

### 一、实操题

小组模拟企业新产品开发组织,对某一特定产品规划新产品开发程序中各环节的任务和工作重点。

### 二、自测题

**(一)单选题**

1. 运用新一代科学技术革命创造的整体更新产品是(　　)。

A. 全新产品　　B. 新产品线

C. 增补产品　　D. 现有产品的改进或更新

2. 个人获得新产品信息的初始阶段是(　　)。

A. 认知　　B. 兴趣　　C. 评价　　D. 试用

E. 采用

3. 一般年轻、富于探索精神、对新事物比较敏感并有较强的适应性、经济状况良好的人属于(　　)。

A. 创新采用者　　B. 早期采用者　　C. 早期大众　　D. 晚期大众

**(二)判断题**

1. 现有产品的改进或更新是指对现有产品性能进行改进或注入较多的新价值。(　　)

2. 晚期大众是指受传统思想束缚很深,思想非常保守,怀疑任何变化,对事物、新变化多持反对态度,固守传统消费行为方式的人。(　　)

**(三)简答题**

1. 新产品的类型有哪些?

2. 消费者接受新产品一般表现为哪几个阶段?

# 项目六　品牌与包装策略



## 任务一　掌握品牌设计策略和方法

### 任务目标

**▶ 知识目标**

1. 了解品牌的含义
2. 熟悉品牌的类别
3. 熟悉品牌的作用
4. 掌握品牌元素设计的原则
5. 掌握几种常见的品牌策略

**▶ 能力目标**

1. 能运用品牌元素设计的原则进行品牌名称和品牌口号等品牌元素设计
2. 能结合企业的实际情况选择合适的品牌策略

### 任务引入

**ipad 商标归苹果　苹果支付唯冠 6 000 万美元**

ipad 商标归苹果还是唯冠？这场备受国内外关注的苹果有限公司、IP 发展有限公司与唯冠科技(深圳)有限公司 ipad 权属纠纷上诉案终于尘埃落定(见图 6—1)。2012 年 7 月 2 日，广东省高级人民法院透露，苹果公司与深圳唯冠就 ipad 商标案达成和解，苹果向唯冠支付 6 000 万美元。

图 6—1　ipad 商标争夺战

6 月 25 日，广东省高级人民法院向双方送达了民事调解书，该调解书正式生效。日前，苹果公司已按调解书的要求向广东高级人民法院指定的账户汇入 6 000 万美元，并于 6 月 28 日向该案的一审法院——深圳市中级人民法院申请强制执行上述民事调解书。深圳市中级人民法院于今日向国家工商总局商标局送达了将涉案 ipad 商标过户给苹果公司的裁定书和协助执行通知书，这意味着苹果公司与深圳唯冠公司 ipad 商标权属纠纷案圆满解决。

据悉，2009 年 8 月，IP 发展有限公司向英国唯冠公司提出收购唯冠在各国登记注册的所有 ipad 商标的意愿。后经多次辗转，谈判主体变成 IP 发展有限公司与台湾唯冠公司。双方于同年 12 月 23 日签署商标转让协议，约定转让标的为 10 个 ipad 商标，其中，包括深圳唯冠公司在中国大陆注册的涉案的 2 个 ipad 商标，转让对价为 3.5 万英镑。

2010 年 2 月，IP 发展有限公司又以 10 英镑的价格将上述 10 个 ipad 商标转让给苹果公司。之后，苹果公司要求深圳唯冠公司变更涉案两个商标权属的注册登记时遭到拒绝。深圳唯冠公司称，台湾唯冠公司无权处分深圳唯冠公司的商标，其从未将涉案商标转让给苹果公司，双方遂引发争议。

美国苹果公司、IP 发展有限公司与深圳唯冠公司的 ipad 商标权属纠纷于 2010 年 5 月正式诉诸深圳市中级人民法院。深圳市中级人民法院一审认为，订立转让合同的台湾唯冠公司无法代表深圳唯冠公司，苹果公司也无法提供证据证明上述表见代理成立，并以此为由驳回 IP 发展有限公司、苹果公司的诉讼请求。后两公司不服，向广东省高级人民法院提起上诉。

广东省高级人民法院于 2012 年 2 月 29 日公开开庭审理了此案。该案的庭审吸引了全世界的关注，参与旁听庭审的中外媒体多达 70 多家。该院的官方微博还首次对该案以庭审直播的方式全程、全面公开，此举得到了社会各界的高度赞扬。

庭审中，苹果公司提交了一份新证据即深圳唯冠公司的内部签呈文件并申请其参与谈判过程的员工罗宾逊出庭作证，试图证明 IP 发展有限公司之前的原谈判对象是整个唯冠集体。对此，深圳唯冠公司予以否认。双方都聘请国内较为知名的律师参与庭审，庭审辩论十分激烈。

庭后，承办案件的合议庭经过认真、严谨的分析合议认为，为使纠纷双方利益最大化，调解是最佳选择。据了解，深圳唯冠公司目前已负债累累，其债权人达到数百人，其最大的财产估值主要集中在 ipad 商标的价值上。诉讼前，涉案的 ipad 商标已被数个银行申请轮候查封。一旦该商标价值发生贬损的话，将会导致债权人更大的损失。

为此，广东省高级人民法院法官充分听取苹果公司、唯冠公司代表的意见，并创造条件让双方充分交换意见，最大限度地满足双方当事人的合理诉求。其间的跌宕起伏、峰回路转，难以一笔概括。因均有调解意愿，双方确认以6 000万美元一揽子解决有关ipad商标权属纠纷，并签署了调解协议。

业内人士评价，该案的成功调解实现了ipad商标的价值最大化，极大地保护了债权人的权益，开创了涉外商标权权属纠纷解决的新路径，在知识产权审判史上具有里程碑意义。

资料来源：中国法院网，https://www.chinacourt.org/article/detail/2012/07/id/531186.shtml.

## 延伸知识

### 唯冠科技简介

唯冠科技(深圳)有限公司是唯冠集团最大最核心的研发生产基地。公司于1991年落户深圳，1994年进驻沙头角保税区，拥有员工5 000多人，是深圳高新技术企业及中国外贸出口百强企业之一。唯冠科技是一家以专业电脑显示器研发、生产、销售为主的综合性IT集团企业，属下有2家分别在中国台湾和中国香港的上市公司以及分布在中国、美国、欧洲、南美洲的16家分支机构与遍布全球的销售和服务网点。

## 知识分析

品牌简单地讲是指消费者对产品及产品系列的认知程度。品牌是人们对一个企业及其产品、售后服务、文化价值的一种评价和认知，是一种信任。品牌已是一种商品综合品质的体现和代表，人们想到某一品牌的同时总会与时尚、文化、价值联想到一起。企业在创造品牌时不断地创造时尚，培育文化，随着企业的做强做大，不断地从低附加值向高附加值升级，向产品开发优势、产品质量优势、文化创新优势的高层次转变。当品牌文化被市场认可并接受后，品牌才产生其市场价值。

### 一、品牌的含义

据荷兰学者里克·莱兹伯斯研究，品牌的英文单词brand很可能来源于古挪威文“brandr”，中文有“烙印”的意思。在当时，西方游牧部落在马背上打上不同的烙印，用于区分自己饲养的牲畜。尽管研究者们对“品牌”一词有各种定义，但都离不开“烙印”这一根本特征。

在品牌研究专家大卫·艾克看来，品牌是用来标示某个销售商或销售集团的产品或服务，并将之与竞争对手的产品或服务区分开来的特有的名称和标志(如标志语、商标或外形)；广告大师大卫·奥格威则认为品牌是一种错综复杂的象征，是产品属性、名称、包装、价格、历史、声誉、广告方式的无形总和，同时也因消费者对其使用的印象以及自身的经验而有所界定；营销学权威菲利普·科特勒对品牌下的定义是：品牌是一个名字、名词、符号或设计，或是上述总和，其目的是使自己的产品或服务有别于其他竞争者。图6—2为印有茶商品牌的茶叶箱。

图 6—2　印有茶商品牌的茶叶箱

## 延伸知识

### 品牌资产的鼻祖——大卫·艾克

大卫·艾克(见图 6—3)是先知品牌战略咨询公司(Prophet Brand Strategy)副总裁、美国加州大学伯克利分校哈斯商学院的营销学名誉教授,也是品牌和品牌资产领域最具影响力的权威学者之一,当前美国品牌界的领军人物,被《品牌周刊》誉为"品牌资产的鼻祖"。

图 6—3　品牌资产的鼻祖——大卫·艾克

1996 年,因对营销科学的发展做出杰出的贡献,大卫·艾克被授予保罗·D. 康弗斯奖(Paul D. Converse Awards)。2004 年,他获得麻省理工学院 Sloan Buck Weaver 营销奖。

大卫·艾克在《哈佛商业评论》《营销学》《加州管理评论》等著名的专业类媒介上发表过100余篇专业论文，其中有3篇曾赢得最佳论文奖；先后出版了13本专业书籍，其中，《管理品牌资产》(1991)、《建立强势品牌》(1995)和《品牌领导》(1998)被喻为“品牌三部曲”并畅销全球，对全球企业界产生了广泛、深远的影响。

## 延伸知识

### 广告大师大卫·奥格威

大卫·麦肯兹·奥格威(David MacKenzie Ogilvy，1911—1999)(见图6—4)，英国西霍斯利人，曾被称为“广告怪杰”，举世闻名的“广告教父”(又称广告教皇，The Father of Advertising)，其创办的奥美广告公司今天已成为世界上较大的广告公司之一。

图6—4　广告大师大卫·奥格威

现代广告教皇大卫·奥格威在纽约创办奥美广告公司的时间是1948年。那时，他没有文凭、没有客户，银行账户里只有6 000美元。10年过后，奥美广告公司成为全球最大的5家广告代理商之一，在29个国家设有分公司，拥有1 000个客户，营业额为8亿美元。

奥格威被《时代》周刊称为“当今广告业最抢手的广告奇才”，被《纽约时报》称为“现代广告最具创造力的推动者”。美国重要的广告行业刊物《广告周刊》说：“奥格威以他敏锐的洞察力和对传统观念的抨击照亮了整个广告行业，令任何广告人都无法企及。”法国一家著名杂志称他为“现代广告的教皇”，并将他与爱迪生、爱因斯坦等并列为对工业革命最有贡献的人物。

大卫·麦肯兹·奥格威的名言：

“不要设计那些你甚至你的家人不愿看到的广告。”

“广告业需要注入大量的天才。而天才极有可能在不循规蹈矩者、特立独行者与反叛不羁者中产生。”

“最重要的决定是如何定位你的产品。”

“我们认为，每一个品牌都是一个产品，但不是所有的产品都是品牌。”

“除非你的广告建立在伟大的创意之上，否则它就像夜航的船，不为人所注意。”

“我欣赏那些亲切待人的彬彬有礼之士。”

“如果你发现一个比你优秀的人——雇请他。予他重金，如果需要，甚至可予以超过你自己的薪酬。”

“顾客不是白痴，她是你的妻子。”

“鼓励创新。变革是我们的生命源泉；停滞是为我们鸣响的丧钟。”

## 二、品牌的类别

### （一）根据品牌的知名度和辐射区域划分

根据品牌的知名度和辐射区域划分，品牌可以分为地区品牌、国内品牌和国际品牌。地区品牌也叫区域品牌，是指在一个较小的区域内销售的品牌；国内品牌是指全国范围内有销售网络并有一定知名度的品牌；国际品牌是指在两个以上的国家销售并具有品牌知名度的品牌，如可口可乐、华为等。

### （二）按照品牌在市场上的地位划分

按照企业在行业中的地位，品牌可以分为四种：领导者、挑战者、追随者和利基者。相应地，这些企业所拥有的品牌也可以按照市场地位分为领导品牌、挑战品牌、追随品牌和利基品牌。领导品牌在市场中占有最大的市场份额；挑战品牌在行业中占有次于领导品牌但也是名列前茅的位置，可以对领导品牌构成威胁；追随品牌在市场上采取跟随领导者的策略；利基品牌注重小块市场，并把它做深做透，投入较少的资源，获取较大的利润。

### （三）按照品牌区分的对象划分

1. 产品品牌

产品品牌指的是用于有形商品的品牌，如手机品牌“小米”、电脑品牌“联想”等。产品品牌还可以进一步划分，如消费品品牌和工业品品牌、便利品品牌和耐用品品牌。

2. 服务品牌

服务品牌用于无形的劳务，如会计服务、法律服务、航空服务等。有些服务品牌和产品品牌有很强的相关性，如“万科物业”。

3. 组织品牌

组织按照其是否以营利为目的可分为营利组织和非营利组织。营利组织主要指的是企业，企业名称中的“商号”为企业品牌，如“北京字节跳动科技有限公司”中的“字节跳动”。非营利组织也需要塑造自己的品牌，如大学、慈善机构等。

4. 个人品牌

一些有较高知名度和社会影响力的人物也形成了自己的品牌，包括企业家、运动员、演员、歌手、作家等（如图 6—5 和图 6—6 所示）。

5. 节事品牌

节事品牌包括两个方面：一是节庆，二是事件。节庆通常是指有特定主题的庆典活动，如音乐节、美食节。事件是指有重大社会影响力的特殊事件，如体育比赛、论坛、展览等。

6. 地理品牌

地理品牌也称目的地品牌，常见于旅游行业。按照地理范围的大小，地理品牌可分为国家品牌、城市品牌、县区品牌、乡（镇）村品牌等。

此外，品牌还可以按照其来源分为自有品牌和收购品牌，按照档次分为奢侈品品牌和普通产品品牌（见图 6—7），按照创立时间分为老字号品牌和年轻品牌等。

图 6—5　李宁商标

图 6—6　乔丹商标

图 6—7　长丰草莓地理标志证明商标

## 三、品牌的作用

### （一）对国家的作用

对于一个国家来说，品牌具有非常重要的作用，最直接的体现就是增强国家的经济实力。综观国际上一些经济强国，大多拥有较多的国际品牌。另外，在国际交往中，经贸往来是非常重要的一个方面，因此，品牌还具有国际交流的功能。再者，品牌还有助于提升国家的形象。国家形象来自政治、经济、文化、科技等多个维度，这些维度中的文化、科技等都与品牌密切相关。

世界品牌500强

### （二）对企业的作用

对于企业来说，品牌为其广告宣传提供了非常便利的一个载体，企业只需宣传品牌的名称或标志即可。一个品牌一旦得到了消费者的认可，利用这个品牌推广新产品也就具有一定的优势。对于企业来说，品牌还是企业的无形资产，有些企业的无形资产大大超过其有形资产的价值。一般来说，品牌越强势，其盈利能力就越强。比如，按照全球性行业分析公司 Counterpoint Research 的调查，在 2021 年第二季度全球智能手机市场的利润占比中，苹果手机独占 75%（见表 6—1）。

**表 6—1　　2021 年第二季度全球智能手机市场销量占比**

| 排名 | OEM | 2Q21 | | 1Q21 | | 2Q20 | | QoQ | YoY |
|---|---|---|---|---|---|---|---|---|---|
| | | Shipment | M/S | Shipment | M/S | Shipment | M/S | | |
| 1 | Samsung | 57.3 | 19% | 76.0 | 22% | 54.3 | 19% | −24.6% | 5.6% |
| 2 | Xiaomi | 49.9 | 17% | 49.5 | 14% | 28.9 | 10% | 0.8% | 72.9% |
| 3 | Apple | 42.9 | 14% | 55.1 | 16% | 39.9 | 14% | −22.1% | 7.5% |
| 4 | Oppo | 32.5 | 11% | 37.8 | 11% | 22.5 | 8% | −14.0% | 44.7% |
| 5 | Vivo | 31.6 | 11% | 38.2 | 11% | 23.7 | 8% | −17.3% | 33.5% |
| 6 | Realme | 11.4 | 4% | 11.4 | 3% | 4.2 | 1% | 0.0% | 174.5% |
| 7 | Motorola | 10.6 | 4% | 12.6 | 4% | 7.4 | 3% | −15.9% | 42.8% |
| 8 | Huawei | 9.8 | 3% | 14.7 | 4% | 38.6 | 20% | −33.3% | −74.6% |
| 9 | Tecno | 7.1 | 2% | 8.2 | 2% | 5.3 | 2% | −12.9% | 35.7% |
| 10 | Honor | 6.7 | 2% | 3.6 | 1% | 17.2 | 0% | 86.1% | −61.1% |
| | 其　他 | 39.3 | 13% | 45.6 | 13% | 37.9 | 14% | −13.2% | 3.5% |
| | 总　计 | 299.1 | 100% | 352.7 | 100% | 279.7 | 100% | −15.2% | 6.9% |

### （三）对个人的作用

试想如果没有品牌，则市场上所有的商品都将难以区分，消费购物也是麻烦的一件事情。正是因为有了品牌，消费者在购物时只需认准目标品牌，购物则变得非常便利。品牌往往还意味着质量、服务等方面的承诺，降低了消费者购买、使用的很多风险。另外，消费者还可以利用品牌来展示自己的财富、地位、个性等。

给产品起个好名字：品牌策略

## 四、品牌设计

任何品牌都不是与生俱来的,而是人为设计出来的。品牌设计主要是设计能够代表品牌的符号,包括品牌名称、品牌标志、品牌口号等,以下分而述之。

### (一)品牌名称设计

品牌名称是品牌符号中最重要的元素,是必备要素。阿尔·里斯认为,从长远观点来看,对一个品牌来说最重要的就是名字。杰克·特劳特说:“品牌名称和它的定位一样重要,也许比定位还重要。”菲利普·科特勒则认为一个好的品牌名称能极大地促进一种产品的成功。

### 延伸知识

杰克·特劳特(Jack Trout)(见图 6—8),定位理论创始人,也是美国特劳特咨询公司创始人及前总裁,全球顶尖的营销战略家,定位理论和营销战略理论的奠基人和先驱。

**图 6—8　杰克·特劳特**

他于 1969 年以《定位:同质化时代的竞争之道》(发展为后来的《定位:新竞争时期企业经营之道》)论文首次提出了商业中的“定位”观念,1972 年以《定位时代》论文开创了定位理论,1981 年出版学术专著《定位》。1996 年,特劳特推出了定位论刷新之作《新定位》。2001 年,定位理论力压菲利普·科特勒、迈克尔·波特等著名学者的理论被美国营销学会评为“有史以来对美国营销影响最大的观念”。2009 年,他推出了定位论落定之作《重新定位》。

1. 品牌命名的原则

设计品牌名称,应体现以下原则:一是易读易记,这就要求不用冷僻字,另外在发音、字数等方面多加注意。二是关联行业,让人一看到品牌名称就知道这个品牌是用于什么类型的产品。三是正面含义,不能有负面联想。负面联想既影响消费者对于品牌的印象,还存在一定的法律风险。某地曾有人将茶叶店命名为“汉奸茶庄”,被工商部门要求整改。四是文化适应,即品牌名称在不同的市场环境中均可使用。五是法律保护,要做到品牌命名不侵犯其他品牌的合法权益,能注册为商标。

**《商标法》第十条**

2. 品牌命名的方法

品牌命名的方法很多,一是可以采用既有的人们熟知的词汇,如“英雄”(见图 6—9)、“荣耀”等。但随着商标注册量的增长，这类词汇大多被使用。二是采用人为创造词的方式来进行品牌命名，如“华为”来自“中华有为”。此外，植物、动物、人名、地名等也常见于品牌命名，但人名、地名用于品牌名称要注意法律的限制。字母、数字也可以用于品牌命名，但这类名称比较抽象，在推广方面具有一定的局限性。

**图 6—9　英雄品牌墨水**

3. 品牌命名的限制

我国品牌命名的限制主要来自《中华人民共和国商标法》（以下简称《商标法》）（见图 6—10）和《企业名称登记管理规定》。比如，我国《商标法》第十条列举了不得用于商标注册的若干情形，在品牌命名时务必不能违背法律规定。

**【锐澳×英雄墨水】跨界营销：肚里有墨水，敬你是英雄**

4. 品牌命名的程序

品牌命名一般先通过多种渠道广泛征集命名创意，然后从营销、语言、心理、美学、法律等角度对其进行筛选，留下若干备用名称，再根据市场测试的结果最终选定品牌名称。

**图 6—10　中华人民共和国商标法**

### （二）品牌标志设计

品牌标志一般以图形的方式表现出来，即便是文字，也大多是经过设计的文字。设计品牌标志，首先要求是设计者原创的，不能模仿和抄袭。品牌标志应具有较高的辨识度，有些标志从品牌名称出发进行设计，在标志中体现产品的行业特征。如我国知名的自行车品牌“永久”（见图6—11和图6—12），其品牌标志就是其名称的变形，表现为一辆自行车的造型。

图6—11　永久自行车

图6—12　永久和凤凰自行车品牌标志

品牌标志一经确定，不能轻易改变，因为其只有经过较长时间的使用才能被人们所熟悉，从而具有宣传和促销的功能。但在特殊情形下，品牌标志也要进行适当的调整，比如随着时代的发展，原有标志已经不符合人们的审美观，或者被赋予不良含义，此时品牌标志就应该进行调整。

### （三）品牌口号设计

品牌口号是在一定时期内反复使用传播品牌的短语，常用于媒体广告、产品包装或销售场所等。品牌口号的类型丰富多彩，有的品牌运用口号介绍自己，如“金龙，中国客车专家”；有的品牌在口号中提出一种观念或主张，如安踏倡导“keep moving”；有的品牌在口号中设定了品牌的奋斗目标；还有的品牌在口号中强调产品的功能或能够给消费者带来的好处。

企业在进行品牌口号设计时应多观察市场上影响力较大的受人欢迎的口号，总结其特征。总体来说，品牌口号应体现本品牌的特色，字数不能过多，读起来朗朗上口，含义明白易懂，最好能具有良好的寓意，给消费者带来积极的联想。

除品牌名称、品牌标志和品牌口号以外，还有很多品牌拥有自己专有的音乐，如品牌歌曲、广告歌曲、声音商标等。有的品牌还撰写和传播品牌故事来增进消费者对其的了解；还有的品牌设计了专门的卡通形象，如米其林轮胎的轮胎人“必比登”，取得了较好的营销效果。

## 五、品牌策略

企业可以采用的品牌策略主要有以下几种：

**（一）统一品牌**

统一品牌策略，是指对企业的全部产品均使用同一个品牌。采用这一策略的好处在于能够减少品牌的设计和广告费用，有利于新产品在市场上较快较稳地立足，并能壮大企业声势，提高其知名度，较快地形成名牌。

**（二）分别品牌（多品牌）**

多品牌策略是指在企业不同的产品上使用不同的品牌，甚至在同一个产品品类中有意识地使用多个品牌的一种策略，其目的在于深度细分市场，充分满足多种品类需求。这种策略可帮助公司产品占领更多的分销商货架，但意味着更高的成本，并有可能造成公司品牌间的内部竞争。

**（三）副品牌**

这种策略是指企业在使用一个主品牌的同时再根据各种产品的性能或特点，对产品系列、规格型号赋予一个新的名称，如海尔将其一款容量较大的冰箱命名为“大王子”，一款容量较小的冰箱命名为“小王子”。这种策略对主品牌的要求比较高，只有主品牌具备较大的影响力才适用此种策略。

**（四）担保品牌**

担保品牌也叫背书品牌，一般是指企业的商号，它不是产品品牌或服务品牌的组成部分，但出现在产品本身、产品包装或媒体广告中，其功能是增强消费者的购买信心。如“宝洁”（P&G）并不是产品品牌，但“宝洁”（P&G）字样会出现在其旗下所有的产品上，即便消费者不熟悉某个产品的品牌，但得知其是“宝洁”公司的产品时，购买的可能性也会大大增加。

# 任务训练

## 一、实操题

1. 登录世界品牌实验室网站，查询最近5年的“世界品牌500强”排行榜，了解哪些国家上榜品牌的数量比较多；观察中国上榜品牌数量的变化趋势，你得到什么启示？

2. 假如你毕业后打算创业并打造自己的品牌，请结合你进入的行业为自己的品牌设计一套品牌符号（名称、标志、口号等）。

## 二、自测题

**（一）单选题**

1. 发布“世界品牌500强”榜单的机构是（　　）。

A. World Brand Lab　　B. Interbrand

C. Brand Finance　　D. FORTUNE

2. 按照品牌的区分对象，下列品牌中不属于同一类别的是(　　)。

A. 苏宁　　B. 海尔　　C. 格力　　D. 联想

3. 格力的一款空调噪声较小，在销售时将该款空调命名为“冷静王”，这种做法采用的品牌策略是(　　)。

A. 统一品牌策略　　B. 分别品牌策略

C. 副品牌策略　　D. 多品牌策略

4. 下列选项中，不属于统一品牌优势的是(　　)。

A. 节约宣传费用　　B. 有利于形成名牌

C. 有利于推广新产品　　D. 有利于占领终端货架

5. 按照我国现行《商标法》，下列选项中不得用于商标注册的是(　　)。

A. 数字　　B. 字母　　C. 声音　　D. 气味

**(二)判断题**

1. 品牌和商标是同一个概念。(　　)

2. 对于国家来说，品牌有助于增强国家的经济实力。(　　)

3. 品牌名称不是品牌的必备符号。(　　)

4. 担保品牌有助于增强消费者的购买信心。(　　)

5. 品牌口号的内容应尽可能详实，因此在字数上没有什么限制。(　　)

**(三)简答题**

1. 品牌对消费者来说有何作用?

2. 品牌设计包括哪些内容?

3. 品牌名称设计需遵循什么原则?

4. 统一品牌策略有什么优点和缺点?

5. 什么是分别品牌策略? 请举例说明。

# 任务二　掌握包装设计策略和方法

## 任务目标

**▶ 知识目标**

1. 了解包装的种类

2. 熟悉包装的作用

3. 熟悉包装设计的要素

4. 掌握包装设计的原则

5. 掌握几种常见的包装策略

**▶ 能力目标**

1. 能分析包装原则在现实包装设计中的运用

2. 能结合本企业的产品特征采用合适的包装策略

## 任务引入

### 酒鬼酒的包装

酒鬼酒的酒瓶是扎口的麻袋造型，质朴、典雅，采用湘西土陶工艺制成，一侧有酒鬼背酒鬼的写意画，另一侧是“无上妙品”四个大字的收藏印章。其包装上题词：酒鬼背酒鬼，千斤不嫌赘；酒鬼喝酒鬼，千杯不会醉；酒鬼出湘西，涓涓传万里。整个设计体现了湘西当地的风土人情（见图6—13）。

图6—13　酒鬼酒包装

至于酒鬼酒的诞生也是近乎传奇，而说到其成名，则与另一位传奇人物——著名书画大师黄永玉先生有关。

20世纪80年代中期，从不饮酒的黄永玉先生对湘西著名酿酒人王锡炳说：“你能否在酿造湘泉酒之后，再酿出一种更好的酒来，如果能的话，到时我给它设计包装和命名。”两年后，湘泉人终于酿造出了一种好酒。好酒要取个好名字，要有个好瓶子。恰在此时，黄永玉先生从香港回湘西凤凰县老家，得知湘泉酒厂酿出好酒，非常高兴。但是酒的包装和命名问题，黄老却只字未提。莫非黄老把两年前谈的话忘了？黄老似乎看出了客人们的心思，突然起身对朋友们说：“各位坐一下，我去外面一下。”

大约过了半个小时，只见黄老拿出了一只40厘米见方的小麻袋造型物送到众人面前说：“这就是新酿出好酒的瓶型。”面对这个未来酒瓶的模型，人们不禁惊诧：这像酒瓶吗？这能装酒吗？一阵琢磨，大家逐渐领悟到：最土的则是最雅的，于是这只“小麻袋”就成了酒鬼酒包装创意的蓝本。

资料来源：http://szb.xnnews.com.cn/newb/html/2013—12/10/content_41322.htm.

## 知识分析

人靠衣装，马靠鞍，一个人精神不精神，就要看他打扮得好不好。企业在把一个已经确立的产品推向市场之前，需要根据消费者的需求形式进行合适的包装。产品包装是产品在市场上让消费者接受的视觉原点。著名的杜邦定律指出：大约63%的消费者是根据商品的包装和环境进行购买决策的，现在的市场经济被称为眼球经济，只有吸引消费者的注意，品牌才能被消费者接受，产品才能被消费者购买。

### 一、包装的内涵和基本组成

包装是指将产品盛放于某种容器内或进行外部包扎。对绝大多数产品来说，包装是产品运输、储存和销售不可缺少的条件。

一个典型的产品包装通常由四部分组成，即首要包装、次要包装、储运包装和标贴。所谓首要包装，是指紧挨着产品的包装，也称内包装，如牙膏皮、啤酒瓶等；次要包装是指保护首要包装的包装，又叫中包装，如每一管牙膏都有一个牙膏盒；储运包装是指为了便于储存和运输而进行的包装，又称外包装，如把若干盒牙膏装在一个大的纸箱里；标贴是指为了说明产品而贴在产品上的标签或印在产品包装上的文字、图案等，一般印有产品名称及其成分、品牌标志、产品质量等级、生产厂家、产地、生产日期及有效期、使用方法等。

### 二、包装的作用

进入市场的许多实体产品都需包装，因为包装是为保护产品数量与质量的完整性所必需的一道工序。对于绝大多数商品而言，包装是产品运输、存储、销售必不可少的前提条件，也是现代产品整体形式的有机组成部分。包装的作用主要有以下几个方面：

**（一）保护商品**

这是包装最主要的目的和最基本的功能。在商品的流通和使用过程中，通过包装可以起到防止各种损坏的作用，如防止破损、散失、变质、挥发、污染、虫蛀、鼠咬等。包装还可保证商品的清洁卫生和安全，保持产品的良好本色，从而保护产品的使用价值。除了沙、石、原木等受外界影响小的商品不用包装外，其他绝大多数商品都需要包装来保护。

**（二）便于运输、携带和储存**

产品在从生产到消费的过程中要经过装卸、运输和储存。包装对于小件产品起着集中作用。包装纸上有关产品的鲜明标记，简化了产品的交接手续，使工作效率明显提高；而且包装上的标记（如易碎标记）可提示运输人员采取不同的运输策略，使商品得到更好的保护。图6－14为运输包装部分标志。商品经过包装后还能为装卸提供方便，并可以节约运输工具和储存空间，提高运输工具的利用率。对于消费者来说，经过包装的商品，携带和储存也十分方便。

**（三）便于使用**

包装可起到指导消费者和方便使用的作用。对消费者来说，包装上的说明、注意事项等对于产品的正确使用和合理保存具有重要意义。

**（四）促进销售**

产品包装具有识别和促销作用。产品包装以后，可与同类竞争者的产品相区别。精美的

图 6—14　运输包装部分标志

包装，还可起到防止别人仿制、假冒、伪造的作用，有利于保持企业的信誉。比如，有的产品包装上贴上了防伪标志，使消费者能够更放心购买该产品，不用担心购买假冒伪劣产品，也保证了生产企业的利益不受到侵害。包装还具有增加产品特色、提高产品竞争力的作用。良好的包装能改进产品的外观，提高顾客的视觉兴趣，激发消费者的购买欲望，获得用户对产品的偏爱。

超级巧妙的包装设计

（五）影响商品价值

有的包装设计美观精巧，能够提升商品的形象，使用户愿意支付较高的价格去购买，从而影响商品价值，增加企业利润。

## 三、包装设计的要素

包装功能在很大程度上都体现在色彩、形态、符号三大要素上。因此，在包装的设计过程中，企业必须重视和突出这三个要素。

（一）色彩

包装色彩是指附着于包装物及其外表的图案、文字等的装潢颜色。色彩是最容易产生视觉冲击力的设计要素之一，是人在认知过程中最先识别的对象。优秀的包装色彩设计能够打动消费者，使其很好地认知和接受商品。

调查表明，顾客对商品的感觉首先是色，其后才是形。顾客在最初接触商品的 20 秒内，色感为 80％，形感为 20％；在 20 秒至 3 分钟内，色感为 60％，形感为 40％。另一测定则表明，购物者用于观察每一种商品的时间为 0.25 秒左右，这 0.25 秒的一瞥决定了消费者是否会从无意注意转向有意注意，所以商品包装必须以“色”夺人，一举抓住目标顾客的心。包装的色彩要与商品本身的用途和特性相适应，通过刺激视觉勾起联想，从而影响人们对商品的评价和购买行为。

包装的颜色还可以影响消费者对产品的感知。例如，消费者可能会认为，橙汁饮料的包装上橙色越浓，该饮料就越甜。

包装色彩的设计要注意几个问题：色彩的个性、色彩的心理感受、色彩的搭配和色彩的文化适应性。

（二）形态

形态是以一定的方法、法则构成的各种千变万化的包装外形，由点、线、面、体这几种要素构成。

包装的形态主要有圆柱体类、长方体类、圆锥体类等。独特的视觉形态能给消费者留下深刻的印象，各种形体及其组合对消费者的视觉引导起着十分重要的作用。造型优美、独特的包装，往往最能吸引人的视线，并能给人以艺术享受，产生美的联想，甚至具有收藏价值，从而刺激消费者购买。

（三）符号

包装上的符号主要包括文字和图案。文字是商品包装中记忆强度最大的元素。商品包装应该有说明性的文字，客观、简明地介绍商品的名称、规格、成分、功能和使用方法，并尽量做到重点突出、一目了然。而宣传性文字——标识语则起着微型广告的作用。提示性的标识语，如非油炸方便面，表明商品的基本特点；解释性的标识语，如“绝对不含防腐剂”，可以消除消费者对食品、饮料和化学制品所含成分的顾虑；鼓动性的标识语，如“味道好极了！”则能直接刺激购买欲。

产品包装设计中的图案具有产品再现作用，充分展示包装内产品的样式、外形等信息，以便产生视觉冲击，刺激购买，比如在食品类包装上，为体现食品的美味感，往往将食物的照片印刷在产品包装上。

## 四、包装设计的原则

企业在进行产品包装设计时应遵循以下原则：

（一）安全

产品包装首先应保证产品质量，保持产品数量，要根据产品的性质和特点选择合适的包装材料和包装技术。如对固态、液态、易燃、贵重、笨重、精密产品显然应采用不同的包装。包装材料、强度、方法等必须适合产品的物理、化学、生物特性，保证产品不损坏、不变值、不渗漏、不变形。

（二）便利

首先，包装应便于储运。销售包装一般要组合成中包装和运输包装，才能适应运输和储存的需要。因此，销售包装的结构及大小应与运输包装相吻合，以便于运输和储存。在保证产品安全的前提下，企业通常应尽可能缩小销售包装的体积，以便于节省包装材料和运输、储存成本。不过，目前，也有不少厂家采取相反的包装策略，即故意加大销售包装。如有的软件用远大于产品的盒子来包装，使消费者产生“盒中内容丰富，物有所值”的感觉，以促进销售。

其次，包装应便于陈列。产品零售前，一般都陈列在货架上，以堆叠、悬挂、摆放等方式形成琳琅满目的商品世界。销售包装的结构既应方便陈列摆放，又应使消费者便于识别和选购，如采用透明包装和“开窗”包装等。

最后，包装应便于使用。为了方便消费者使用、满足不同购买者的需要，包装的容量和形状应多种多样。例如，包装的容量要考虑使产品易于携带和使用；在保证包装封口严密的条件下，要求容易开启；为满足消费者的不同需要，可采用单件包装、多件包装或配套包装。

（三）美观

产品包装的好坏，既可以反映企业的管理水平，又能体现企业管理人员的文化水平和艺术修养等。包装具有美化产品和无声广告的作用，企业在设计时应充分考虑目标顾客的审美观。

**（四）环保**

一方面，尽量使用环保材料，如可降解材料、天然材料等。可降解材料是指能够在自然环境下通过微生物、光照等作用可以分解的材料；大自然中的天然材料堪称最佳绿色包装材料，其来源于自然，也能够回归自然，不会污染环境，如竹叶、稻草、藤条、荷叶等。

另一方面，避免过度包装。过度包装既浪费资源，又污染环境，并且加重消费者的负担，对消费者、国家和社会均有害无利。管理部门对于过度包装的问题也非常重视。2021 年 10 月，国家市场监督管理总局公布了修订后的关于过度包装的国家标准：GB23350-2021《限制商品过度包装要求　食品和化妆品》，新的国家标准将于 2023 年 9 月 1 日实施。

**（五）合法**

产品包装设计要合乎法律要求也是一项重要的原则。例如，我国《产品质量法》第二十七条规定，产品或者其包装上的标识必须真实，并符合下列要求：有产品质量检验合格证明；有中文标明的产品名称、生产厂名和厂址；根据产品的特点和使用要求，需要标明产品规格、等级、所含主要成分的名称和含量的，用中文相应予以标明；需要事先让消费者知晓的，应当在外包装上标明，或者预先向消费者提供有关资料；限期使用的产品，应当在显著位置清晰地标明生产日期和安全使用期或者失效日期；使用不当，容易造成产品本身损坏或者可能危及人身、财产安全的产品，应当有警示标志或者中文警示说明。

此外，包装还应符合产品的档次、特征和品牌定位。比如，高档商品的包装应该比较精致、考究，让消费者产生物有所值的感觉。

包装界的奥斯卡：Pentawards

## 五、包装策略

产品包装在市场营销中是一个强而有力的武器，因此，企业在进行包装设计时必须选择适当的包装策略。常用的包装策略有以下几种：

**（一）组合包装**

组合包装，或称配套包装，是指企业把应用时互相有关联的多种商品纳入一个包装容器内同时出售。如工具配套箱、家用药箱、化妆盒等都是组合包装。这种包装策略为消费者购买、携带、使用和保管提供了方便，又有利于企业扩大销路、推广新产品。

**（二）复用包装**

复用包装又称再利用包装、多用途包装，指在用户将包装容器内的商品使用完毕后，此包装容器还可继续利用，可能用于储存原来的产品，也可能用作他途。如装雀巢咖啡的瓶子在咖啡用完后可以用作喝水杯，一些酒厂的铁皮盒子可以当烟灰缸，一些果冻包装袋可以当洗漱袋。这种策略有助于引起用户的购买兴趣，还可能促进其重复购买，发挥广告的作用。

**（三）附赠包装**

这种策略是指企业在某商品的包装容器中或容器外附加一些赠品以吸引消费者购买。如儿童玩具、糖果等商品包装中附赠连环画、认字卡片、贴纸；化妆品包装中附有赠券，积累到若干数量可兑换不同的赠品；有些包装内附有奖券，中奖后获得奖品。

多家企业推出北京冬奥主题包装

除了上述常见的几种包装策略以外，有的企业还结合特定的时机、事件、对象设计具有特定主题的包装。如百事可乐在中国农历新年时推出的生肖版可乐，既能带给消费者新鲜感，又有利于企业更好地融入本土文化。

图 6—15 “肥西老母鸡”和“老乡鸡”

## 延伸知识

2012 年 3 月 3 日，安徽合肥快餐知名品牌“肥西老母鸡”正式更名为“老乡鸡”。对此，老板束从轩感觉“割去”了他的“心头肉”，那为什么还要改呢？据束从轩透露，有四大原因：第一，“肥西老母鸡”这个商标五个字全部是手写体，一些不太了解肥西的外地人会将“肥西”误作“山西”；第二，“肥西老母鸡”的“肥”字，让很多人想到了形容词“油腻”，而现代人不喜欢油腻；第三，“肥西老母鸡”有五个字，不便于记忆、传播和今后上市；第四，原来的名字，地域性较强，其他地区会有抵触和排斥反应，这样不利于在其他地区发展。总之，经营者更名是为了突破区域性，为了品牌的延伸及发展，为了赢得更大的市场份额。

既然如此，那么当初为什么叫“肥西老母鸡”呢？这同样有着市场原因。一方面，肥西老母鸡品种好。肥西老母鸡主要是麻黄鸡，肉质细嫩、口味纯正，用它熬汤，味道十分鲜美，用它命名，无形中就为产品营销提供了一个品质砝码。另一方面，这个名称背后蕴含着浓厚的地域文化因素。在合肥地区流传着这样几句顺口溜：“从肥东到肥思（肥西），买了一只老么滋（老母鸡），拿到湖尼（河里）洗一洗，除了骨头就是皮。”虽是简单的四句话，却吹响了合肥方言的集结号，因此，合肥人每听到这几句话时就会会心一笑，而束从轩最初也就是从这几句方言里获得启示并进而发现商机的。事实也证明了束从轩的判断，“肥西老母鸡”面市后，有的人说：“我虽然不吃鸡，但是一听到合肥的‘老母鸡’就感到亲切”；有的人则在改名“老乡鸡”后直呼“还我老母鸡！”。

在方言文化等多种因素的综合作用下，“肥西老母鸡”取得了很大的发展，20 世纪 80 年代，“肥西老母鸡”创立；2010 年，企业就实现了销售收入 10.27 亿元。那么，现在为什么要改名呢？除了公司自身所认为的四个原因外，笔者以为，更重要的在于方言在促成“肥西老母鸡”发展的同时也给它的进一步扩大带来了阈限性。首先，随着我国公共媒体的进一步发展，普通话在某种程度上将会逐步制约甚至取代方言，这样，原来建立在方言文化基础上的“肥西老母鸡”将会在消费者中间越来越缺少一种情感上的认同，它的市场占有率会越来越小，边际成本会不断增加，边际利润也会随之下滑。到了一定程度，这种依靠方言基因而获得认同的市场策略将难以为继。其次，方言本身具有地域性，当合肥当地人为“肥西老母鸡”这个名字所包含的文化与情感津津乐道时，外地人所看到的不过是平面化的商品名——一个地名和一只鸡的种类的组合，原先的那种品名优势荡然无存。正由于这些原因，立志要走向全国和世界的“肥西老母鸡”在已经成为价值高达 35.6 亿元的驰名商标时，还要来个壮士断腕，花巨资 3 000 万元把“肥西老母鸡”更名为“老乡鸡”。

资料来源：张立.“肥西老母鸡”更名浅议[J]. 才智，2012(36)：164.

## 任务训练

### 一、实操题

1. 选取一款你认为设计得比较好的包装，分析其特色，写一段解说词。
2. 选取一款你认为设计得不好的包装，其有何缺陷？应如何改进？

### 二、自测题

**（一）单选题**

1. 包装的“便利”功能主要体现在（　　）。

A. 便于运输　　B. 便于储存　　C. 便于使用　　D. 便于收藏

2. 按照《中华人民共和国境内卷烟包装标识的规定》，卷烟包装上应使用中华人民共和国的规范汉字印刷“吸烟有害健康”等警语。从包装组成部分来说，这些警语属于（　　）。

A. 首要包装　　B. 次要包装　　C. 外包装　　D. 标签

3. 下列何种商品最不适合采用组合包装？（　　）

A. 化妆品　　B. 洗衣机　　C. 零食　　D. 五金工具

4. 以下选项中，采取复用包装策略的是（　　）。

A. 华为将一款手机的包装设计成简易 VR 眼镜盒

B. 纳爱斯儿童牙膏在牙膏盒里放一个儿童玩具赠品

C. 可口可乐推出中国农历新年纪念版

D. 百雀羚将护手霜、精华液、润唇膏、面霜等放在一个包装盒里

**（二）判断题**

1. 所有的商品都需要包装。　　（　　）

2. 对于有的商品来说，包装具有促进销售的功能。（ ）

3. 商品包装越精美越好。（ ）

4. 储运包装是指为了便于储存和运输而进行的包装，又称外包装。（ ）

5. 按照我国法律规定，易碎、易燃、易爆、有毒、有腐蚀性、有放射性等危险物品以及储运中不能倒置和其他有特殊要求的产品，其包装应依照国家有关规定作出警示标志或者中文警示说明，标明储运注意事项。（ ）

**（三）简答题**

1. 包装有哪些要素？

2. 对于销售者来说，包装有什么作用？

3. 包装设计需遵循什么原则？

4. 常见的包装策略有哪些？

# 项目七　渠道策略

任务一　分析渠道影响因素
任务二　制订渠道设计方案
任务三　掌握渠道管理策略

## 任务一　分析渠道影响因素

### 任务目标

**▶ 知识目标**

1. 正确理解分销渠道的基本概念
2. 了解分销渠道的基本模式
3. 掌握影响分销渠道的基本因素

**▶ 能力目标**

1. 能够准确判定不同分销渠道的模式
2. 能够准确比较不同分销渠道的优劣
3. 能够总结分销渠道的影响因素

### 任务引入

**蔚来汽车创新渠道运营思路**

对于传统汽车销售行业来说，从2018年开始这几年都是在啃硬骨头，很多店的新车毛利都是负的，只能靠售后来补偿一点。从目前的行业数据来看，全国40%的汽车经销商都是亏的，而未来几年可能更糟。

不同于传统车企深耕多年才建设起来的庞大销售网络，造车新势力们需要从零开始打通销售渠道。毫无疑问，没有历史包袱的造车新人们，如果再费大力气建传统的4S店体系，则销售渠道显然性价比极低，而且不合时宜，因此大家都在寻找新模式、新思路突围。比如说，蔚来（见图 7—1）的销售模式与特斯拉较为相近，无论线上还是线下，都是自营自建。其官方 App 集车主运营服务＋社交＋媒体＋商城的属性于一身，驱动线上销售，而 NIO House 主要承担用户体验和沟通的功能，NIO Space 则完成更多消费触点的布局，辅以 NIO Service，独立做好后续的维修保养等服务。另外，区别于蔚来汽车，小鹏汽车的销售渠道并不限于自建，而是线上线下皆有"外援"，除自有线上 App 及官网之外，还积极开拓天猫等外部流量入口。而在线下建店方面，有自建自营也有合作授权。总体上来看，它们的渠道布局都变得更加灵活，而且更加强调线下"轻"资产的运营。

资料来源：《新民晚报》，2020 年 3 月 26 日，https://paper.xinmin.cn/.

**图 7—1　蔚来汽车**

一场以传统 4S 店为对象的渠道革命已经到来。蔚来也提出了全新的 PAC 渠道模式建设思路，意图化解传统 4S 店模式过"重"的问题，实现以"轻"驭"重"，开辟一个全新的渠道经营及收益模式。

PAC 渠道模式是互联网 S2B2C 商业模式与长链条汽车营销领域的一次跨界融合，其中，P 指由蔚来搭建的行业平台，为合作伙伴提供数据智能、网络协同、运营支持、统一供应链、PAAS 平台等支持；A 指以"团队租赁"方式打造的出行顾问体系，合作伙伴可以是各类行业的经营者以及汽车经销商，也可以是广大 HYCAN 车主与 HYCAN 品牌关注者；C 则指代用户。运作过程中三者直接链接，简化了复杂的经销商层级，以新模式实现了经销商、用户、厂家三端获利的提升。

处处皆入口、人人皆渠道，这是互联网生态时代最大的特征，也是蔚来 PAC 渠道模式最大的创新之处。因为互联网的发展将渠道的效率提升了一个量级，除了可以同时一对一、一对多、多对多以外，还可以通过网络存储形成涟漪效应，随之不断壮大。渠道的边界逐渐模糊化，汽车经销商、车主、健身教练、美妆博主、珠宝店主等全域节点都能够成为蔚来的销售渠道，而这绝对是传统汽车经销渠道无法想象的。与此同时，线上"C2B 官方社区＋B2C 电商"和线下"HYCAN 城市体验中心＋HYCAN POP 展厅"将相互融合，实现 PAC 渠道模式的落地。物理世界与数字化世界彼此会进一步产生协同效应，重构汽车零售的成本、效率、体验，进而实现全域无界汽车新零售模式。

要在如今的市场争夺赛中活下来，除了死磕用户运营、愉悦用户外，就是提升运营效率。PAC渠道模式通过线上与线下的融合、传统与新模式的整合，不仅能整合优势资源“为我所用”，也可提升资源利用效率，提高城市合伙人的投资回报。相对小鹏、蔚来、威马等造车领域的后起之秀来说，它的模式更加轻盈、灵活、高效。可以预见的是，蔚来在渠道布局方面的合创思路，将会对传统的经销体系产生巨大冲击，为汽车行业注入更符合时代风向的渠道运营新思路。

**思考题：**

1. 蔚来汽车的销售模式与传统销售汽车企业有何不同？
2. 新模式给我们的消费带来了哪些好处？

## 知识分析

从市场营销的角度来看，当商品被生产出来后，商品本身并不能直接到达消费者手中。而企业要想实现产品价值，就必须通过交换过程，在适当的时间、地点用适当的方式将产品配送给适当的目标市场，从而满足消费者的需求，最终实现企业市场营销的目标。

### 一、分销渠道的概念与功能

#### （一）分销渠道的概念

分销渠道（见图7—2）就是以实现产品所有权转移为目的，在产品从生产者向消费者或企业转移的过程中所经过的一切互相依存的组织群体。总的来说，分销渠道是联系生产者和消费者之间最重要的纽带，营销渠道通过供应链实现产品实体的转移，反映了适时、适地提供适当的产品的整个过程。

**看得见的产品，看不见的渠道**

#### （二）企业建立分销渠道的意义

1. 可以节省产品分销职能所需的投资和费用

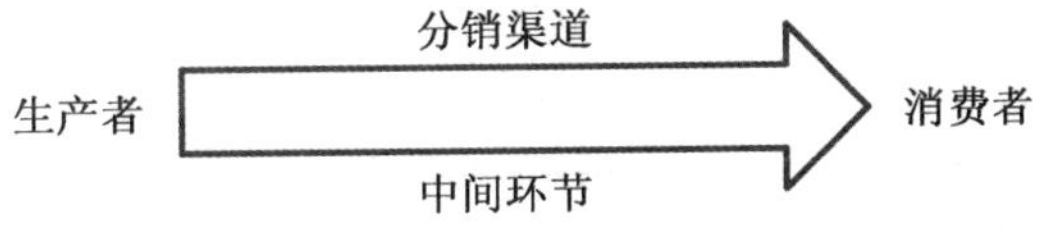


**图7—2　分销渠道**

许多生产企业缺乏直接将产品卖给最终消费者的人力、物力和财力，特别是一些小规模的企业。即使是一些大企业，通常也会因为其顾客分布太广、购买太分散而不得不选择中间商作为渠道成员，帮助分销。

2. 可以使制造商获得更有效的服务

许多渠道成员执行专业技能拥有制造商所不具备的优势。例如，中间商渠道成员有着广泛的顾客和客户关系、丰富的市场知识和接近客户的地理位置，还拥有交易场地和储物空间。生产企业与中间商结成亲密的渠道伙伴关系，可以综合利用中间商的优势为本企业服务，使企业产品更贴近市场。

### （三）分销渠道的功能

分销渠道对产品从生产者转移到消费者所必须完成的工作加以组织，其目的在于消除产品（或服务）与使用者之间的差距。分销渠道的主要职能有如下几种：

1. 研究

即收集制订计划和进行交换时所必需的信息。

2. 促销

即进行关于所供应的货物的说服性沟通。

3. 接洽

即寻找可能的购买者并与其进行沟通。

4. 配合

即使所供应的货物符合购买者的需要，包括制造、分类、装配、包装等活动。

5. 谈判

即为了转移所供货物的所有权，而就其价格及有关条件达成最后的协议。

6. 实体分销

即从事商品的运输、储存。

7. 融资

即为补偿渠道工作的成本费用而对资金的取得与支用。

8. 风险承担

即承担与从事渠道工作有关的全部风险。

互联网时代，还是“渠道为王”吗

## 二、分销渠道的基本模式

分销渠道的结构，可以分为长度结构、宽度结构以及广度结构三种类型。

### （一）长度结构

分销渠道的长度结构，又称为层级结构，是指按照其包含的渠道中间商（购销环节），即渠道层级数量的多少来定义的一种渠道结构。通常情况下，根据包含渠道层级的多少，可以将一条分销渠道分为零级渠道、一级渠道、二级渠道和三级渠道等（见图7—3）。

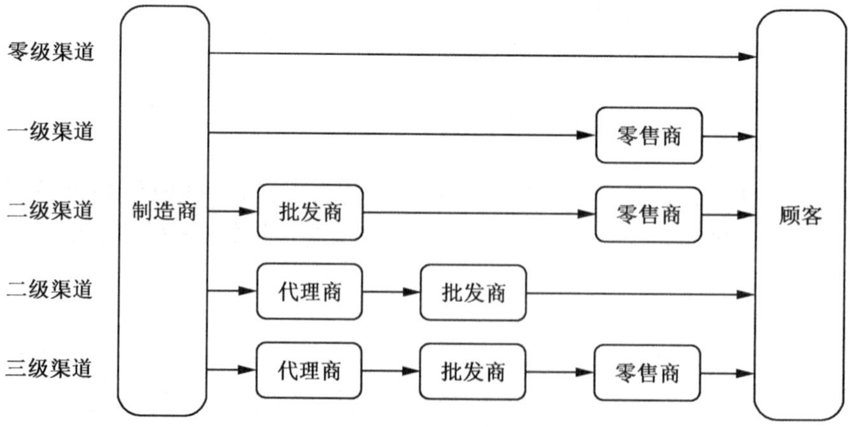


图7—3　分销渠道的结构

零级渠道，又称为直接渠道，是指没有渠道中间商参与的一种渠道结构。零级渠道，也可以理解为是一种分销渠道结构的特殊情况。在零级渠道中，产品或服务直接由生产者销售给消费者。零级渠道是大型或贵重产品以及技术复杂、需要提供专门服务的产品销售采取的主要渠道。

一级渠道包括一个渠道中间商。在工业品市场上，这个渠道中间商通常是一个代理商、佣金商或经销商；而在消费品市场上，这个渠道中间商则通常是零售商。

二级渠道包括两个渠道中间商。在工业品市场上，这两个渠道中间商通常是代理商及批发商；而在消费品市场上，这两个渠道中间商则通常是批发商和零售商。

什么是直销

三级渠道包括三个渠道中间商。这类渠道主要出现在消费面较宽的日用品中，比如肉食品及包装方便面等。在IT产业链中，一些小型零售商通常不是大型代理商的服务对象，因此，便在大型代理商和小型零售商之间衍生出一级专业性经销商，从而出现了三级渠道结构。

**（二）宽度结构**

渠道的宽度结构，是根据每一层级渠道中间商的数量的多少来定义的一种渠道结构。渠道的宽度结构分成如下三种类型，见表7—1。

**表7—1　　不同宽度分销渠道的优、缺点分析**

| 分销类型 | 优　点 | 缺　点 |
| --- | --- | --- |
| 密集分销 | （1）市场覆盖率高；<br>（2）容易提高销售量和扩大产品知名度，比较适合日用消费品分销 | （1）市场竞争激烈，渠道管理难度大；<br>（2）厂商的营销意图不易实现，易出现市场混乱 |
| 选择分销 | （1）比密集分销能取得经销商更大的支持；<br>（2）比独家分销能够给消费者带来更大的方便 | （1）难以选择合适的经销商优化组合；<br>（2）难以确定经销商区域界线；<br>（3）考验协调能力 |
| 独家分销 | （1）市场竞争程度低；<br>（2）厂家与经销商的关系较为密切；<br>（3）适用于专用产品的分销 | （1）因为缺乏竞争，所以顾客的满意度可能会受到影响；<br>（2）经销商对厂家的反控制力强 |

1. 密集型分销渠道

密集型分销渠道，也称为广泛型分销渠道，就是指制造商在同一渠道层级上选用尽可能多的渠道中间商来经销自己的产品的一种渠道类型。密集型分销渠道多见于消费品领域中的便利品，比如牙膏、牙刷、饮料等。

2. 选择性分销渠道

选择性分销渠道，是指在某一渠道层级上选择少量的渠道中间商来进行商品分销的一种渠道类型。在IT、汽车产业链中，许多产品都采用选择性分销渠道。

3. 独家分销渠道

独家分销渠道，是指在某一渠道层级上选用唯一的一家渠道中间商的一种渠道类型。很多企业在新产品推出初期采用独家分销的模式。在市场广泛接受该产品之后，许多公司就从独家分销渠道模式向选择性分销渠道模式转移。

**（三）广度结构**

渠道的广度结构，实际上是渠道的一种多元化选择，即企业采用混合渠道模式来进行销售。

## 三、影响分销渠道的基本因素

新能源车企扎堆"进商场"普及体验意义大于卖车

影响分销渠道选择的因素很多。生产企业在选择分销渠道时必须对下列几方面的因素进行系统的分析和判断,才能做出合理的选择。

### (一)产品因素

1. 产品价格

一般来说,产品单价越高,越应注意减少流通环节,否则会造成销售价格的提高,从而影响销路,这对生产企业和消费者都不利。而单价较低、市场较广的产品,则通常采用多环节的间接分销渠道。

2. 产品的体积和重量

产品的体积大小和轻重,直接影响运输和储存等销售费用。过重的或体积大的产品,应尽可能选择最短的分销渠道。对于那些按运输部门规定起限(超高、超宽、超长、超重)的产品,尤应组织直达供应。小而轻且数量大的产品,则可考虑采取间接分销渠道。

3. 产品的易毁性或易腐性

产品有效期短,储存条件要求高或不易多次搬运者,应采取较短的分销路径,尽快送到消费者手中,如鲜活品、危险品。

4. 产品的技术性

有些产品具有很高的技术性,或需要经常进行技术服务与维修,应以生产企业直接销售给用户为好,这样可以保证向用户提供及时、良好的销售技术服务。

5. 定制品和标准品

定制品一般由产需双方直接商讨规格、质量、式样等技术条件,不宜经由中间商销售。标准品具有明确的质量标准、规格和式样,分销渠道可长可短,有的用户分散,宜由中间商间接销售,有的则可按样本或产品目录直接销售。

6. 新产品

为了尽快地把新产品投入市场、扩大销路,生产企业一般重视组织自己的推销队伍,直接与消费者见面,推介新产品和搜集用户的意见。企业若能取得中间商的良好合作,则也可考虑采用间接销售形式。

### (二)市场因素

1. 购买批量大小

购买批量大,多采用直接销售;购买批量小,除通过自设门市部出售外,多采用间接销售。

2. 消费者的分布

某些商品消费地区分布比较集中,适合直接销售;反之,适合间接销售。工业品销售中,本地用户需联系方便,因此适合直接销售;外地用户较为分散,通过间接销售较为合适。

3. 潜在顾客的数量

若消费者的潜在需求大、市场范围大,则需要中间商提供服务来满足消费者的需求,宜选择间接分销渠道;若潜在需求少、市场范围小,则生产企业可直接销售。

4. 消费者的购买习惯

有的消费者喜欢到企业买商品,有的消费者喜欢到商店买商品。所以,生产企业应既直接销售,又间接销售,以满足不同消费者的需求,增加产品的销售量。

(三)生产企业本身的因素

1.资金能力

企业本身资金雄厚,则可自由选择分销渠道,建立自己的销售网点,采用产销合一的经营方式,也可以选择间接分销渠道。企业资金薄弱则必须依赖中间商进行销售和提供服务,只能选择间接分销渠道。

2.销售能力

生产企业在销售力量、储存能力和销售经验等方面具备较好的条件,则应选择直接分销渠道;反之,则必须借助中间商,选择间接分销渠道。另外,企业若能与中间商进行良好的合作,或对中间商进行有效的控制,则可选择间接分销渠道。若中间商不能很好地合作或不可靠,将影响产品的市场开拓和经济效益,则不如进行直接销售。

3.可能提供的服务水平

中间商通常希望生产企业尽可能多地提供广告、展览、修理、培训等服务项目,为销售产品创造条件。若生产企业无意或无力满足这方面的要求,则难以达成协议,迫使其自行销售;反之,提供的服务水平高,中间商则乐于销售该产品,生产企业选择间接分销渠道。

4.发货限额

生产企业为了合理安排生产,会对某些产品规定发货限额。若发货限额高,则有利于直接销售;若发货限额低,则有利于间接销售。

**(四)政策规定**

企业选择分销渠道必须符合国家有关政策和法令的规定。对于某些按国家政策应严格管理的商品或计划分配的商品,企业无权自销和自行委托销售;对于某些商品在完成国家指令性计划任务后,企业可按规定比例自销,如专卖制度(如烟)、专控商品(控制社会集团购买力的少数商品)。另外,如税收政策、价格政策、出口法、商品检验规定等,也都影响分销途径的选择。

**(五)经济收益**

不同分销途径其经济收益的大小也是影响选择分销渠道的一个重要因素。对于经济收益的分析,主要考虑的是成本、利润和销售量三个方面的因素,具体分析如下:

1.销售费用

销售费用是指产品在销售过程中发生的费用。它包括包装费、运输费、广告宣传费、陈列展览费、销售机构经费、代销网点和代销人员手续费、产品销售后的服务支出等。一般情况下减少流通环节可降低销售费用,但减少流通环节的程度要综合考虑,做到既节约销售费用,又要有利于生产发展和体现经济合理的要求。

2.价格分析

(1)在价格相同条件下进行经济收益的比较。目前,许多生产企业都以同一价格将产品销售给中间商或最终消费者,若直接销售量等于或小于间接销售量,由于生产企业直接销售时要多占用资金,增加销售费用,因此,间接销售的经济收益高,对企业有利;若直接销售量大于间接销售量,而且所增加的销售利润大于所增加的销售费用,则选择直接销售有利。

(2)当价格不同时进行经济收益的比较。主要考虑销售量的影响,若销售量相等,直接销售多采用零售价格,价格高,但支付的销售费用也多。间接销售采用出厂价,价格低,但支付的销售费用也少。究竟选择什么样的分销渠道,可以通过计算两种分销渠道的盈亏临界点作为选择的依据。若销售量大于盈亏临界点的数量,则选择直接分销渠道;反之,则选择间接分销渠道。销售量不同,则要分别计算直接分销渠道和间接分销渠道的利润,并进行比较,一般选择获利的分销渠道。

**(六)中间商特性**

各类各家中间商实力、特点不同,诸如广告、运输、储存、信用、训练人员、送货频率方面具有不同的特点,从而影响生产企业对分销渠道的选择。

## 任务训练

### 一、实操题

请阅读“任务引入”关于蔚来汽车的相关资料,回答以下问题:

1. 蔚来汽车采用的渠道模式是什么?

2. 影响蔚来汽车制定渠道策略的影响因素有哪些?请具体分析。

### 二、自测题

**(一)单选题**

1. 短渠道一般不适用于(　　)的销售。

A. 一般消费品　　B. 专业性强的商品　　C. 鲜活商品　　D. 体积大的笨重商品

2. 渠道的每个层次中所需中间商的数目多少称为(　　)。

A. 直接渠道　　B. 间接渠道　　C. 渠道长度　　D. 渠道宽度

3. 根据生产厂家是否与消费者直接接触,渠道可以分为(　　)。

A. 长渠道和短渠道　　B. 直接渠道和间接渠道

C. 宽渠道和窄渠道　　D. 密集分销和独家分销

4. 耐用消费品、高档消费品等一般选择的分销模式是(　　)。

A. 选择型分销　　B. 独家型分销　　C. 大量分销　　D. 密集型分销

**(二)判断题**

1. 分销渠道是联系生产者和消费者之间最重要的纽带。(　　)

2. 为了获得更好的销售业绩,企业要尽量避免与竞争者使用相同的分销渠道。(　　)

3. 大多数生产者缺乏直接销售的财力和经验,而采用直接渠道,能够发挥中间商在广泛提供产品和提高进入目标市场的效率的作用。(　　)

4. 企业管理能力是影响分销渠道的重要因素。(　　)

5. 直接渠道有利于生产者掌握市场状况与发展趋势,降低产品在流通过程中的损耗。(　　)

6. 间接渠道的运用还有助于生产者降低风险,加快资金回笼。(　　)

7. 当产品生命周期处于导入期和成长期时,为获得更多关于产品改进的信息,企业可以采用较短的分销渠道,以便更加直接收集信息。(　　)

8. 分销渠道可以使市场交换的效率提高。(　　)

**(三)简答题**

1. 简述分销渠道的概念和功能。

2. 营销渠道的长度结构有哪些?

3. 营销渠道的宽度结构有哪些?

4. 短渠道与长渠道各自的优、缺点有哪些？
5. 三种渠道的宽度结构各自的适用范围有哪些？

# 任务二 制订渠道设计方案

## 任务目标

▶ **知识目标**

1. 正确理解渠道的基本结构和参与成员
2. 掌握基本的渠道设计流程
3. 理解评估渠道方案的相关内容

▶ **能力目标**

1. 能够分析渠道的基本结构
2. 能够正确制订渠道设计方案
3. 能够正确评估企业渠道方案是否合理

## 任务引入

### 百雀羚——创新发展中的百年品牌

百雀羚，这个1931年诞生于上海的老字号护肤品牌，经历了87年的风雨，带给好几代国人美好的记忆。2012年，百雀羚的年销售规模还只有18亿元；2015年，百雀羚卖了108亿元；2014年，“双11”只有3 800万元；2018年，“双11”百雀羚天猫旗舰店单天单店卖了1.45亿元。3年，百雀羚整体的年销售额翻了6倍，成为国货化妆品品牌销售第一；同样，百雀羚电商的销售额稳坐天猫年度总销售和“双11”的双料冠军。

这是一份非常惊人的成绩，但塑造结果的方法和原理到底是什么，似乎百雀羚采取的也只是其他化妆品品牌通常的做法。到底有何内在动力，让百雀羚捧得众多桂冠？

渠道是承载营销投放转化的阵地。国内化妆品主流渠道包括百货、KA商超、CS专卖店、电商四大渠道。目前，百雀羚已入驻其中的三大渠道，唯独迟迟没有进入百货购物中心渠道。

据了解，百雀羚整个的渠道体系都是代理制，一个区域不超过2个大代理商，区域代理之下又有分级代理商。这种传统的代理制度曾经一度被电商既定为革命的对象，为低效率、高成本的落后存在。

但对一个定位面向最广泛用户群体的全民品牌来说，却也许是最合适的方式。“代理渠道对品牌来说是一种轻资产模式，百货渠道是品牌直营，体量做不大。”百雀羚高层人士透露，化妆品的特性是生产周期相对长，流通过程分层多，没人能做到直接面向终端。如果选择做一件规模不是很大、做得很精细的事，则可以全国开几百家直营店，但这是很困难的。

对百雀羚这种面向泛用户群、广告投放也是面向泛用户群的品牌来说，一个最广泛触达用户、具有广度的渠道是承载营销转化的关键。

事实上，电商发展到今天，何尝又不是其中的一个大代理商或者一个渠道？尤其在化妆品领域，聚美优品、小红书等化妆品电商渠道其实对品牌来说都是众多渠道中的一个大代理商。做得大的化妆品代理商，如丽人丽妆代理70多个国际化妆品品牌，天猫上几乎大部分的国际化妆品品牌旗舰店均由其运营。

百雀羚内部有独立的电商事业部，直接面向总经理汇报，但这个几十人的部门并不直接运营电商，跟管理KA(Key Account)渠道和CS(Customer Satisfaction)渠道的部门一样。百雀羚各个渠道事业部最核心的还是管理各渠道的代理商，提高代理商的流通效率。

百雀羚的天猫旗舰店由网创科技代运营。作为该代运营公司最核心的品牌，二者合作的方式是买断式经销模式，网创科技通过买卖产品获取差价收益。百雀羚对京东等其他渠道也是通过代理商运营，但各个渠道选择的代理商并不相同。

不同的是，对天猫旗舰店，百雀羚从产品和营销上把控要多一些。此前，百雀羚和网创科技还联合开发了“三生花”系列子品牌，并成功将该子品牌铺到屈臣氏落地，获得“2015屈臣氏健康美丽大赏”年度新锐品牌大奖。

据悉，百雀羚目前最大的KA渠道覆盖3万多家门店，贡献了销售的70%，电商渠道占比10%左右。但近年整体零售渠道明显的变化是，KA渠道增幅放缓，并且随着天猫、京东等电商渠道大力推荐国际品牌，国货化妆品品牌在电商的整体增势也不如往年的井喷式增长，消费者也更懂得理性购买，这也是今年“双11”百雀羚并没有一开始锁定冲冠的原因。

相比较，CS渠道(屈臣氏、娇兰佳人等连锁专营店，以及三四家小规模的专营店)反而成为一个快速增长的通道，尤其是深入三四五线城市。2016年6月，百雀羚入驻屈臣氏2 000多家店，8个月后就做到了该渠道的第一。

2017年，百雀羚将CS渠道的管理独立出来，由专门的团队管理该渠道的代理商。此前，CS渠道的代理主要由大的KA渠道代理兼做，但两个渠道的客群明显不同，CS渠道的客单价比KA渠道要高10%—15%，容易造成串货。

渠道管理区隔后，百雀羚从货品上也做了彻底的分割，今年计划上新的300个SKU中有一半将给CS渠道。与此同时，百雀羚针对CS渠道用户喜欢购买套装的特点，推出了渠道专供的套装系列。2018年7月，百雀羚的CS铺货已在所有品牌中占据第一。图7—4为百雀羚商标。

中国驰名商标

资料来源：百雀羚：老品牌的焕新记，新民周刊，http://www.xinminweekly.com.cn/fengmian/2018/06/27/10499.html.

**图7—4　百雀羚商标**

## 知识分析

渠道设计是在细分市场、渠道定位和确定目标市场之后建立新渠道或改善现有渠道的一系列过程，是渠道管理的两个基本任务之一。其核心是确认顾客的服务产出需求，分析企业当前的渠道流效率，并在此基础上探究服务产出供应与需求之间的差距，从而通过对渠道形式的设计或优化，达到渠道协调的目的。

### 一、渠道的基本结构和参与成员

渠道成员是分销渠道中的中间商，包括批发商、零售商、代理商和经纪商。

**（一）批发商**

批发是指供进一步转售或进行加工生产而买卖大宗商品的经济行为。专门从事这种经济活动的商业企业称为批发商业企业（又称批发商）。一个商业企业是否属于批发商，从事的是不是批发业务，关键是看其销售对象的购买动机和目的。即使同一企业，它从事的业务也可以同时覆盖两个方面。比如，商店出售毛巾给消费者属于零售业务，而出售给宾馆客房部门则属于批发业务。

1. 普通商品批发商

这类批发商经营的商品范围较广、种类繁多，包括纺织品、文化用品、小五金、小电器、洗涤化妆品等，批发对象主要是中小零售商店，这是最接近零售的批发种类。在产业用户市场上，这类批发商通常又称为工厂供应商，经营规格品种繁多的标准化工具、用具、零配件及易耗品，直接面向产业用户。

2. 大类商品批发商

这类批发商专营某大类商品，在经营某大类商品时，通常花色、品种、品牌、规格齐全。这类批发商通常是以行业划分商品品类，如酒类批发公司、专营汽车零配件公司、仪器批发公司等。

3. 专业批发商

专业批发商比大类商品批发商的专业化程度要高，专营某类商品中的某个品牌，如在食品行业中专营罐头食品。这类批发商通常最接近制造商，是第一道大宗货物单一品种的批发商。他们将不同生产企业制造的同类产品集中起来，再按不同地区客户的需要批发出去。批发商经营商品的范围虽然窄而单一但业务活动范围和市场覆盖面却十分广泛，一般是全国性的，如商品粮批发商、石油批发商、木材批发商、纸张批发商、金属材料批发商、化工原料批发商、矿产品批发商等。

4. 批发交易市场

批发交易市场是介于零售业和批发业之间的一种经营业态，而且交易行为也不十分规范。之所以称为批发交易市场，是因为它以批发价格对商品进行批量交易。批发市场按其交易特点在我国习惯上分为三种：

（1）产地批发市场。这种类型的批发市场设在产品生产地区，多是农村专业化生产等批发市场。

（2）销地批发市场。这类批发市场是为了适应消费者生产和生活需要而兴起的，参与交易的人主要是贩运者，也有消费者。

(3)集散地批发市场。这类批发市场主要靠吸引外来产品，然后分流到其他地方，参加交易活动的主要是生产者、贩运者和生产地区厂家的推销人员等。

**(二)零售商**

零售商是指将商品直接销售给最终消费者的中间商，它处于商品流通的最终阶段。零售商的主要类型如下：

1. 按经营商品范围

按经营商品范围，可分为便利店、专业商店、百货商店、购物中心、超级市场等。

2. 按商品售价

按商品售价，可分为廉价商店、折扣店、会员制仓储商店、样品目录陈列室等。

3. 无店铺零售业

无店铺零售业，可分为邮购和电话订购零售业、挨户访问推销零售业、购物服务。

**(三)代理商**

代理商是指不拥有经营商品的所有权，代制造商进行经销活动的批发商业企业。一个企业新进入一个地区时，由于不熟悉当地的情况，可以利用代理商。

1. 企业代理商

企业代理商，也称区域代理商，是指在某一区域范围内为多家制造商代理销售业务的代理商，这是代理商中的主要形式。企业代理商一般人员不多，但都是精明强干的推销高手，因此，一般小厂和新开辟市场的大厂都愿意雇用这样的企业代理商。

2. 销售代理商

在协议规定的时间和范围内，为某一生产厂商独家代理销售业务的代理商，代理制造商销售其全部产品，并为制造商提供许多服务(如设置产品陈列和负责广告费用等)。实力雄厚的销售代理商还以票据或预付款等方式向制造商提供资金方面的资助。这些对于产品价格、交易条件等有很大的影响力。从某种意义上讲，销售代理商就是企业的一个销售部门，它们的命运与制造商紧密相连。这种形式的代理商常见于工业机器和设备、煤和焦炭、化学品和金属品等领域。

3. 佣金代理商

这是经营现货代销业务的中间商。生产企业根据协议向寄售商交付产品，销售后所得货款扣除佣金及有关销售费用后，再支付给生产企业。寄售商要自设仓库或铺面，以便储存、陈列商品，使顾客能及时购得现货。

4. 采购代理商

采购代理商指与买主建有较长期的关系，为买主采购商品，并提供收货、验货、储存、送货等服务的机构，如大规模的服装市场上有一种常驻买客，他们往往消息灵通，一般会准确掌握市场信息并且为客户提供市场信息，而且能以较低的价格买到相应的产品。

**(四)经纪商**

经纪商俗称掮客，是指既不拥有产品所有权，又不控制产品实物价格以及销售条件，只是在买卖双方交易洽谈中起媒介作用的中间商。经纪商的作用是沟通买卖双方，促成交易，其主要任务是安排买卖双方的接触与谈判，交易完成后，从交易额中提取佣金，他们与买卖双方没有固定的关系。

## 二、分销渠道的设计

企业为了使产品尽快销售出去，并取得良好的经济效益，就必须在产品进入流通领域之前对其分销渠道进行“最佳设计”。

**（一）分销渠道设计的概念**

分销渠道设计是指通过对各种备选的渠道类型进行评估，创建全新的分销渠道，或改进现有渠道，从而实现营销目标的活动。

分销渠道设计的目标是确保设计的渠道结构能产生适合市场定位的市场覆盖率，确保生产商对渠道有一定程度的控制，并具有一定的灵活性，便于调整和更换。

**（二）分销渠道设计的基本流程**

分销渠道的设计一般可分为以下几个步骤：分析渠道需要、明确渠道目标、确定战略方向、设计渠道结构和形成渠道方案（见图 7—5）。

**图 7—5　分销渠道设计的基本流程**

1. 分析渠道需要

企业首先必须仔细了解渠道存在的一个重要前提——购买者的需要，也就是说，企业必须了解目标市场的购买者对渠道的要求所在。目标市场对渠道的要求是多样化的，包括：购买者对购买地点的要求，购买者对购买的便利性的要求，购买者对渠道包容产品范围的要求以及交货速度的要求，购买者对产品附加服务的要求等。企业在设计渠道时对这些目标市场的需要，要结合自己的资源条件来把握可行性和运作成本，以购买者可以接受的价格来满足他们的需求。

2. 明确渠道目标

在考虑市场需求以及产品、中间商、竞争者、企业政策和环境等其他影响渠道的因素的基础上，企业要合理地确定渠道目标，明确渠道限制。

渠道目标包括渠道对目标市场的满足内容、水平，以及中间商与企业应该执行的职能，为企业分销产品到达目标市场提供最佳途径。

3. 确定初步的营销渠道战略方案

确定初步的渠道方案，首先需要规划营销渠道结构布局，主要是从销售地点的空间范围、分布密度以及相应的销售机构特征（如主要营销渠道成员的背景）等角度来进行分析。

4. 设计营销渠道结构

企业营销渠道设计包括长度设计、宽度设计以及多渠道组合设计。

5. 形成可行的渠道方案

如果将营销渠道结构中的营销渠道布局和营销渠道结构设计两方面的内容进行组合，就可以制定企业营销渠道中所存在的各种可行的方案。

如果企业的营销渠道目标是为目标顾客提供较多的服务，那么长而宽的渠道结构是很难达到这一目标的，因为长而宽的渠道结构使企业无法对营销渠道进行有效的控制，为最终消费者提供更多的服务，很难得到中间商的有效执行。

**（三）评估渠道方案**

1. 选择合适的营销渠道方案的标准

（1）经济性

企业经营的主要目标是获取最大利润，因此经济性目标是首要目标。企业需要分析每一种渠道方案能达到的销售额有多大以及每一种渠道方案实现销售额所需花费的成本。

(2)可控性

企业使用不同类型的渠道成员，对渠道的控制程度有所不同。如利用代理商或较多环节的中间商，企业对渠道的控制力就会下降，必须采取措施，加强控制，因此，需选择相对来说可控性较强的渠道方案。

(3)适应性

适应性主要是指每种渠道方案在渠道运行过程中的应变能力。由于市场环境不断变化，渠道成员的条件、能力等也会发生改变，因此本企业的营销战略必须进行调整。为了及时进行渠道战略和策略调整，企业应选择具有最大控制程度的渠道结构和政策的渠道方案。

2. 确定评估方法，选择最佳的渠道方案

(1)财务法

财务法主要是通过企业的盈利能力来判定渠道结构的优劣。该方法从企业角度出发，分析和计算不同渠道结构所发生的财务效益和费用，计算财务评价指标，考察其盈利能力或投资收益率，借以判别不同渠道结构的可行性。

(2)交易成本法

交易成本法就是利用交易成本来分析选择营销渠道的结构。该方法是以成本为标准，通过分析渠道的交易成本，确定制造商应该选择垂直一体化渠道来完成所有的渠道任务，还是应该选择独立中间商来完成部分渠道任务。

(3)因素评价法

因素评价法就是利用影响渠道选择的重要因素，通过对各因素的重要程度进行赋值，根据其重要程度对各因素进行加权，通过权重与相应的因素分别相乘，得出每个渠道选择的总权重因素分数，将备选的渠道方案按总分高低排序，获得最高分的渠道选择方案即为合适的选择。

## 任务训练

### 一、实操题

请分析“任务引入”中百雀羚公司的渠道设计，并且对其渠道方案进行评估。

### 二、自测题

**(一)单选题**

1. 家用电器的(　　)的结构式：厂家—省级分公司—地级市办事处—批发商—零售商。

A. 制造商主控自建渠道模式　　B. 直销模式

C. 零售商为主导渠道模式　　D. 批发商带动零售商模式

2. 区域总代理制以志高最为典型，厂家寻找总代理，由总代理完成销售工作，这种模式适用于(　　)。

A. 大企业　　B. 中小企业

C. 对终端控制力强的企业　　D. 前店后厂

3. (　　)以格力最为典型，厂家和经销商共同组建销售公司，以控制价位主线，坚持区域自治，确保各级净销售获得合理的利润。

A. 厂商股份合作制　　B. 直销模式

C. 零售商为主导渠道模式　　D. 批发商带动零售商模式

4.(　　)以苏宁最为典型，苏宁在全国的家电连锁门店销售厂家为其定制的苏宁牌产品。

A. 厂商股份合作制　　B. 前店后厂

C. 零售商为主导渠道模式　　D. 批发商带动零售商模式

**(二)判断题**

1. 渠道成员是分销渠道中的中间商，包括批发商、零售商、代理商和经纪商。(　　)

2. 企业的营销渠道目标是为目标顾客提供较多的服务，长而宽的渠道结构是很难达到这一目标的。(　　)

3. 分销渠道设计的目标是确保设计的渠道结构能产生适合市场定位的市场覆盖率，确保生产商对渠道有一定程度的控制。(　　)

4. 财务法主要是通过企业的资金实力来判定渠道结构的优劣。(　　)

5. 采购代理商是指与买主建有较长期的关系，为买主采购商品，并提供收货、验货、储存、送货等服务的机构。(　　)

6. 企业是否需要采用多渠道，关键在于企业产品线中的产品关联度。(　　)

7. 企业营销渠道设计包括长度设计、宽度设计以及多渠道组合设计。(　　)

8. 渠道的宽窄直接影响甚至决定营销渠道的效率。(　　)

**(三)简答题**

1. 简述常见的渠道成员构成和功能。

2. 简述渠道设计的宽度设计。

3. 中间商有哪几种主要类型？

4. 分销渠道设计的基本流程有哪些？

5. 评估渠道方案的标准有哪些？

6. 简述评估渠道方案的方法。

# 任务三　掌握渠道管理策略

## 任务目标

**➢ 知识目标**

1. 掌握渠道成员选择的基本标准

2. 正确理解渠道成员的激励措施

3. 了解渠道成员的评估标准

4. 区分不同渠道冲突的解决途径

**➢ 能力目标**

1. 能够根据企业发展设计管理渠道

2. 能够对渠道成员进行合理评估

3. 能够分析渠道冲突发生的原因

## 任务引入

### 互联网也奈何不了宜家

2022年,宜家第一次把门店开在安徽合肥。作为安徽省首个宜家商场项目,占地面积为38.14亩,建筑面积约为6.6万平方米,引发了合肥人对于它的无限期待。宜家到底是一家怎样的公司,作为中国用户最喜爱的家具品牌之一,这个来自瑞典的家具品牌几乎已经成为城市的地标,更是成为许多年轻人购买家具的首要选择。据说一开业,1小时内就涌入几万名顾客,虽然在中国的门店数目不多,但是宜家目前还是能做到开一家火一家。

为什么宜家的销售好像不受互联网电商的影响(或者换个问法,为什么没有人能在网上用战无不胜的互联网思维颠覆宜家)?在很多线下零售商都纷纷上网开店的时候,宜家也有在线渠道,只是这个渠道不售卖,只是展示。换句话说,宜家给竞争对手留下了在线上颠覆其模式的空间。

对于互联网电商,宜家是怎么看的?(宜家中国零售副总裁卫涵说,宜家一向通过现场体验来吸引消费者,欢迎所有人来坐坐沙发、用用电脑,正因如此,产品容易被仿冒。不过,形状虽可仿效,但核心精神是抄不来的。)

至少在现阶段,宜家并不担心互联网对门店生意的侵蚀。原因究竟何在?很多人首先会说到宜家的卖场体验,比如,宜家迷宫式的强制动线,实际是延长了顾客在卖场逗留的时间,不给他们"逃出去"的机会,很多人在沙发上坐一坐,又增加了新的购物动力。这样的做法与购物中心无异。并且,宜家的"食堂"也是声名在外,有不少人是专门跑宜家吃午饭的。的确,现在很多线下零售商也在花大力气改善门店的体验,但是这并不能解决所有问题。宜家靠的是产品线,在网络世界内没有可替代者。

众所周知,宜家的产品在整个家居家具市场,属于中低端产品,以价格便宜、设计风格讨青年人喜爱著称。低端产品本应很容易被模仿、被复制乃至被替代。事实上,也有宜家的供应商开始尝试模仿宜家,最有名的是东北的嘉宜美。嘉宜美的两位创始人都曾经是宜家的供应商,后来因受不了宜家的"压榨",开始自立门户。其思路在于,宜家超过50%的采购来自中国,80%的单品在中国都有制造商,但是中国人自己却不能复制宜家。道理很简单,他们虽然掌握了宜家设计的部分精髓,但是没有宜家如此强大的供应链掌控力。宜家的卖场本质上作为渠道,对于供应商的制造环节影响之深,远胜于沃尔玛和苏宁等传统模式。

无论在哪个零售业态里,渠道的所谓强势,都是在价格层面影响供应商的。无论如何,沃尔玛不会亲自去种苹果树,国美也不能指导格力如何造空调,但是,宜家却可以。宜家模式的基石,是选择了家居家具这样一个供应商数量众多且小而散乱的产品市场,不仅采购而且直接干预影响上游制造环节。而小生产者在这个强大的闭环供应链中,实际已经不是独立的制造商,而是纯粹沦为代工者,这才是宜家模式无法被模仿,互联网也奈何它不得的根本原因。在家电市场,京东等电商崛起后,传统家电卖场很快受到威胁,因为其自身的渠道价值并非不可替代。但是,由于对小生产者有很强的把控力,因此使得宜家的渠道属性至今仍不可替代,所谓"渠道为王"这句话只有在宜家这里才真正实现。

资料来源:宜家转身全渠道扩张 豪掷百亿布局中国市场,http://www.techweb.com.cn/it/2019-08-23/2750957.shtml.

**思考题：**

1. 宜家为什么可以获得高人气？

2. 宜家的成功可以给我们带来哪些启示？

## 知识分析

渠道管理是指制造商为实现公司的分销目标而对现有渠道进行管理，以确保渠道成员间、公司和渠道成员间相互协调与合作的一切活动，其意义在于共同谋求最大化的长远利益。渠道管理包括选择渠道成员、激励渠道、评估渠道、解决渠道冲突等方面。在复杂多变的市场环境中，企业只有加强渠道管理，才能更好地适应市场环境的变化，保持渠道的活力和效率。

### 一、渠道成员的选择

在选择中间商时，首先要考虑其能力标准，对于不同类型的中间商以及它们与企业的关系，应当确立不同的评价标准，一般考虑以下几个方面：

1. 市场覆盖范围

市场覆盖范围是选择分销商最关键的因素，一方面，要考虑分销商经营的地区范围是否与企业产品的目标销售区域一致；另一方面，分销商的销售对象是不是企业的目标客户群体。

2. 声誉

在目前市场秩序不太规范的情况下，声誉是选择中间商时非常重要的参考因素，因为它不仅直接影响企业货款的安全，还关系到其他中间商及成员对企业的看法。

3. 形象匹配

中间商的形象应与厂家的形象相匹配。对拥有卓越产品品质的厂家来说，尤其要重视中间商的形象。

4. 角色分工

这是指所选择的中间商应当在经营方向和专业能力方面符合所建立的分销渠道功能的要求。明确角色分工，既是合作的前提，又是选择中间商的原则与标准，如宝洁公司在每一个地区只发展少数几个大分销商，然后通过分销商对下级批发商、零售商进行管理。分销商与宝洁公司签订合同，双方明确权利、义务和责任，并进行合理分工。

5. 产品销售

企业所选择的中间商必须能够弥补企业在产品销售方面的劣势，尤其是选择那些在销售企业产品上拥有专长的中间商。

6. 共同愿望

分销渠道作为一个整体，只有所有的渠道成员具有合作愿望，才能建立起一个有效的分销渠道。企业在选择中间商时要分析中间商参与有关商品分销的意愿，以及与其他渠道成员的合作态度等。这是最难实现的原则，却是最重要的原则。

### 二、渠道成员的激励

渠道激励，是指企业为使渠道成员完成销售目标，而通过持续的鼓励与奖赏措施来刺激中间渠道成员，以激发渠道成员的销售热情，提高渠道效率的企业行为。

渠道成员的激励根据不同形式进行分类，可分为直接激励和间接激励。

**（一）直接激励**

直接激励是通过给予物质或金钱奖励，主要包括经济性激励和物质性激励，具体包含如返利政策、价格折扣、实物奖励等，促使经销商做出更好的销售业绩等。

**（二）间接激励**

间接激励是指通过帮助中间商进行销售管理，从而提高销售的效果和效率，主要包括支持性激励和满足性激励，具体包含如促销支持、管理支持、提升渠道成员的地位、加强渠道成员参与、帮助管理其客户网、建立客户档案等。上述激励措施都具有一定的短期性，从长远看，制造商和中间商应该结成合作伙伴，形成风险共担、利益共享的共同体。

表 7—2 为渠道激励类型和对应的激励方法。

**表 7—2　　渠道激励类型**

| 类　型 | 对应的激励方法 |
| --- | --- |
| 经济性激励 | 返利政策、价格折扣、补贴激励 |
| 物质性激励 | 提供适销对路的产品、实物奖励 |
| 支持性激励 | 促销支持、管理支持、服务支持 |
| 满足性激励 | 提升渠道成员的地位、加强渠道成员的参与 |

## 延伸知识

### 双因素激励理论

双因素激励理论又叫激励因素—保健因素理论，是美国的行为科学家弗雷德里克·赫茨伯格(Frederick Herzberg)提出来的。20 世纪 50 年代末期，赫茨伯格和他的助手们在美国匹兹堡地区对 200 名工程师、会计师进行了调查访问。访问主要围绕两个问题：在工作中，哪些事项是让他们感到满意的，并估计这种积极情绪持续多长时间；又有哪些事项是让他们感到不满意的，并估计这种消极情绪持续多长时间。赫茨伯格以对这些问题的回答为材料，着手研究哪些事情使人们在工作中感到快乐和满足、哪些事情造成不愉快和不满足。结果发现，使职工感到满意的都是属于工作本身或工作内容方面；使职工感到不满的，都是属于工作环境或工作关系方面。他把前者叫做激励因素，后者叫做保健因素。

1. 激励因素

激励因素包括工作本身、认可、成就和责任。这些因素涉及对工作的积极感情，又与工作本身的内容有关。这些积极感情与个人过去的成就、被人认可以及担负过的责任有关，它们的基础在于工作环境中持久的而不是短暂的成就。

2. 保健因素

保健因素包括公司政策和管理、技术监督、薪水、工作条件以及人际关系等。这些因素涉及工作的消极因素，也与工作的氛围和环境有关。也就是说，对工作本身而言，这些因素是外在的，而激励因素是内在的，或者说是与工作相联系的内在因素。

从某种不同的角度来看，外在因素主要取决于正式组织（例如，薪水、公司政策和制度）。只有公司承认高绩效，它们才能获得相应的报酬。而诸如出色地完成任务的成就感之类的内在因素则在很大程度上属于个人的内心活动，组织政策只能产生间接影响。例如，组织只有通过确定出色绩效的标准，才可能影响个人，使他们认为已经相当出色地完成了任务。

**海尔、格力股权激励经销商**

为了促进经销商业绩增长，海尔电器分别与烟台合资伙伴润弘工贸、山东合资伙伴久联贸易签订了相关股权激励协议。双方约定，海尔电器向润弘工贸、久联贸易分别授出烟台激励期权和山东激励期权。自2012年4月30日至2017年4月29日在烟台日日顺和山东日日顺完成既定业绩目标的前提下，润弘工贸和久联贸易可根据期权条款，分别向海尔电器出售至多30%的烟台日日顺和山东日日顺的股份；作为出售股份收取的对价部分，润弘工贸和久联贸易分别有权获得海尔电器新发行的股份，从而成为海尔电器的股东。

根据激励协议，海尔电器可以向润弘工贸发行及配发最多2 471.83万股激励股份，向久联贸易发行及配发最多4 119.72万股激励股份。相关发行价将在对发行基准价做出5%—15%的折扣调整后厘定，具体折扣系数将取决于相关财政年度的绩效考核结果，但对润弘工贸、久联贸易的激励总代价将不超过1.5亿元和2.5亿元。

格力电器也曾通过类似方式实现与渠道的共赢共享。珠海格力集团公司与河北京海签署股权转让协议，向京海担保转让其持有的格力电器股份8 054.1万股，占格力电器已发行总股份的10%。值得注意的是，京海担保是由格力电器在重庆、河南、河北、山东等10家销售公司合资注册成立的公司。这10家销售公司及其股东都是格力电器的核心经销商，每年的销售额占格力电器内销总额的65%以上。

海尔、格力通过与经销商签订激励协议，将公司业绩与营销环节的利益牢牢绑定。此举从制度上把经销商的利益与海尔、格力公司的利益牢牢地捆绑在一起，充分调动经销商的积极性，形成经销商与生产商共赢的局面。

## 三、渠道成员的评估

渠道绩效评估流程见图7—6。

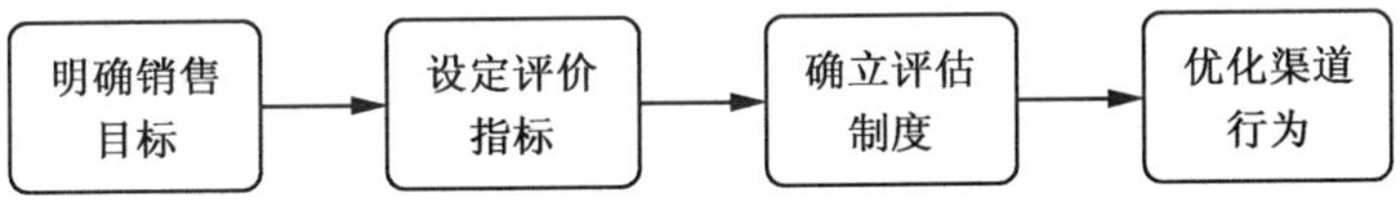


**图7—6　渠道绩效评估流程**

生产企业在选定中间商后还要对中间商进行检查、监督和评估管理。评估的标准主要包括以下内容：

1. 销售指标完成情况

中间商所实现的商品销售量、销售额直接表明中间商的实力，这是检查、评估的首要指标。

2. 平均存货情况

中间商具有仓储功能，在一定程度上可以减轻生产企业的存货压力。但是，中间商存货过多，会造成商品流通速度缓慢，影响经济效益，所以能够维持正常周转的最低存货量，才是最佳存货量。生产企业应通过检查监督，配合中间商保持最佳存货量。

3. 产品的市场占有率

衡量中间商营销能力的另外一个重要指标是产品的市场占有率。中间商所销售产品的市场占有率，直接影响着生产企业的市场发展状况。一般情况下，较高的市场占有率可以给企业带来丰厚的利润。

4. 对顾客的服务水平

在竞争激烈的市场中，只有优质的产品还不能满足消费者的全部需求，还需要完善的服务。中间商服务水平的高低，直接影响到消费者是否购买产品、是否能成为高忠诚度的永久性顾客。所以，生产企业应致力于提升中间商的服务水平。

5. 支付货款的情况

中间商是否能及时支付生产企业的货款，直接影响到生产企业的资金周转，影响着生产企业的正常运转和扩大再生产。所以，生产企业应采取各种措施，监督中间商及时支付货款。

6. 利润及发展趋势

丰厚的利润使中间商具有雄厚的实力、良好的发展前景。这样的中间商是生产企业的重点合作伙伴。

7. 与生产企业的配合程度

中间商与生产企业是否配合，直接影响生产企业的业绩。生产企业应经常对中间商的配合情况进行评估，并采取适当的措施，提高配合程度。

8. 管理水平与管理能力

中间商具有一定的管理水平和管理能力是其本身稳步发展的前提。一个具有发展潜力的中间商是生产企业最好的合作伙伴。

9. 对产品的推销宣传能力

渠道冲突

推销宣传产品的能力是衡量中间商水平的又一个重要指标。中间商具有较高的产品推销宣传能力，一方面可以提高销售业绩，另一方面可以减轻生产企业的推销宣传压力。

用以上标准对中间商进行检查和评估，目的是能及时掌握中间商的情况，有针对性地对不同的中间商进行激励和调整。

价格倒挂严重，“反电商第一枪”打响了

## 四、渠道成员的冲突

销售渠道冲突指的是渠道成员发现其他渠道成员从事的活动阻碍或者不利于本组织实现自身的目标。

### （一）渠道冲突的类型

一般而言，分销渠道中有三种类型的渠道冲突。

1. 垂直渠道冲突

垂直渠道冲突是指同一分销渠道中不同层次的渠道成员之间的冲突。批发商可能会抱怨制造商留给自己的利润空间太小而销售支持（例如广告、推销等）又太少；厂商也会抱怨零售商或批发商开发市场不力，有大量的货物积压以及为消费者提供的售后服务太差；等等。

2. 横向渠道冲突

横向渠道冲突是指分销渠道中同一层次的渠道成员之间发生冲突，有多家批发商，或同一大型批发市场中有多家批发商或零售商，它们为争夺顾客而发生冲突。

3. 多渠道冲突

多渠道冲突是指当厂商在同地使用两种及两种以上分销渠道时发生的一种冲突。如在某些市场上，企业可能会越过原有的厂家代理商，为大型连锁零售商直接供货，从而引发原渠道成员的强烈不满。

**（二）渠道冲突的原因**

1. 渠道冲突的根本原因

（1）目标与利益不一致是导致冲突的根源。例如，当供应商希望索取高价并要求现金交易时，分销商则极力压低进价并要求赊销；制造商想要通过低价渗透市场并取得销售增长，而分销商则想通过高毛利而获取最大化的短期收益；制造商希望通过密集分销提高市场覆盖率，最大化占有市场，而大多数零售商则希望守着一隅市场获得长期的满意的利润；制造商希望中间商只经销自己品牌的产品，但中间商却追求宽深的产品组合，以此来为自己带来销售额的增长；制造商希望给最终消费者的优惠却被中间商截留；制造商希望中间商帮助促销，而中间商则希望制造商提供更多的广告或销售促进支持；制造商和分销商都希望自己的库存少一些，而让对方多保持一些库存；等等。

（2）不明确的任务与权利也会导致冲突。如公司可能会通过自己的销售队伍为大客户供货，但授权经销商也努力争取大客户购买。又如，由于增加了新的渠道，因此新老渠道也会产生冲突。

（3）中间商对制造商有一定程度的依赖，如汽车的独家经销因受制造商严格的产品和定价策略的影响，而缺乏活动空间，也会导致冲突。

2. 渠道冲突的直接原因

（1）价格原因。各级批发价的价差常是渠道冲突的诱因。制造者常抱怨分销商的销售价格过高或过低，从而影响其产品形象与定位；而分销商则抱怨给其的折扣过低而无利可图。

（2）存货水平。制造商和分销商为了自身的经济效益，都希望把存货水平控制在最低水平。而存货水平过低又会导致分销商无法及时为用户提供产品而引起销售损失甚至使用户转向竞争者。同时，分销商的低存货水平往往会导致制造商的高存货水平，从而影响制造商的经济效益。此外，存货过多还会产生产品过时的风险。因此，存货水平也是容易产生渠道冲突的问题。

（3）大客户原因。制造商与分销商之间存在的持续不断的矛盾来源是制造商与最终用户建立直接的购销关系。这些直接用户通常是大用户，是厂家宁愿直接交易而把余下的市场领域交给渠道中间商的客户（通常是因为其购买量大或有特殊的服务要求）。由于工业品市场需求的 80/20 规则非常明显，因此分销商担心其大客户直接向制造商购买而威胁其生存。

（4）争占对方资金。制造商希望分销商先付款再发货，而分销商则希望先发货后付款。尤其是在市场需求不确定的情况下，分销商希望采用代销等方式，即货卖出去后再付款。而这种方式增加了制造商的资金占用，加大了其财务费用支出。

（5）技术咨询与服务问题。分销商不能提供良好的技术咨询和服务，常被制造商作为采用直接销售方式的重要理由。对某些用户来说，一些技术标准比较固定的产品，仍需要通过技术咨询来选择最适合其产品性能的产品以满足生产过程的需要。

（6）分销商经营竞争对手产品。制造商显然不希望他的分销商同时经营竞争企业同样的产品线。尤其在当前的工业品市场上，用户对品牌的忠诚度并不高，经营第二产品线会给制造商带来较大的竞争压力。另外，分销商常常希望经营第二甚至第三产品线，以扩大其经营规模，并免受制造商的控制。

**（三）渠道冲突管理**

1. 建立共同的目标

渠道成员签订一份可作为其共同目标的协议，从而在市场份额、品质或顾客满意度方面实现协调。紧密的合作也是一条途径，它可以教育各部门为追求共同目标的长远价值而工作。

2. 人员互换

通过在几个渠道层次之间互换人员的办法，使得各方的人员能接触到其他方面的观点，有利于促进彼此间的理解。

3. 沟通

通过在各个层次上的接触、交流，使组织间增强信任、相互理解，并能获得支持、减少冲突。

4. 贸易协会之间的合作

许多冲突的解决也可以通过贸易协会之间的合作实现。例如，美国杂货制造商协会与代表大多数食品连锁店的食品营销协会进行合作。

5. 协商、调解或仲裁

协商是一方派人或小组与对方面对面地讨论以达到解决冲突的目的，通过形成共识，以避免冲突尖锐化。调解意味着由一位经验丰富的、中立的第三方对双方的利益冲突进行调停。仲裁是双方同意把纠纷交给第三方(一个或更多的仲裁员)，并接受他们的仲裁决定。

渠道变革

## 任务训练

### 一、实操题

沃尔玛是世界上最大的零售商，也是世界上最大的企业。2019 年，其总营业收入为 5 144 亿美元。沃尔玛美国同店销售额同比增长 3.6%，沃尔玛美国电商业务销售额同比增长 40%。山姆俱乐部同店销售额同比增长 3.3%，电商销售额同比增长 21%。沃尔玛公司致力于通过实体零售店、在线电子商店以及移动设备移动端等全渠道模式来帮助世界各地的人们节省开支，生活得更好。

作为一家全渠道零售商，沃尔玛宣布从 2018 年 2 月 1 日起将公司法定名称由“沃尔玛百货公司 (Wal-Mart Stores，Inc.)”变更为“沃尔玛公司(Walmart Inc.)”。本次变更公司法定名称，表明了沃尔玛越来越重视为顾客提供无缝链接的零售服务，以满足顾客的多种购物方式，包括在门店、网上、移动设备上购物，或是通过门店取货和接受送货上门的方式购物。近两年，沃尔玛在中国线上线下融合全渠道发展上做了很多努力：一方面，沃尔玛继续开店，山姆会员店加速度开店，积极开发新业态，开出了紧凑型大卖场、社区店、云仓等；另一方面，沃尔玛还加强与腾讯、京东、京东到家以及初创企业的合作，实践线上线下融合的全渠道零售，成为领先的全渠道零售商。在世界各地，沃尔玛加速数字化变革。为了落地全渠道战略，沃尔玛先后打出组合拳，包括：与京东合作，上线多家旗舰店，强化电子商务板块业务，并推出门店、用户、库存互通的“三通”战略，实现线上线下无缝链接；与达达—京东到家合作，解决“零售最后一公里”，提升沃尔玛全国门店 O2O 业务实力，并联手实践零售商超，开发首个仓配一体化“云仓”；与腾讯合作，通过小程序解决顾客痛点，并成为首家零售商超拥有突破千万级用户的小程序；成功试水智能门店，大力推进门店数字化转型。店内顾客进行商品自助称重打价、自助收银和“扫码购”，减少排队等待时间，大大节约了人工成本，方便了顾客，为顾客创造价值；启动与中国初创企业共同快速成长的创新平台——沃尔玛中国 Omega 8，探索前沿科技在零售行业的应用，为解决零售痛点提供技术解决方案，从而更好地服务顾客。

讨论问题：(1)沃尔玛采取的渠道类型主要有哪些，全渠道给顾客创造了哪些价值？

(2)沃尔玛在中国主要的合作伙伴有哪些，合作给双方带来的利益是什么？

## 二、自测题

### (一)单选题

1. 生产商和中间商通过资本纽带结成合作伙伴，风险共担，利益共享，属于(　　)激励方式。

A. 资金支持　　B. 返利政策　　C. 促销活动　　D. 建立伙伴关系

2. 在渠道成员的选择标准中，最关键的标准是(　　)。

A. 合作意向　　B. 资金实力　　C. 信誉状况　　D. 经营理念

3. A 和 B 两家公司分别生产日化用品和高档手表。A 公司选择大型零售超市作为其销售渠道的成员，B 公司通过高档百货商店进行销售，它们选择渠道成员的因素是(　　)。

A. 市场定位　　B. 形象匹配　　C. 效率提升　　D. 利益平衡

4. 某国际知名服装品牌在选择中国地区经销商时只将当地经营高档商品的大型百货商品作为其渠道成员。该公司选择渠道成员所依据的原则是(　　)。

A. 适合目标市场的原则　　B. 形象匹配的原则

C. 提升效率的原则　　D. 互利互惠的原则

### (二)判断题

1. 横向渠道冲突是指分销渠道中同一层次的渠道成员之间发生冲突。(　　)

2. 直接激励是通过给予物质或金钱奖励，主要包括经济性激励和物质性激励。(　　)

3. 生产企业在选定中间商后还要对中间商进行检查、监督和评估管理。(　　)

4. 企业在选择中间商时首先要考虑其能否盈利。(　　)

5. 分销渠道作为一个整体，只有所有的渠道成员具有合作愿望，才能建立起一个有效的分销渠道。(　　)

6. 渠道冲突的原因包括制造商对中间商一定程度的依赖。(　　)

7. 支持性激励包括促销支持、物质支持和服务支持。(　　)

8. 经销商把货物窜到没有经销商的市场区域，也属于窜货。(　　)

### (三)简答题

1. 如何对渠道冲突进行管理？

2. 简述评估渠道成员的标准。

3. 渠道冲突的原因有哪些？

4. 分销渠道中有哪几种典型的渠道冲突类型？

5. 什么是渠道激励？

6. 渠道成员激励有哪些基本类型？

# 项目八　定价策略

任务一　分析定价影响因素
任务二　掌握定价方法
任务三　制定定价策略

## 任务一　分析定价影响因素

### 任务目标

▶ **知识目标**

1. 正确理解价格的定义和内涵
2. 准确理解价格的构成
3. 掌握影响定价的基本因素

▶ **能力目标**

1. 能运用定价方法为企业实现经营目标
2. 能够形成良好的职业操守，做到合理定价和公平竞争
3. 能够正确分析定价的影响因素

### 任务引入

**蜜雪冰城的“价格密码”**

“你爱我，我爱你，蜜雪冰城甜蜜蜜”，伴随着“洗脑神曲”荡漾耳边，今年的国民茶饮品牌——蜜雪冰城着实火爆网络。而大家似乎没有注意到的是，平均客单价为 6 元。十几年来，蜜雪冰城的价格几乎没有上调过。蜜雪冰城凭什么能做到如此低价？它拿什么赚钱？

截至 2020 年 11 月，蜜雪冰城在全国开设了 12 557 家加盟店，这个数量在全品类的连锁店里数一数二，把其他奶茶品牌远远甩在后面：CoCo 共有 4 245 家店，喜茶有 687 家，奈雪有

422家。这1万多家店绝大多数开在三线城市(2 898家)、四线城市(3 001家)和五线城市(1 853家)，但目前向新一线和一线城市的扩张趋势已经开始显现，在北京、上海、深圳等地的非商业繁华区星星点点地出现。

其实蜜雪冰城最早的爆品，并不是奶茶，而是甜筒冰激凌。创始人张红超在街头看到一个“彩虹帽”冰激凌，售价18元，感叹“太贵了”！于是他拿出3 000元到二手市场淘来机器，一个甜筒冰激凌只卖2元钱。在那时，冰激凌还是奢侈品，从18元到2元，看起来是降级，但事实上，让更多人能够享受到曾经的“奢侈品”。

目前，市场上的奶茶品牌大致分为三层：以喜茶、奈雪为代表的新式茶饮，单杯定价25元以上；以CoCo、古茗为代表，定价为10—20元；以蜜雪冰城为代表，定价10元以下，现在的平均客单价为8元左右。

喜茶、奈雪主攻一线城市，在消费者基数最大的下沉市场，蜜雪冰城就是他们的“喜茶”。3元的甜筒、4元的柠檬水、6元的奶茶，一下子就击穿了“用户心智”。也因为低价，蜜雪冰城的加盟店能够渗透到县城和乡镇。蜜雪冰城的1万多家店覆盖了344个城市，这300多个城市，基本是三、四线城市，很少有一、二线城市。在上海市区，蜜雪冰城的门店数为0，只有几家门店零星分散在上海郊区；而在广西南宁市，共有25家店集中在市区步行街和商业街。

除了三四线城市，大学城也是蜜雪冰城的主要阵地，因为它的价格天然符合学生群体的消费能力。业内有一种说法，只要有蜜雪冰城(见图8—1)的地方，其他奶茶店都不敢在附近开店，因为价格，所以很容易被秒杀。

资料来源：砺石商业评论.遍布全国，蜜雪冰城的成功秘密是什么？https://baijiahao.baidu.com/s?id=1684947126078571399&wfr=spider&for=pc.

**图8—1　蜜雪冰城**

## 知识分析

定价是市场营销学里面最重要的组成部分之一，主要研究商品和服务的价格制定和变更策略，以求得营销效果和收益最佳。定价策略是市场营销组合中一个十分关键的组成部分。价格通常是影响交易成败的重要因素，同时又是市场营销组合中最难以确定的因素。企业定价的目标是促进销售，获取利润。这要求企业既要考虑成本的补偿，又要考虑消费者对价格的接受能力，从而使定价策略具有买卖双方双向决策的特征。此外，价格还是市场营销组合中最灵活的因素，它可以对市场做出灵敏反应。

### 一、价格的定义和构成

#### （一）价格的定义

价格是以货币为表现形式，为商品、服务及资产所订立的价值数字。

在经济社会中，价格一般指进行商品交易时买方所需要付出的代价。从市场本身的角度来说，价格泛指买卖双方买卖商品时订立的兑换比率。

价格是一种从属于价值并由价值决定的货币表现形式。价值的变动是价格变动的内在的、支配性的因素，是价格形成的基础。商品的价格虽然是表现价值的，但是仍然存在着商品的价格和价值不相一致的情况。在市场经济条件下，商品价格往往受市场供求状况的影响（见图 8—2）。

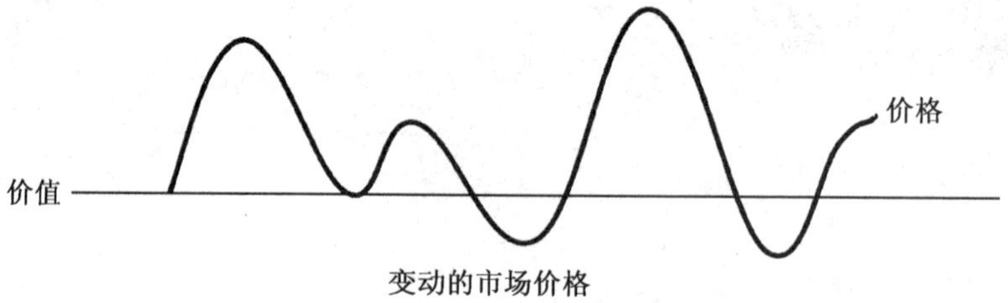


**图 8—2　价格的决定**

#### （二）价格的构成

价格构成是指组成产品价格的各个要素及其在价格中的组成情况。从市场营销的角度看，价格构成的四个要素为：生产成本、流通费用、税金和利润。

价格，是战术，还是战略？

1. 生产成本

生产成本是价格构成中的物化劳动价值和劳动者新创造价值以劳动力价值转化的形态，是指在生产领域生产一定数量的产品时所耗费的物质资料和劳动报酬的货币形态。它是产品价值的重要组成部分，也是制定产品价格的重要依据。

2. 流通费用

流通费用是指产品从生产领域通过流通领域进入消费领域所耗用的物化劳动和活劳动的货币表现。流通费用是产品价格的重要构成因素，是发生在流通领域各个环节之中的，并与产品运动的时间、空间相依存，所以它是正确制定各种商品差价的基础。

3. 税金

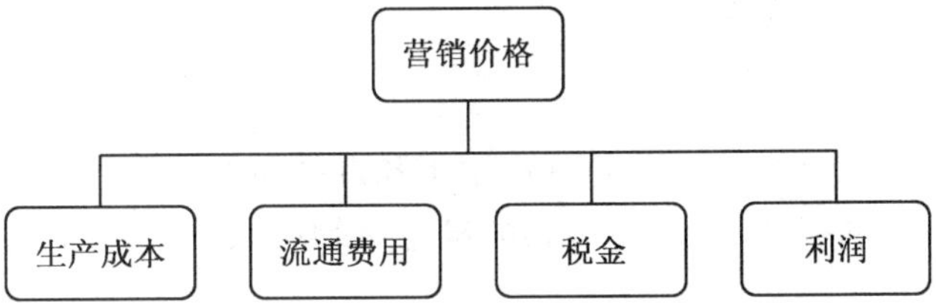


**图 8—3 营销价格的构成**

税金是生产者为社会创造和占有的价值的表现形态。税金是价格的构成因素，是国家通过法令形式强制规定各类产品的税率并进行征收的。税率的高低直接影响产品的价格。

## 延伸知识

### 税费小知识

税费指税收和费用。税收是国家为满足社会公共需要，依据其社会职能，按照法律规定，强制地、无偿地参与社会产品分配的一种形式。税费是指国家机关为有关当事人提供某种特定劳务或服务，按规定收取的一种费用。

一、税与费的区别

(1)看征收主体是谁。税通常由税务机关、海关和财政机关收取；费通常由其他税务机关和事业单位收取。

(2)看是否具有无偿性。国家收费遵循有偿原则，而国家收税遵循无偿原则。有偿收取的是费，无偿课征的是税，这是两者在性质上的根本区别。

(3)看是否专款专用。税款一般是由国家通过预算统一支出，用于社会公共需要，除极少数情况外，一般不实行专款专用；而收费多用于满足收费单位本身业务支出的需要，专款专用。因此，把某些税称为费或把某些费看作税，都是不科学的。

二、各种税费

企业根据税法规定应交纳的各种税费包括增值税、消费税、营业税、城市维护建设税、资源税、所得税、土地增值税、房产税、车船使用税、土地使用税、教育费附加、矿产资源补偿费、印花税、耕地占用税等。

企业应通过“应交税费”科目，总括反映各种税费的交纳情况，并按照应交税费的种类进行明细核算。该科目贷方登记应交纳的各种税费等，借方登记实际交纳的税费，期末余额一般在贷方，反映企业尚未交纳的税费，期末余额若在借方，反映企业多交或尚未抵扣的税费。

(1)流转税类，包括增值税、消费税、营业税、关税。

(2)所得税类，包括企业所得税和个人所得税。

(3)行为资源税类，包括房产税、印花税、车船税、土地使用税、资源税、土地增值税等。

4. 利润

利润是生产者为社会创造和占有的价值的表现形态，是价格的构成因素，是企业扩大再生产的重要资金来源。

从市场营销角度来看，产品价格的具体构成如图 8—3 所示，其公式为：

价格＝生产成本＋流通费用＋税金＋利润

## 二、影响定价的基本因素

### （一）定价目标

定价目标是指企业通过特定水平的价格制定和调整所要达到的预期目的。定价目标是企业市场营销目标体系中的具体目标之一，它的确定必须服从于企业营销总目标，也要与其他营销目标（如促销目标）相协调。

不同行业的企业、同一行业的不同企业以及同一企业在不同的时期和不同的市场条件下都可能有不同的定价目标。一定时期内，企业的定价目标还有主要目标和附属目标之分。概括起来，企业的定价目标大致有以下几种：

1. 当期利润最大化

当期利润最大化定价目标就是企业将实现利润最大化作为其本期的经营目标。为了避免目标市场的风险，企业希望以最快的速度收回投资并获取最大利润，往往制定能使当期利润最大化的价格，这种价格往往是产品较高的价格。但利润最大化取决于合理价格所推动的销售规模，因此追求盈利最大化的定价目标并不意味着企业要制定最高价格。

实现当期利润最大化的价格是总收入尽可能大于总成本时的价格。但要注意的是，追求当期利润最大化应以企业的长远利润最大化为前提。

2. 提高市场占有率

市场占有率是企业的某种产品市场销售量占同类产品销售量的比重。市场占有率是企业经营状况和产品竞争力的重要体现，较高的市场占有率可以保证企业产品的销路与企业利润存在很强的相关性。从长期来看，较高的市场占有率必然带来较高的企业利润。高市场占有率伴随的大量销售会导致生产经营成本的持续下降，从而使企业获得更大的市场竞争优势。基于追求高市场占有率的定价目标，企业往往会制定尽可能低的产品价格。

3. 维持企业生存，避免市场竞争

企业如果经营不善，或面临激烈的市场竞争，顾客需求偏好发生转移而导致市场销售不畅、产品大量积压、资金难以周转，为了维持生存、确保企业持续经营，则必须制定较低的产品价格。企业往往采取大规模的价格折扣刺激市场需求和打击竞争对手，扩大市场销售。只有在其低价下的产品销售额能弥补可变成本和部分固定成本支出，企业生存才可得以维持。

### （二）产品成本

成本是影响定价的一个重要因素。一般情况下，产品价格必须能够补偿产品生产及销售过程中的各项费用支出，并补偿产品的经营者为其所承担的风险，且有一定的盈利。因此，通常产品成本是定价的最低限度。在市场竞争中，产品成本低的企业，对价格的制定拥有较大的灵活性，在竞争中处于有利的市场地位，能取得良好的经济效益；反之，就会处于被动地位。因此，企业必须加强管理，降低成本，以取得市场的竞争优势。

### 延伸知识

**固定成本和变动成本**

1. 固定成本

固定成本是指短期内不随企业产量和销售量的变化而变化的费用支出，如设备折旧费、房地租、利息、办公费用、行政管理人员的薪酬等。

2. 变动成本

变动成本指随企业产量的变动而变动的费用支出，如原材料费、工人工资等。当企业停工时，变动成本为零。

**（三）需求因素**

产品定价的高低会影响市场对产品的需求量，并由此对企业的营销目标产生一定的影响。只有很少的特殊商品（如珠宝、字画、古董等）的价格与需求成正比。通常情况下，价格与需求量成反比，即价格越高，需求量越少，但不同产品的市场需求量对价格变动的反应程度是不同的。

1. 价格与需求量的关系

在经济学上，价格与需求量的变化关系被称为“需求价格弹性”。需求价格弹性用公式可以表示为：

$$\text{需求价格弹性系数}=\frac{\text{需求量变化的百分比}}{\text{价格变化的百分比}}$$

价格与需求量的关系主要表现为需求的价格弹性这一指标，需求的价格弹性是指需求量对价格反应的灵敏程度。由于价格与需求量成反比关系，因此需求价格弹性本身是负数，在比较弹性大小时，要对其取绝对值。产品的需求价格弹性越大，说明消费者对其价格的变化越敏感，即轻微的价格变动就会产生很大的需求量的变化。高档消费品的需求弹性一般较大，如汽车、电脑等，企业通常通过适当降价可有助于扩大销售，增加企业的盈利。

（1）充分弹性。需求量对价格反应灵敏。此类产品要增加总收入，可实施降价。能薄利多销的就是有充分弹性的商品。

（2）缺乏弹性。需求量对价格反应不灵敏。对此类产品要增加总收入，可实施涨价，例如，稀缺药品、生活必需品等。

（3）单一弹性。需求量与价格同比例变化。此类产品价格的变动主要看市场实际需求情况。

2. 影响价格敏感度的因素

（1）独特价值效应：产品越独特，顾客对价格越不敏感。

（2）替代品知名效应：顾客对替代品了解的程度越低，他们对价格的敏感性越低。

（3）总支出效应：产品总支出在顾客收入中所占的比重越小，顾客对价格的敏感性越低。

（4）最终利益效应：开支在最终产品的全部成本费用中所占比例越低，顾客的价格敏感性越低。

土豆效应

（5）分摊成本效应：如果一部分成本由另一方分摊，顾客的价格敏感性就会降低。

**（四）市场因素**

根据市场竞争强度，市场可划分为完全竞争市场、完全垄断市场、垄断竞争市场和寡头垄断市场四种类型。在不同的市场竞争结构下，企业的定价方法和定价策略各不相同。

1. 完全竞争市场

在完全竞争市场结构下，大量的买者和卖者交易相同或非常相近的产品，如部分农产品、一些生产简便的日用小商品等。单个的买者和卖者无法影响现有的市场价格。因此，卖者在一般情况下对产品的定价都不会高于或低于市场价格。

2. 完全垄断市场

在完全垄断市场结构下，整个行业只有唯一的卖主，商品没有替代品，其他厂商也难以进入。一些地方公用事业如自来水公司、电力公司、热力公司的经营模式相当于垄断市场，整个市场上只有一家公司提供这样的产品或服务，且该产品或服务没有替代品。因此，在完全垄断市场结构下，某种产品的生产和销售由一家企业控制，它可以在政府允许的范围内随意定价。

3. 垄断竞争市场

垄断竞争介于完全竞争和完全垄断之间，属于一种不完全竞争，是现代市场经济中普遍存在的典型竞争形式。垄断竞争市场的主要特征是同类产品在市场上有较多的生产者，市场竞争激烈，产品存在差异性。在这种市场结构下，产品价格一般由实力较强的企业制定，其他中小企业以此作为参照制定自己的产品价格。

4. 寡头垄断市场

寡头垄断是竞争和垄断的混合物，也是一种不完全竞争。寡头垄断市场是指某种产品大部分由少数几家企业垄断的市场结构，如手机、冰箱、彩电、汽车等部分耐用消费品，以及中国电信行业的中国移动、中国联通和中国电信三大寡头产品等。一般情况下，购买者对寡头企业相互之间的定价和营销策略十分敏感。在寡头垄断市场结构下，其产品相同或相近，个别企业对产品提价或降价一定要考虑竞争对手的强烈反应。

**（五）国家物价政策**

为了维持有序的经济秩序和使人民安居乐业，政府相关部门制定和颁布了一系列与价格有关的法律法规来调控市场价格。一般而言，根据政府对产品价格的干预程度，价格可以分成三种：完全市场定价、政府指导定价和政府定价。

## 任务训练

### 一、实操题

迪奥香水到底值多少？白领女性对迪奥香水情有独钟，从迪奥、迪奥真我、迪奥香水，100ml 在京东商城的网购价分别达到 395 元、621 元和 1 088 元。如果去王府井百货、友谊百货这些名牌专柜，其价格可能还要高出 30%－50%。

然而，如果你询问拥有迪奥香水的女士们，她们会告诉你，价格不是问题，使用迪奥的体验才是一切。迪奥品牌出自法国著名设计师克里斯汀·迪奥之手，而克里斯汀·迪奥本人的传奇故事，加上法兰西浪漫的西方文化，其出身就充满了神秘感。当看到那个经典的迪奥香水瓶子时，你立刻会联想到自由无形的水滴和高贵、典雅的少妇。迪奥香水系列不仅包装设计独特，尽显高贵，而且其品质也非常好，香味天然而柔和，淡雅而悠长，具有强大的魅惑力。当你喷上一滴滴迪奥香水，出现在公众场合，穿梭在宾客之间，身后仿佛不知不觉出现了许多追随者，每个人都向你投来敬仰的目光，顿时让你自信倍增。有哪个女人会不为之心动呢？再加上迪奥广告，那个穿着金缕长裙的法国女郎飘逸而来的画面出现在网络视频或百货商场外墙时，更强化了女士们的联想。正如广告词诠释的：她，散发亮丽光芒，气质独一无二，自由、热情且大胆无畏，魅力盛放，光彩动人，这就是我——未来如金璀璨——迪奥真我香水。拥有迪奥是一种骄傲、气质和自信。谁能为这种感觉加上一个价格呢？

讨论问题：迪奥香水的价格受到哪些因素影响？

## 二、自测题

**(一)单选题**

1. 营销组合包括产品、价格、渠道和促销沟通等要素。在众多的营销组合因素中,唯一能够产生收入而不需要付出成本的因素是( )。

A. 产品 B. 渠道 C. 价格 D. 促销沟通

2. 假定某品牌微波炉单价由 800 元降至 600 元,销量由 1 万台增至 1.5 万台,则说明该产品的需求价格( )。

A. 无弹性 B. 缺乏弹性 C. 富有弹性 D. 单元弹性

3. ( )是指短期内不随企业产量和销售量的变化而变化的费用支出,如设备折旧费、房地租、利息、办公费用、行政管理人员的薪酬等。

A. 平均成本 B. 固定成本 C. 变动成本 D. 潜在成本

4. 当价格需求弹性大于 1 时,价格的升降与总收入的增减成正比,应采取( )策略。

A. 降价 B. 提价 C. 平价 D. 降价和提价

5. 根据市场竞争强度,市场可划分为完全竞争市场、( )市场、垄断竞争市场和寡头垄断市场四种类型。

A. 完全垄断 B. 全部垄断 C. 商业垄断 D. 资本垄断

**(二)判断题**

1. 认知价值定价的关键是准确把握消费者的理解价值。 ( )

2. 价格构成的四个要素为生产成本、流通费用、税金和利润。 ( )

3. 根据市场竞争强度,市场可划分为完全竞争市场、完全垄断市场、垄断竞争市场和寡头垄断市场四种类型。 ( )

4. 产品定价的高低会影响市场对产品的需求量,并由此对企业的营销目标产生一定的影响。 ( )

5. 日常消费品的需求弹性一般较大。 ( )

6. 平均成本的含义是单位产品所分摊的总成本,因此,通常情况下,作为产品价格的最低限度的成本应该是平均成本。 ( )

7. 追求当期利润最大化应以企业的长远利润最大化为前提。 ( )

8. 流通费用是指产品从生产领域通过流通领域进入消费领域所耗用的物化劳动和活劳动的货币表现。 ( )

**(三)简答题**

1. 产品成本包含哪几个部分?

2. 请根据市场竞争强度将市场划分为四部分,并分别分析其定价策略。

3. 简述需求价格的弹性系数。

4. 价格的影响因素有哪些内容?

# 任务二　掌握定价方法

## 任务目标

### ➢ 知识目标

1. 正确理解企业定价的基本程序
2. 掌握企业定价的基本方法

### ➢ 能力目标

1. 能够描述企业定价的基本程序
2. 能够使用正确的定价方法参与企业产品定价

## 任务引入

### “糕人一等”的任性定价——钟薛高

2018 年 5 月 20 日，一个叫钟薛高的冰激凌网络旗舰店正式上线；同年 11 月 11 日，钟薛高推出了号称中国最贵的一款雪糕——66 元一支的“厄瓜多尔粉钻”。一般来说，在“双十一”购物节，绝大多数商家都会选择降价；钟薛高却反其道而行之，推出了“最贵”的雪糕，而且只卖一天，在正式发售之前就引起了网络上的疯狂讨论。据商家介绍，这款雪糕使用的是南美和非洲的可可丛林里几万棵树中才有一棵的粉色可可豆，以及日本高知县二十年长成一棵的产量极少的柠檬柚，尽管价格昂贵，但是物有所值。于是，这款“厄瓜多尔粉钻”在开场 18 分钟就售出了 10 万片，当日总销售额高达 460 万元。从此之后，“钟薛高”就在年轻网民心中留下了深刻的印象，消费者只要看到“钟薛高”这个名字，就会对这个“中国最贵雪糕”的品牌产生识别记忆。

2021 年，其创始人林盛的一句“它就那个价格，你爱要不要”，更是引起网友热议。“钟薛高”品牌创始人林盛在视频采访中提到，“‘钟薛高’的毛利与传统冷饮企业毛利相比，其实略高。最贵的一支卖过 66 元，产品成本差不多 40 元钱，它就那个价格，你爱要不要”。由于定位高端路线，钟薛高也一直朝着这一方向努力并制造话题。2019 年，钟薛高和泸州老窖推出“断片”雪糕，10 片装售价 177 元；实际上，66 元早已不是钟薛高的价格天花板。2021 年 4 月，钟薛高便刷新了自己的纪录，官方公布新品杏梨花落 78 元一盒、芝玫龙荔 88 元一盒、和你酪酪 88 元一盒。对此，林盛表示，公司的雪糕利润比传统行业略高。

面对钟薛高一边卖贵、一边有消费者买单的情况，现实情况却显示，钟薛高的宣传内容和实际情况并不相符。钟薛高 2019 年 3 月起在网上平台销售的一款轻牛乳冰激凌产品，有“不加一滴水，纯纯牛乳香”等宣传内容。经官方核实，该款冰激凌产品配料表中明确含有饮用水成分，其宣传内容与实际情况不符。虽然网红是一阵风，但对于品牌来说，成为网红之后应该充分维护和巩固自身品牌的知名度和美誉度，如此才能让品牌持续引流并拥有变现能力，最终实现可持续的品牌商业价值。然而钟薛高的一系列任性的操作显然让其品牌美誉度越走越远。图 8—4 为“钟薛高”冰糕。

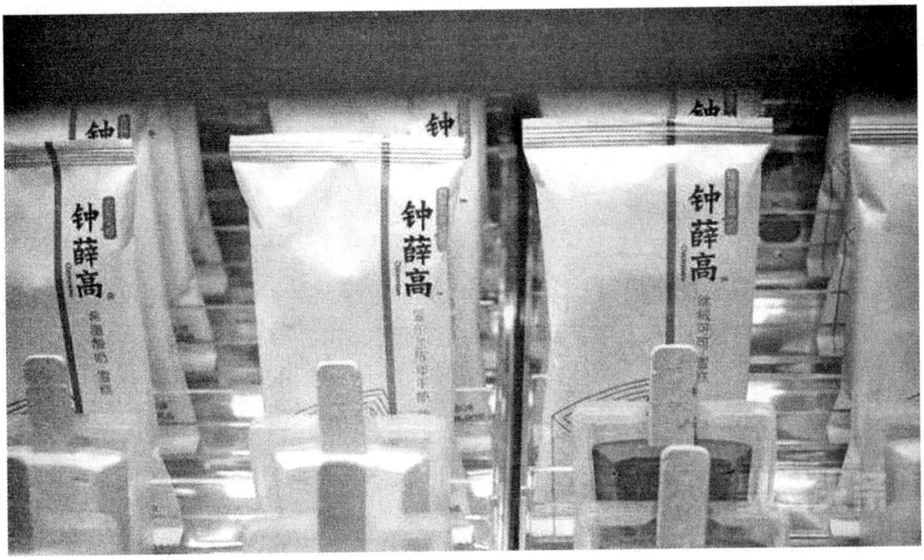


资料来源：钟薛高定价超高是否在收“智商税”，你怎么看？http://www.ceeh.com.cn/company/2021—06—23/64566.html.

**图 8—4 “钟薛高”冰糕**

**思考题：**

钟薛高定价超高是否在收“智商税”，你怎么看？

## 知识分析

定价方法是企业为实现其定价目标所采取的具体方法。定价方法可以归纳为成本导向、需求导向和竞争导向三类。

### 一、企业定价的基本程序

定价策略可以按照评估量化利益并确定价格上限、衡量市场规模、估算产品成本、确定投放价格四个步骤进行。

**（一）评估量化利益并确定价格上限**

在推广新产品时，企业应该准确地评估和量化产品带给消费者的利益。通过评估和量化利益，企业可以确定有效的价格上限，最高价格可能最终并不会被采用，因为在这个价位上可能没有市场，这个价位还可能为竞争对手留下过多的进入空间；或是消费者实力强大，要求分享更多的产品价值，但是在开始所有的定价选择之前，知道封顶价格是必需的。

**（二）衡量市场规模**

为新产品限定边界的下一个因素是确定在产品的利益水平上的潜在市场规模。细分市场分析可以清晰地呈现不同价格水平的吸收力，每个细分市场都将对产品的利益拥有不同的观点，愿意为这些利益支付的价格也不同。估算在不同价格点上的市场规模可以为企业正确制定新产品的价格水平范围提供导向，还能促进企业更好地估计该产品的利润率和更精确地估计成本。

### （三）估算产品成本

企业还要决定产品的最低限价。建立正确的最低限价，要求企业必须进行成本基础分析，还有一个由市场决定的价格底线，对单位产品成本的精确分析后再加上一个代表最低可接受的投资收益率的毛利，将得到企业可盈利的最低价格水平。如果市场连这个价格都接受不了，那么企业就应该重新考虑这种产品的可行性。

### （四）确定投放价格

在新产品的定价界限确定以后，企业便可以开始建立具体的投放价格。简单地说，新产品的投放价格是企业希望市场能够接受的价格。这个价格描述的是希望消费者感觉到的价格，特别是与竞争产品相比时感觉到的价格。在建立投放价格时，企业的投放价格可能仍会低于在确定价格界限时所得到的最高价格。

价格制定的方法

## 二、企业定价的方法

### （一）成本导向定价法

成本导向定价法就是以产品价格各构成部分的累加为基础来估算价格。

比较常见的成本定价法，主要有成本加成定价法和目标成本/利润定价法等，这些都属于成本导向的定价方法。

1. 成本加成定价法

成本加成定价法即按照单位成本加上一定百分比的加成来制定价格，也就是将产品的成本加上预期利润及其他加成。成本加成定价比较简单，但要想定出合理的价格：一是能明确估算产品成本；二是适当考虑市场行情及竞争激烈与否；三是合理设定投资报酬率，从而合理确定利润加成。

（1）完全加成定价法

价格＝完全成本＋利润＋税金

（2）变动成本定价法

价格＝平均变动成本＋按平均成本一定比例计算出的利润＋应交税金

2. 目标成本定价法

目标成本定价法也叫目标利润定价法，是根据企业预期目标成本和目标利润进行定价的方法，即

价格＝目标成本＋目标利润＋税金

目标成本不同于实际成本，而是为实际定价目标谋求长远利益和整体利益测定的一种目标。采用成本法定价，要注意两个问题：一是区分实际成本和社会平均成本。实际成本是个别企业生产的实际花费，社会平均成本是大多数企业生产的正常花费。定价时企业应该采用社会平均成本而非实际成本。二是注意结合市场供求状况来确定价格，当市场供大于求时，价格应适当向下调整；而当供小于求时，价格应向上调整，从而确保在促进成交的同时获取最大利润。

### 延伸知识

**毛利润、营业利润、纯利润、净利润的区别**

1. 毛利润

毛利润＝营业收入－营业成本

由于不同行业的营业成本存在差异(营业成本主要包括购进原材料和直接生产的人工成本),因此制造业与贸易流通行业的毛利润通常较低,而服务业的毛利润则相对较高。

通过毛利润可计算出毛利率:

毛利率=毛利润/营业收入=(营业收入-营业成本)/营业收入

毛利率代表企业在直接生产过程中获得利润的能力。

可以说,毛利率越高,企业的盈利能力越强,控制成本的能力越强。但是对于不同规模与行业的企业,其毛利率的可比性并不强。

2. 营业利润

营业利润=营业收入-营业成本-营业税金及附加-销售费用-管理费用-财务费用-资产减值损失+公允价值变动损益(-公允价值变动损失)+投资收益(-投资损失)

通过营业利润,可计算出营业利润率=(营业利润/营业收入)×100%。营业利润率代表企业通过生产经营获得利润的能力,营业利润率越高,说明企业的盈利能力越强。

3. 净利润

净利润=营业利润-所得税=营业利润×(1-25%)

纯利润是净利润的另一种说法。净利润(纯利润)与毛利润的区别在于,净利润是在毛利润的基础上除去管理成本税费。

通过净利润可计算出净利润率:

净利润率=(净利润/主营业务收入)×100%

净利润率能综合反映一个企业或一个行业的经营效率。

**(二)需求导向定价法**

1. 理解价值定价法

这种定价方法认为,某一产品的性能、质量、服务、品牌、包装和价格等,在消费者心目中都有一定的认识和评价。消费者往往根据他们对产品的认识、感受或理解的价值水平,综合购物经验、对市场行情和同类产品的了解而对价格做出评判。当商品价格水平与消费者对商品价值的理解水平大体一致时,消费者就会接受这种价格;反之,消费者就不会接受这种价格,商品就卖不出去。也就是说,企业按照消费者在主观上对该产品所理解的价值,而不是产品的成本费用水平来定价。企业在运用此法时需要正确估计购买者所承认的价值。这是一种顾客导向的定价方法。

2. 需求差异定价法

所谓需求差异定价法,是指产品价格是以需求为依据,首先强调适合不同消费者需求的不同特性,而将成本补偿放在次要位置。这种定价方法对同一商品在同一市场上制定两个或两个以上的价格,或使不同商品价格之间的差额大于其成本之间的差额。其好处是可以使企业定价最大限度地符合市场需求,促进商品销售,有利于企业获取最佳的经济效益。

实行差别需求定价必须具备一定的条件,否则不仅达不到差别定价的目的,甚至会产生副作用。这些条件包括以下四个方面:(1)从购买者方面来说,购买者对产品的需求有明显的差异,需求弹性不同,市场能够细分,不会因差别价格而导致顾客反感。(2)从企业方面来说,实行不同价格的总收入要高于同一价格的收入。(3)从产品方面来说,各个市场之间是分割的,低价市场的产品无法向高价市场转移。(4)从竞争状况来说,无法在高价市场上进行价格竞争。

### （三）竞争导向定价法

竞争导向定价法是企业通过研究竞争对手的生产条件、服务状况、价格水平等因素，依据自身的竞争实力，参考成本和供求状况来确定商品价格，是以市场上竞争者的类似产品的价格作为本企业产品定价的参照系的一种定价方法。

竞争导向定价法主要包括随行就市定价法、产品差别定价法和密封投标定价法。

1. 随行就市定价法

随行就市定价法又称流行水准定价法，是以本行业的平均价格水平为标准的定价方法，是竞争导向定价方法中广为流行的一种。其原则是使本企业产品的价格与竞争产品的平均价格保持一致。在垄断竞争和完全竞争的市场结构条件下，任何一家企业都无法凭借自己的实力而在市场上取得绝对优势。为了避免竞争特别是价格竞争带来的损失，大多数企业都采用随行就市定价法，即将本企业某产品价格保持在市场平均价格水平上，利用这样的价格来获得平均报酬。

一般来说，在企业希望得到一种公平的报酬和不愿打乱市场现有正常次序的情况下，这种定价方法较为行之有效；在竞争激烈而产品弹性较小或供需基本平衡的市场上，这是一种比较稳妥的定价方法。

2. 产品差别定价法

所谓差别定价是指企业以两种或两种以上不同的反映成本费用的比例差异的价格来销售一种产品或服务，即价格的不同并不是基于成本的不同，而是企业为满足不同消费层次的要求而设定的价格。

从根本上来说，随行就市定价法是一种防御性的定价方法，在避免价格竞争的同时也抛弃了价格这一竞争的“利器”。产品差别定价法则反其道而行之，是指企业通过不同的营销努力，使同种同质的产品在消费者心目中树立起不同的产品形象，进而根据自身的特点，选取低于或高于竞争者的价格作为本企业的产品价格。因此，产品差别定价法是一种进攻性的定价方法。

3. 密封投标定价法

密封投标定价法是指在招标竞标的情况下企业在对其竞争对手了解的基础上定价。这种价格是企业根据对其竞争对手报价的估计确定的，其目的在于签订合同，所以它的报价应低于竞争对手的报价。密封投标定价法主要用于投标交易方式。

## 任务训练

### 一、实操题

阅读“任务引入”中的材料，讨论以下问题：

1. 钟薛高在定价中采用了什么样的定价方法？
2. 你认为钟薛高这样做是否合理？

### 二、自测题

#### （一）单选题

1. 产品的定价方法通常包括（　　）。

A. 现行市价法　　B. 重置成本法　　C. 收益现值法　　D. 成本导向法

2. 如果一家生产烤面包机的公司投资的固定资产年折旧为30万元，单位变动成本为10元，根据竞争情况定价为20元，那么一年至少要销售烤面包机(　　)台，公司才能盈亏平衡。

A. 5万　　B. 3万　　C. 4万　　D. 2万

3. 企业按照消费者在主观上对该产品所理解的价值，而不是产品的成本费用水平来定价的方法是(　　)。

A. 需求差异定价法　　B. 理解价值定价法

C. 反向定价法　　D. 随行就市定价法

4. 在完全竞争的市场结构下，企业只能采取(　　)的方法来定价，只是价格的接受者，而不是决定者。

A. 随行就市法　　B. 拍卖定价法　　C. 成本导向定价法　　D. 快速撇脂法

5. 需求导向定价法不包括(　　)。

A. 理解价值定价法　　B. 需求差异定价法　　C. 随行就市定价法

6. 按照单位成本加上一定百分比的加成来制定价格，也就是将产品的成本加上预期利润及其他加成的定价方法叫做(　　)。

A. 成本加成法　　B. 目标成本法　　C. 反向定价法　　D. 密封投标法

**(二)判断题**

1. 密封投标定价法是指在招标竞标的情况下企业在对其竞争对手了解的基础上定价。(　　)

2. 当市场有足够的购买者，且对商品的需求缺乏弹性时，企业往往能成功实施撇脂定价。(　　)

3. 竞争导向定价法是企业通过研究竞争对手的生产条件、服务状况、价格水平等因素，依据自身的竞争实力，参考成本和供求状况来确定商品价格。(　　)

4. 目标成本定价法也叫目标利润定价法，是根据企业预期目标成本和目标利润进行定价的方法。(　　)

**(三)简答题**

1. 定价的方法有哪几种？

2. 简述随行就市定价法的定义和特点。

3. 简述企业制定价格的基本程序。

4. 什么是成本导向定价法？

# 任务三　制定定价策略

## 任务目标

**▶ 知识目标**

1. 掌握基本的产品定价策略

2. 掌握企业价格调整策略

**▶ 能力目标**

能够根据企业发展实际制定价格策略

## 任务引入

### 吉利汽车的定价

年轻消费者购车时考虑的主要因素除了外观、配置、动力和空间等指标外，价格绝对是第一位的因素。因此，吉利星越上市指导价为13.58万元—21.68万元，使用三种动力，分别为2.0T+8AT、1.5T+48V轻混（选装）和1.5T+插电式混合动力，而且使用的是沃尔沃T5动力，外加第三代爱信8AT的动力组合，而插混动力中电池组纯电续航多了80km版本。

但从网络上吉利铁粉回复的评论来看，大多对于价格不太满意。吉利为了让消费者接受定价，必须说出定价理由。公司从以下三个维度诠释价格的依据：维度一：CMA平台架构的成本。星越采取的是CMA架构，沃尔沃XC40也来自CMA架构。维度二：科技配置的成本。48V轻混。BSG电机的应用，让1.5T三缸机也能拥有与四缸机媲美的安静与平顺。300T车型原本非轻混，但是可享受免费升级48V轻混政策。轻混动力选装费价值6 000元，同时选定全系耀星版的消费者，还可升级价值1.2万元套装，L2级驾驶辅助成为标配。维度三：动力配置的成本。沃尔沃T5动力用到了星越身上，350牛·米扭矩，百公里加速6.8秒，制动距离36米。三个成本维度很好地解释了星越的这次定价。图8—5为吉利星越汽车。

资料来源：汽车之家，吉利汽车公布2021年销量目标比想象中更"可怕"！，https://www.autohome.com.cn.

**图8—5　吉利星越汽车**

星越定价还考虑了竞争对手。目前，星越同级竞争对手主要有三个：已经上市的启辰T90，还没有上市的长安CS85和哈弗F7x。这三个竞争对手的处境各自不同：启辰T90虽然已经上市，起步价只有10.9万元，但是身为二线品牌，影响力和吉利不在一个量级，难以对星越造成威胁，星越的定价也必然在启辰T90之上；长安CS85和哈弗F7x则是星越的直接竞争对手，考虑到三款车全部装配2.0T动力版本，如果与2.0T同级别车型对比，在不考虑配置情况的前提下,吉利星越或许略显弱势。很明显,在空间方面星越明显逊色于长安CS85,差距非常明显。在两者品牌力基本一致的前提下,星越的定价体系应该低于长安CS85。与哈弗F7x相比,哈弗在SUV中是排名第一的领导品牌,其历史号召力、累计销量和年度销量都超过吉利,平均价格也远远超过吉利,在品牌美誉度和影响力方面具备明显的优势。在空间对比中,两者在伯仲之间,哈弗F7x会稍微好一点,但是没有拉开差距。所以在同等条件下,星越的定价也应该低于哈弗F7x,问题是哈弗F7x、长安CS85目前没有上市。

**思考题:**

1. 吉利汽车的定价策略考虑了哪些因素?

2. 吉利星越新车上市采取了哪些定价方法和策略?

## 知识分析

产品定价影响着产品上市后的销售,涉及产品本身、定位、渠道等供给方的因素,也涉及需求方在不同场景下不同的价格期望的消费心理。那么如何定价才能提高公司利润也提升用户满意度呢?

### 一、产品价格制定策略

**(一)新产品定价策略**

1. 撇脂定价策略

撇脂定价是一种高价策略,即企业在新产品投放市场时把价格定得很高,以求在尽可能短的期限内迅速获取高额利润;当产品达到一定的市场占有率,竞争加剧,再逐步降低价格,以期短期内攫取高额利润,尽早收回投资,如同从鲜奶中撇取奶油一样。

这种定价策略便于企业快速收回投资,进行市场价格调整,同时也便于企业把市场需求控制在一定范围内。当然,撇脂定价满足了一些消费者"价高即货好"的心理。美国一家制笔公司仿制其竞争对手的产品面市,每支笔的成本只有0.3美元,但是却售价6美元,高出成本19倍,再加上零售商的利润,最后的售价为8美元。这种笔上市,大受消费者欢迎;如果新产品价格向同类老产品看齐,甚至价格定得较低,可能会让人产生的感觉是,降低了新产品的身价,无法引起顾客的购买热情。

从市场营销实践来看,撇脂定价策略往往需要具备以下几个条件:

(1)市场上存在购买能力强但是对价格不敏感的消费者群体;

(2)企业产品品牌在市场上积累了较大的影响力,有忠实的消费群体;

(3)同行竞争对手未推出相似的产品,企业产品在市场上具有差异化的优势;

(4)在竞争对手进入同一市场时,企业可以灵活地转换定价或进行产品升级。

2. 渗透定价策略

渗透定价是一种低价策略,即新产品上市之初,将价格定得较低,利用价廉物美迅速占领市场,取得较高的市场占有率,获得较大的利润。当产品市场占有率达到理想状态时,企业将选择合适的时机提高产品价格。

渗透定价策略能使企业的产品迅速占领市场,并有效地阻碍新竞争者的进入。但低价策略不利于企业尽快收回投资,阻碍产品价格将来的提升,并可能给消费者造成"低价低质"的印象,不利于塑造产品品牌。

采用市场渗透定价策略需要满足以下三个条件：

（1）企业产品在市场上有足够大的市场需求；

（2）与产品品牌相比，消费者更关注价格的高低，对价格的变动极为敏感；

（3）企业必须通过大量生产产品才能产生显著的成本经济效益。

3. 温和定价策略

温和定价策略又称为满意定价策略，是指在新产品上市之初，将价格定在高价和低价之间，力求使买卖双方均感满意。该种定价的方式将撇脂定价的方式与渗透定价的方式进行结合，综合之后进行折中定价。企业选择了一个比较合理的价格，会使企业获取相对比较满意的经济收益，同时消费者会非常容易接受，从整体的角度来考虑，具备的风险比较小。

看懂价格

**（二）心理定价策略**

心理定价策略是指企业在进行定价活动时研究消费者购买时的心理行为，根据购买心理，有意将价格定得高些或者低些，用来诱导消费者进行购买进而扩大销售量的定价策略。企业产品能够满足消费者某一方面的需求，产品的价值和消费者的心理认知有着很大的关系，这就为心理定价策略提供了基础。不同的企业，面对不同的消费群体，应该采用不同的心理定价策略。

1. 尾数定价

尾数定价是指企业根据消费者求实、求廉的心理，从而给产品确定一个以零头数结尾的价格，如 198 元、19 999 元等。这种定价会给顾客比较廉价的感觉，还会使顾客觉得产品价格是经过精确计算制定的。曾有心理学家研究表明，价格的微小差别，能够明显刺激消费者的购买行为，使人产生信任感。

2. 整数定价

整数定价与尾数定价相反，即按整数而非尾数定价，是指企业把原本应该定价为零头数结尾的产品价格定为高于这个零头数结尾价格的整数，一般以“0”作为尾数。这种定价策略实质上是利用了消费者按质论价的心理、自尊心理、炫耀心理与求方便心理。通常整数定价策略适用于以下情况：

（1）对于一些高档商品或奢侈品，一般采用整数定价策略，这样会使商品显得更加昂贵，可以满足一些消费者炫耀和虚荣的心理，例如，高档服装。与同类竞争者相比，整数定价法不仅不会失去顾客，甚至有可能会增强顾客的购买欲望，因为有能力购买此类商品的顾客对价格并不敏感，他们更重视质量，认为价格高即代表高质量。

（2）对于快餐、速食等方便类食品，在人口比较密集、流动性强的地区采用整数定价策略，符合消费者追求方便、高效的心理，同时也便于消费者快速做出购买决策。

3. 声望定价

声望定价是企业利用买者求名的心理，给企业产品价格确定一个远远高于市场其他同类产品的价格。这种定价策略适用于名牌产品、高档产品、高级工艺品、礼品、具有鲜明的地方特色或民族特色的手工艺品等。消费者购买这些高价产品，关注的是产品的商标、品牌及其价格能否显示其身份与社会地位。因此，企业针对消费者的产品期望价值，可以制定出远远高于其他同类产品的声望价格。

奢侈品的定价逻辑是什么？

对于企业来说，经常降价和频繁调整产品市场售价，都会有损声望定价产品的形象。因此，企业对于采用声望定价的产品，市场售价一般不会随成本的降低而下调，也不会因市场需求的短期变动而频繁调整产品售价。而且有时为了维护产品的声望，企业往往会控制产品的数量，比如著名汽车品牌劳斯莱斯的价格在所有汽车中雄踞前列，除了其优越的性能、精细的做工外，严格控制产量也是一个很重要的因素。

4. 招徕定价

招徕定价就是一种有意将商品按低于市场平均价格出售来招揽和吸引消费者的定价策略。此时产品或服务项目的价格不是根据公司的成本利润来定，而是根据市场价格制定远远低于市场价格的一个价格。可能这个项目本身利润很低甚至无利润，但这个项目由于价格低得让人惊奇，因此很多人来店消费。所以叫招徕定价，在新开店中这个情况特别常见，如商品大减价、大拍卖、清仓处理等，就是为了吸引客户。当然店里的其他项目肯定需要产生利润，由于价格明显低于市场上其他同类商品，因此顾客盈门。这种策略一般是对部分商品降价，从而带动其他商品的销售。比如一些大型超市将特定的商品以低价出售，作为宣传来吸引消费者。

**（三）差别定价策略**

差别定价是指企业根据顾客、时空、产品等因素的不同而产生的市场需求差异，为同一产品制定不同价格的一种定价策略。在这种定价策略下，同一产品市场上售价的差异不是由于产品的成本差异引起的，而是由消费者的需求差异决定的。

1. 顾客差别定价

顾客差别定价是指企业将同种产品以不同的价格销售给不同的顾客。这种定价策略的一个必要条件是顾客必须能够区分。如自来水公司按用途分为生活用水和生产用水，并收取不同的电费；火车站向学生来回出售假期半票，而对其他非特殊人群出售全票。

2. 产品差别定价

产品差别定价是指企业根据产品的不同款式、不同规格、不同功能而制定不同的价格。如一些企业把同一产品做不同的改进后，分别冠以“普通”“豪华”“超豪华”的价格级别，以吸引不同经济实力的顾客购买。例如，72 英寸液晶电视的价格比 55 英寸液晶电视的价格高出近一半，但是其成本差额远没有这么大。

3. 空间差别定价

空间差别定价是指企业根据买者所处的地理位置的不同制定不同的价格。企业采用这种定价策略的主要原因是空间距离的远近而引起运输费用的不同。

4. 时间差别定价

时间差别定价是指企业根据顾客需求时间的不同而对同种产品制定不同的价格。如电力公司把电费分成波峰电费和波谷电费，价格相差 1 倍；深夜的长途电话收费较低；航空公司或旅游公司淡季价格便宜，旺季价格上涨幅度较大；等等。按照时间差异制定价格可以分流市场的消费需求，使消费均匀化，避免企业资源的闲置或超负荷运转。但时间差别定价策略只能在不同的时间有明显不同的需求强度的情况下才能采用。

**（四）折扣定价策略**

折扣定价策略是指企业根据目标市场的产品需求与产销实际，对既定产品价格进行适当比例的减让，以促进产品销售的一种定价策略。常用的折扣定价策略主要有以下几种：

**“差别定价”现象，也许你也被商家“杀熟”了**

1. 数量折扣

数量折扣是企业给予大量购买某种产品的顾客的一种价格减让优惠，以鼓励顾客更多地购买货物。购买数量不同，给予的折扣也不同。

数量折扣有两种方式：一种是累计数量折扣，即规定消费者在一定时期内购买产品的总量达到一定数额时，按总量给予一定的折扣。这种方式鼓励顾客与企业建立长期稳定的关系，便于培养企业的忠实客户，主要用于中间商购买。另一种是非累计折扣，按次购买产品数量的多少给予折扣。这种方式主要是鼓励顾客大量购买，以利于降低产品的单位成本，加速资金周转，主要应用于最终消费者或用户。

2. 现金折扣

现金折扣，是指卖方为了鼓励买方早日归还商品货款提出的折扣。由于现金折扣通常是因为采用赊销方式销售产品，因此企业用签订产品协议的方式来刺激买方提前支付款项。买方可以得到阶梯式优惠，即在不同时限内支付货款有不同的折扣额。

3. 功能折扣

功能折扣又称贸易折扣，是企业为了补偿中间商在产品分销过程中承担了诸如产品储运、装卸、包装、加工、销售等业务功能而给予中间商的一种额外价格折扣。企业常常根据中间商在产品分销过程中发挥的功能不同，在交易时会给予不同的价格折扣。

4. 季节性折扣

季节性折扣是指企业对购买季节性强的产品在淡季给予消费者一定比例的价格减让优惠，使企业的生产与销售一年四季保持相对稳定。季节性折扣是为了调节市场上产品的供需矛盾，鼓励消费者提早购买或增强淡季购买欲望，使得企业淡季不“淡”，充分发挥生产能力。采用季节折扣策略，应充分考虑企业的生产成本、仓储费用和经销商的分布情况。

## 二、产品价格调整策略

### （一）企业自行调整价格

企业自行调整价格包括主动提价和主动降价两种情况。

调价的学问

1. 主动提价

主动提价是指竞争者的价格没有变化，而企业主动进行提价。企业主动提价的主要原因有：

（1）产品成本上升。当产品成本上升时，如果价格维持原状，那么企业利润就会下降。为了使利润不受影响，企业就必须提价。不过，提价会使产品的销售量减少，也会影响利润。因此，提价的幅度不宜过大。

（2）市场需求增加。在市场需求增加的情况下，提价可以抑制需求，还能增加利润。但是，如果需求抑制过度，利润反而会减少。同时，价格过高将导致竞争者进入市场。因此，在需求增加的情况下，提价的幅度不宜过大。

2. 主动降价

企业主动降价的主要原因有：

（1）产品成本下降。当产品成本下降时，降价固然会使消费者感到高兴，但同时也会使一部分消费者怀疑产品质量是否下降。

（2）市场需求减少。市场需求减少会有各种不同的原因，企业应针对不同的情况进行具体分析，采取不同的策略，如：

①需求减少是由于产品价格过高引起的，主动降价是对症下药。

②需求减少是由于进入产品生命周期衰退期，则降价也无益于大局，及时转产才是上策。

③需求减少是由于企业内部管理不善、服务不好而引起的，则应对症下药，做好工作，而不

能仅指望通过降价来扩大需求。

④企业欲进攻与夺取竞争者的市场阵地。在此情况下，企业更需谨慎行事，轻率地以降价来扩大市场需求，有可能会给企业带来灾难性的后果。

价格是柄双刃剑：促销中的价格战

**（二）竞争者调整价格**

竞争者进行价格调整也无非提价和降价两种情况。

1. 竞争者提价

竞争者进行提价一般不会对企业造成威胁。对此，企业可采取两种策略：一是企业保持产品价格不变，从而扩大自己的市场份额；二是适当提价，并注意提价幅度应小于竞争者的提价幅度，这样不仅能适当地增加利润，而且能适当地增加市场份额。

2. 竞争者降价

对企业而言，竞争者进行产品降价是一种较难应对的情况。如果处理不当，则可能会出现竞相削价、两败俱伤的结局。因此，对竞争者进行产品降价，简单地以降价来应对并非上策。一般来说，企业应加强售后服务等非价格竞争策略来进行对抗。面对竞争者的低价攻势，如果企业应对得当，则反而会取得意想不到的良好效果。

## 任务训练

### 一、实操题

阅读“任务引入”中的材料，讨论以下问题：

你认为吉利星越针对哈弗 F7x 的定价，应该采取哪些策略。

### 二、自测题

**（一）单选题**

1. 在赊销的情况下，卖方为了鼓励买方提前付款，按原价给予一定的折扣，这就是（　　）。

A. 现金折扣　　B. 业务折扣　　C. 数量折扣　　D. 季节折扣

2. 根据不同消费者对于数字的敏感情况，经常对高端商品或服务采取整数定价，而对日常用品或低端商品采取小数和尾数定价，吸引消费者，这种价格调整策略是（　　）。

A. 促销定价　　B. 心理定价　　C. 折扣定价　　D. 细分市场定价

3. 秋冬季节，空调的价格比夏季的价格要低得多，主要的原因是（　　）。

A. 现金折扣　　B. 业务折扣　　C. 数量折扣　　D. 季节折扣

4. 英特尔公司是美国占支配地位的计算机芯片制造商，当它推出一种新产品时，定价总是比同类产品低，在销售的第一年获利的可能性很小，但它很快把产品打入市场，第二年、第三年便会大量销售产品而获利。它采用的是（　　）策略。

A. 撇脂定价　　B. 渗透定价　　C. 弹性定价　　D. 招徕定价

5. 现在有很多商超给顾客办理一种积分卡，每次购物后的金额转换成积分，年底按照积分的多少获取不等价值的免费商品，这种折扣形式属于（　　）。

A. 现金折扣　　B. 业务折扣

C. 累计数量折扣　　D. 季节折扣

6. 中国电信规定每日 21:00—24:00 拨打国内长途电话按半价收费。这种定价策略属于

（　　）。

A. 成本加成策略　　B. 差别定价策略

C. 心理定价策略　　D. 组合定价策略

**（二）判断题**

1. 新产品渗透定价策略就是一种低价策略。（　　）

2. 美国杜邦公司在推出新产品时往往先把价格尽可能定高些，以后随着销量和产量的扩大再逐步降价，这家公司采用的是撇脂定价策略。（　　）

3. 对于某种洗衣粉，顾客一次购买 10 袋以下，每袋价格为 4 元，若一次购买 100 袋以上，则每袋价格为 3.6 元，这就是现金折扣，目的是鼓励顾客大量购买。（　　）

4. 差别定价是指企业根据顾客、时空、产品等因素的不同而产生的市场需求差异，为同一产品制定不同价格的一种定价策略。（　　）

5. 功能折扣是指企业对购买季节性强的产品，在淡季给予消费者一定比例的价格减让优惠，使企业的生产与销售一年四季保持相对稳定。（　　）

6. 温和定价策略又称为满意定价策略，是指在新产品上市之初将价格定在高价和低价之间力求使买卖双方均感到满意。（　　）

7. 企业主动降价的主要原因是产品成本下降和市场需求减少等。（　　）

8. 撇脂定价是一种高价策略，即企业在新产品投放市场时把价格定得很高，以求在尽可能短的期限内迅速获取高额利润。（　　）

**（三）简答题**

1. 简述顾客差别定价的策略。

2. 分析渗透定价和撇脂定价各自的特点和适用范围。

# 项目九　促销策略



## 任务一　制定促销组合策略

### 任务目标

➢ **知识目标**

1. 正确理解促销组合的方式

2. 正确理解促销组合的影响因素

➢ **能力目标**

能够选择恰当的促销方法开展促销活动

### 任务引入

**屈臣氏促销组合拳**

屈臣氏促销第一阶段：在这段时间里，主要以传统节日促销活动为主。屈臣氏非常重视情人节、万圣节、圣诞节、春节等节日，促销主题多式多样，例如，“说吧说你爱我吧”的情人节促销、“圣诞全攻略”“真情圣诞真低价”的圣诞节促销、“劲爆礼闹新春”的春节促销。

屈臣氏促销第二阶段：提出“我敢发誓，保证低价”承诺，以宣传“逾千件货品每日保证低价”为主题，举行了30期的促销推广。屈臣氏的低价策略已经深入人心。“销售比赛”也是屈臣氏一项非常成功的促销活动，每期指定一些比赛商品，分各级别店铺（屈臣氏的店铺根据面积、地点等因素分为A、B、C三个级别)进行推销比赛,销售排名前三名的店铺都将获得奖励。

屈臣氏促销第三阶段:通过大型的公关活动树立自身的品牌形象,提高自身的影响力。屈臣氏的公关活动形式多样,不仅有消费者喜闻乐见的选秀形式的活动,如赞助"百事新星大赛""新星大赛""封面领袖",而且屈臣氏还另辟蹊径开展了以产品为对象的"选秀"活动,即"健与美大赛"。"健与美大赛"是由屈臣氏自创和举办的健康与美容护肤产品的大赛盛事。

**思考题:**

屈臣氏在促销活动中使用了哪些方式?其具体作用有哪些?

## 知识分析

在现代商业环境下,对于生产者来说,很难完全清楚谁需要什么商品、何地需要、何时需要、何种价格消费者愿意并能够接受等;对于广大消费者来说,也很难完全弄清楚什么商品由谁供应、何地供应、何时供应、价格高低;等等。这在客观上存在着生产者和消费者之间信息不对称现象。因此生产者必须通过沟通,利用广告、宣传报道、人员推销等促销手段,把生产、产品等信息传递给消费者和用户,以增进其了解、信赖并购买本企业的产品,达到扩大销售的目的。

### 一、促销的概念和作用

#### (一)促销的概念

促销是指企业通过各种有效的方式向目标市场传递有关企业及其产品(品牌)的信息,以启发、推动或创造目标市场对企业产品和服务的需求,并引起购买欲望和购买行为的一系列综合性活动。促销的实质是企业与目标市场之间的信息沟通,促销的目的是诱发购买行为。

促销是企业市场营销组合中的基本策略之一。促销常见的方式有人员促销和非人员促销两大类。其中,人员促销主要是通过销售人员,面对面地说服消费者购买产品;非人员促销包括广告、公共关系和营业推广等方式。为了有效地与消费者沟通信息,企业可以通过广告来传递有关企业及产品的信息;可以通过各种营业推广的方式来增加消费者对产品的兴趣,进而促使其购买;可通过公共关系的方式来改善企业在公众心目中的形象。

另外,在促销的过程中,消费者又可以通过多种途径将企业和产品以及竞争的信息反馈给企业,使企业能及时、准确地掌握市场信息,为下一步的生产经营提供有益的参考。由上可见,促销是信息的双向沟通过程,而且是不断循环的双向沟通过程。

**为什么要促销?**

#### (二)促销的作用

促销在企业经营中的重要性日益显现,具体来讲有以下几个方面:

1.提供信息,疏通渠道

在产品进入市场前后,企业要通过有效的方式向消费者和中间商及时提供有关产品的信息,以引起他们的注意,激发他们的购买欲望,促使其购买;同时,要及时了解中间商和消费者对产品的意见,迅速解决中间商在销售中遇到的问题,从而密切生产者、中间商和消费者之间的关系,畅通销售渠道,加强产品流通。

2.诱导消费,扩大销售

企业针对消费者和中间商的购买心理从事促销活动,不但可以诱导需求,使无需求变成有需求，而且可以创造新的欲望和需求。当某种产品的销量下降时，企业还可以通过适当的促销活动，促使需求得到某种程度的恢复，延长产品生命周期。

3. 突出特点，强化优势

随着市场经济的迅速发展，市场上同类产品之间的竞争日益激烈。消费者对于不同企业所提供的许多同类产品，在产品的实质和形式上难以觉察和区分。在这种情况下，要使消费者在众多的同类产品中将本企业的产品区别出来，就要通过促销活动，宣传和介绍本企业的产品特点以及能给消费者带来的特殊利益，增强消费者对本企业产品的印象和好感，从而促进购买。

4. 提高声誉，稳定市场

在激烈的市场竞争中，企业的形象和声誉是影响其产品销售稳定性的重要因素。通过促销活动，企业塑造自身的市场形象，提高在消费者中的声誉，使消费者对本企业产生好感，形成偏好，达到稳定销售的目的。

## 二、促销组合

促销组合是指企业根据促销的需要，综合运用广告、公共关系、人员推销、销售促进等各种促销方式进行适当的选择和配合。促销组合体现了现代市场营销理论的核心思想——整合营销。促销组合使企业的全部促销活动互相配合、协调一致，最大限度地发挥整体效果，从而顺利实现企业目标。四种基本促销方式构成了这一整体策略的四个子系统。每个子系统都包括一些可变因素，即具体的促销手段或工具。某一因素的改变意味着组合关系的变化，也就意味着一个新的促销策略。

1. 广告

广告指企业按照一定的预算方式，支付一定数额的费用，通过不同的媒体对产品进行广泛宣传，促进产品销售的传播活动。广告的5M包括愿景(Mission)、信息(Message)、媒介(Media)、资金(Money)、评价(Measurements)。

2. 公共关系

公共关系指企业组织开展慈善性或社会公益性事业来塑造自己的形象。公共宣传媒体自发宣传，不受控于企业，既有可能传播企业的正面口碑，又可能传播企业的负面口碑。

3. 人员推销

人员推销指企业派出推销人员或委托推销人员，直接与消费者接触，向目标顾客进行产品介绍、推广，促进销售的沟通活动。

4. 销售促进

销售促进指企业运用各种短期诱因鼓励消费者和中间商购买、经销企业产品和服务的促销活动。

## 延伸知识

### 整合营销

整合营销(integrated marketing)是一种对各种营销工具和手段的系统化结合，根据环境进行即时性的动态修正，以使交换双方在交互中实现价值增值的营销理念与方法。整合就是把各个独立的营销综合成一个整体，以产生协同效应。这些独立的营销工作包括广告、直接营销、销售促进、人员推销、包装、事件赞助和客户服务等。企业需战略性地审视整合营销体系、行业、产品及客户，从而制定出符合企业实际情况的整合营销策略。

整合营销理论产生和流行于20世纪90年代，是由美国西北大学市场营销学教授唐·E.舒尔茨(Don E. Schultz)提出的。舒尔茨认为，传统的以4P(产品、价格、渠道、促销)为核心的营销框架，重视的是产品导向而非真正的消费者导向，制造商的经营哲学是"消费者请注意"。面对20世纪90年代市场环境的新变化，企业应在营销观念上逐渐淡化4P、突出4C。制造商的经营哲学更加"注意消费者"。

整合营销就是"根据企业的目标设计战略，并支配企业的各种资源以达到战略目标"。

整合营销是以消费者为核心重组企业行为和市场行为，综合协调地使用各种形式的传播方式，以统一的目标和统一的传播形象传递一致的产品信息，实现与消费者的双向沟通，迅速树立产品品牌在消费者心目中的地位，建立产品品牌与消费者长期密切的关系，更有效地达到广告传播和产品行销的目的。整合营销可以让每个营销渠道互相关联促进、相辅相成，达到"1＋1＞2"的效果。

一般来说，整合营销包含两个层次的整合：一是水平整合，二是垂直整合。

1. 水平整合

(1)信息内容的整合。企业的所有与消费者有接触的活动，无论其方式是媒体传播还是其他的营销活动，都是在向消费者传播一定的信息。企业必须对所有这些信息内容进行整合，根据企业所想要的传播目标，向消费者传播一致的信息。

(2)传播工具的整合。为达到信息传播效果的最大化、节省企业的传播成本，企业有必要对各种传播工具进行整合。因此企业要根据不同类型的顾客接收信息的途径，衡量各个传播工具的传播成本和传播效果，找出最有效的传播组合。

(3)传播要素资源的整合。企业的一举一动、一言一行都是在向消费者传播信息，应该说传播不仅仅是营销部门的任务，也是整个企业所要担负的责任，所以有必要对企业的所有与传播有关联的资源(人力、物力、财力)进行整合，这种整合也可以说是对接触管理的整合。

2. 垂直整合

(1)市场定位整合。任何一个产品都有自己的市场定位，这种定位是基于市场细分和企业的产品特征制定的。企业营销的任何活动都不能有损企业的市场定位。

(2)传播目标的整合。有了确定的市场定位以后，就应该确定传播目标。想要达到什么样的效果、多高的知名度、传播什么样的信息，这些都要进行整合。只有有了确定的目标，才能更好地开展后面的工作。

(3)4P整合。其主要任务是根据产品的市场定位设计统一的产品形象。各个P之间要协调一致，避免互相冲突，产生矛盾。

(4)品牌形象整合。品牌形象整合主要是品牌识别的整合和传播媒体的整合。名称、标志、基本色是品牌识别的三大要素，它们是形成品牌形象与资产的中心要素。品牌识别的整合就是对品牌名称、标志和基本色的整合，以建立统一的品牌形象。传播媒体的整合主要是对传播信息内容的整合和对传播途径的整合，以最小的成本获得最好的效果。

## 三、影响企业促销组合的因素

促销组合是有计划、有目的地把人员推销、广告、公共关系、营业推广等方式结合起来，综合运用，形成完整的促销策略。企业对促销组合的选择、编配和运用，要受产品性质、市场性质、产品生命周期、促销费用等多种因素的影响。

**（一）产品性质**

对于不同性质的产品，促销方式应有所不同。一般来说：

消费品市场上买主数量众多，地理区域分散，对技术性能要求不高，产品售价较低，最适宜的促销方式首先是广告，其次分别为营业推广、人员推销和公共关系中的宣传报道。

工业品市场上买主数量较少，地理分布集中，对产品的技术性能要求不一，产品价值又高，人员推销则是主要的促销方式。企业推销人员可以与工业客户面对面直接对话，介绍产品的性能、特点，进行现场示范，解答客户的问题，说服客户购买企业产品。这种情况下，广告通常作为配合人员推销的一种促销辅助方式。

**（二）市场性质**

企业要根据市场性质来设计销售促进策略，即应按照市场的类型、规模及地区分布情况等，有侧重地选用不同的销售促进手段。一般来说：

对于家庭、个人等分布广泛、潜在数量很大的消费者，应当以广告、营业推广为主要销售促进形式，充分发挥广告宣传范围广、营业推广能够激发购买行为等特长，来吸引广大的购买者。

对于消费者是企业、经销商等相对集中、数量有限的目标市场，则应以人员推销为主要销售促进手段，发挥其介绍情况详细、可直接解答技术问题并能保持良好的关系等优势，来吸引目标顾客，同时辅之以广告、营业推广等形式促销。

公共关系对各种市场都适用，尤其是在购买者比较集中、数量有限的情况下，作用更加显著。

**（三）产品生命周期**

企业对处在生命周期不同阶段的产品，促销活动的目标与侧重点往往不同，促销方式的组合也不一样。一般来说：

在产品处于导入期时，企业的促销目标主要是提高产品的知名度，因此，促销方式以广告为主。为了鼓励消费者试用产品，企业可在销售地点进行适度的营业推广活动。

在产品进入成长期后，促销目标是要增加消费者的兴趣，促使他们购买企业产品。广告仍是企业促销活动的主要手段，但在内容与形式上应有所改变，比如以说服广告为主。

在产品的成熟阶段，促销目标是要培养消费者对企业品牌的偏好，增加产品的使用量，使广告促销作用有所下降、营业推广作用逐步增强。

在产品处于衰退期时，促销目标是要维持市场销量。营业推广是企业促销活动的主要方式，广告促销作为辅助手段起到提醒消费者购买的作用。

**（四）促销费用**

企业为了在市场上销售产品，必然为开展销售促进活动而花费必要的费用。销售促进费用预算的多少，直接影响销售促进方式的选择，因为有的方式费用较高，而有的则较低，而且不同的销售促进方式在不同时期的促销效果也是不同的。一般来说：

人员推销费用最高，广告次之，公共关系、营业推广因具体方式不同，其费用也有高有低。企业应在促销费用总额既定的情况下选用适当的促销手段，把有限的财力用好，达到最佳组合效果。

通过对以上几种因素的分析，说明企业在促销方式的选择上必须通盘考虑，根据具体情况确定促销策略。

一般来说，下列情况应以人员推销为主：企业规模小，或无足够的资金推行完善的广告计划；

目标市场比较集中，渠道短，销售力量强；产品单位价值很高，如特殊品、选购品；企业与目标市场顾客的关系亟待改进；产品使用方法及性能需要示范；商品不常被购买和常有退换；等等。

下列情况则适宜于广告等非人员推销：产品的市场范围很大，且多属便利品；产品须以最快的速度告知广大消费者；对产品的原始需求已显出有利趋向，市场的需求逐渐增加；产品具有相应差异化的机会，富有特色；产品具有隐藏品质，可通过广告告知广大消费者；产品能够引起感情的购买动机，顾客会迅速购买；企业拥有充足的资金，有力量支持广告活动计划；等等。

## 任务训练

### 一、实操题

请查询蒙牛公司曾经做过哪些促销活动，并分析蒙牛公司各项促销活动的优、缺点。

### 二、自测题

**(一)单选题**

1. 下列不属于促销组合方式的是(　　)。

A. 人员促销　　B. 广告　　C. 公共关系　　D. 营业推广

E. 渠道

2. 下列不属于广告的 5M 的是(　　)。

A. 愿景　　B. 产品　　C. 信息　　D. 媒介

E. 资金　　F. 评价

3. 下列情况下，适宜非人员推销的是(　　)。

A. 企业与目标市场顾客的关系亟待改进

B. 目标市场比较集中，渠道短，销售力量强

C. 产品单位价值很高

D. 产品具有相应差异化的机会，富有特色

**(二)判断题**

1. 一般来说，人员推销费用最高，广告次之。(　　)

2. 在产品导入期，企业的促销目标主要是提高产品的知名度，因此，促销方式以广告为主。(　　)

**(三)简答题**

简述企业进行促销活动时要考虑的因素。

# 任务二　掌握人员推销策略

## 任务目标

➢ **知识目标**

1. 正确理解推销的内涵和流程

2. 正确理解推销员应该具备的基本素质和能力

▶ **能力目标**

能够知道如何提升自己的素养和能力，成为一名合格的推销员

## 任务引入

### 推销精英董明珠

董明珠领导的格力电器从1995年至2005年连续11年空调产销量、销售收入、市场占有率均居全国首位。

1990年，36岁的董明珠辞掉了在南京的工作，去珠海格力电器应聘，成了一名最基层的业务员。

厂里考虑到董明珠对业务不熟悉，就让她先跟一个老业务员跑一段时间，熟悉业务，跑北京兼东北市场。正是7月份，坐在火车里就像坐在蒸笼里，又闷又热。她在火车上饿了一天。刚下火车，就觉得不对劲，头脑昏昏沉沉，眼冒金星，直淌虚汗。董明珠到了宾馆没走几步，就感到眼前发黑，倒在了地上。老业务员忙和搭档跑过来，忙活好一阵才把董明珠叫醒。第二天早上，她还能走路，就是一拐一拐的。每走一步，被摔的地方就传来一阵疼痛。老业务员看她这个样子，就让她在宾馆休息两天。董明珠摇摇头，坚持和他们一起行动，因为她不是一个轻易认输的人。

当时，北京有个大制冷展示厅，专门展卖空调。董明珠是个有心人，她一边听老业务员和展厅经理大侃生意经，一边细心观察。

董明珠跟随老业务员到了沈阳。到医院一拍片，竟然骨裂了！

初次出差，董明珠就品尝到营销工作的艰辛。要不是她骨子里有一股不服输的精神，她早就垮了。正是这种好强而又不服输的精神支撑着她，她才能够在短短的半年里从什么都不懂而成为一个对产品和市场都非常熟悉的业务员。

跟着老业务员的半年里，她不但做成了300多万元的生意，还熟悉了安装空调的房间面积、所处位置、窗口大小，应如何配置多大功率、什么型号的空调，以及空调使用和维护等方面的有关知识。更重要的是，她懂得了要怎样对付不同区域、不同性格、不同品行的经销商。营销对她来说已经不是一个陌生的概念，而是实实在在、具体的东西。

资料来源：张力升：《商界铁娘子董明珠》，中央编译出版社2009年版(引文为节选)。

**思考题：**

(1)你觉得董明珠为什么能成为一名优秀的推销人员。

(2)推销员会遇到哪些压力？结合案例，分析如何克服这些压力。

(3)作为一名营销专业学生，你是如何计划培养自己各方面的素质的？

## 知识分析

人员推销

有人认为，人员推销就是多磨嘴皮、多跑腿，把手里的商品卖出去而已，无须什么学问和技术；还有人认为，人员推销就是欺骗，推销技术就是骗术。这都是不同人员对推销的一种误解。其实，人员推销是一项专业性很强的工作，是一种

互惠互利的推销活动，它必须同时满足买卖双方的不同需求，解决各自不同的问题。推销员是实现公司与消费者双向沟通的桥梁和媒介之一，在公司的营销活动特别是促销活动中的地位和作用是不容忽视的，是最重要、最宝贵的财富之一，是公司生存和发展的支柱。在推销过程中，推销员就是企业的代表和象征。越是在竞争激烈、复杂的市场上，企业越需要应变能力强、创造力强的开拓型推销员。

## 一、人员推销的内涵

人员推销指企业派出推销人员或委托推销人员，直接与消费者接触，向目标顾客进行产品介绍、推广，促进销售的沟通活动。它是一项专业性很强的工作，是一种互惠互利的推销活动，必须同时满足买卖双方的不同需求，解决各自不同的问题，而不能只注意片面的产品推销。

人员推销不仅是卖的过程，而且是买的过程，即帮助顾客购买的过程。推销员只有将推销工作理解为顾客的购买工作，才能使推销工作进行得卓有成效，达到双方满意的目的。

人员推销不是推销产品本身，而是推销产品的使用价值和实际利益。

人员推销是一种专业性和技术性很强的工作，要求推销员具备良好的政治素质、业务素质和心理素质，以及吃苦耐劳、坚韧不拔的工作精神和毅力。

推销活动三要素主要指推销主体、推销客体、推销对象。

(1)推销主体，是指从事推销活动的人员。

(2)推销客体，也叫推销品，包括各种有形商品和无形商品，是推销活动的物质基础。

(3)推销对象，是指推销活动中的买方。推销对象包括各种年龄、各种教育水平、各种收入水平和各种性质的个人购买者，他们为消费而购买；也包括不同规模、不同经营范围的中间商，他们为转卖或加工转卖而购买商品；还包括各种各样的，为生产或管理需要而购买设备、原料和辅助材料的生产企业，以及各种非经营性的组织，如学校、社团、政府机关等。

## 二、人员推销的步骤

人员推销流程见图 9—1。

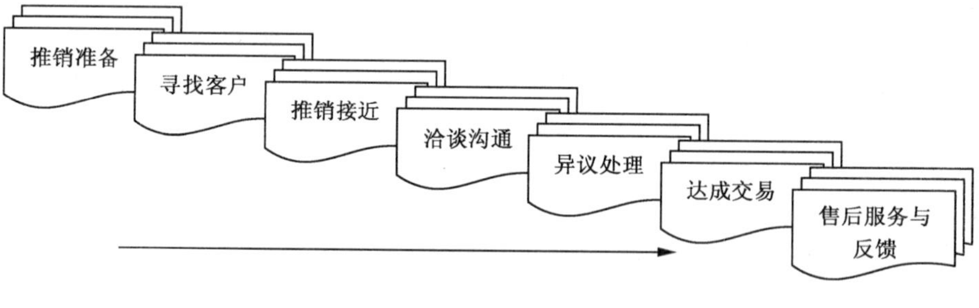


**图 9—1 人员推销流程**

## 三、人员推销的类型

一是生产厂家的人员推销，即生产厂家雇用推销员向中间商或其他厂家推销产品。日用消费品生产厂家的推销员往往将中间商作为它们的推销对象；而工业品生产厂家的推销员则把它们的产品作为生产资料，把其他生产厂家作为推销对象。

二是批发商。他们往往也雇用推销员在指定区域向零售商推销产品。

三是零售店的人员推销。这类推销往往是顾客上门，而不是推销员拜访顾客。

四是直接针对消费者的人员推销。

五是对无形产品的推销，主要指对保险、银行、旅游、服务业等的人员推销，还包括对不动产如工商企业的不动产、房地产等的人员推销。厂家对这类推销员的要求很高。

## 延伸知识

### 总理卖高铁，变身“超级推销员”

李克强就任中国国务院总理之后，已经多次扮演“超级推销员”的角色。11 月 26 日，国务院总理李克强与中东欧16 国领导人在罗马尼亚议会宫共同参观中国铁路等基础设施及装备制造展。

展览的地点在罗马尼亚议会宫，展厅墙上挂着巨大的LED 显示屏，大厅中间放着火车模型。

“中国高铁技术装备成熟，施工经验丰富，竞争优势明显，完全能够适应各国情况，满足市场需求。”他向到场的 16 国领导人推荐说。

此前一天，即 11 月 25 日，李克强刚刚抵达罗马尼亚，就传来中国、匈牙利、塞尔维亚宣布将合作建设连接贝尔格莱德和布达佩斯的匈塞铁路的消息。

总理的“推销”，让中国高铁概念股集体飙升，“南车”“北车”涨逾 5%。

11 月 29 日，李克强在谈到罗马尼亚之行时直言：我们这次出去也是向中东欧国家展示中国装备。

有媒体评论认为，李克强此行的成果是“高铁换牛肉”。在向罗马尼亚推销“高铁”的同时，李克强也收获多笔“大单”，其中包括进口罗马尼亚的肉类和活牛。

11 月 30 日，国务院总理李克强结束欧亚之行回国，在出访的 120 小时里，李克强安排了53 场外交活动。

在紧张的行程中，李克强不忘推荐来自中国的产品。这些产品包括高铁、4G 技术、核电、水电、风电、光电等，并收获多笔“大单”。

媒体称，总理不放过任何机会，向外界展示“中国制造”的产品优势。

外国领导人“推销”司空见惯，各国领导人推荐的产品小到香肠，大到飞机。

英国首相来华卖捷豹路虎，法国总统推销法国火腿和腊肠，俄罗斯总统卖飞机。

就在李克强在罗马尼亚推销中国产品的时候，中东欧国家的领导人们也在做“推销”。

罗马尼亚总理蓬塔用一段形象而诙谐的比喻，表达与中国扩大合作的愿望。他说：“我们就像一个精力充沛、刚刚毕业的大学生，我们努力工作但收入很低，因为我们在职场上才刚起步，而且这个阶段无法超越。我们像一个勤奋的青年，刚从农村来到城市，没有房也没有车，而银行也不会轻易贷款给我们。”

领导人“推销”需要大量的前期工作，是用自身信誉做担保。领导人推荐产品不是随口一说，一般来说，前期要进行大量的工作和准备。领导人进行推介，是用自身的信誉做担保。从这个角度看，领导人是国家的第一号推销员。

资料来源：新京报，2013 年 12 月 3 日。

**推销专家：乔·吉拉德**

## 四、推销员的任务和所具备的素质

### （一）推销员的任务

1. 顺利销售产品，扩大产品的市场占有率，提高产品的知名度

公司经营的中心任务就是占领和开拓市场，而推销员正是围绕这一中心任务开展工作的。推销员的重要任务就是在复杂的市场中寻找新的、尚未满足的消费需求。他们不仅要说服顾客购买产品，沟通与老顾客的关系，而且还要善于培养和挖掘新顾客，并根据顾客的不同需求，实施不同的推销策略，不断扩大市场领域，促进公司生产的发展。

2. 沟通信息

顾客可通过推销员了解公司的经营状况，经营目标，产品的性能、用途、特点、维修、价格等诸方面信息，刺激消费者从需求到购买行动的完成；同时推销员还肩负着搜集和反馈市场信息的任务，应及时了解顾客的需求、需求特点和变化趋势，了解竞争对手的经营情况，了解顾客的购后感觉、意见和看法等，为公司制定有关政策、策略提供依据。

3. 良好的服务是推销成功的保证

推销员在推销过程中应积极为顾客提供多种服务，如业务咨询、技术咨询、信息咨询等。推销中的良好服务能够增强顾客对企业及其产品的好感和信赖。

**推销人员应具备基本素质和能力**

### （二）推销员应具备的素质

（1）推销员必须对所代表的公司有一个全面的了解。熟悉公司发展史，对公司历年的财务状况、人员状况、领导状况及技术设备都了如指掌，因为这些知识都有助于增强顾客对推销员的信任感。推销员还必须掌握公司的经营目标和营销策略，并能够灵活运用和解释它们，同时还应该学会巧妙运用统计资料来说明公司的地位，力争在顾客心目中树立良好的公司形象。

（2）推销员应该是产品专家，既应全面了解从产品设计到生产的全过程，熟悉产品的性能、特点、使用、维修，熟知产品的成本、费用、出厂价格；又应全面掌握产品种类、设备状况、服务项目、定价原则、交货方式、付款方式、库存、运输条件等；另外，还必须了解竞争产品的情况。

（3）推销员需要了解顾客购买的可能性及希望从中得到的利益，还需要了解顾客的购买决策依据、顾客的购买决策权在谁手中、谁是购买者、谁是使用者和消费者及顾客的购买条件、方式和时间，深入分析不同顾客的心理、习惯、爱好和要求。

（4）推销员需掌握的相关知识主要包括营销策略、市场供求情况、潜在顾客数量、分布、购买动机、购买能力、有关法规等。

（5）优秀的推销员还应具备良好的文化素质。文化素质方面，推销员必须具有一定的专业知识，如经济学、市场学、心理学、经济法、社会学等，除此之外，还应在文学、艺术、地理、历史、哲学、自然科学、国际时事、外语等方面充实自己。博学多才是推销员成功的重要因素。

（6）推销员也应具备相应的法律素质。推销工作是一种复杂的社会活动，受到一定的法律法规制约。推销员在工作中要有强烈的法律意识和丰富的法律知识。在推销过程中，推销员应注意衡量自己的言行是否合法以及会给社会带来什么后果。

（7）人员推销实际上是一种交际活动。推销员是公司的“外交官”，必须讲究必要的推销礼仪。

## 任务训练

### 一、实操题

选取一件商品,同学之间相互进行模拟推销。

### 二、自测题

**(一)单选题**

1. 下列不属于推销活动三大基本要素的是(　　)。

A. 推销对象　　B. 推销过程　　C. 推销产品　　D. 推销人员

2. 推销活动的客体是指(　　)。

A. 推销人员　　B. 推销对象　　C. 推销品　　D. 使用价值

3. 推销的实质就是一种通过(　　)达到目标的过程。

A. 顾客购买　　B. 沟通　　C. 谈判　　D. 广告

4. 在推销过程中,推销人员必须坚持以(　　)为中心。

A. 利润　　B. 企业　　C. 产品　　D. 顾客

5. 推销的起点是(　　)。

A. 识别潜在客户　　B. 事前准备　　C. 接近顾客　　D. 产品介绍

**(二)判断题**

1. 推销的目的就是努力把商品销售出去。　　(　　)

2. 作为推销员最主要的能力就是语言表达能力。　　(　　)

**(三)简答题**

1. 简述推销员应该具有的素质和技能。

2. 简述推销员的工作任务。

# 任务三　掌握广告策略

## 任务目标

**▶ 知识目标**

1. 正确理解广告的基本特点和作用

2. 正确理解广告的媒体影响因素和广告策划的流程

**▶ 能力目标**

能够制定有效的广告策略和方案

## 任务引入

### “100年润发”洗发露

“如果说人生的离合是一场戏，那么百年的缘分更是早有安排。青丝秀发，缘系百年。”或许很多人还记得十年前这句经典的广告词以及周润发经典的表演。这不仅是“100年润发”的一句广告语，更是一种意境、一种美好情感的凝聚，也是呵护百年，温情中展示要树百年品牌的决心。它不仅道尽了人们对美好事物的向往，更是将意境与情感、商业与文化、品牌与明星完美地融合，堪称经典！

“100年润发”是重庆奥妮系列产品中的一个，企业有奥妮皂角、奥妮首乌和“百年润发”（又分为青年型和中年型两种）。在“100年润发”广告里，“文化气”和“商业气”在这里天衣无缝地结合，融汇成具有中国情感的、中国式词汇的民族品牌，这与国产商品“洋名风”“霸气风”形成鲜明的对比，有助于记忆度的加强、辨识率的提高。

据当时一项调查显示，广告产生的所有感动几乎都来自这个情节。这则广告为企业创造了近8个亿的销售收入。

“100年润发”的广告案例是在京剧的音乐背景下，周润发百年润发广告篇给观众讲述了一个青梅竹马、白头偕老的爱情故事：男女主人公从相识、相恋、分别和结合都借助于周润发丰富的面部表情表现出来：爱慕状、微笑状、焦灼状、欣喜状。而白头偕老的情愫是借助于男主人公周润发一往情深地给“发妻”洗头浇水的镜头表现出来的。

白头偕老的结发夫妻，头发，这在中国历史上本身就有着深厚的文化内涵，配以画外音：“青丝秀发，缘系百年”，然后推出产品“100年润发，重庆奥妮！”——把中国夫妻从青丝到白发、相好百年的山盟海誓都融入“100年润发”中。明星拍广告大多是一笑之后简单地推出产品，而广告中祥和、朴实的他没有一句台词，时势变迁的悲欢离合，重游旧地、遥想当年的复杂情绪全靠精湛的表演，加上女演员情真、意浓、清新、毫不逊色的配合，使得爱情故事真正地融进百年润发品牌中去，广告主题在视觉上更加完美。

在“国货当自强”的“良缘”下，人名、品名、真情浑然一体，天造地设，相得益彰，明星的“晕光”效应酣畅淋漓，百年润发的知名度得以极大地提升。图9—2为“100年润发”产品。

**思考题：**

分析“100年润发”广告的优点。

## 知识分析

“广告”一词，首先源于拉丁文advertere，其意为注意、诱导及传播。中古英语时代（约公元1300—1475年），演变为advertise，其含义衍化为“使某人注意到某件事”或“通知别人某件事，以引起他人的注意”。直到17世纪末，英国开始进行大规模的商业活动。这时，“广告”一词便广泛地流行并被使用。此时的“广告”，已不单指一则广告，而是指一系列的广告活动。静止的物的概念的名词advertise，被赋予现代意义，转化成为“advertising”。汉字的“广告”一词源于日本。

(1)格力：好空调，格力造。

图 9—2　“100 年润发”产品

(2)小米：为发烧而生。

(3)乐百氏：27 层净化。

(4)海尔：海尔，中国造。

(5)李宁：一切皆有可能。

(6)爱多：我们一直在努力。

(7)中国移动：沟通无处不在。

(8)新飞冰箱：新飞广告做得不如新飞冰箱好。

(9)奥妮洗发水：黑头发，中国货。

(10)农夫山泉：农夫山泉有点甜。

(11)联想：世界失去联想，世界将会怎样。

促销之广告篇

## 一、广告的定义

广告是指以营利为目的，为推销商品或提供服务，以付费方式通过广告媒体向消费者或用户传播商品或服务信息的手段。广告被认为是运用媒体而非口头形式传递的具有目的性的信息的一种形式，旨在唤起人们对商品的需求并对生产或销售这些商品的企业进行了解并产生好感。

美国营销协会的定义委员会形成了一个有较大影响的广告定义：广告是由可确认的广告主，对其观念、商品或服务所做的任何方式付款的非人员式的陈述与推广。

美国广告协会对广告的定义是：广告是付费的大众传播，其最终目的为传递情报，改变人们对广告商品的态度，诱发其行动而使广告主得到利益。

《简明大不列颠百科全书》对广告的定义是：广告是传播信息的一种方式，其目的在于推销商品、提供劳务服务、取得政治支持、推进一种事业或引起刊登广告者所希望的其他反映。广告信息通过各种宣传工具，传递给它所想要吸引的观众或听众。广告不同于其他传递信息的形式，必须由登广告者付给传播媒介以一定的报酬。

《中华人民共和国广告法》对广告的定义是：商品经营者或者服务提供者承担费用，通过一定的媒介和形式直接或者间接地介绍自己所推销的商品或者所提供的服务的商业广告。

## 二、广告的特点

广告不同于一般大众传播和宣传活动，其主要特点有以下几方面：

(1)广告是一种传播工具，是将某一项商品的信息，由这项商品的生产或经营机构(广告主)传送给一群用户和消费者；

(2)做广告需要付费；

(3)广告进行的传播活动是带有说服性的；

(4)广告是有目的、有计划、连续的；

(5)广告不仅对广告主有利，而且对目标对象也有好处，它可使用户和消费者得到有用的信息。

## 三、广告的要素

以广告活动的参与者为出发点，广告的构成要素有广告主、广告公司、广告媒体、广告信息、广告思想和技巧、广告受众、广告费用及广告效果。

以大众传播理论为出发点，广告要素主要包括广告信源、广告信息、广告媒介、广告信宿等。

## 四、广告的分类

1.按照内容分类

按照内容分类，广告可分为产品广告、品牌广告、观念广告、公益广告。

2.按照目的分类

按照目的分类，广告可分为告知广告、促销广告、形象广告、建议广告、公益广告、推广广告。

3.按照策略分类

按照策略分类，广告可分为单篇广告、系列广告、集中型广告、反复广告、营销广告、比较广告、说服广告。

4.按照传播媒介分类

按照传播媒介分类，广告可分为报纸广告、杂志广告、电视广告、电影广告、网络广告、包装广告、广播广告、招贴广告、POP广告、交通广告、直邮广告、车体广告、门票广告、餐盒广告等。随着新媒介的不断增加，依媒介划分的广告种类也会越来越多。

5.按照表现手法分类

按照表现手法分类，广告可分为图像广告、文字设计广告、幽默广告、人物肖像广告、视听广告等。

6.按照传播范围分类

按照传播范围分类，广告可分为国际性广告、全国性广告、地方性广告、区域性广告。

7.按照传播对象分类

按照传播对象分类，广告可分为消费广告和企业广告。

## 五、广告的作用

### (一)准确传达广告信息

准确传达广告信息是广告的首要作用。在现代商业社会中，商品和服务信息绝大多数都是通过广告传递的，平面广告通过文字、色彩、图形将信息准确地表达出来，而二维广告则通过声音、动态效果表达信息。通过以上各种方式，商品和服务才能被消费者接受和认识。由于文化水平、个人经历、受教育程度、理解能力的不同，消费者对信息的感受和反应也会不一样，因此设计时需仔细把握。

**（二）树立品牌形象**

企业的形象和品牌决定了企业和产品在消费者心中的地位，这一地位通常靠企业的实力和广告战略维护和塑造。

**（三）引导消费**

广告信息详细、具体，如购物指南、房产广告、商品信息等都可以引导消费者购买产品。

**（四）满足消费者**

一幅色彩绚丽、形象生动的广告作品，能以其非同凡响的美感力量增强广告的感染力，使消费者沉浸在商品和服务形象给予的愉悦中，使其自觉接受广告的引导。因此，广告设计时物质文化和生活方式的审美再创造，通过夸张、联想、象征、比喻、诙谐、幽默等手法对画面进行美化处理，使之符合人的审美需求，可以提升消费者的审美情趣，有效地引导其在物质文化和生活方式上的消费观念。

**王老吉广告语的营销艺术**

## 六、广告选择媒体的影响因素

**（一）市场方面**

1.要考虑消费者的属性

人总依其个人品位来选择适合的媒体，不同教育或职业的消费者，对媒体的接触习惯并不相同。一般地说，教育程度较高者，偏重于印刷媒体；教育程度较低者，偏重于电波媒体，因此要配合消费者的性别、年龄、教育程度、职业及地域性等来决定应用何种媒体。

2.要考虑商品的特性

各种商品的特性不一样，应该按商品的特性来考虑媒体。例如，消费者（生活）用品广告和工业用品广告的媒体策略完全不同，前者是全体的消费大众，后者是特定的工厂、老板或董事。很显然，千万元的别墅广告和普通中下层公寓广告的媒体使用应当有所不同。

3.要考虑商品的销售范围

商品市场究竟是全国性的销售，还是限于地方区域性市场的销售，这关系到广告接触者的范围大小，由此才可决定选择何种较经济有效的媒体，以免使用不适当的广告媒体而毫无传播效果。

**分众传媒**

**（二）媒体方面**

1.要考虑媒体量的价值

只有考虑媒体量的价值，如报纸的发行量、杂志的发行量、电视的收视率、电台的收听率，才能了解效果。

2.要考虑媒体的价值

即考虑媒体的接触层次，应仔细分析其类型，以期与产品消费者的类型符合；同时需考虑媒体的特性、优缺点，节目或编辑内容，是否与广告效果有关。

3.要考虑媒体的经济价值

要慎重考虑各媒体的成本费用，不仅要考虑“绝对成本”，即媒体的实际支付费用，同时也应考虑“相对成本”，如用印刷媒体的每天读者数或电波媒体的每分钟每千人的视听成本。

## 延伸知识

### 媒体的量的评估

从定量的角度来评估媒体，评估的指标一般包括媒体的到达率、频次和每千人成本。

1. 到达率和频次

(1)到达率，指在特定的期间内，暴露于某一广告排期表下至少一次的目标受众占所有目标广告受众的比率。就广播、电视而论，通常到达率均于四周期间表示；就杂志、报纸而论，到达率通常以某一特定发行期经过全部读者的寿命期间作为计算标准。

(2)频次，指在一定期间内，目标广告消费者对同一广告接触的平均次数。消费者的接触频次不同，所产生的广告效果也不同，因此，广告必须通过次数的累积，使信息一再重复才能产生效果。

(3)有效频次，指的是对消费者达到广告诉求目的所需要的广告露出频率。广告的有效频次，在过去传统的认定是以3次为有效频次的下限。事实上，不同品类、市场、竞争、媒体环境及创意等，在媒体有效频次上皆有不同的界定。如：竞争激烈的品牌比竞争和缓的品牌所需有效频次高，新品牌比已经成功建立的品牌所需有效频次也高。

(4)有效到达率是指在某一期间内一定次数(有效频次)以上接触了同一广告信息的目标对象所占的比重。相对于另一个媒体计划的强度(Intensity)，其强度可以用毛评点(Gross Rating Points)来衡量：毛评点＝到达率×频次(GRP＝RCP)。因此，到达率和频次是互为反比的，在一定的广告媒体预算中只能强调其一，当到达率被强调时，对那些低价位产品、时尚产品和新产品信息是有利的；当频次被强调时，对复杂的广告信息和对付强大的竞争对手是有效的。当有效到达率与有效频次都达到一定水平时，广告效果才能实现。企业必须根据自身的广告策略处理好有效到达率与有效频次之间的关系，从而以可供支配的有限资源获得最大的广告效果。

2. 每千人成本

每千人成本(cost per thousand，CPM)，即由某一媒介或媒介广告排期表送达1 000人所需的成本。它明确地显示出在某一媒介发布广告的直接效益，一般来说，千人成本较低，成本也最低。做媒体计划时一定要注意不能因为选择成本较低的媒体而忽视其传播效果。一般来说，千人成本与广告传播效果无法直接比较，成本较高的媒体其传播效果不一定都好，因此，应综合比较分析媒体的各种特性，在不超出广告预算的情况下尽量使媒体发挥其更好的效用。

CPM常用于同类媒体中两种媒体(杂志与杂志)的比较或两类媒体(杂志与电视)的比较。

$$CPM=(广告费用/到达人数)\times 1\ 000$$

**(三)广告主方面**

(1)要考虑广告主销售方法的特征。销售方式究竟以推销员为主还是以零售商为主，这要看用什么样的销售策略。销售策略不同，选择媒体的标准也不同。

(2)要考虑广告主的促销战略。如计划一个赠送样品的广告活动，就要用能配合赠送活动的媒体。

(3)要考虑广告主活动的基本目的及广告预算的分配额和广告主的经济能力。

(4)同行竞争者使用广告媒体的情况与战略也应列入媒体考虑范围，以达到“知己知彼”之效。

## 七、广告策划流程

广告策划是为了用较低的广告费用取得较好的促销效果。广告策划流程包括分析广告机会、确定广告目标、形成广告内容、选择广告媒体等内容。

### （一）分析广告机会

进行广告促销，首先要通过广告机会分析解决针对哪些消费者做广告以及在什么样的时机做广告等问题，为此就必须搜集并分析有关方面的情况，如消费者的情况、竞争者的情况、市场需求发展趋势、环境发展动态等，然后根据企业的营销目标和产品特点，找出广告的最佳切入时机，做好广告的群体定位，为开展有效的广告促销活动奠定基础。

### （二）确定广告目标

确定广告目标，就是根据促销的总体目的，依据现实需要，明确广告宣传要解决的具体问题，以指导广告促销活动的实行。广告促销的具体目标，可以使消费者了解企业的新产品，促进购买，增进销售或提高产品与企业的知名度，以便形成品牌偏好等。

### （三）形成广告内容

广告的具体内容应根据广告目标、媒体的信息容量来加以确定，一般来说，应包括以下三个方面：

1. 产品信息

产品信息主要包括产品名称、技术指标、销售地点、销售价格、销售方式以及国家规定必须说明的情况等。

2. 企业信息

企业信息主要包括企业名称、发展历史、企业声誉、生产经营能力以及联系方式等。

3. 服务信息

服务信息主要包括产品保证、技术咨询、结款方式、零配件供应、保修网点分布以及其他服务信息。

企业在安排广告内容时应注意以下问题：

（1）真实性，即传播的信息必须真实、可信，不可有夸大不实之词，更不能用虚假广告欺骗消费者。

（2）针对性，即传播的信息应该是目标消费者想了解的，做到有的放矢。

（3）生动与新颖性，即广告内容应简明易懂，易于记忆；广告形式应生动有趣，富有新意。

### （四）选择广告媒体

广告信息需要通过一定的媒体才能有效地传播，不同的媒体在广告内容承载力、覆盖面、送达率、展露频率、影响价值以及费用等方面互有差异，企业的广告策划人员在选择广告媒体时必须了解各种媒体的特性。广告可以选择的传播体及其特性的有关情况如下：

1. 电视媒介

电视媒介是覆盖面广、传播信息速度快、能形象表达信息的媒介，但是电视是一个强制性媒介，受众接触广告是比较被动的，因此，受众容易对电视广告产生一种抗拒心理。观众有了更多的选择，稀释了频道的传播效果，如果广告主想要使目标受众达到足够的传播量，就不得不加大对不同电视媒介的投资。

2. 报纸媒介

它的公信力与权威性还是在的，比起互联网来说，它更加让人们所信服。一般报纸的广告截稿时限很短。大多数城市的日报是广告的截稿日期之前48小时，因此广告主可以随时调整广告内容和报面尺寸。但是与此相对应的是，报纸广告的寿命很短，而且无法展现画面感。

3. 杂志媒介

杂志媒介针对性强，目标群体明确，生命周期比较长，画面感比起报纸媒介来说也强，而且读者群较为稳定，读者的文化水准和消费水平也会比较高。但是杂志的发行量有限，在阅读范围上无法与电视、报纸等媒介相比。

4. 广播媒介

广播媒介收费比较便宜，人们处在半收听状态，对于广告的阻抗就会相应减小，而且声音也是最容易感染人的。相应地，它的局限性也只是为人们的听觉输送消息，无法展现视觉冲击。

5. 户外媒介

户外媒介属于地域性媒介，主要看地理位置、尺寸大小、能见情况和周边的人流车流情况。人们对户外媒介一般是远距离一瞥而过，关注度比较低，在传播功能上侧重的是功能提醒。

6. 互联网媒介

互联网传播的主体比较多元化和信息也比较广泛。在互联网上人们之间的互动性很强。

## 任务训练

### 一、实操题

请为我校设计一份招生宣传广告文案。

### 二、自测题

**（一）单选题**

以下广告媒介中互动性最强的是（　　）。

A. 电视　　B. 报纸　　C. 杂志　　D. 广播

E. 户外　　F. 互联网

**（二）判断题**

广告宣传中传播的信息不一定要真实，可以夸大，关键是打动消费者购买商品。（　　）

**（三）简答题**

1. 简述广告策划的流程。

2. 简述广告选择媒体的影响因素。

# 任务四　掌握营业推广策略

## 任务目标

**▶ 知识目标**

1. 正确理解营业推广的内涵、特点和作用

2. 正确理解营业推广的方式和步骤

**▶ 能力目标**

能够制订高效的营业推广方案

## 任务引入

### 康师傅茶开盖有奖促销活动的得与失

2008 年，著名的茶饮料公司康师傅做了一个促销活动，叫“开盖有奖，再来一瓶”（见图 9—3）。3 月份的中奖率为 5%，4 月份为 10%，5 月份为 20%，6 月份为 40%。

**图 9—3　康师傅茶开盖有奖促销活动宣传海报及兑奖瓶盖**

从饮料的消费旺季来看，正常的销售曲线应该是在 3、4、5、6 月往上走。但康师傅茶饮料已经进入成熟期，在成熟期应尽量少用渠道的促销政策或者消费者的促销政策，康师傅开展“开盖有奖”的促销活动有欠考虑。作为成熟期第一品牌的茶饮料，曲线应在淡季往上拉。

2008 年 6、7 月份，全国进入高温状态，由于茶饮料开盖有奖，其他饮料的消费者被吸引过来，选择了茶饮料。结果在高温季节，康师傅的产能跟不上，导致在 7 月份断货 1 个月，市场上所有的茶饮料都卖空，甚至包括刚铺市的今麦郎茶饮料也全部销空。可见，如果促销政策设计不当，就会造成可怕的资源浪费，而做销售最不应该断货，一断货，市场就全部成为别人的，这是 2008 年康师傅吸取的教训。

2009 年，康师傅让产品供应充足。为了让曲线走得更平稳，康师傅规定所有给经销商的盖子都放到淡季兑换，以拉动产能。由于销量极大，而兑换需等到淡季，很多经销商堆积了价值几十万元的盖子。由于压力太大，很多经销商不给零售点兑换，结果很多零售点也不给消费者兑换。

然而，这一情况没有引起康师傅很大的注意。2010 年，康师傅重复了这一套路。

2011 年，康师傅又用同样的方法做了一次促销。这次很惨。经销商不给零售点兑换，零售点抗议不愿再卖，导致 2012 年 3 月份渠道还在卖上年 6 月份的茶。康师傅为了恢复市场，不得不在 3 月份以后回收很多过期的茶或临期的茶。

**思考题：**

分析康师傅促销活动的经验和教训。

## 知识分析

营业推广往往是在一个特定的时间里针对促销对象提供一种特殊优惠的购买条件,给予促销对象直接的刺激作用。如果方式选择运用得当,促销效果则能很快在其经营活动中显示出来,而不像其他促销方式那样需要一个较长的周期,比较适合那些突击式的、需要短期见效的促销目标。

营业推广

### 一、营业推广的概念

营业推广是一种适宜短期推销的促销方法,是企业为鼓励购买、销售商品和劳务而采取的除广告、公关和人员推销之外的所有企业营销活动的总称。

### 二、营业推广的特点

#### (一)营业推广促销效果显著

在开展营业推广的活动中,可选用的方式多种多样。一般来说,只要能选择合理的营业推广方式,就会很快地收到明显的增销效果,而不像广告和公共关系那样需要一个较长的时期才能见效。因此,营业推广适合在一定时期一定任务的短期性的促销活动中使用。

#### (二)营业推广是一种辅助性促销方式

人员推销、广告和公关都是常规性的促销方式,而多数营业推广方式则是非正规性和非经常性的,只能是它们的补充方式,亦即使用营业推广方式开展促销活动,虽能在短期内取得明显的效果,但它一般不能单独使用,常常配合其他促销方式使用。营业推广方式的运用能使与其配合的促销方式更好地发挥作用。

#### (三)营业推广有贬低产品之意

采用营业推广方式促销,似乎迫使顾客产生"机会难得,时不再来"之感,进而阻碍消费者的需求动机的衰变和购买行为的惰性。不过,营业推广的一些做法也常使顾客认为卖者有急于抛售的意图,若频繁使用或使用不当,则往往会引起顾客对产品质量、价格产生怀疑。因此,企业在开展营业推广活动时要注意选择恰当的方式和时机。

### 三、营业推广的作用

#### (一)可以吸引消费者购买

这是营业推广的首要目的,尤其是在推出新产品或吸引新顾客方面,由于营业推广的刺激比较强,较易吸引顾客的注意力,使顾客在了解产品的基础上采取购买行为,也可能使顾客追求某些方面的优惠而使用产品。

#### (二)可以奖励品牌忠实者

因为营业推广的很多手段,譬如销售奖励、赠券等通常都附带价格上的让步,其直接受惠者大多是经常使用本品牌产品的顾客,从而使他们更乐于购买和使用本企业的产品,以巩固企业的市场占有率。

#### (三)可以实现企业的营销目标

这是企业的最终目的。营业推广实际上是企业让利于购买者,使广告宣传的效果得到增强,破坏消费者对其他企业产品的品牌忠实度,从而达到销售本企业产品的目的。

## 四、营业推广的方式

### （一）面向消费者

1. 赠送促销

赠送促销是向消费者赠送样品或试用品。赠送样品是介绍新产品最有效的方法，缺点是费用高。样品可以选择在商店或闹市区散发，或通过其他产品附送，也可以公开广告赠送，或入户派送。

2. 折价券

在购买某种商品时，持券可以免付一定金额的钱。折价券可以通过广告或直邮的方式发送。

3. 包装促销

包装促销是以较优惠的价格提供组合包装和搭配包装的产品。

4. 抽奖促销

抽奖促销是顾客购买一定的产品之后可获得抽奖券，凭券进行抽奖，获得奖品或奖金、抽奖可以有各种形式。

5. 现场演示

企业派促销员在销售现场演示本企业的产品，向消费者介绍产品的特点、用途和使用方法等。

6. 联合推广

企业与零售商联合促销，将一些能显示企业优势和特征的产品在商场集中陈列，边展销边销售。

7. 参与促销

通过消费者参与各种促销活动，如技能竞赛、知识比赛等活动，能获取企业的奖励。

8. 会议促销

会议促销包括各类展销会、博览会、业务洽谈会期间的各种现场产品介绍、推广和销售活动。

### （二）面向中间商

1. 批发回扣

企业为争取批发商或零售商多购进自己的产品，在某一时期给经销本企业产品的批发商或零售商加大回扣比例。

2. 推广津贴

企业为促使中间商购进企业产品并帮助企业推销产品，可以支付给中间商一定的推广津贴。

3. 销售竞赛

企业根据各个中间商销售本企业产品的实绩，分别给优胜者以不同的奖励，如现金奖、实物奖、免费旅游、度假奖等，以起到激励的作用。

4. 扶持零售商

生产商对零售商专柜的装潢予以资助，提供 POP 广告，以强化零售网络，促使销售额增加，可派遣厂方信息员或代培销售人员。生产商这样做的目的是提高中间商推销本企业产品的积极性和能力。

### （三）面对内部员工

企业主要是针对其内部的销售人员，鼓励他们热情推销产品或处理某些老产品，或促使他们积极开拓新市场。一般可采用的方法有销售竞赛、免费提供人员培训、技术指导等。

## 五、营业推广的步骤

### （一）确定推广目标

营业推广目标的确定，就是要明确推广的对象是谁、要达到的目的是什么。就消费者而言，目标包括鼓励消费者更多地使用商品和促进大批量购买；争取未使用者试用，吸引竞争者品牌的使用者。就零售商而言，目标包括吸引零售商们经营新的商品品目和维持较高水平的存货，抵消各种竞争性的促销影响，建立零售商的品牌忠诚和获得进入新的零售网点的机会。就销售队伍而言，目标包括鼓励他们支持一种新产品或新型号，激励他们寻找更多的潜在顾客和刺激他们推销商品。

### （二）选择推广工具

营业推广的方式方法很多，但如果使用不当，则适得其反。因此，选择合适的推广工具是取得营业推广效果的关键因素。企业一般要根据目标对象的接受习惯和产品特点、目标市场状况等来综合分析选择推广工具。

### （三）制订营业推广方案

营业推广方案应该包括以下几个因素：

1. 费用

营销人员必须决定准备拿出多少费用进行刺激。

2. 参加者的条件

刺激可以提供给任何人或选择出来的一部分人。

3. 营业推广措施的分配途径

营销人员必须确定怎样去促销和分发促销方案。

4. 营业推广时间

调查表明，最佳的频率是每季有3周的促销活动，最佳持续时间是产品平均购买周期的长度。

5. 营业推广的总预算

### （四）实施和控制营业推广方案

实施的期限包括前置时间和销售延续时间。前置时间是从开始实施这种方案前所必需的准备时间。它包括最初的计划工作、设计工作以及包装修改的批准或者材料的邮寄或者分送到家；配合广告的准备工作和销售点材料；通知现场推销人员，为个别的分店建立地区配额，购买或印刷特别赠品或包装材料，预期存货的生产，存放到分配中心准备在特定的日期发放。销售延续时间是指从开始实施到大约95％的采取此促销办法的商品已经在消费者手里所经历的时间。

### （五）评价营业推广结果

对营业推广方案的评价最普通的一种方法是把推广前、推广中和推广后的销售进行比较。

## 任务训练

### 一、实操题

请为蒙牛公司制作春节促销活动策划方案。

### 二、自测题

**(一)单选题**

1. 以下营业推广方式不是面向消费者的是(　　)。

A. 赠送促销　　B. 包装促销　　C. 推广津贴　　D. 抽奖促销

2. 以下营业推广方式不是面向中间商的是(　　)。

A. 批发回扣　　B. 推广津贴　　C. 现场演示　　D. 扶持零售商

**(二)判断题**

1. 狭义的促销也就是处理库存和快到期的商品。(　　)

2. 折扣促销,可以适当地提高原价。(　　)

3. 营业推广适合在一定时期一定任务的短期性的促销活动中使用。(　　)

**(三)简答题**

营业推广方案应该包括哪些因素?

# 任务五　掌握公共关系策略

## 任务目标

**▶ 知识目标**

1. 正确理解公共关系的内涵、特点和作用

2. 正确分清公共关系和庸俗关系的区别

**▶ 能力目标**

能够制定合理、有效的公共关系策略

## 任务引入

**加多宝新品牌公关策略**

1. 加多宝集团背景

加多宝集团是一家大型专业饮料生产及销售企业,于 1995 年创立,同年推出首批红色罐装“王老吉”(见图 9—4)。销售网络遍及中国 30 多个省、自治区、直辖市,并销往东南亚、欧美等地。

**图 9—4 加多宝、王老吉产品**

2. 加多宝与广药集团商标权之争

2011 年 4 月，广药向中国国际经济贸易仲裁委员会提出仲裁申请。2012 年 5 月 12 日，根据中国国际经济贸易仲裁委员会的裁决书，加多宝停止使用“王老吉”商标。

加多宝沿袭了在营销策划王老吉品牌时一贯的定位思想，对加多宝凉茶进行了精准、明确的定位：正宗凉茶领导者——加多宝，大张旗鼓地宣传加多宝是正宗凉茶，直接挑战王老吉的正宗凉茶定位。为了有效阻截原来的王老吉品牌，加多宝用了这样的广告语——“全国销量领先的红罐凉茶，改名加多宝，还是原来的味道，还是原来的配方”，并且使用与原来的王老吉广告相似的场景画面，试图让原来的王老吉消费者相信王老吉凉茶已经改名为加多宝凉茶了，加多宝凉茶就是正宗凉茶的代表。加多宝通过此种策略，试图留住原来为王老吉品牌辛辛苦苦积累下的老顾客。

在痛失“王老吉”商标之后，加多宝以 6 000 万元打包冠名《中国好声音》，迅速以一种“地毯式轰炸”的营销方式变颓势为优势。加多宝选择赞助《中国好声音》，便是一次经典的公关活动。因为《中国好声音》与加多宝推行的“正宗凉茶”战略相关联。中国中小企业要打造强势品牌，公关活动必须指向品类，与品类响应。《中国好声音》演绎了一场场“原创”的声音，而加多宝想抢占“正宗凉茶”的品类，相互之间形成了呼应，从战略上实现了加多宝重新塑造凉茶品类领导品牌的目标。

2013 年 2 月 4 日，加多宝官方微博连发四个主题为“对不起”的自嘲系列文案，并配以幼儿哭泣的图片，引发上万网友转发。

“对不起，是我们太自私，连续 6 年全国销量领先，没有帮助竞争队友修建工厂、完善渠道、快速成长……”

“对不起，是我们太笨，用了 17 年的时间才把中国的凉茶做成唯一可以比肩可口可乐的品牌。”

“对不起，是我们无能，卖凉茶可以，打官司不行。”

“对不起，是我们出身草根，彻彻底底是民企的基因。”

2013年3月26日，凉茶创始人王泽邦玄孙王健仪携家族成员在深圳召开“凉茶创始人王泽邦后人媒体见面会”。会上，王氏家族发表联合声明，表示从未将祖传秘方授予广药集团使用。同时，王健仪对广药集团滥用王泽邦及其他先祖的肖像注册商标及利用其先祖的名字、凉茶创始年份进行广告宣传等行为表示强烈抗议，并称将依法捍卫家族的合法权益。

2013年4月26日，加多宝官方微博发布消息称，“将通过@中国扶贫基金会，向雅安灾区捐款1亿元，用于灾后重建。我们相信一切都会好起来的。”

**思考题：**

分析加多宝实施公共关系策略的成功点。

## 知识分析

公共关系的起源“公共关系”一词的首次出现是在1807年美国总统托马斯·杰斐逊的国会演说。根据爱德华·伯尼斯(Edward Bernays)定义，公共关系是一项管理功能，制定政策及程序来获得公众的谅解和接纳。它的本意是社会组织、集体或个人必须与其周围的各种内部、外部公众建立良好的关系。它是一种状态，任何一个企业或个人都处于某种公共关系状态之中；它又是一种活动，当一个工商企业或个人有意识地、自觉地采取措施去改善和维持自己的公共关系状态时，就是在从事公共关系活动。

### 一、公共关系的内涵

公共关系是指某一组织为改善与社会公众的关系，促进公众对组织的认识、理解及支持，达到树立良好的组织形象、促进商品销售的目的等一系列公共活动。

在市场营销学体系中，公共关系是企业机构唯一一项用来建立公众信任度的工具。

## 延伸知识

**公共关系理论部分学派**

1. 管理职能派

“管理职能说”定义把公共关系看做与计划、财务一样的管理职能，其中，美国人莱克斯·哈洛博士的定义便是典型代表。他认为：公共关系是一种特殊的管理职能，帮助一个组织建立并保持与公众之间的交流、理解、认可与合作；参与处理各种问题与事件；帮助管理部门了解民意，并对其做出反应；确定并强调企业为公众利益服务的责任；作为社会趋势的监视者，帮助企业保持与社会同步；使用有效的传播技能和研究方法作为基本工具。

国际公共关系协会同样认为公共关系是一种管理职能，其定义是：公共关系是一种管理功能，具有连续性和计划性。通过公共关系，公立的和私人的组织机构试图赢得与它们有关的人的理解、同情和支持——借助对舆论的估价，以尽可能协调它们的政策和做法，依靠有计划的、广泛的信息传播，赢得更有效的合作，更好地实现它们的共同利益。

美国著名公共关系学者卡特李普(Scott M. Cutlip)和森特(Allen H. Centre)认为：公共关系是这样一种管理功能，即它能建立和维护组织与公众之间的互利互惠关系，而一个组织的成功或失败取决于公众。

2. 传播派

这一类定义强调公共关系是组织一种特定的传播管理行为和职能，认为公共关系离不开传播沟通。我国公共关系学者廖为建就持此种观点，其定义是：公共关系是一个组织与其相关公众之间的传播管理。

在美国的大学中，公共关系专业往往设在新闻传播学院内。

英国人弗兰克·杰夫金斯(Frank Jefkins)也认为：公共关系是由为达到相互理解有关特定目标而进行的各种有计划的沟通联络所组成的，这种沟通联络处于组织与公众之间，既是内向的，也是外向的。国外一些大型的百科全书或综合词典也从传播或沟通的角度来定义公共关系。《美利坚百科全书》中的定义是：公共关系是关于建立一个组织同其既定公众之间相互了解的活动。《大英百科全书》中是这样定义的：公共关系是旨在传递有关个人、公司、政府机构或其他组织的信息，并改善公众对其态度的种种政策或行动。《韦伯斯特新国际词典》认为：公共关系是通过传播大量有说服力的材料，发展邻里的相互交往和估价公众的反应，从而促进个人、公司或机构同他人、各种公众以及社区之间的亲善友好关系。

3. 特定关系派

持这种观点的人认为，“关系”体现公共关系的本质属性。公共关系是一种特定的社会关系，正确认识公众关系、处理公众关系是开展公共关系的出发点和归宿。

美国普林斯顿大学的资深公共关系教授希尔兹(H. L. Chils)认为：公共关系就是我们所从事的各种活动所发生的各种关系的通称，这些活动与关系是公众性的，并且都有社会意义。

英国公共关系学会的定义是：公共关系就是在组织和它的公众之间建立和维持相互了解的、有目的的、有计划的持续过程。

4. 特征综合派

有的公关学者认为，前面几类定义都只反映了公共关系某一方面的含义或特征，未免失之偏颇，因此他们试图通过一个定义把公共关系的所有内涵或特征都包括进去。

美国《公共关系季刊》曾详细罗列了公共关系的 14 个特征。1982 年 11 月，美国公共关系学会(PRSA)在其一流成员组成的专家小组的努力下正式采用了一个“关于公共关系的官方陈述”。这一定义除了概念方面的内容外，还将各种活动、结果和对公共关系实践的知识要求包括在内。

5. 经营艺术派

持这种观点的人认为，公共关系还只是一门不精确的学科，许多公共关系问题不存在唯一正确的答案。公共关系在实际运作中要讲究创造性，讲求形象思维，需要从整体上来把握公共关系及其工作。因此，公共关系是一种艺术。

如 1978 年 8 月，在墨西哥城召开的世界公共关系协会大会上，代表们经过商讨，提出了这样一个有关公共关系的定义：公共关系是一门艺术和社会科学，公共关系的实施是分析趋势，预测后果，向机构领导人提供意见，履行一连串有计划的行动，以服务本机构和公众的利益。

## 二、公共关系的基本特征

### (一)以公众为对象

公共关系是一定的社会组织与其相关的社会公众之间的相互关系。社会组织必须着眼于自己的公众，才能生存和发展。公共关系活动的策划者和实施者必须始终坚持以公众利益为导向。

**（二）以美誉为目标**

塑造形象是公共关系的核心问题。组织形象的基本目标有两个，即知名度和美誉度。所谓知名度，是指一个组织被公众知道、了解的程度，以及社会影响的广度和深度。所谓美誉度，是指一个组织获得公众信任、赞美的程度，以及社会影响的美、丑、好、坏。在公众中树立组织的美好形象是公共关系活动的根本目的。

**（三）以互惠为原则**

公共关系是以一定的利益关系为基础的。一个社会组织在发展过程中要得到相关组织和公众的长久支持与合作，就要奉行互惠原则，既要实现本组织的目标，又要让公众得益。

**（四）以长远为方针**

一个社会组织要想给公众留下不可磨灭的组织形象，不是一朝一夕之功所能及，必须经过长期的、有计划的、有目的的艰苦努力。

**（五）以真诚为信条**

以事实为基础是公共关系活动必须切实遵循的基本原则之一。社会组织必须为自己塑造一个诚实的形象，才能取信于公众。精诚所至，金石为开；至诚可以移山；热诚能成万事；真诚能产生最大的说服力。

**公共关系在现代企业营销中的作用**

**（六）以沟通为手段**

没有沟通，主客体之间的关系就不会存在，社会组织的良好形象也无从产生，互惠互利也不可能实现。要将公共关系目标和计划付诸实施，只有双向沟通的过程，才是公共关系的完整过程。

## 三、公共关系的作用

**（一）搜集信息**

公共关系首先要履行搜集信息、监测环境的职责，即作为组织的预警系统，运用各种调查研究分析的方法，搜集信息、监视环境、反馈舆论、预测趋势、评估效果，以帮助组织对复杂、多变的公众环境保持高度的敏感性，维持组织与整个社会环境之间的动态平衡。

**（二）辅助决策**

公共关系在组织的经营管理决策过程中要协助决策者考虑复杂的社会因素，平衡复杂的社会关系，从社会公众和整体环境的角度评价决策的社会影响和社会后果，使决策目标能够反映公众的利益，决策方案具备一定的社会适应力和社会应变力，决策实施的效果有利于组织树立良好的形象。从这一意义上也可以说，公共关系部门是一个“智囊机构”，在组织管理中起着“参谋”作用。

**（三）传播推广**

公共关系在组织经营管理中要履行传播推广的职责，即通过各种传播媒介，将组织的有关信息及时、准确、有效地传播出去，争取公众对组织的了解和理解，提高组织及其产品、人员的知名度和美誉度，为组织创造良好的社会舆论、树立良好的社会形象。

**（四）协调沟通**

公共关系是组织与社会环境之间的一种协调沟通机制，即运用各种协调、沟通的手段，为组织疏通渠道、发展关系、广交朋友、减少摩擦、化解敌意、调解冲突，使其成为组织运作的润滑剂、缓冲器，成为组织与各类公众交往的桥梁，为组织的自下而上发展创造“人和”的环境。

**（五）提供服务**

公共关系通过为公众提供各种各样的服务，来建立社会组织的良好形象，实现其工作目标。公共关系工作本身就是一种服务工作，它的管理地位和日常业务都具有明显的服务性质。公共关系工作的成效也需要用其服务的质量和水平来衡量。公共关系通过信息性、传播性、协调性、支持性、辅助性的服务使组织内部运转得更加顺畅、协调，使组织外部环境更加和谐、良好。公共关系的服务对象大体上分为两类：组织的内部公众与组织的外部公众。公共关系的服务功能就体现在对内部公众和外部公众的服务上。

**公共关系与市场营销的区分**

## 四、公共关系与庸俗关系的区别

庸俗关系是指日常生活或经济交往中利用金钱或职权，“拉关系”“走后门”“套私情”，为个人谋取好处等不正当的人际交往活动。从表面上看，庸俗关系与公共关系的协调沟通是一致的，目的都是解决问题或获取利益。因此，有人一听说公共关系就联想到这种不正当的庸俗关系，认为公共关系就是教人花言巧语，搞不正之风。其实这是一种极大的误解。公共关系与庸俗关系有着本质上的区别，主要表现在以下几个方面：

**（一）两者的产生基础不同**

公共关系是商品经济高度发达、现代民主制度不断发展、信息手段十分先进的产物；庸俗关系则是在封闭落后的经济条件下生产力不发达、市场经济发育不完善、物资供应不充足的产物。

**（二）两者的理论依据不同**

公共关系以现代科学理论为指导，按照正确的目标、科学的方式、规范的组织形式、严格的工作程序和道德准则来进行；庸俗关系则建立在市侩经验的基础上，其方法是险恶的权术，奉行的是“人不为己，天诛地灭”的信条。

**（三）两者的活动方式不同**

公共关系是社会组织与社会公众之间的正当联系，主要是通过正式渠道，采取大众传播或人际传播等手段，公开地进行活动，其活动是正大光明的；庸俗关系是个人与个人之间的不正当联系，是私人之间相互利用的一种不正当的活动，其参与者尽量掩盖其所作所为，进行幕后交易。

**（四）两者所要达到的目的不同**

公共关系以建立良好的组织形象、提高知名度与美誉度、维护组织与公众双方的合理利益为目标，恪守公正诚实、信誉至上的原则，从而使组织获取较好的社会效益与经济效益；庸俗关系则是通过各种卑劣手段来达到个人牟取私利的目的。前者为公共利益而奋斗，后者只是为个人的私利而投机钻营。

**（五）两者的产生效果不同**

公共关系是通过有计划的一系列活动，使社会组织在与社会整体利益一致的前提下不断发展，其结果是组织、社会、国家和公众都受惠，为社会创造一种以诚相见、讲求信誉、提高声望的良好风气，有利于形成和谐、友善、正常、健康的人际关系；庸俗关系则将人际交往商品化，使人们变得唯利是图、目光短浅，整个社会充满市侩气，个人中饱私囊，而国家和公众的利益却遭到损害。

## 任务训练

### 一、实操题

针对“任务引入”部分的加多宝新品牌公关策略，如果你作为广药集团的公关部负责人，则打算如何应对？

### 二、自测题

**(一)单选题**

1. 以下不属于公共关系作用的是(　　)。

A. 搜集信息　　B. 推销商品　　C. 辅助决策　　D. 传播推广

2. 公共关系的核心问题是(　　)。

A. 以公众为对象　　B. 以美誉为目标　　C. 以互惠为原则　　D. 以长远为方针

E. 以真诚为信条　　F. 以沟通为手段

**(二)判断题**

公共关系与庸俗关系有很大的区别，但是两者的目的是相同的，都是为了获利。(　　)

**(三)简答题**

1. 简述公共关系的作用。

2. 简述公共关系与庸俗关系的区别。

3. 简述公共关系的基本特征。

# 项目十　营销计划、组织和控制



## 任务一　制订营销计划

### 任务目标

➢ 知识目标

1. 营销计划的概念
2. 营销计划的组成
3. 营销计划的制订
4. 营销计划的执行

➢ 能力目标

1. 掌握营销计划的内涵和意义
2. 了解营销计划的内容
3. 掌握营销计划的实施

### 任务引入

**格力空调拿下我国农村市场近半壁江山**

家用空调一直是我国空调消费的主要领域，一方面，我国人口众多，随着经济水平的不断提升，各地区季节特征明显，促使空调消费成为家庭消费的必需品；另一方面，我国家庭组成已经从大杂居向小聚居转型，单个家庭数量明显增加，进一步提高了家用空调的整体需求量。

2009 年以前，格力、美的和海尔三家空调品牌是我国家用空调领域的知名生产商，家用空调市场的竞争异常激烈。但2009年以后，随着建设新农村政策和家电下乡政策的出台，农村市场家用空调需求出现递增式增长。格力公司率先行动，制订了详细的农村市场家用空调营销计划。图10—1为格力空调广告。

**图10—1　格力空调广告**

计划的第一步是详细的市场需求调研工作。在产品设计领域，所有产品不仅造型美观，功能强劲，而且针对农村市场专门进行了多项创新，如室外机阀门采用封闭设计，能有效防止老鼠破坏，还能防止灰尘进入，延长室外机使用寿命；"超强"功能设计，可实现快速制冷或制热，适合农村房间大、房间高的特点；宽气候带和宽电压运行设计，能保证空调在气温−15℃到48℃、电压165伏到275伏之间正常运转，远远高于国家标准等。

在产品定价中，格力充分调研市场需求，提供了80多种产品，价格区间从最低1 000元至最高5 000元，覆盖了农村用户多样化的需求。

在售后服务领域，格力专卖店在三级、四级市场迅速铺开。格力在全国拥有专卖店1万多家，销售网点3万多个，专业售后服务人员5万多人，遍布全国大中小城镇，为农民朋友就近提供了最好的产品和最优的服务。

2010年底，格力空调占国内家电下乡空调销售总量的40%以上，成功拿下我国农村市场近半壁江山，为格力集团后续的发展和壮大奠定了坚实的基础。

营销计划的制订是企业经营发展的重要一环，是企业营销战略实施的第一步，关乎企业的发展大计。

资料来源：https://bao.hvacr.cn/201012_2015059.html.

**思考题：**

讨论营销计划应包含哪些内容。

## 知识分析

西汉戴圣在《礼记·中庸》中有一句话："凡事预则立，不预则废。"意思是做任何事情，事前有准备就可以成功，没有准备就会失败。从事市场营销活动也是如此，活动前需要制订详细的营销计划，根据活动的目标，详细安排人员、物料、内容等。营销计划应能明确阐明公司怎样实现其营销目标，其中包括对营销方的战术指导，也包括在计划期的财务分配方案。如果说营销战略对企业而言是"做正确的事"，那么营销计划则是"正确地做事"。

### 一、营销计划的概念

营销计划是指在研究当前的营销状况（包括市场状况、产品状况、竞争状况、分销状况和宏观环境状况等)，分析企业所面临的主要机会与威胁、优势与劣势以及所存在问题的基础上，对财务目标和营销目标、营销战略、营销行动方案以及预计利润表的确定和控制。营销计划无论是对企业营销部门还是对其他职能部门而言，都具有重要作用，往往是其他行动计划工作的起点，包括产品计划、品牌计划、市场计划等。

## 二、营销计划的组成

营销计划主要由以下八个部分组成：

1. 计划概述

简述此次营销计划的整体战略。

2. 营销现状

提供与市场、产品、竞争、渠道和宏观环境有关的背景数据。

3. 机会与威胁分析

概述企业外部的主要机会与威胁、企业内部的优势与劣势，以及在计划中必须注意的主要问题。

4. 营销目标

制订计划中的销售量、成本、市场占有率、利润等领域的目标。

5. 营销战略

描述为实现计划目标而采用的主要营销方法，包括目标市场的选择和市场定位战略、营销组合策略、财务预算等。

6. 行动方案

包含营销计划的内容、执行方案、时间表、人力物力预算等。

7. 预计利润

概述计划所预期的财务收益情况。

8. 控制

说明将如何监控该计划。

## 三、营销计划的制订

分析营销环境、制订营销战略和营销计划是解决企业营销活动“应该做什么”和“为什么要这样做”的问题。计划的制订过程实际正是企业管理者认识市场、思考未来，然后制订出现实可行的行动计划的过程。企业将这一工作过程细化后会发现营销计划应包含以下内容：

1. 分析营销现状

通过搜集资料，了解企业营销现状，主要包括与外部市场需求、顾客、竞争对手和营销环境变化有关的各种背景材料，以及对企业内部资源、技术和能力的描述。例如，手机市场竞争激烈，某商家推出了一款新型折叠手机，计划为该款手机制订未来 1 年的营销计划，首先商家要通过大量的市场调研，分析出消费者对折叠手机的需求、该款手机的目标顾客人群画像、竞争者及其产品卖点、国家政策和宏观环境等其他影响因素。

2. 分析微观与宏观环境

根据上述对营销现状的分析，计划人员要找出企业或某一产品面临的主要机会与威胁，作为下一步采取措施的依据。这里要注意的一点是，市场机会可能很多，但如果依照企业的资源与能力只能利用其中的两个机会，那么就没有必要把其他机会都列上，因为那些机会不是本企业的机会。以上述手机制造商为例，其面临的主要机会有：

(1)随着电子产品的消费升级、折叠屏手机的出现，弥补了消费者对手机的功能需求和多样性需求。

(2)随着国民收入的提升，消费者的购买力增强，折叠手机的高价位能够被消费者接受。

市场竞争是残酷的，有机会也有威胁，面临的威胁主要有：

①折叠屏手机市场处于上升期，目前多家厂商推出首款折叠屏新机，市场竞争激烈。

②折叠屏手机技术目前尚不成熟，厂家产品良率处于提升期，产品成本控制难度大。

## 延伸知识

**折叠屏手机的问世和未来发展——用户需求决定**

用户的需求决定产品的发展方向，手机的发展过程经历了由大到小、由重变轻、由厚变薄的过程，但随着互联网的发展和智能设备的升级，用户对手机的功能需求也逐渐发生改变。

折叠屏手机(见图10—2)能够将屏幕变大，变大的屏幕可以搭载更多的PC级应用，让智能手机的能力再上一个台阶，提升了手机的使用和观看效果，使使用手机的舒适度大幅提升，实现一机在手，畅行天下。简而言之，折叠屏手机不只是屏幕变大了，它打开的是一个新的世界，给人们提供了一种新的，更方便、更舒适的生活方式。

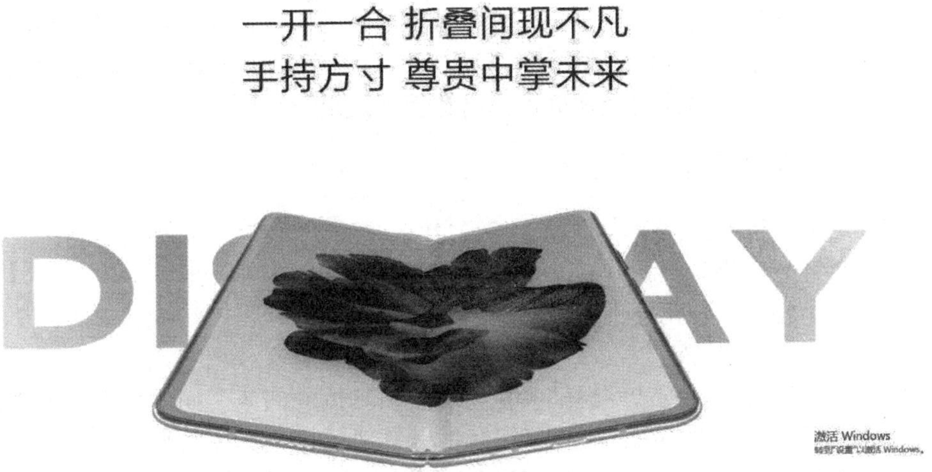


**图10—2　折叠屏手机**

3. 营销目标

对机会与威胁、优势与劣势的分析，表明企业所处的微观和宏观环境如何。接下来是确定企业要“向何处去”，即确定营销目标。目标是营销计划的核心，是制定下一步具体的营销策略和行动方案的基础。目标分为两类：一类是财务目标，包括每期利润指标、长期的投资收益率等；另一类是营销目标，主要是销售额、市场占有率、目标利润率及广告效果、渠道、定价等方面的具体目标。所有目标都应用定量的形式表示，并具有可行性、一致性，能够分层次地加以说明。仍以上述手机制造商为例，它可能会为自己制定以下营销目标：

(1)2022年每季度完成销量增长25%，全年销量增长100%。

(2)重点开发北京、上海、广州、深圳等特大城市市场,上海地区的销售增长要达到100%。

(3)6—9月份,开展促销活动,市场占有率提升40%。

4.营销策略

每一目标都可通过多种途径去实现,营销管理者必须对企业营销策略组合做出决策,然后在计划书中简明扼要地列出,内容包括目标市场、产品市场定位、产品策略、定价策略、沟通策略、渠道策略、研究与开发、市场调研计划等。

5.制订行动方案

营销目标与策略要通过具体的行动来实现。行动方案表明企业为达到营销目标将具体做什么、什么时间做、谁参与做、预计花费多少等,按时间顺序列成表,它是未来实际行动的计划。

6.列出预算

企业制订行动方案时必须依据其可利用的资源,根据行动方案还要编制相应的预算,一般用预算报表呈现。预计收入为预计的销售量乘以预计销售价格;费用支出包括生产、销售、渠道建设、促销等各项费用;收入减去支出即预计的利润。由企业领导者审查批准或修改该预算,一旦被批准,该预算便成为安排采购、生产和营销活动的基础。

7.预测结果及风险分析

这一步是预先对实施行动方案的结果进行测算,计算关键资源的使用成本和预期收益。典型的业绩指标包括:(1)销售量;(2)销售收入;(3)产品销售成本;(4)产品毛利率;(5)客户数量;(6)目标市场占有率。

企业在营销计划中还应关注执行过程中可能遇到的风险,并制定相应的处理应对预案,以防患于未然。最简单的是年度计划控制,即将目标和预算按月或按季分解,企业领导定期检查完成情况,若未达到,则由部门经理负责作出解释并提出补救措施。

## 四、营销计划的执行

营销计划的执行则是要解决"由谁去做""什么时候做"和"怎样做"的问题。营销计划的执行是指将营销计划转化为行动方案的过程,以期完成使命,实现计划目标。

执行是一个将计划转化为具体行动并达到既定目标的过程。对计划中的行动方案还须制订一个具体的实施方案,该方案也许要形成文字,也许只存在于管理者的头脑中,它规定了由"谁"在"什么时间""什么地点""怎样"去执行哪一项具体的任务。如计划规定了要组织一次与社会公益有关的公关活动,并分配了预算,这时就需要安排人具体去组织完成这项任务。

为了有效地执行计划,营销管理人员还应掌握一些相关的技能:

1.分配资源的能力

即根据计划规定的工作量和难度,在不同任务中合理分配时间、人员和资源的能力。

2.控制技能

包括建立和管理一个对计划实施过程进行有效监督的控制系统,并具有在发生意外时迅速采取补救措施的能力。

3.组织技能

主要是处理好组织内集权与分权、正规组织与非正规组织的关系,建立合理的制度,协调各部门关系的能力,以使组织效率达到最高。

4.影响他人的技能

组织的效率除取决于组织的结构、制度、传统、风格等因素外,还取决于管理者推动、影响他人努力将事情办好的能力。而且，一位管理者不仅要善于推动组织内的同事努力工作，还应善于影响组织之外的其他企业和个人更有效地工作或减少阻力，以达到企业的计划目标。

营销计划四个关键点

## 任务训练

### 一、实操题

请以你所在的校园为目标市场，策划一次营销活动，并制订营销计划。

### 二、自测题

**（一）单选题**

1. 制订和实施市场营销计划、评估和控制市场营销活动，是（　　）的重要任务。

A. 市场主管部门　　B. 市场营销组织

C. 广告部门　　D. 销售部门

2. 市场营销计划的提要部分是整个市场营销计划的（　　）所在。

A. 任务　　B. 精神　　C. 标题　　D. 目录

**（二）多选题**

市场营销计划的实施过程中，涉及相互联系的内容是（　　）。

A. 明确战略目标　　B. 制订行动方案

C. 协调各种关系　　D. 形成规章制度

**（三）简答题**

1. 简述营销计划的概念。

2. 简述营销计划包含的内容。

3. 简述营销计划制订的步骤。

# 任务二　设计营销组织

## 任务目标

**➢ 知识目标**

1. 营销组织的概念

2. 营销组织的类型和特点

**➢ 能力目标**

1. 掌握设计营销组织结构的能力

2. 掌握优化营销组织的方法

## 任务引入

### 企业的营销组织该如何设置?

张培是X制药企业的老总,这些天来他一直被公司的销售发展问题困扰。

张培在医药行业摸爬滚打几十年,从普通的销售做起,到现在担任这家中型制药企业的老总,他的能力和魄力在业界是有目共睹的,因此也赢得了不少忠实的追随者。自从他开始组建这家企业,不到6年时间,公司的销售总额就已突破4个亿,实现利润5 000多万元,发展的速度是超常规的。可是,繁荣的背后潜伏着危机。

这些年来,X公司的发展也并非一帆风顺。2016年,公司在产品刚投放市场时采取快速渗透战略,强调以学术推广、终端促销、创建品牌效应来带动产品销售,这也是当时国外大药厂普遍采取的方式。为此,公司组建了地区型的销售组织,全国分为8个区共34个办事处,颇有"忽如一夜春风来,千树万树梨花开"的味道,在业界引起一番轰动。但是,公司股东们对X公司的业绩却极为不满。他们认为公司市场开发速度太慢,销售费用太大,财务亏损严重。迫于公司股东的压力以及结合国内药品销售的特色,公司在经过多方论证后从2020年开始转变营销体制,采用底价承包制,取消了区域经理,各办事处经理直接与公司联系,以底价从公司拿货,全权负责当地的销售。

这种销售体制打破了以往吃大锅饭的局面,体现了能者多得,优胜劣汰,最终实现公司和销售人员双赢。公司的各种产品销量迅速增长,以往令人头痛的回款问题大大减轻。从2020年到2021年年底,公司的销售额连续翻番。截至2021年年底,公司销售总额达4个亿,利润为5 000万元。

但是公司目标绝不只是这4个亿。2022年年初的股东大会上提出的下一个5年计划是销售额突破10个亿,成为国内销售额排名前30位的制药企业。目前,公司的产品共有25种,主要涉及抗生素类药品和消化系统用药。但下一个5年计划中,公司已经计划将新研发并通过临床试验的15种新型泌尿系统用药和抗肿瘤药投放市场。

随即张培主持召开了一个会议,营销部的经理们各抒己见,提了很多建议和想法。其中,销售经理小王提出,承包制的销售模式有利有弊,但当前公司规模正在发展壮大,而且将推出一系列新产品,新产品需要更多的销售人员推广。同时,我们也应关注品牌营销和品牌形象的塑造,承包制恰恰不利于公司形象和品牌的提升塑造。

大家都一致同意小王的意见,那么公司的营销部门该如何规划呢?

**思考题:**

结合案例,你认为应该如何制定公司的营销组织。

## 知识分析

管理有4个基本原则:计划、组织、领导和控制,其中,组织指的是合理安排与分配企业和社会资源,简单来说是什么人用什么东西干什么事。在企业中,组织指的是企业组织架构。为了实现公司产品的销售任务,企业通常设立一个营销组织。经营不同的产品、公司规模的大小、市场营销环境的变化,是营销组织设立时考虑的关键因素。

## 一、营销部门的演变

企业的营销部门是随着营销管理哲学的不断发展演变而来的，大致经历了单纯的销售部门、兼有附属职能的销售部门、独立的营销部门、现代营销部门、现代营销企业五个阶段。

**（一）单纯的销售部门**

20 世纪 30 年代以前，西方企业以生产观念作为指导思想，大部分采用这种形式。一般来说，所有企业都是从财务、生产、销售和会计这四个基本职能部门开始发展的，如图 10－3(a)所示。财务部门负责资金的往来，生产部门负责产品制造，销售部门通常由 1 位副总经理负责，管理销售人员，兼管若干营销调研和广告宣传工作。在这个阶段，销售部门的职能仅仅是推销生产部门生产出来的产品，生产什么、生产多少、销售什么、销售多少、库存管理等完全由生产部门决定，销售部门对产品的种类、规格、数量等问题几乎没有发言权。

**（二）兼有附属职能的销售部门**

20 世纪 30 年代经济大萧条以后，市场竞争日趋激烈，大多数企业以推销观念作为指导思想，需要进行经常性的营销调研、广告宣传以及其他促销活动。这些工作逐渐变成专门的职能，当工作量达到一定程度时，便会设立 1 名营销主管，专门负责该项工作，如图 10－3(b)所示。

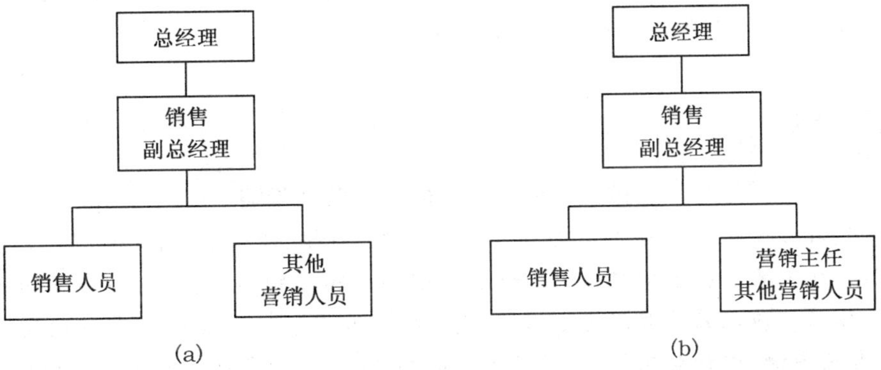


**图 10—3　营销部门组织结构**

**（三）独立的营销部门**

随着企业规模和业务范围的进一步扩大，原来作为附属性工作的营销调研、新产品开发、广告促销和为顾客服务等营销职能的重要性日益增强。于是，营销部门成为一个相对独立的职能部门。作为营销部门负责人的营销副总经理同销售副总经理一样直接受总经理的领导，销售和营销成为平行的职能部门，如图 10－4(a)所示。但在具体工作上，这两个部门是需要密切配合的。许多制造业企业常常使用这种安排，它为企业总经理提供了一个从各种角度分析企业面临的机遇与挑战的机会。

**（四）现代营销部门**

尽管销售副总经理和营销副总经理需要配合默契和相互协调，但是他们之间实际形成的关系往往是一种彼此敌对、互相猜忌的关系。销售副总经理倾向于短期行为，侧重于取得眼前的销售量；而营销副总经理多着眼于长期效果，侧重于制订适当的产品计划和营销战略，以满足市场的长期需要。销售部门和营销部门之间矛盾冲突的解决过程，形成了现代营销部门的基础，即由营销副总经理全面负责，下辖所有营销职能部门和销售部门，如图 10－4(b)所示。

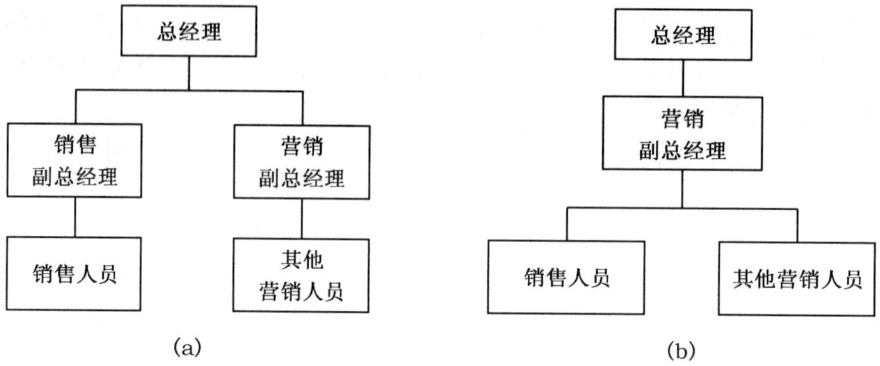


**图 10－4　独立的营销部门和现代营销部门**

### （五）现代营销企业

一个企业仅仅有了上述现代营销部门，还不等于是现代营销企业。现代营销企业取决于企业内部各种管理人员对待营销职能的态度，只有当所有的管理人员都认识到企业一切部门的工作都是“为顾客服务”，“营销”不仅是一个部门的名称而且是一个企业的经营哲学时，这个企业才能算是一个“以顾客为中心”的现代营销企业。

## 延伸知识

**被众多公司采用的全员营销策略**

全员营销即指企业所有员工对企业的 4P(产品、价格、渠道、促销)和 4C(需求、成本、便利、服务)等可控因素进行互相配合、最佳组合，以满足顾客的各项需求(即指营销手段的整合性)；同时全体员工应以营销部门为核心，研发、生产、财务、行政、物流等各部门统一以市场为中心，以顾客为导向，进行营销管理(营销主体的整合性)。所有员工关注或参加企业的整个营销活动的分析、规划和控制，尽量为顾客创造最大的让渡价值，使顾客满意度最大化和公司从中获得市场竞争力，以获得长期利润及长远发展。

需要理解的是，全员营销其实并不是让所有的员工都去做销售，而是让员工们都掌握营销知识，关心营销工作，以自己优秀的工作质量作为营销工作的基本保证，最大限度地提高顾客满意度，使每一位面对顾客的员工都能愉快地做好营销工作。

## 二、营销组织类型

### （一）专业化组织

专业化组织包括以下四种类型：

1. 职能型组织

这是最古老也最常见的营销组织形式。它强调营销的各种职能如销售、广告和开发新产品等的重要性。从图 10－5 可以看出，该组织把销售职能当成营销的重点，而广告、产品管理和研发职能则处于次要地位。当企业只有一种或很少几种产品，或者企业产品的营销方式大体相同时，按照营销职能设置组织结构才比较有效。但是，随着产品品种的增多和市场的扩大，这种组织形式就暴露出发展不平衡和难以协调的问题。因为没有一个部门能对某产品的整个营销活动负全部责任，所以各部门只强调各自的重要性，以便争取到更多的预算和决策权力，致使营销副总经理无法进行协调。

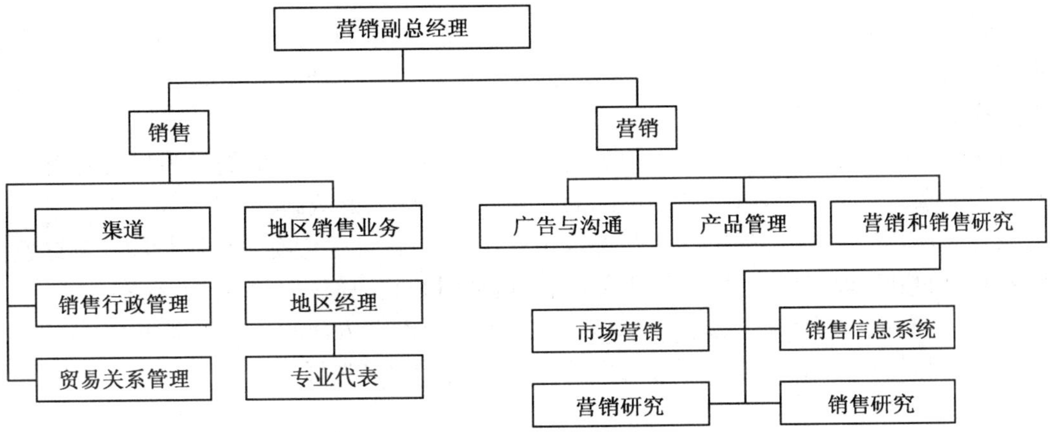


**图 10—5　职能型组织结构**

2. 产品型组织

产品型组织是指在企业内部建立产品经理组织制度，以协调职能型组织中的部门冲突。在企业所生产的各产品差异很大、产品品种太多，以致按职能设置的营销组织无法处理的情况下，建立产品经理组织制度是适宜的。其基本做法是，由 1 名产品营销经理负责，下设几个产品大类经理，产品大类经理之下再设几个具体产品经理，负责具体的产品，如图 10—6 所示。

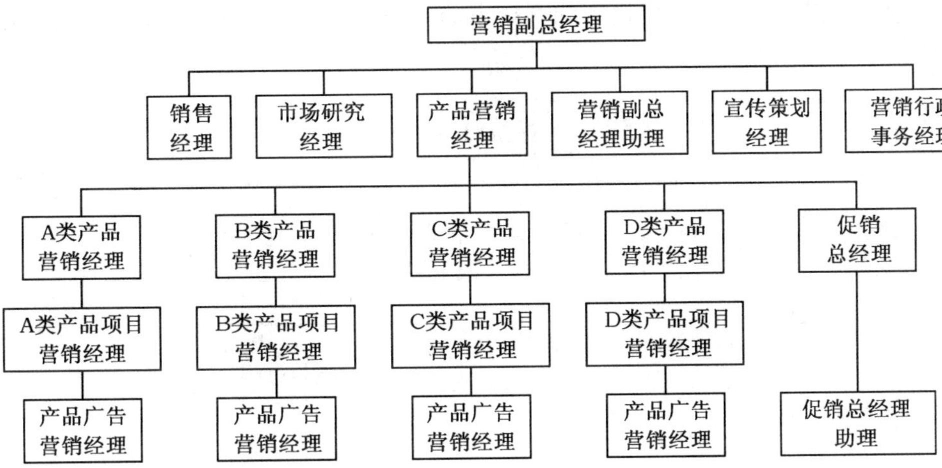


**图 10—6　产品型组织结构**

产品营销经理的职责是制订产品开发计划，并付诸实施，监测其结果和采取改进措施，具体可分为 6 个方面：

(1)发展产品的长期经营和竞争战略。

(2)编制年度营销计划和进行销售预测。

(3)与广告代理商和经销代理商一起研究广告的文稿设计、节目方案和宣传活动。

(4)激发推销人员和经销商经营该产品的兴趣。

(5)收集产品、市场情报,进行统计分析。

(6)倡导新产品开发。

产品型组织形式的优点在于产品营销经理能够有效地协调各种营销职能,并对市场变化做出积极反应;同时,由于有专门的产品经理,那些较小品牌的产品可能不会被忽视。不过,该组织形式也存在不少缺陷:

(1)缺乏整体观念。在产品型组织中,各个产品经理相互独立,他们会为保持各自产品的利益而产生摩擦。事实上,有些产品可能面临减产和被淘汰的威胁。

(2)部门冲突。产品经理未必能获得足够的权威,以保证他们有效地履行职责。这就要求他们靠劝说的方法取得广告部门、销售部门、制造部门和其他部门的配合与支持。

(3)多头领导。由于权责划分不清楚,下级可能会得到多方面的指令。例如,产品广告经理在制定广告战略时接受产品营销经理的指导,而在预算和媒体选择上则受制于广告协调部门。

3.市场型组织

当企业拥有单一的产品大类,面对各种不同偏好的消费群体,以及使用不同的分销渠道时,建立市场型组织是可行的。许多企业都在按照市场系统安排其营销机构,使市场成为企业各部门为之服务的中心。

市场型组织结构如图10—7所示。1名市场主管经理管理几名市场经理(市场经理又称为市场开发经理、市场专家或行业专家)。市场经理开展工作所需要的职能性服务由其他职能性组织提供并保证。其职责是负责制订所辖市场的长期计划和年度计划,分析市场动向及企业应该为市场提供什么新产品等。他们的工作成绩常用市场占有率的增加来判断,而不是看其市场现有盈利状况。市场型组织的优点在于,营销活动可以按照满足各类不同顾客的需求来组织和安排,这有利于企业加强销售和开拓市场;其缺点是权责不清和多头领导,这与产品型组织类似。

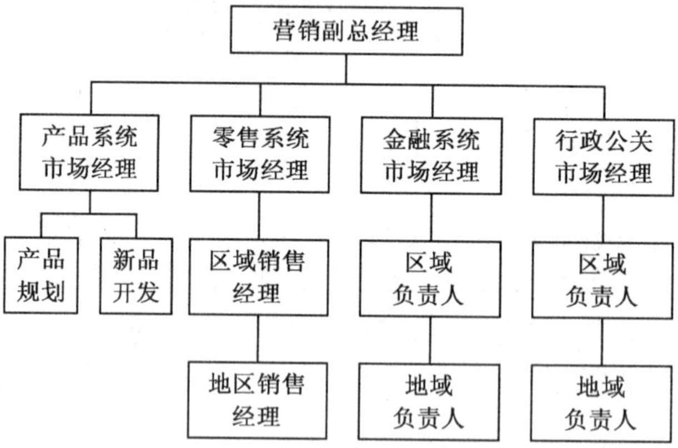


**图10—7　市场型组织结构**

4.地理型组织

如果一个企业的营销活动面向全国,那么它会按照地理区域设置其营销机构。该机构设置包括一名负责全国销售业务的销售经理,若干名区域销售经理、地区销售经理和地方销售经理。为了使整个营销活动更为有效，地理型组织通常都是与其他类型的组织结合起来使用。图 10—8 为地理型组织结构。

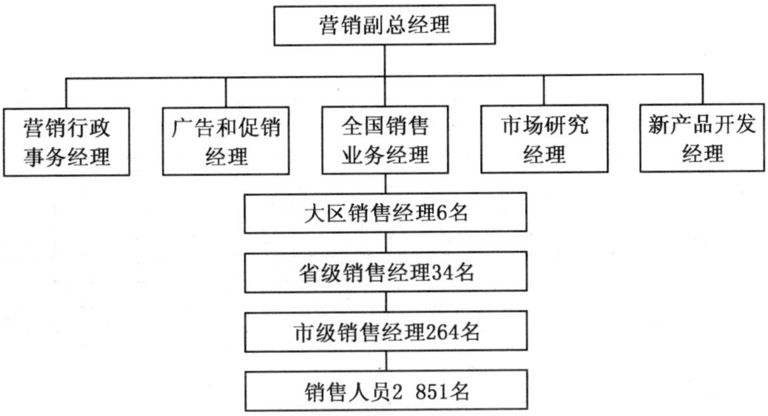


**图 10—8 地理型组织结构**

## 延伸知识

**集团公司的组织结构**

当今世界经济全球化，因此很多大公司进行多元化经营战略，在多个领域均成立了相应的子公司，这样母子公司之间也会因为这种“血缘”关系组成一个企业集团，颇类似于军队中的集团军。这些就是我们常说的集团公司的由来。

集团化公司一般均拥有多个子公司，且业务涉及多个领域，比如国内著名的小米公司、海尔公司、京东方科技集团等。这些大型集团公司的组织机构、一级组织的划分一般按照产品类型划分，每个产品单元再设立下一级的营销组织。以京东方科技集团股份有限公司为例，其主要生产的产品为电子显示器件。根据产品类型，一级销售组织划分为手机和电脑销售部门、电视业务销售部门、VR 及其他设备销售部门；对于电视业务销售部门，又根据市场客户划分为国内销售客户分部和国外销售客户分部两个部门，其中，国内销售客户分部根据地理位置设置了华东区域、华中区域和其他区域三个科室。因此，集团化公司的组织机构设置往往不是单一型的，而是多层次多组织类型的。

**（二）结构型组织**

专业化组织只是从不同角度确立了营销组织中各个职位的形态，至于如何安排这些职位，还要分析组织结构与职位之间的相互关系。企业设计组织结构不是最终目的，而只是实现营销目标的一种手段。既然各个企业有着不同的目标、战略、目标市场、竞争环境和资源条件，那么就可以建立起不同类型的组织结构。

1. 金字塔型

此组织是一种较为常见的组织结构形式。它从经理至一般员工自上而下建立垂直的领导关系，管理幅度逐步加宽，上级只对自己的下级直接负责。按职能专业化设置的组织结构大多是金字塔型。其特点是上下级权责明确，沟通迅速，管理效率较高。不过，由于每个员工（尤其是下层员工）权责范围有限，往往缺乏对总体营销状况的了解，因此不利于晋升。

2. 矩阵型

矩阵型组织是职能型组织与产品型组织相结合的产物，以直线指挥系统为职能部门组成的垂直领导系统为基础，又建立一种横向的领导系统，两者结合起来就组成一个矩阵。矩阵型组织见图 10—9。

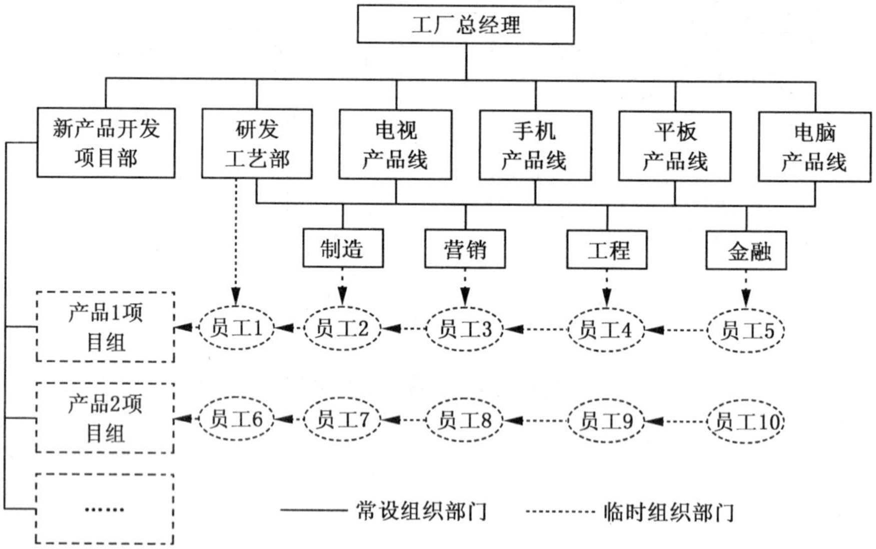


**图 10—9　矩阵型组织**

在营销管理实践中，矩阵型组织的产生大体分两种情形：

(1)企业为完成某个跨部门的一次性任务(如产品开发)，从各部门抽调人员组成由经理领导的工作组来执行该项任务，小组的有关人员一般受本部门和小组负责人的共同领导。任务完成后，小组撤销，其成员回到各自的岗位。这种临时性的矩阵型组织又叫小组制。

(2)企业要求个人对维持某个产品或品牌的利润负责，把产品经理的位置从职能部门中分离出来并加以固定；同时，由于经济和技术因素的影响，产品经理还要借助各职能部门实施管理，这就构成了矩阵。矩阵型组织能加强企业内部门间的协作，集中各种专业人员的知识技能又不增加编制，组建方便，适应性强，有利于提高工作效率。但是，双重领导、过于分权、稳定性差和管理成本较高的缺陷又抵消了一部分效率。

扁平化组织

## 任务训练

### 一、实操题

通过查询有关资料，画出格力公司的营销组织结构框架。

### 二、自测题

**(一)单选题**

1. 现代市场营销企业要建立(　　)型组织，使企业所有的管理人员乃至每一位员工在这一组织框架内通过信息共享，使企业一切部门和每一个人的工作都围绕"为顾客服务"展开。市场营销不仅是一个部门的职能，而且是整个企业的经营哲学。

A. 产品管理　　B. 职能　　C. 地理　　D. 市场导向

2.(　　)是最常见的市场营销组织形式。

A. 职能型组织　　B. 产品型组织　　C. 地区型组织　　D. 管理型组织

3. 市场营销组织管理跨度及管理层次的设置，不是一成不变的，机构本身应当具有一定的(　　)。

A. 弹性　　B. 灵活性　　C. 随机性　　D. 选择性

**(二)多选题**

市场营销部门的组织形式有(　　)。

A. 职能型组织　　B. 产品(品牌)管理型组织

C. 产品/市场管理型组织　　D. 地理型组织

E. 市场管理型组织

**(三)判断题**

1. 通常情况下，如果管理层次过少，则容易造成信息失真与传递速度过慢。　(　　)

2. 市场营销组织不应该都按一种模式设置市场营销机构。　(　　)

3. 市场营销组织常常只是一个机构或科室。　(　　)

**(四)简答题**

营销组织包含哪几种类型，各有什么特点？

# 任务三　营销计划的控制与评价

## 任务目标

**▶ 知识目标**

了解营销计划控制的意义和作用

**▶ 能力目标**

掌握营销计划控制的方法

## 任务引入

**营销计划执行效果如何评价？**

王强是强英电子商务公司的总经理。该公司主要经营小米无线耳机、手机配件等产品，属于小米公司的经营代理商。强英电子商务公司在天猫和京东均开设了网点，公司员工为60余人，全年营业额达1.5亿元。

近年来，短视频发展十分迅速，直播带货模式掀起了新的销售热潮。强英电子商务公司王强总经理在10月份的营销会议中提出，今年"双十一"促销期间，希望邀请一位直播达人为公司产品开展直播带货，尝试新的营销方式。公司销售策划经理陈琼迅速制订了"双十一"直播带货营销计划，邀请百万级粉丝网红担任主播，费用约 100 万元，直播时间为 4 小时，计划产品销售数量 15 万件，预计销售额为 3 000 万元，预期利润为 700 万元。

“双十一”当天，网红直播带货 4 小时后，由于竞品降价原因，产品上线价格被迫低于预期价格，销售量则超过预期销售数量，但销售额只有 2 400 万元，扣除网红带货费用后，利润只有 50 余万元。

“双十一”销售总结会上，有员工提出，此次直播带货销售计划是失败的，销售产品数量达 20 万件，但产品利润只有 50 余万元，单件产品利润远远低于电商平台销售利润；也有员工提出反对意见，认为直播销售利润较低，但销量高于预期销量，能够提升公司的知名度，因此此次销售计划是成功的。

**问题：**

你如果是该公司的销售经理，则对此次直播营销计划如何评价。

## 知识分析

营销控制是指企业用于跟踪营销活动过程的每一个环节，确保能够按照计划目标运行而实施的一套完整的工作程序。营销监控是指营销管理者跟踪企业营销活动过程的每个环节，确保企业营销目标按计划实现的活动或程序。营销监控是使企业营销方案得以有效执行的重要保证。营销绩效评价是对市场运作中营销方案质量的判断。一个营销计划制订完成之后，绩效评价是客观反映营销计划是否完成预定目标的显现。

### 一、控制的内涵

在控制论中，控制被认为是为了改善某个或某些受控对象的功能，以信息为基础施加影响作用的行为过程。这一过程由以下四种基本要素构成(如图 10－10 所示)：第一，标准，即系统的输入信息、指示控制要达到的目的；第二，受控对象，即控制系统施加影响作用的对象；第三，传感器，用于测量系统的输出信息，将其做必要的转换后返回输入端；第四，控制器，用于将传感器传出的输出信息与输入信息进行比较，确定偏差，并通过控制信息的输入达成目标。

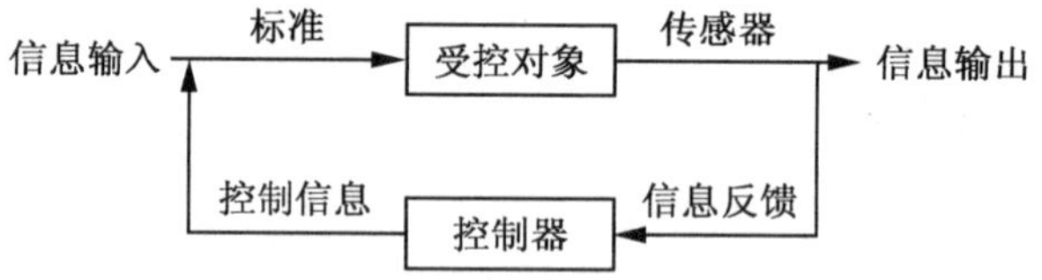


**图 10－10　控制系统与控制过程**

## 延伸知识

**控制论**

控制论是研究生命体、机器和组织的内部或彼此之间的控制和通信的科学。英文 cybernetics 一词源于希腊文 κυβερνητης，原意为“掌舵人”，转意为“管理人的艺术”。法国物理学家和数学家 A. M. 安培于 1834 年曾用这个名词称呼管理国家的科学。美国数学家维纳创立控制论时采用这个名词，一方面，借此纪念英国物理学家 J. C. 麦克斯韦 1868 年发表的论述反馈的论文《论调速器》(On Governors)，governor 一词就是从希腊文“掌舵人”讹传而来的；另一方面，船舶的操舵机曾是早期的一种通用反馈机构。

控制论的建立是 20 世纪的伟大科学成就之一。现代社会的许多新概念和新技术几乎都与控制论有着密切关系。控制论的应用范围覆盖工程、生物、经济、社会、人口等领域，成为研究各类系统中共同的控制规律的一门科学。

控制论的核心问题是从一般意义上研究信息提取、信息传播、信息处理、信息存储和信息利用等问题。控制论与随后形成的信息论有着基本区别。控制论用抽象的方式揭示包括生命系统、工程系统、经济系统和社会系统等在内的一切控制系统的信息传输和信息处理的特性和规律，研究用不同的控制方式达到不同控制目的的可能性和途径，而不涉及具体信号的传输和处理。信息论则偏于研究信息的测度理论和方法，并在此基础上研究实际系统中信息的有效传输和有效处理的相关方法和技术问题，如编码、译码、滤波、信道容量和传输速率等。

控制论的核心问题涉及 5 个基本方面：(1)通信与控制之间的关系。一切系统为了达到预定的目的必须经过有效的控制。有效的控制一定要有信息反馈，人控制机器或计算机控制机器都是一种双向信息流的过程，包括信息提取、信息传输和信息处理。(2)适应性与信息反馈的关系。适应性是系统得以在环境变化的情况下保持原有性能或功能的一个特性，人的适应性就是通过获取信息和利用信息并对外界环境中的偶然性进行调节而有效地生活的过程。(3)学习与信息反馈的关系。反馈具有用过去的行为来调节未来行为的功能。反馈可以是简单反馈或复杂反馈。在复杂反馈中，过去的经验不仅用来调节特定的动作，而且用来对系统行为进行全盘策略，使之具有学习功能。(4)进化与信息和反馈的关系。生命体在进化过程中一方面表现为多向发展的自发趋势，另一方面又有保持祖先模式的趋势。这两种效应基于信息和反馈相结合，通过自然选择会淘汰掉那些不适应周围环境的有机体，留下能适应周围环境的生命形式的剩余模式。(5)自组织与信息反馈的关系。人根据神经细胞的新陈代谢现象和神经细胞之间形成突触的随机性质来认识信息与系统结构的关系。可以认为，记忆的生理条件以至于学习的生理条件就是组织性的某种连续，即通过控制可把来自外界的信息变成结构或机能方面比较经久的变化。

内容节选自百度百科，https://baike. baidu. com/item/%E6%8E%A7%E5%88%B6%E8%AE%BA/1139081? fr=aladdin#2.

控制是一个信息反馈的过程，控制系统把信息输送出去，又将其作用结果返送回来与输入信息进行比较，并利用两者的偏差对信息的再输出施加影响，以达到预定的目的。

## 二、营销监控的程序

营销监控的目的在于纠偏，通过不断纠偏，最终实现企业的营销目标。营销监控的一般程序可以分为设计控制标准、实际监测、偏差分析和提出纠偏措施四个步骤，如图 10—11 所示。这四个步骤连在一起，使营销监控成为完善企业营销活动的一个连续不断的过程。比较图 10—10 和图 10—11 可以看出，营销监控程序实际上是控制系统在营销管理中的具体应用。

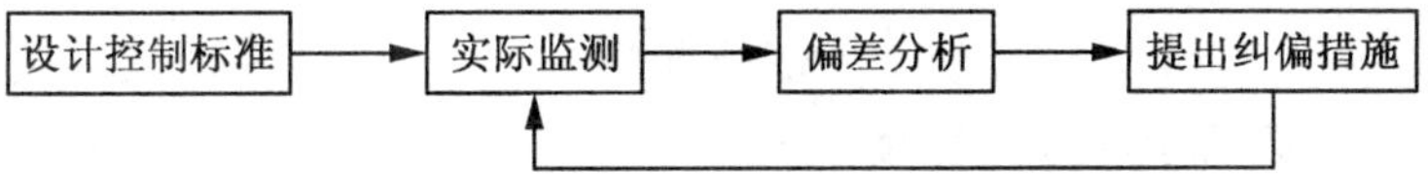


图 10—11　营销监控的程序

**（一）设计控制标准**

在营销管理中，控制标准是营销管理者希望企业的营销活动达到的状态或完成的任务。它一般根据企业的营销目标确定，包括财务目标和非财务目标。不管是财务目标还是非财务目标，一旦作为控制标准使用，一定要设法将其量化，否则不宜作为控制标准，因为只有能够量化的目标，才能够测量，也才易于比较。对于那些难以量化的非财务目标，可以采用在设置营销目标时使用的方法进行量化。对不同营销活动的监控，控制标准的内容或重点会有所不同，有的可能比较重视最终的业绩，比如销售、销售促进与分销活动，对于这些活动需要采用财务目标进行监控，如毛利、销售额和投资收益率等；有的可能比较重视中间结果，比如广告宣传与公关活动，对于这些活动需要采用非财务目标中的品牌认知度和忠诚度等进行监控；还有的可能比较重视过程，比如营销渠道管理和关系营销，对于这些活动则需要采用非财务目标中的顾客满意度、渠道关系、顾客忠诚度等进行监控。

**（二）实际监测**

营销的控制标准为营销活动的检查评估提供了一个参照依据。对营销活动进行实际监测，就是收集反映营销方案实施情况的相关数据或资料的过程。营销监控能否发挥应有的功能，这一步是关键。因为只有对营销实施情况有一个真实、及时、全面的了解，才能发现营销实施中存在的偏差，提出纠偏的对策。监测的方法有很多，包括对销售业绩进行数据统计、对顾客进行问卷调查、在现场进行观测以及员工自评。

**（三）偏差分析**

企业在收集到适用的数据或资料以后就可以着手进行偏差分析。这一步的目的在于发现营销方案实施中实际执行情况与控制标准之间的差距。偏差分析可以分以下四个步骤进行：

第一步，通过实际执行情况与控制标准的比较，发现哪里出现了偏差。由于营销监控的内容和标准很多，所以偏差可能出现在许多不同的方面。比如，偏差可能出现在营销效率方面，销售业绩不佳或营销费用太高；也可能出现在营销渠道方面，渠道冲突恶化、合作水平降低、投机行为增多等。

第二步，分析偏差的性质。偏差不一定都是坏的，有时可能是对企业有利的偏差。比如，营销效率好得出乎意料，企业与某合作伙伴的关系发展得太顺利，超出了企业的预期。对于性质不同的偏差，营销监控的目的有所不同。对于不利的偏差，营销监控的目的重在纠偏；而对于有利的偏差，营销监控的目的重在找出原因，朝更有利的方向引导。

第三步，分析偏差的大小及容忍度。偏差大小表明实际执行情况与控制标准之间的差距。实际执行过程总是或多或少地偏离控制标准，这是正常的。如果完全没有偏离控制标准，反而不正常，问题在于出现的偏差是否在允许的范围内。只有那些超出了允许范围的偏差，才是企业需要认真对待的，这体现了管理控制系统的“例外原则”。一般控制者对于那些发生在重要控制标准上的偏差，容忍度比较小，而对于那些发生在不太重要的控制标准上的偏差，容忍度则比较大。

## 延伸知识

**例外原则**

例外原则是指高层领导应保留的处理例外事项的决定权和控制权，是与职能化原则紧密相连的。高层领导把常规性的管理事务的权力分解给各职能部门，以使用更多的时间和精力来决策重要问题，但这并不是说就不再处理具体的事务。企业在组织管理过程中会出现两种“例外”：一是由于新情况的不断出现，则会产生某些职能部门原权限中未列入的事项；二是各职能部门之间、职能部门和下层人员之间在工作中难免会出现各种矛盾，而这些矛盾是不能自己解决的，这些例外情况就需要高层领导来直接处理。可以说，例外原则是职能化原则的补充，排除例外原则就不能有效地建立职能化组织。例如，公司的报账制度中，600 元以下都由部门经理审批，而 600 元以上才需要总经理审批。

第四步，分析偏差形成的原因。这里要把问题的表象和问题的根源区别开。有时，看起来是销售业绩出现的偏差，实际上是营销渠道中的合作出现了问题。有时，看起来是营销渠道中的合作出现了偏差，实际上是企业的营销渠道政策伤害了合作者，合作者采用消极的态度应付；或者企业的营销渠道政策有漏洞，其他渠道成员借此进行投机活动。要找到偏差形成的根源，需对数据和资料做进一步分析，有时还需要进行更深入的市场调研。只有找到了偏差形成的根源，才能对症下药，制定出切实可行又富有成效的纠偏措施。

**（四）提出纠偏措施**

根据偏差形成的原因，营销管理者提出纠偏措施。纠偏措施有两大类：

一类是修改或调整企业的营销目标和营销战略，以适应环境的变化。偏差有可能是因为环境变化而使企业以前制定的营销目标和营销战略不再适用，也可能是企业在制定营销目标和营销战略时对未来环境过于乐观或过于悲观的估计所致，还可能是因为企业的营销政策设计不当，留下了太多的漏洞令投机者有机可乘。不管是哪种情况造成的，都意味着企业原有的营销目标和营销战略不再适用，需要做出修改或调整。随着营销目标和营销战略的改变，营销控制标准也需要做相应的修改或调整。

另一类是影响或指导企业的营销人员改变某些不当的行为，采用合理、先进的工作方法，提高营销效率。如果偏差确属营销人员的行为不当所致，就要通过各种手段，施加影响，改变其不当行为。当然，如果偏差为一些营销人员的恶意投机行为所致，企业又无法通过重新设计营销政策解决这一问题，就要严厉处罚。

**20个数据分析营销模型**

## 三、营销监控的方法

营销方案的实施涉及企业所有的员工（包括生产线上的工人），因此营销监控相当复杂，需要采取多种不同的方法。常用的监控方法有年度计划控制、盈利能力控制、效率控制和战略控制，它们的特点如表 10－1 所示。

**表 10－1　　营销监控的方法**

| 方　法 | 负责人 | 目　的 | 工　具 |
| --- | --- | --- | --- |
| 年度计划控制 | 中高层主管人员 | 检查计划目标是否实现 | 销售差异分析、市场占有率分析、营销费用率分析、财务分析、顾客态度追踪分析 |
| 盈利能力控制 | 营销主管人员 | 检查企业的盈利点和亏损点 | 各地区、各细分市场、各渠道的盈利能力分析 |
| 效率控制 | 职能管理部门和营销主管人员 | 评价和提高营销费用支出的效率 | 推销人员、广告和促销人员的效率分析 |

续表

| 方法 | 负责人 | 目的 | 工具 |
|---|---|---|---|
| 战略控制 | 高层主管人员 | 检查企业是否最大限度地利用了市场机会 | 营销审计 |

**(一)年度计划控制**

年度计划控制是企业在一个财务年度结束后进行的绩效检查,其目的在于找出计划指标与实际完成情况之间的差距,提出改进措施。控制工具包括销售差异分析、市场占有率分析、营销费用率分析和财务分析等。

1. 销售差异分析

销售差异分析主要分析计划销售额和实际销售额之间的差异,以此来了解企业营销任务的实现情况,发现问题,及时解决。销售差异分析法可以按照产品类型、品种、品牌以及地区进行销售业绩分析。

2. 市场占有率分析

市场占有率分析是通过分析企业产品的市场占有率在计划和实际之间的差异,发现企业营销中的问题。企业可以按照全部市场占有率(企业销售额占全行业总销售额的百分比)、可达市场占有率(企业销售额占企业所服务市场销售额的百分比)和相对市场占有率(企业销售额占市场领先竞争者销售额的百分比)等指标来进行分析。

3. 营销费用率分析

营销费用率分析是指通过计算和比较企业各种营销费用占销售额的百分比来发现问题,进行控制。营销费用率可以细分为推销费用率、广告费用率、促销费用率、市场调研费用率、销售管理费用率等。营销管理者可以将以上各种费用率与历史、竞争者和计划相比,找出企业在营销费用支出上的问题。

4. 财务分析

财务分析是指通过对销售利润率、资金利润率、资金周转率以及现金流量指标的对比分析,确定企业的投入产出效率,找出计划和实际之间的差异,提出整改措施。顾客态度追踪分析是指通过企业建立的顾客抱怨处理系统、顾客意见反馈系统以及市场调研系统收集信息,追踪顾客的态度变化情况,发现营销方案执行中存在的问题,及时采取措施加以解决。

**(二)盈利能力控制**

盈利能力控制是指通过测定不同产品、不同销售区域、不同顾客群体以及不同渠道的盈利能力,对营销方案的实施过程进行监控。盈利能力指标包括:

1. 销售利润率

销售利润率即企业利润与销售额的比率。

2. 资产收益率

资产收益率即企业所创造的总利润与企业全部资产之比。

3. 净资产收益率

净资产收益率即税后利润与净资产之比。

4. 资产管理效率

资产管理效率如资产周转率,即企业产品销售收入净额与资产平均占用额之比;存货周转率,即企业产品销售成本与存货(指产品)平均余额之比。

**（三）效率控制**

效率控制是指通过对推销效率、广告效率、促销效率和分销效率的分析，实现企业对销售工作的有效控制。如果通过盈利能力分析，发现企业的某些产品在某些地区或细分市场上效益不佳，那么问题可能出在推销、广告、促销和分销的效率上。

1. 推销效率

推销效率即推销人员的效率。销售经理可以使用一些具体的指标考核和控制销售队伍，比如，推销人员日均拜访客户的次数，每次访问的平均时间、平均收益和成本，每次访问的招待成本，每百次访问订货的百分比，每月新增或失去的顾客数，销售成本率等。通过这些指标，销售经理可以了解推销人员工作的努力程度和推销效率，发现问题所在，提出改进的方法。

2. 广告效率

广告效率控制是指通过对广告效果的测评，找出广告实施中存在的问题，提出提高广告效率的方法。测评内容包括各种媒体接触千名广告受众的成本、顾客对不同广告媒体的关注度、顾客在广告前后对企业产品的认知或态度变化、顾客接触广告后引起的询问次数。

3. 促销效率

促销效率控制主要是指对企业销售促销或营业推广的控制。营销管理者在企业销售数据的基础上观察不同销售促销手段之间的成本与收益，了解各种方式的促销效果。测评内容包括因促销而增加的销售百分比、单位销售额的促销成本、赠券回收率、因示范引起的询问次数。

4. 分销效率

分销效率控制是指对企业的存货水平、仓库位置、运输方式、堆码方式和分销费用进行的控制。测评内容包括各分销渠道的业绩、存货控制、仓库位置、各种运输方式的效率。

**（四）战略控制**

战略控制是指营销管理者在营销实施过程中通过不断评审和信息反馈，尽量使实际的营销工作与营销战略相符。战略控制是面向未来的控制，是在事件还未发生之前就对可能发生的事件进行的评估和纠偏。战略控制运用的主要工具是营销审计。营销审计是指对企业的营销管理活动进行的系统性检查，目的是发现企业营销管理活动中存在的缺陷和盲点，对其进行战略性改进，提高企业整体的营销效率。

**（五）其他控制方法**

除了上面的营销控制方法以外，对营销实施的控制还可以根据营销方案实施的过程或阶段，分为项目考评、阶段考评、最终考评和反馈改进等。

1. 项目考评

营销方案的实施一般是分项目一步一步进行的，因此，每个项目完成以后都要对本项目和整个营销策划方案进行回顾，判断项目的完成情况，及时发现和解决问题。当项目完成不理想时，营销管理者要先找出原因，然后提出解决问题的对策，必要时还要对整个营销方案做出调整。

2. 阶段考评

阶段考评一般是在一个标志性的项目完成以后进行。比如，一个企业分三个阶段进行营销渠道网络的建设：第一，在本省布点；第二，在周边省区布点；第三，在全国各大区布点。其中，又分了很多小的项目。当本省布点完成以后，标志着第一阶段的工作完成，营销管理者需要对这一阶段的工作进行回顾和总结，防止营销方案在实施过程中出现大的偏差。当然，阶段考评也可以按年度做，一个财政年度结束时，对全年的营销工作进行评估、总结。

3. 最终考评

最终考评就是对营销实施的结果进行分析，看营销方案的期望值与实际结果是否有差异。若发现较大的差异，则必须重点研究，比如，分析差异产生的原因，找出实施过程中的问题和改进方法，总结出营销策划方案以及实施的教训和启示等。一般而言，营销管理者应将营销实施结果的研究、分析做成营销策划结案报告书，提交上级或委托方，其中，要点是预测与结果的差异分析。

4. 反馈改进

对于营销管理者来说，营销方案实施的结果既意味着一项工作的结束，又意味着新的工作的开始。因此，结果出来以后，营销管理者还需要对营销方案的策划和执行过程进行总结，找出经验、教训和新的问题，向公司决策层汇报，即执行力中"有交代"。在企业的下一次营销活动中，这些经验和教训就成为营销管理者宝贵的财富，有助于企业不断提高营销管理水平。

## 延伸知识

### "内联升"布鞋北京高校营销活动计划

一、市场分析

(一)市场形势

1. 行业概况

2016 年以来，我国布鞋年需求量基本保持在 6 亿双左右，2020 年需求量约为 5.9 亿双，市场规模约为 141.01 亿元，布鞋市场规模较大，需求稳定。

2. 目标市场选择

"内联升"布鞋产品单双价格约为 550 元，定位于中高端市场。

3. 目标人群选择

目标人群的年龄定位于 18—30 岁的年轻群体；高等学校大学生年龄普遍为 18—30 岁，而且人群集中，便于开展营销推广线下活动。

(二)消费需求

(1)消费者对价格的需求主要集中在 400—599 元之间，占比达到 51%；

(2)时尚化、年轻化、个性化是首选，老品牌，新潮流。

(三)竞争状况

(1)"内联升"在千层底布鞋中高端市场知名度高，市场份额大；

(2)"内联升"产品具有特色优势，时尚化、年轻化；

(3)"内联升"价格相对偏高，但消费者能够接受。

(四)企业自身资源分析

1. 品牌资源

(1)"内联升"始建于公元 1853 年(清咸丰三年)，具有 170 余年的发展历史。

(2)2006 年，"内联升"成为首批通过国家商务部重新认定的"中华老字号"，并被中国商业联合会授予"中国布鞋第一家"的称号。

2. 产品资源

"内联升"采用千层底制作工艺，拥有独特的制鞋工艺，制作小圆口千层底鞋。产品向着时尚化、娱乐化发展，满足消费者多样化需求。

3. 渠道资源

“内联升”的门店遍布全部10个省份,线下直营门店超百家,连锁店、特约经销商和经销商遍布全国各大城市,门店每年接待客户近百万。

二、营销策略

(一)整体目标

(1)提升品牌在北京高校大学生群体中的辨识度;

(2)提升“内联升”两款布鞋产品的销量。

(二)营销策略

1. 产品策略

时尚化转型,设计更符合当代年轻人审美观的产品。推荐的两款产品有:(1)“内联升”中国风手工真丝绣花布鞋(零售价为596元/双);(2)“内联升”布鞋王者荣耀手工千层底布鞋(零售价为535元/双)。

2. 价格策略

根据“内联升”产品特征、定价体系及市场竞争情况,采用高质高价的策略。

3. 渠道策略

营销活动在“双十一”期间根据客户购买渠道需求,主打销售渠道为线上;同时,依托“内联升”线下直营门店的区位优势和高校现场活动的开展,线上线下同步销售。

4. 促销策略

(1)线下广告:地铁、公交、POP宣传海报发布活动信息和促销方案;

(2)线上广告:微信公众号、抖音账号发布“双十一”活动促销通知。

三、活动方案

(一)活动目标

线下活动现场吸引2万人参加,开发1万新客户。

(二)活动主题

“内联升”布鞋“双十一”北京高校品牌推广和促销活动。

(三)活动方案

“内联升”品牌知名度提升活动

主题:“内联升”工艺鞋展览和制作工艺展示

地点:北京地区8所高校校园

时间:11月11日

目标受众:北京高校学生

1. 活动内容

(1)展示“内联升”艺术品工艺鞋——“三寸金莲鞋”;

(2)“内联升”工艺大师现场演示“内联升”布鞋制作工艺流程;

(3)邀请学生现场一起制作布鞋,了解布鞋的制作工艺和“内联升”品牌文化。

2. 活动目标

(1)提升“内联升”品牌知名度,活动现场吸引5万人参与;

(2)“内联升”注册会员数量新增8 000人。

3. 活动预算

(四)活动时间

11 月 1 日—14 日

（五）媒体策略

（1）目标客户主要集中在高校校园，运用社会化媒体及线下媒体形式；

（2）高校校园和直营门店张贴海报，发放传单；

（3）地铁、公司、商城发布宣传活动海报。

（六）活动预算

活动预算有公司年度宣传经费支出，共计 23.7 万元。

（七）预期效果

（1）在 8 所高校开展线下活动，累计吸引 2 万人参与，注册新会员 1 万人；

（2）实现销售量 1 000 双、销售额 50 万元的业绩。

## 任务训练

### 一、实操题

请为“任务引入”中的强英电子商务公司设计一张直播营销活动评价表。

### 二、自测题

**（一）单选题**

1.（　　）是指一个组织在一定时间内可以完成的工作量。

A. 效果　　B. 效率　　C. 能力　　D. 百分率

2. 年度计划控制要确保企业在达到（　　）指标时，市场营销费用没有超支。

A. 分配计划　　B. 生产计划　　C. 长期计划　　D. 销售计划

3. 战略控制的目的是确保企业的目标、政策、战略和措施与（　　）相适应。

A. 市场营销环境　　B. 市场营销计划　　C. 推销计划　　D. 管理人员任期

**（二）多选题**

市场营销控制包括（　　）。

A. 年度计划控制　　B. 赢利控制　　C. 质量控制　　D. 效率控制

E. 战略控制

**（三）判断题**

1. 市场营销组织、执行和控制是市场营销管理过程中的重要步骤。（　　）

2. 企业营销战略是由上层专业计划人员制定的，而市场营销计划是由市场营销管理人员制订的。（　　）

3. 企业实行计划的过程中新旧战略、计划之间的差异越小，实施中可能遇到的阻力也就越大。（　　）

**（四）简答题**

1. 什么是营销控制？

2. 什么是营销监控？

3. 简述营销监控的方法。

# 项目十一　营销新视野



## 任务一　分析网络时代的消费行为

### 任务目标

**▶ 知识目标**

了解网络时代消费者行为的特征

**▶ 能力目标**

掌握网络时代不同背景下消费者行为的特点

### 任务引入

**张阿姨的新购物场所——网络**

张阿姨已经很久没有跟她的朋友逛街了，年末商场里铺天盖地的打折信息也未能引起她的兴趣，原因就是她正在学习并享受更为方便、快捷的新购物渠道——网购(见图 11—1)。

以前，张阿姨对网购持怀疑态度，觉得"不管买什么，总要亲自看到摸到才敢相信，网络购物缺乏安全感"。但在女儿和儿媳的指导下，张阿姨学会使用智能手机，在开通移动支付后，在家经常看直播带货，逛淘宝、京东，领券抢货成了她的新的休闲娱乐。头一天下午 3 点下订单，

图 11—1 网购热潮

时隔不到 20 小时,快递员便在次日中午登门。网购的便捷性也深深吸引着张阿姨。

现在,家里缺什么张阿姨就去网上搜罗,一家人在网购上的月均开销在 1 500—2 000 元之间。张阿姨不仅自己学会了网购,还带自己的姐妹们一起玩转网上购物。

根据《2020—2026 年中国电子商务行业市场经营风险及投资前景分析报告》显示,截至 2020 年 3 月,我国网络购物用户规模达 7.10 亿。2019 年,交易规模达 10.63 万亿元,同比增长 16.5%。近年来,我国网络购物经历了高速发展,增速保持在 30%以上。随着物联网、大数据、新零售、云计算等概念的不断提出,我国网络购物市场将迎来较大的变革,行业发展朝着用户体验、数据精准、配送效率等方面提升,行业发展趋势将由粗变得越来越精。

**思考题:**

网络购物与线下购物的区别有哪些?

## 知识分析

1971 年,斯坦福大学的一位学生与另外一位麻省理工学院的学生用 ArpaNet 联络上。两人同为美国顶尖大学的学生,又拥有当时世界上最先进的通信技术,当然不满足于只是进行学术交流。两人突发奇想,想要利用 ArpaNet 网络进行点什么交易,于是诞生了世界上第一笔利用网络进行的交易。进入 21 世纪,电子商务发展日趋成熟,网络和通信技术发展迅速,网络购物也深深改变了人们的生活方式。

毫无疑问,我们已经进入网络经济时代。网络经济是一种建立在计算机网络基础之上,以现代信息技术为核心的新的经济形态。在这种经济形态下,企业将利用信息和网络技术整合各种信息资源,并依托其内部和外部信息网络开展研发、制造、营销和其他管理活动。网络时代,消费者的理念和行为发生了变化,企业营销的理念、方法、工具和手段也需做出相应的调整。

### 一、网络时代的消费者行为模式

网络时代之前,信息不对称广泛存在,企业主通过传统的广告媒体发布产品信息,激发消费者的购买欲望,刺激其购买行为。著名的 AIDMA(注意、兴趣、欲望、记忆、行动)模式反映的就是网络时代之前的消费者行为模式，即消费者先注意商品，后引发兴趣、诱发欲望、留下记忆，最终做出购买行动。整个过程都可以由广告、促销等传统营销手段所引导。

进入网络时代之后，互联网作为一种全新的媒体逐渐渗透进社会生活。与传统的广播、电视等单向及广泛沟通的媒体相比，互联网媒体具有娱乐性、互动性，能够满足个性化需求，从而使得消费者的行为模式发生一定的变化。消费者从被动接受商品信息、营销传播开始逐步转变为主动获取、认知，并且在做出购买行为之后进行信息分享。

**网络时代消费者购物过程的演变**

## 二、网络时代的消费特点

进入21世纪以来，互联网已经渗透到我们生活的方方面面。随着5G网络和智能手机的普及，为网络购物打破了时间和空间的限制，电子商务的快速发展也改变了消费者传统的消费习惯，网络购物的比重逐年增加，并呈现出以下特点：

### （一）消费群体集中化

网络消费过程中消费者的消费群体相对集中，据相关统计数据表明，中国网络购物用户规模快速增长，截至2020年12月末，中国网络购物用户规模达7.8亿人，网购主力消费群体为女性群体、高学历群体和30—49岁年龄段群体；从性别情况看，网购用户中女性所占比重较大，为66.1%，比男性高32.2个百分点；从不同性别群体网购金额占比情况看，女性网购金额占比为68.3%，比男性高36.6个百分点；从年龄分组看，30—49岁的用户网购金额占比超六成。同时，50岁以上用户网络购物占比已经达到20%以上，且他们的购物需求潜力巨大，上升趋势明显。

### （二）选择多样化

传统的购物模式受到空间和时间的影响较大，因此消费者在购物过程中可选择的余地较小，但网络购物完全解决了这一障碍，尤其是移动电子商务的发展，可以让消费者随时随地挑选商品。移动端购物占网络购物的比重也已经达到78%，且该数据逐年上升，并且有越来越多的商家借助相关电子商务平台进行商品推销，这就是为什么网络上出现了各种各样的旗舰店。除此之外，消费者会受到猎奇心理的因素影响，渴望获取奇特和新鲜的商品。互联网上的海量购物和便捷购物给消费者提供了多种多样的选择。

### （三）自主性

在网络购物的背景下，消费者具有非常大的选择权限，无限延长购物周期。很多消费者也会主动选择想要购买的商品。该消费的特征主要因为互联网信息媒体技术的不断发展，让消费者逐渐有了更多选择的途径和让消费者的消费具有自主性。一般情况下，消费者有了消费的需求之后，会主动去网络上查询该种产品的信息，并且可以多选择地比较产品的特征和价格，享受多样性购物的过程。

### （四）信息对称性

由于电子商务产业的迅速发展，电商购物平台和渠道也越来越多，因此产品的相关信息呈现透明化的特点。消费者在选择购物的过程中可以进行价格对比、产品对比、服务对比。因此，企业特别是商品的销售单位想要获取更多的消费者，一般会选择将自己真实的信息公开。

随着科学技术和经济水平的不断进步，消费者的需求和购买行为发生着新的变化。市场营销环境的变化，必然导致新的营销策略和营销模式的诞生。

## 任务训练

### 一、实操题

请结合自己的网络购物经历，回答以下问题：

1. 描述你的一次网络购物过程。
2. 总结影响消费者网络购物行为的因素。

### 二、自测题

**（一）单选题**

网络市场与现实市场的根本区别是（　　）。

A. 全球性　　B. 即时性　　C. 虚拟性　　D. 开放性

**（二）多选题**

影响网络消费者购买行为的因素有哪些？（　　）

A. 消费者的经济状况　　B. 消费者的职业和地位

C. 消费者的年龄和性别　　D. 消费者的家庭成员

**（三）判断题**

与线下购物相比，网络时代消费者的消费行为完全不同。（　　）

**（四）简答题**

1. 简述移动营销的特点。
2. 简述网络时代营销的特性。

# 任务二　掌握网络营销渠道

## 任务目标

**▶ 知识目标**

了解网络渠道类型的分类。

**▶ 能力目标**

掌握网络渠道购物各种类型的含义。

## 任务引入

**电商平台除了京东、淘宝、拼多多，还有你不知道的吗？**

网购已经是我们日常生活中非常常见的购物方式，如今网购的平台也是五花八门。普通消费者常用的大多是淘宝、京东、拼多多等电商平台。这类电商平台的主要目标客户是消费者，所以经营的产品也主要都是生活必需品和零售产品。如果你是一名企业采购负责人，需要采购一些专业化的原材料，那么显然淘宝已经不适合你了，你应该去哪些网站呢？

其实每个平台都有自己的侧重点，就像大家都爱去天猫买大件用品，去淘宝买打折衣服、鞋子。如果是企业用户，需要购买原材料、工业用品和其他专用产品，则可以选择阿里巴巴、1688批发网、慧聪网等。

**思考题：**

请列举你了解的电商平台都有哪些，各有什么特点。

## 知识分析

网上销售渠道是利用互联网通过电子手段进行和完成交易活动的一种渠道。以互联网作为支撑的网上销售渠道同样具备传统营销渠道的功能。一个完善的网上销售渠道应具有订货、结算和配送三大功能。网上销售渠道除了可以按照是否含有中间环节分成网上直销和网上间接销售外，还可以根据交易对象的关系属性分成B2B渠道、B2C渠道、C2C渠道、B2G渠道、C2B渠道和O2O渠道。

### 一、B2B渠道（企业对企业）

B2B渠道是企业与企业之间依托互联网等现代信息技术手段开展商务活动的渠道形式，主要对应的业务类型是企业与企业之间的批发或者外贸业务。企业可以将其作为发展国内贸易代理商/分销商的渠道或者外贸业务的渠道。B2B渠道由于能够对企业产生足够的收益并具有更高的效率，因此越来越受到企业的青睐。目前，我国B2B渠道国内贸易方面1688批发网和慧聪网比较知名，外贸类知名的则是阿里巴巴和敦煌网。

## 延伸知识

**B2B代表企业介绍**

B2B代表企业有阿里巴巴、欧冶云商、慧聪网、上海钢联、中农网等。

1. 阿里巴巴集团

阿里巴巴网络技术有限公司（简称阿里巴巴集团）是以曾担任英语教师的马云为首的18人于1999年在浙江杭州创立的公司。阿里巴巴集团经营多项业务，另外也从关联公司的业务和服务中取得经营商业生态系统上的支援，其业务与关联公司的业务包括淘宝网、天猫、聚划算、全球速卖通、阿里巴巴国际交易市场、1688、阿里妈妈、阿里云、蚂蚁金服、菜鸟网络等。

2. 欧冶云商

欧冶云商股份有限公司是宝钢集团整合原有钢铁电子交易相关资源，以服务型生产体系商业模式，依托互联网、物联网、大数据、移动互联等全新技术手段，打造的集资讯、交易结算、物流仓储、加工配送、投融资、金融中介、技术与产业特色服务等功能为一体的生态型钢铁服务平台。

3. 慧聪网

2003年12月，慧聪国际在中国香港挂牌上市，为国内信息服务业及B2B电子商务服务业首家上市公司。开盘1.23港元，一度摸高至1.53港元，报收于1.46港元，较发行价涨34%，交易金额为4 320万港元。

4. 上海钢联

上海钢联电子商务股份有限公司成立于2000年4月30日，是集钢铁资讯、电子商务、网络技术服务为一体的全国性大型综合IT服务企业，提供专业的钢铁资讯交互平台、一站式钢铁电子商务服务。

通过旗下“我的钢铁网”上海钢联首创了钢材、炉料、特钢、有色、国际五大资讯频道，提供综合资讯、产经纵横、统计资料、钢厂资讯、下游动态等资讯内容。

5. 中农网

中农网全称深圳市中农网有限公司，创建于2010年，注册资本为5.09亿元，从单一交易品种到多品种、多业务板块，已迅速成长为国内最大的农产品B2B垂直电商平台，并在多个农产品垂直领域分别积累了行业经验，从立足一个城市到辐射全国，为涉农企业及产业上下游商户和其他参与者持续提供专业、有效、安全、快捷的全程供应链服务。

资料来源：http://www.tp-shop.cn/news_3314.html.

## 二、B2C渠道（企业对个人）

B2C渠道是企业通过互联网为消费者提供产品网上销售的渠道形式。消费者通过网络实现网上下单和网上支付，也可以通过网络和企业进行交互。这种渠道形式由于商品丰富、省时省力、价格实惠而受到消费者的喜爱，甚至已经成为一部分消费者购物的主流渠道，也是网上销售渠道的主流模式之一。目前国内主流的B2C电商平台有天猫、京东、唯品会、拼多多、国美在线、当当等。这些平台占网络零售市场总交易份额的97%。

目前，垂直B2C渠道也快速发展起来，它或者针对特定的顾客群，或者专营某些类别的产品，比B2C渠道更专、更深，如专门销售图书的当当网（见图11—2）、专门销售酒类商品的酒仙网、专门销售箱包的麦包包等。

图11—2 当当网

## 延伸知识

### 国内垂直B2C类网站都有哪些？

在互联网发展的大环境下，电子商务逐渐成熟，网购已经不是一件新鲜的事情。在这种需求的暴涨之下，各行各业摩拳擦掌，垂直电商行业的圈地运动也是异常火热，有做大而全的平台，也有做细分领域的B2C购物商城。根据行业领域，现有的垂直B2C网站介绍如下：

(1)网上药店、网上买药。这可是需要拿到经营牌照的，国家颁发证书，国家特许的机构才可以开设网上销售平台，销售医药产品，一般都是具有线下实体店的医院资质的企业。毕竟这些与生命有直接关系，也建议消费者不可盲目购买，遵守医嘱。

主要代表：开心人、健一网、1号药网、好药师、海王星辰等。

(2)服装服饰类。主要以销售服装服饰产品为主，有平台运营商，但是主要还是服装品牌运营商在互联网开的自有B2C服装商城，以销售旗下品牌产品为主，一方面拉动线下销售，另一方面开发新的适合互联网销售的产品通过网络渠道销售。此类网站专注服装类产品，比如，有专门销售西服的，专门销售衬衫的，专门销售男装和女装的，专门做T恤定制的等。这些产品一般是平台运营商(厂家)发货，直接面向终端消费者。

主要代表：凡客诚品、梦芭莎、优衣库、爱慕、麦网、玛萨玛索、裂帛、哥弟、波司登、特步等。

(3)数码家电类。主要销售数码家电类产品，比如一些家用电器、电脑、家电等产品，有传统品牌商自建的B2C网上商城直接面向终端，也有做数码电器类B2C平台的商家，专注家电数码产品销售，也就是我们说的3C产品销售。

主要代表：国美在线、易迅网、新蛋网、华为商城、海尔商城等。

(4)化妆品美容护肤类。此类网站主要针对女性用户，通过网上平台销售一些女性日常用到的护肤品、化妆品等，专注于做美容护肤产品的展销、团购、秒杀等，专为爱美的女性朋友做产品精选和产品推荐。

主要代表：聚美优品、乐蜂网、嗨淘、米奇网、天天网、丽子美妆等。

(5)专卖鞋子和袜子的商城。此类网站针对垂直领域的某个细小的分支，一般只做一个品类，比如袜子、男袜、女袜、男鞋、女鞋等精细化产品在线销售，但是更多的是传统品牌涉足互联网，建立品牌官方商城。

主要代表：好乐买、骆驼商城、拍鞋网、淘鞋网、红蜻蜓、优购网等。

(6)箱包销售为主的网上商城。顾名思义，此类网上商城也是主要针对单一的品类进行线上销售，专注销售包包和箱子，包包分为男包、女包、公文包、休闲包、手提包等，箱子主要以销售行李箱、旅行箱、化妆箱等产品为主。

主要代表：麦包包、包包树、胡桃夹子、佑一良品等。

(7)品牌折扣类。此类商城主要做一些名品网上销售，主要是扮演渠道的角色，通过国外采购或者是平台入驻的方式进行运营，对选品很有讲究，都挑选一些时尚精品，然后通过在线打造促销的方式精选售卖。

主要代表：走秀网、唯品会、天品网、上品折扣、聚尚网等。

(8)奢侈品类。在线销售价格昂贵的奢侈品、名表、名包、名服饰等日常消费产品，当然也有昂贵的黄金首饰等产品售卖，动辄一件商品成千上万属于正常；想买奢侈品不一定要去线下奢侈品店购买，在线就可以实现购买需求。

主要代表：尚品网、美西时尚、第五大道、寺库等。

（9）食品类和特产类。买吃的东西，比如零食，厨房用的食材，不一定进超市，上这些网站就可以买到，与生鲜产品一样在线购买，米油盐样样有，还有地方特产专卖。

主要代表：我买网、本来生活网、顺丰优选、嘀嗒猫、元祖食品等。

（10）水果类。网上水果商城，在线下单，还可以根据你的需求定制水果分量，家庭朋友聚会、公司开会，不需要自己动手。水果品类齐全、新鲜、方便、快捷。

主要代表：果酷网、鲜品 300 等。

（11）茶叶类。就是网上销售茶叶以及茶具。买茶叶不管是自己喝还是送礼，品类齐全，动动鼠标就可以完成茶叶的在线选购工作，对于爱好喝茶的朋友是一个很好的去处。

主要代表：买茶网、嗨茶网、和茶网、茶一网、醉品商城等。

（12）钻戒和珠宝类。买钻戒、选款式、定制等这些需求都可以在线完成。一大批国内销售钻戒珠宝的网上商城可以满足广大消费者，如果对产品的真伪不放心，则一般都设有线下实体店体验店，线上付款，线下体验。此类商城大多是线下传统钻戒品牌商网上开设自己独立的 B2C 销售平台，当然也有平台类的钻戒销售商城。

主要代表：九钻网、钻石小鸟、珂兰钻石、戴维尼、周大福、佐卡伊、爱迪尔珠宝等。

（13）网上卖酒。酒是一个很特殊的销售商品，虽然运输起来很困难，但是依然被商家克服，并且一度成为商业红海。网上销售酒类，主要是红酒和葡萄酒，也有白酒品牌在线销售，商家可以根据你的爱好和兴趣定制，根据你的消费时段做更多专业、贴心的服务。

主要代表：也买酒、酒仙网、购酒网、酒美网、网酒网、中酒网、茅台商城等。

（14）母婴用品类。母婴产品一直很热门，或许与这个市场的消费群体有关。孕妇用的产品、儿童婴儿用的产品一应俱全。

主要代表：红孩子、妙乐乐、乐友网、麦乐购、孩子王、贝因美等。

（15）养生保健品类。此类商城主要针对与人体健康销售相关的吃喝产品，跟医药类产品不一样，基本上属于保健类产品、辅助健康预防类产品。

主要代表：绿瘦、康途、五谷磨房、益生康健、千叶草等。

（16）礼品玩具类。此类商城主要销售一些有创意的礼品和玩具。玩具本身也是一种送礼物品，关键在于创意和创新，也有在线定制的礼品，如照片打印在杯子上、印刷到台历上等。

主要代表：趣玩网、卡当网、多米商城、西贝网等。

（17）鲜花商城。这个很简单，主要就是网上鲜花预订的网站，以平台运营，联合线下花店做本地订花服务；在节日时候销售特别火，对于消费者也非常方便。

主要代表：鲜花礼品网、中国鲜花网、爱尚鲜花网等。

（18）图书音像类。买书也不一定去图书馆，只需要去这些图书商城，第一时间了解出版社的最新书籍，并且还可以了解图书的销量和受欢迎程度。在线选书、在线购买书籍非常方便，图书不需要讲价，基本上都是全国统一价格，属于标准化产品之一。

主要代表：99 网上书城、淘书网、蔚蓝网、快书包、中国图书网等。

（19）居家类。买家具，买沙发，买软装类产品，就上这些网站。品类丰富，基本上都是送货上门，面向全国供应商采购；主要是一些线下家具大卖场网上开设的销售平台和一些家具品牌网上直销。

主要代表：罗莱家纺、丽芙家居、红星家品会、博洋家具、金海马商城、美乐乐、贝尔地板等。

（20）电视购物商城。电视购物本就疯狂，战火烧到互联网，于是产生了一大批电视购物网上商城，通过电视，可以看、可以购买，同时也可以到网上进行抢购。

主要代表：橡果国际、中视购物、快乐购、宜和购物、东方购物等。

资料来源：http://www.qykh2009.com/prohelp_7079.html.

## 三、C2C 渠道（个人对个人）

C2C 渠道是个人通过互联网载体向其他人销售产品的渠道形式。C2C 渠道类似西方国家的“跳蚤市场”。

在国际上最著名的、影响最大的是美国的 ebay，用户遍及全球。国内最大的 C2C 渠道非淘宝莫属，在淘宝网上交易的商品五花八门、千奇百怪、应有尽有，是消费者尤其是年轻人非常喜欢的一种渠道形式。图 11－3 为 ebay 中文网。

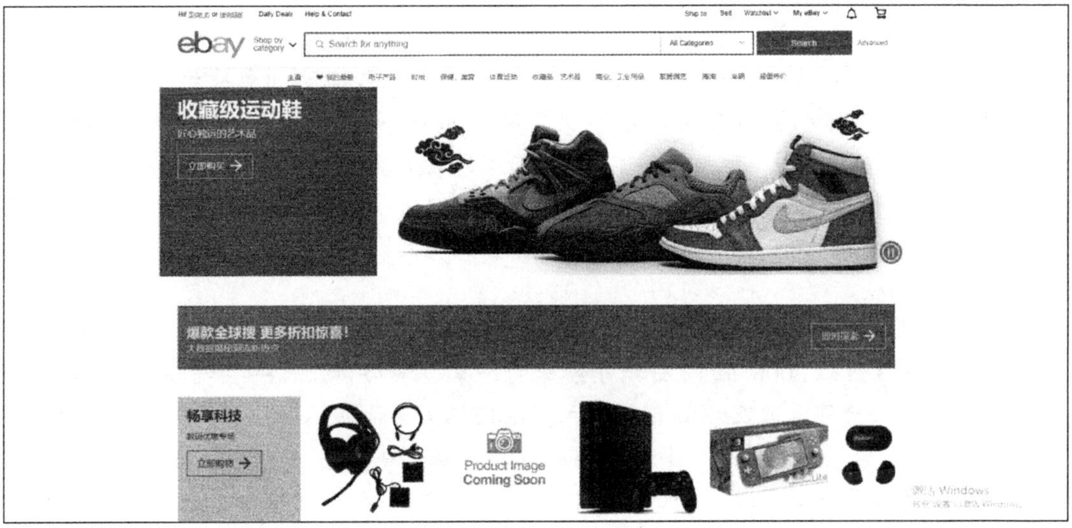


**图 11－3　ebay 中文网**

## 延伸知识

### C2C 网站介绍

著名的 C2C 平台有淘宝网、拍拍网、ebay、易趣等。

1. 淘宝网

淘宝网是我国乃至亚太地区最大的网络零售商圈，是阿里巴巴集团在 2003 年 5 月 10 日投资创立。淘宝网现在业务跨越 C2C（个人对个人）和 B2C（商家对个人）两大部分。截至 2020 年 12 月 31 日，淘宝网注册会员超 7 亿人，覆盖了中国绝大部分网购人群。

2. 拍拍网

拍拍网是大型的知名网络零售商，致力打造全球领先的网络零售商圈。网站于 2005 年 9 月 12 日上线发布，2006 年 3 月 13 日宣布正式运营。拍拍网依托腾讯 QQ 超过 5.9 亿的庞大用户群以及 2.5 亿活跃用户的优势资源，具备良好的发展基础。拍拍网运营满百天即已进入

“全球网站流量排名”前500强(据Alexa数据),并且创下电子商务网站进入全球网站500强的最短时间纪录。

拍拍网主要有网游、数码、女人馆、运动、学生、哄抢、彩票七大频道,其中的QQ特区包括QCC、QQ宠物、QQ秀、QQ公仔等腾讯特色产品及服务。拍拍网还拥有功能强大的在线支付平台——财付通,能为用户提供安全、便捷的在线支付服务。

3. ebay

ebay于1995年9月4日由皮埃尔·奥米迪亚(Pierre Omidyar)以Auctionweb的名称创立于加利福尼亚州圣何塞。人们可以在ebay上通过网络出售商品。杰夫·史科尔(Jeff Skoll)在1996年被聘为该公司首任总裁及全职员工。1997年9月,该公司正式更名为ebay。起初该网站属于奥米迪亚的顾问公司Echo Bay Technology Group。

奥米迪亚曾经尝试注册一个EchoBay的网址,却发现该网址已被Echo Bay矿业注册,所以他将EchoBay改成他的备案:ebay。1997年,奥米迪亚开始为ebay物色CEO,看中哈佛MBA出身并先后在宝洁、迪士尼担任过副总裁的梅格·惠特曼。惠特曼由于从未听说过ebay而拒绝加盟,后经职业猎头贝尼尔的软磨硬泡同意,并把ebay带向今天的辉煌。如今ebay已有1.85亿活跃用户,有来自全球29个国家或地区的卖家,每天都有涉及几千个分类的几百万件商品销售,成为世界上最大的电子集市。2020年第四季度,ebay的营业收入为103亿美元,同比增长19%;全年总交易额为1 000亿美元,同比增长17%。

4. 易趣

易趣是全球最大的电子商务公司ebay(Nasdaq:EBAY)和国内领先的门户网站、无线互联网公司TOM在线于2006年12月携手组建的一家合资公司。1999年8月,易趣在上海创立,主营电子商务,为邵亦波及谭海音所创立。他们俩同为上海人,毕业于美国哈佛大学商学院。2000年2月,在全国首创24小时无间断热线服务,2000年3—5月,与新浪结成战略联盟,并于2000年5月并购5291手机直销网,开展网上手机销售,使该业务成为易趣特色之一。易趣目前有350万注册用户。2002年,易趣与ebay结盟,更名为ebay易趣,并迅速发展成国内最大的在线交易社区。秉承帮助几乎任何人在任何地方能实现任何交易的宗旨,不仅为卖家提供了一个网上创业、实现自我价值的舞台,品种繁多、价廉物美的商品资源,也给广大买家带来了全新的购物体验。

2006年12月,ebay与TOM在线合作。通过整合双方优势,凭借ebay在中国的子公司,ebay易趣在电子商务领域的全球经验以及国内活跃的庞大交易社区与TOM在线对本地市场的深刻理解,2007年,两家公司将推出为中国市场定制的在线交易平台。新的交易平台将带给国内买家和卖家更多的在线与移动商机,促进ebay在中国市场的纵深发展。

资料来源:http://www.qykh2009.com/prohelp_7099.html.

## 四、B2G渠道(企业对政府)

B2G渠道是企业与政府之间通过互联网依托现代信息技术手段开展商务活动的渠道形式。B2G渠道可以实现多种业务,如政府采购、税收、商检、报关等。以政府采购为例,政府通过网站或其他信息手段发布采购招标信息,通过网络开标、评标,最后使用电子化手段联络中标人,甚至签订电子合同,企业通过网络购买标书,填写并上传标书。

## 五、C2B 渠道(个人对企业)

C2B 渠道是消费者作为渠道源头与企业之间开展电子商务活动的渠道形式，通常是由消费者参与有关产品的设计、生产、价格等的确定，企业根据消费者的需求进行定制化生产。

## 六、O2O 渠道(线上到线下)

O2O 是指将线下的商务机会与互联网结合，让互联网成为线下交易的前台，顾客通过看到网上显示的商家销售信息产生购买动机，并在线支付相应的费用，然后凭借各种形式的凭据去线下完成消费活动。O2O 的优势在于把线上和线下的优势完美结合。通过网上导流，把互联网与地面店完美对接，实现互联网落地，让消费者在享受线上优惠价格的同时，又可享受线下的实体服务。但哪类消费的服务是消费者最需要或者不得不需要在线下完成的呢？应该主要是服务性消费，如餐饮、电影、美容、SPA、旅游、健身、租车、租房等。

综观最火的 O2O 模式，美团是无可争议的团购赢家(见图 11－4)。它以庞大的活跃用户群为商家的市场需求提供了绝好的平台。通过线上与线下的结合，让商家可以通过外卖的形式获取用户，提高门店的业绩。

**图 11－4　美团网**

O2O 虽然生机勃勃，但也有一定的局限性：一是诚信问题，这方面团购网站表现得最为突出，如顾客的付款被卷走、网上信息描述与实际相差甚远、服务注水、退货困难等。二是商家资质存疑，一些 O2O 平台为了获得更快的发展，对商家资质疏于核查甚至不核查，从而引发很多有关消费者权益受损的问题。三是由于创新不足而引发相互模仿，从而造成行业内的恶性竞争，加快行业的衰败，以团购模式的千团大战最为典型。

## 任务训练

### 一、实操题

请搜集资料了解各类网络营销平台的类型和特点。

### 二、自测题

**(一)单选题**

天猫电商平台销售模式属于(　　)。

A. B2B 渠道　　B. B2C 渠道　　C. B2G 渠道　　D. C2B 渠道

**(二)多选题**

一个完善的网上销售渠道应具有(　　)三大功能。

A. 订货　　B. 结算　　C. 配送　　D. 售后

**(三)判断题**

O2O 渠道模式的最大优势在于把线上和线下的优势完美结合。　　(　　)

# 任务三　认识大数据营销

## 任务目标

➢ **知识目标**

1. 了解大数据营销的定义
2. 了解大数据营销的应用

➢ **能力目标**

掌握大数据营销的方法

## 任务引入

### 云南白药"大数据+明星"品牌营销

2017 年 6 月,云南白药牙膏官方旗舰店在淘宝开业。为了让公众得到这个信息、提高品牌知名度和市场占有率,云南白药和阿里开展了大数据技术、明星效应和跨界宣传的开放营销。对于许多刚开业的在线商店来说,短期的品牌曝光和销售冲量可能是开业非常普遍的目的。对于云南白药而言,不同之处在于,它致力于通过线上营销打开品牌,并以"长期的市场优势的沉淀"作为目标,因此与阿里的合作主要集中在品牌形象的创造和传播上,以获得长期的品牌效应。

为了实现这一目标,云南白药基于品牌特征和产品优势,主要利用阿里的生态平台和大数据技术来收集和分析淘宝用户,包括用户搜索、浏览、点击、购买和共享,深入了解此类行为,了解淘宝用户的使用习惯和偏好，并根据用户年轻化的主要特征，结合云南白药的特点，策划了将明星粉丝转变为店铺粉丝的营销理念，并进一步针对两位明星代言人的粉丝组织了营销互动活动。为了激发两个明星粉丝团体的参与和互动热情，云南白药和阿里开展了一项活动，以帮助偶像在淘宝上成为头条新闻，通过 PK，增强粉丝和品牌之间的互动。该活动一出，就取得了非常好的成绩。在短短的几天内，它吸引了成千上万的粉丝积极参与，迅速将超过 30 万的粉丝带到旗舰店，并在短时间内获得了很高的评价以及品牌知名度。

此后，云南白药还与广受欢迎的网络剧《春风十里不如你》的原作者冯唐进行了跨界知识产权营销，推出了春风十里的主题套装。除了与淘宝网用户进行巧合程度的数据收集和分析外，它还在其他一些平台上进行了相应的重合度抓取，整合了一些资源，并设计了一套 IP 媒体矩阵。这样，云南白药牙膏成功实现了销售额的大幅增长。

资料来源：https://a.iresearch.cn/case/6128.shtml.

**思考题：**

云南白药实现销售额增加的途径是什么？

## 知识分析

数字驱动下的营销

提到大数据，想必大家并不陌生。大数据技术发展了几十年，在当今互联网时代，分析销售趋势情况可以用大数据分析，想更了解用户行为可以用大数据分析，因此大数据营销被很多互联网商家奉为新的营销法宝。那么到底什么是大数据营销呢？

### 一、大数据营销概述

大数据，指的是需要新处理模式才能具有更强的决策力、洞察力和流程优化能力的海量、高增长率和多样化的信息资产。大数据具有四个特点，即 4V：volume（大量）、velocity（高速）、variety（多样）、value（价值）。大数据体量巨大，从 TB 级别跃升到 PB 级别；数据类型繁多，包括网络日志、音频、视频、图片、地理位置信息等。

大数据是与日益普及的网络行为所伴生的。大数据对营销模式产生了深刻的影响，为精准营销创造了条件。企业可以通过在物联网、云计算、移动互联网、车联网、手机、平板电脑、PC 以及各种各样的传感器发出的数据，进行相应的整理和分析，从中提取营销活动所需要的信息，有针对性地制订营销方案，从而获得最好的营销效果。

虽然大数据很有前景，但也面临不少挑战：一是大数据对算法和计算平台的挑战加大，有可能导致总量上升、质量下降。二是市场中数据噪声太多，进而导致数据价值大大降低。比如，大量的刷量行为已经严重干扰了数据的准确性，这实际上大大降低了数据的价值。

## 延伸知识

**大数据技术**

大数据时代，数据的应用已经渗透到各行各业，大数据技术为企业业务分析和行业发展带来了新的思维角度，将会充分激发数据对社会发展的影响。

数据处理关键技术一般包括：大数据采集、大数据预处理、大数据存储及管理、大数据分析及挖掘、大数据展现和应用（大数据检索、大数据可视化、大数据应用、大数据安全等）。

1. 大数据技术的特点

首先，能够处理比较大的数据量。

其次，能对不同类型的数据进行处理。大数据技术不仅仅对一些大量的、简单的数据进行处理，而且能够处理一些复杂的数据，例如，文本数据、声音数据以及图像数据等。

最后，大数据技术的应用具有密度低和价值大的效果。一些零散的、各种类型的数据，如果不能在短时间内分析出信息所表达的含义，那么可以利用大数据分析技术，将信息中潜藏的价值挖掘出来，以便于工作研究或者用于其他用途，便于政务的便捷化和深层次化。

大数据＝海量数据＋分析方法＋把脉现状＋预测结果

2. 大数据的应用(分别见图 11—5 和图 11—6)

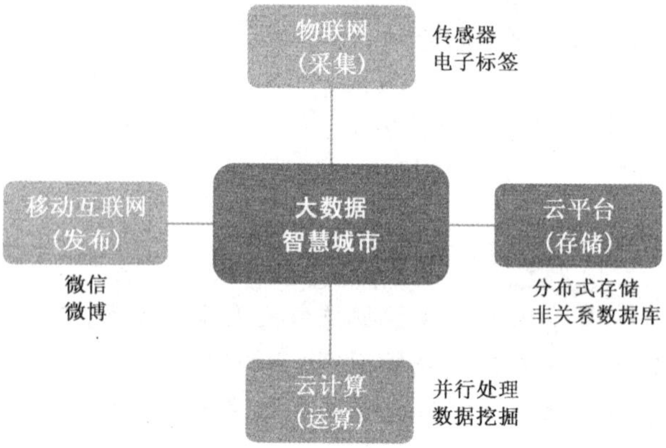


**图 11—5　智慧城市**

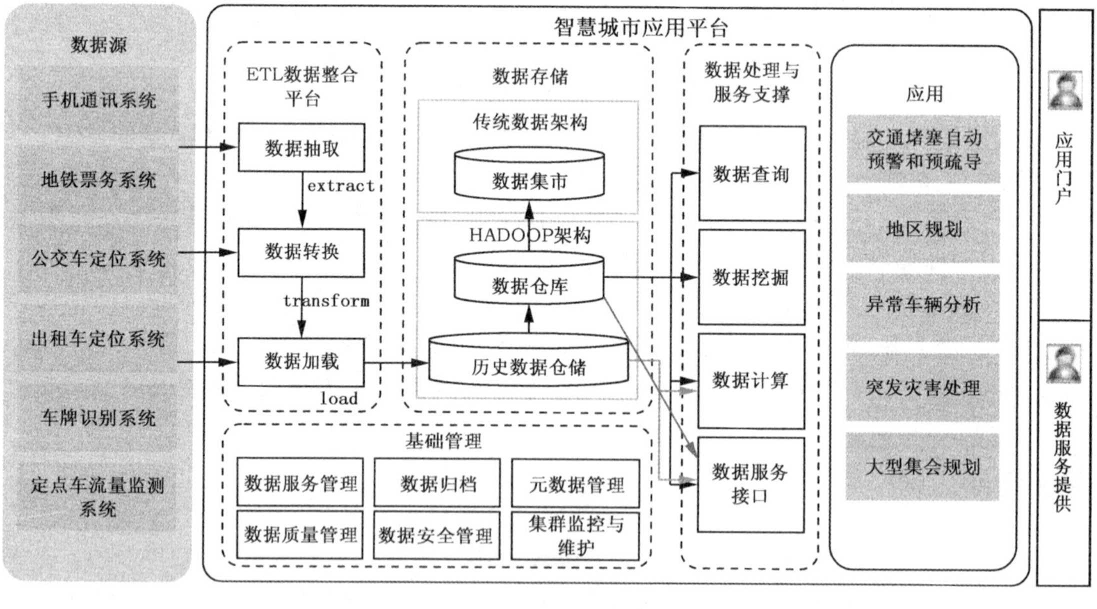


资料来源：https://www.jianshu.com/p/0226b28b4600.

**图 11—6　智慧城市整体平台方案**

## 二、大数据营销的特点

企业进行大数据营销，依托多平台的数据采集及大数据技术的分析和预测能力，使企业的营销更加精准，为企业带来了更高的投资回报率。在大数据时代，企业有更多的机会去了解用户，甚至比用户还要了解其真正的需求。大数据实现了精准营销，体现出以下 4 个营销特点：

### （一）个性化营销

网络营销的理念已从“媒体导向”向“受众导向”转变。以往的营销活动主要以媒体为导向，选择知名度高、浏览量大的媒体进行广告投放，用户被动接收信息。如今，企业以用户为导向进行网络营销，应用大数据技术进行数据采集、分析，可以做到当不同用户关注同一媒体的相同界面时，广告内容有所不同，从而让广告有的放矢，实现精准化的推荐和个性化的营销。

### （二）时效性

大数据营销具有很强的时效性。在网络时代，用户的消费行为和购买方式极易在短时间内发生变化。大数据营销可通过技术手段充分了解用户的需求，并让他们在决定购买的第一时间及时接收到产品广告。

### （三）关联性

所谓关联性，是指大数据营销能够实现让用户看到上一条广告与下一条广告有深度互动。这是因为在采集大数据的过程中可快速得知目标用户关注的内容，以及知晓用户所在位置和消费特征等。这些有效信息可使投放的广告产生关联性，如通过观察用户购物车中的产品，分析出用户的基本消费习惯；通过了解哪些产品频繁地被用户同时购买，发现用户的产品消费规律，从而针对此用户制定出相关的产品营销策略。

### （四）多平台数据采集

大数据营销的数据来源是多样化的，多平台的数据采集能将用户画像刻画得更加全面和准确。这些平台包括互联网、移动互联网、智能电视以及户外智能终端等。

**大数据营销系统数据来源有哪些**

## 三、大数据营销的应用

### （一）个性化特点的服务和产品

在大数据环境下，产品和服务的个性化特点比较明显。结合大数据技术，可以分析消费者的消费习惯和行为，从而分析其消费心理特点。根据分析和处理，可以建立相应的消费者档案信息，把握消费者的心理，为消费者提供更符合其喜好的产品和服务，也能满足细化市场的特定需求。目前很多企业设置了专门的营销分析职位，主要是借助科学的营销模式和系统，分析客户数据，在数据分析的基础上对服务和产品进行个性化的推荐，这在实践中也取得了良好的效果。根据对消费者需求的大数据分析，可以为企业产品和服务的开发提供全新的思路和方法。通过大数据，可以分析客户的潜在需求，从而更利于特定客户目标群体的开发。

### （二）精准的广告活动

通过大数据处理和分析，生产者可以了解到消费者的潜在需求，更好地指导企业的广告活动，让消费者能看到符合其消费需求的广告和服务。互联网可以实现广告的精准投放，借助计算机技术等，对用户数据进行分析，最终形成一个完整的数据库。目前的广告位与传统的广告位已经截然不同，传统的广告位缺乏对用户的精准定位，现代广告位主要指的是具体的用户。不同的消费者，在浏览同一个网页时因消费习惯和心理特点的差异，可能出现不同的广告截面，最终确保广告精准投放。这种广告投放的方式，解决了传统广告在非目标群体上浪费时间和精力的问题，增强了信息投放的主动性。

**（三）交叉销售**

交叉销售是指在企业中消费过服务或者产品的用户，在对企业产品或服务有一定了解的基础上采用数据挖掘技术，对之前的购买行为和心理进行分析，根据顾客的特点，了解潜在的消费可能，为其推测感兴趣的产品，或者是向客户推荐与购买的产品中关联程度比较高的产品。很多公司都采取这种方式交叉销售，取得了很好的营销效果。

**（四）管理客户**

根据数据采集或分析得到客户的信息，可以深入挖掘客户关系属性，了解隐藏的信息价值，在此基础上对客户和信息进行明确的定位和分类，针对不同的客户，采取不同的销售模式和措施。例如，分析购买某种产品或服务的顾客具有某些特征，可以对具有类似特征的客户进行开发，将其作为潜在的客户；同理，可以分析之前流失过的客户的特征，在具有类似特征的客户未流失之前改变销售方式，或采取补救措施，以免其流失，如可以采取一些优惠活动挽回客户。

**（五）市场营销调研**

传统的企业市场调研多采用的是问卷调查等手段，而目前企业获取信息决策的渠道更多，尤其是互联网信息的发展。企业拥有海量数据，借助大数据分析，能很好地挖掘市场环境和消费者的需求，了解社会竞争状况等。这种方式不再是传统的问卷调查所获取的样本，其调查对象是多方面的数据，数据在时效性和可靠性方面更具有优势。另外，大数据技术分析法的应用，可以更精准地分析客户；也能更高效地了解竞争企业的客户特点，了解不同客户对企业自身或者是竞争企业的产品及服务的体验反馈，从而更好地了解竞争者的优势，及时改善和调整自己的经营策略，提升企业自身的竞争力。

## 任务训练

### 一、实操题

请根据以上知识，回答以下问题：

大数据可以应用到生活中的哪些方面？

### 二、自测题

**（一）单选题**

1. 大数据营销的正确观念是（　　）。

A. 大数据是包治百病的“良药”　　B. 大数据营销思维与应用存在鸿沟

C. 大数据应用必然带来效率提升　　D. 大数据服务商不是万能的

2. 大数据最显著的特征是（　　）。

A. 数据规模大　　B. 数据类型多样

C. 数据处理速度快　　D. 数据价值密度高

3. 大数据的本质是（　　）。

A. 挖掘　　B. 联系　　C. 搜集　　D. 洞察

（二）判断题

1. 大数据仅仅是指数据的体量大。（　　）

2. 大数据营销的特点之一是精准性。（　　）

（三）简答题

1. 简述大数据营销的定义。

2. 简述大数据营销的优势。

# 任务四　认识社交媒体营销

## 任务目标

▶ 知识目标

1. 了解社交媒体营销的概念

2. 了解社交媒体营销的过程

▶ 能力目标

掌握社交媒体营销的方法

## 任务引入

### 微信营销的成功

2021 年 1 月 21 日，微信迎来上线十周年。在此前两天举行的微信公开课活动上，微信公布了最新数据：微信的日活跃用户达到 10.9 亿；有 7.8 亿人每天翻看朋友圈，其中，1.2 亿人还会在朋友圈里发点什么，3.6 亿人每天浏览公众号来获取对外界的认知。

微信营销（见图 11—7）是目前最为成功的社交化营销案例。在腾讯强大、巨量的用户群基础上，微信从社交工具向营销工具进行转换。微信营销分为腾讯的自主营销和开放式营销。微信的自主营销主要是微信工具钱包下的一些营销工具，包括手机充值、理财通、Q 币充值、生活缴费、滴滴出行、火车票、机票、电影票、吃喝玩乐、彩票等。

图 11—7　微信营销

**思考题：**

微信营销成功的原因是什么？

## 知识分析

互联网使用的激增以及数字技术与设备的发展催生了一系列社交媒体，为消费者提供了一个聚集、社交及交流意见和信息的网络空间。兼具社交属性和移动互联网便利性的社交媒体给企业带来了不同于以往的机遇和挑战。很多企业已经借助这类平台，展示信息，开展口碑传播和品牌沟通活动，为消费者提供了更多的价值。成功的社交媒体营销，能给企业带来成本更低的大流量的互动效果，从而扩大品牌影响力，提升销售量和品牌价值。

安东尼·梅菲尔德在其著作《什么是社会化媒体》中指出，社会化媒体是一种新型的、给用户提供极大参与度和空间的在线媒体。该类媒体具有公开性、参与性、对话性、交流性、社区性、联通性等特点。

### 一、社交媒体的概念及其特点

#### （一）社交媒体的概念

社交媒体（social media）也称为社会化媒体，指互联网上基于用户关系的内容生产与交换平台。这些媒体平台具有参与性、公开性、交流性、对话性、社区性、联通性的特点，赋予每个人创造并传播内容的能力。

在我国，从互联网技术兴起以来，社交媒体平台从最初的博客到微博、微信，再到现在的小红书及视频 App 抖音等。越来越多的媒体接入社交功能，不仅有新媒体还有传统媒体，同时催生了更多细分的社交形态。在今天，媒介化与社会化日趋融为一体，社交媒体已将传统媒体的内容导向转变为新的连接导向关系。

#### （二）社交媒体的特点

1. 受众广泛

截至 2017 年底，世界各地使用社交媒体的人数已经超过 30 亿。2018 年初，我国网民数量达到 7.72 亿，且网民使用互联网的时间进一步增加。基于用户数据不断积累、算法不断优化、内容形式与吸引力不断完善，社交媒体在人们的生活中发挥着越来越重要的作用。因此，社交媒体的受众具有充分的广泛性。

2. 自发传播

研究表明，在美国，人们获取信息的习惯 1/3 是从各类分享开始的，而分享后进行有目的的深度阅读的行为高达 70%。许多人认为，自己所认识的朋友在社交媒体所分享的消息和产品比广告更真实可信、更具有说服力。社交媒体打破了生产、消费、传播的界限，用户既可以充当消费者，又可以充当内容生产者，同时积极扮演自发传播者的角色。社交媒体平台的提供者让用户深度参与内容的制作生产，并利用他们自身的人际关系来实现传播。

3. 以人际关系为核心

社交媒体重视打造以人际关系网络为核心的传播路径。微博、微信等媒体善于利用现实世界中的人际关系来建立虚拟关系网络。同时，基于网络用户间的分享文化，社交媒体还设计出许多功能及应用来增强朋友之间的互动性。例如，点赞功能、评论功能和微信小程序等，推动形成更多的联系与关注度，培养用

**拼多多如何利用社交电商实现快速崛起**

户的互动习惯，并与线下活动紧密相连。由此，虚拟的社交圈成了维持现实中社交关系的重要一环。

4. 内容独特

社交媒体倡导“人人都可能成为内容生产者”。一些关注度极高的社交媒体，内容上很重要的一个特点便是高度个性化。个性化体现在独特的观点和视角上，这在很大程度上迎合了消费者求新求异的心理。在自媒体时代，每个用户都可以为自己发声，而独特的内容是社交媒体区别于传统媒体的重要因素，这也有助于更多意见和多元价值观的形成。

社交网络营销

## 二、社交媒体营销

社交媒体营销(social media marketing)，也称社会化媒体营销，是指企业或组织为了实现其营销目标，满足目标市场的需求，通过使用社交媒体工具，所采取的一系列行动和整合手段。

每个社交媒体平台或者社交媒体渠道都有不同的特征和功能，企业在制定社交媒体营销行动时应当考虑不同社交媒体的特点。随着社交媒体的不断发展，消费者越来越倾向于通过微信、微博等社交平台对意向购买的商品进行了解、讨论及分享。这些社交网络将在营销活动中发挥重要的作用，一些国际化的大企业早已开始使用社交媒体和客户进行交互以提高销售的效率。在这样的情况下，社交媒体营销作为一个新兴的营销方式应运而生。社交媒体营销具有以下特点：

### (一)直接性

基于社交媒体平台，企业或组织能够通过直接发布以及推广链接的方式获取关注，能够在任何时间、任何地点为顾客提供关于品牌事件和活动的及时且相关的内容。企业可以利用先进的互联网技术，通过文字、图片、视频等不同方式对产品进行陈列和介绍，能够使消费者充分接受企业传播的信息，以提高产品的知名度与影响力。与顾客直接沟通的便利，为企业更好地了解消费者需求、实现产品开发的有效性提供保障。

### (二)投资低

越来越多的企业以及个体加入社交媒体营销的行列，从而促进了社交媒体营销的发展。尽管创建和管理社交媒体内容可能投入较多，但是很多社交媒体可以免费或低价使用。因此，与电视、印刷品等昂贵的传统媒体相比，社交媒体营销活动的投资回报率往往较高。对于无法承受巨额营销预算活动的中小企业，社交媒体的低成本容易使得它们参与其中。此外，社交媒体上的推广多数是由用户主导的一种非强迫性的销售方式，推广成本很低。譬如，近年来兴起的“微商”，以微信平台为依托，以微信朋友圈为基点，几乎不用投入任何金钱成本，便可达到促销、销售的目的。

### (三)影响大

社交媒体营销的优势体现在消费者的参与性和社交分享能力上。社交媒体特别适合创建顾客参与，以使顾客能够与品牌和其他顾客互动。随着社交媒体的使用人数迅速增长且分布范围不断扩大，社交媒体营销的影响也越来越大。以近期增速迅猛的拼多多为例，其销售模式在很大程度上即利用了人们的交友圈，以一人发起拼团，参与者均享受优惠的形式销售商品，很快打开了销路、扩大了知名度、提高了用户人数，并以很快的速度增长。

### (四)整合性

企业有各式各样不同的营销方式及营销手段，这些营销活动可以通过社交媒体这个交互式的平台来进行统一规划，继而进行协调、实施，由此可以向消费者传达一致的信息和内容，同时也可以避免因不同渠道的信息不一致而产生消极影响。实际上，大多数的大公司正在设计全面的社交媒体营销融合并支持一个品牌的营销战略和策略中的其他要素。

## 三、信息流广告

信息流广告是指位于社交媒体用户的好友动态、资讯媒体和视听媒体内容流中，并符合用户使用原页面的行为习惯，将产品信息作为"内容"融入用户的社交生活中的广告。信息流广告于 2006 年由脸书首先推出。随后推特、Instagram 和领英以及国内的 QQ 空间、微博和微信朋友圈等社交媒体也相继推出信息流广告。

### （一）信息流广告的特征

1. 广告融入内容

信息流广告最大的特点就是将广告融入内容，为消费者提供"沉浸式体验"，提高信息流广告与用户之间的相关度，达到"广告即内容"的效果。这种广告形式与社交媒体中的用户动态形式一致，不易被忽视，既能产生较高的效果，又不易让用户产生反感情绪。

2. 精准投放

实现个性化、差异化的精准投放是信息流广告的另一大特征。利用大数据分析，依据历史浏览、消费行为充分挖掘用户的喜好，并对用户进行分类，可以达到每一个用户都标签化的效果，以此达到信息流广告的精准投放，使广告投放效果最大化。

3. 海量用户

承载信息流广告的载体是各类社交媒体，而社交媒体拥有海量的用户，例如，微信、QQ、微博等。在用户群体数量庞大的基础上，精准的广告投放具有效果倍增的巨大潜力。

### （二）信息流广告效果的影响因素

1. 媒介因素

一方面，媒介自身的服务质量，包括操作是否便利、是否安全可靠等，会影响信息流广告的投放效果；另一方面，媒介本身的知名度无疑会影响到广告效果。一个知名度高的媒介会促使用户对信息流广告的认知和行为产生改变，起到正向的积极作用。

2. 受众因素

若信息流广告能够引起很多好友参与，则用户会增强对广告的注意力，因此提高用户的参与度会提高广告效果，消费者的创新性也会对广告效果产生显著影响。一般而言，消费者的创新性越强，则信息流广告的效果会越好；不过，倘若消费者感知自己的隐私受到侵犯，就会对广告产生负面的态度。

3. 广告因素

这与消费者对广告要素的喜好度有关。广告要素包含图文、视频等形式，由于用户对不同要素的喜爱程度不同，因此广告要素设计的形式直接影响对信息流广告的评价。

# 任务训练

## 一、实操题

请选择自己了解的一个社会化媒体软件，设计一个营销推广方案。

## 二、自测题

**(一)单选题**

1. 社会媒体营销的核心是(　　)。

A. 广告　　B. 产品　　C. 沟通　　D. 好评

2. 社会媒体营销的手段不包括(　　)。

A. 链式传播　　B. 信任推广　　C. 电视广告　　D. 打折送券

**(二)判断题**

1. 微信营销的传播范围仅限微信好友。　　(　　)

2. 团购也属于社会媒体营销的一种。　　(　　)

**(三)多选题**

社交媒体的广告表现形式大体可以分为(　　)。

A. 图文广告　　B. 短视频广告　　C. 文字广告　　D. 植入广告

**(四)简答题**

1. 简述社交媒体营销的定义。

2. 简述社交媒体营销的优势。

# 任务五　认识搜索引擎营销

## 任务目标

**▶ 知识目标**

1. 了解搜索引擎营销的定义

2. 了解搜索营销的原理

**▶ 能力目标**

掌握搜索引擎营销的实施步骤

## 任务引入

### 兰蔻——品牌、销售两不误

若有消费者在百度搜索上敲下“兰蔻”两字，搜索结果页面最上方则不再是普通的文字链接，而是图文并茂的兰蔻网(见图11—8)上商城品牌专区。作为国内首家试水网上营销业务的化妆品品牌，兰蔻此次与百度再度联手，意在将搜索引擎上的潜在消费者吸入其B2C网站进行消费。

通过百度品牌专区，兰蔻网上商城链接、促销公告、商品信息等以图文并茂的形式呈现。与传统的搜索显示结果最大的不同是，广告主可以亲手编辑栏目内容，将企业的最新信息前移，主动管理企业在搜索引擎上的品牌形象，促进网络平台和线下活动的良性互动。

“通过百度的品牌专区，我们的品牌在那些搜索兰蔻的消费者面前有了更好的展示，不但

**图 11—8 兰蔻官网**

能够提升品牌形象，而且为兰蔻网上商城带来了很多高质量的流量。在使用了品牌专区之后，我们大幅度地提高了品牌关键词的转化率，因此产生的销售额也相应提高了 30%。”欧莱雅副总裁兰珍珍表示。

**思考题：**

兰蔻实现品牌提升和销售量提升的途径是什么？

## 知识分析

搜索引擎是网民上网必须使用的工具，但你是否发现，如果你在搜索引擎中输入关键词之后，跟关键词相关的内容就会按照一定的规则呈现在你眼前。当你下次再打开搜索引擎时，相关的广告和推荐内容会自动展现，这是怎么实现的呢？

### 一、搜索引擎营销概述

搜索引擎营销（search engine marketing）是基于搜索引擎平台的网络营销，利用人们对搜索引擎的依赖和使用习惯，在人们检索信息时尽可能地将营销信息传递给目标客户。搜索引擎营销的实现手段包括竞价排名、分类目录登录、搜索引擎登录、付费搜索引擎广告、关键词广告、搜索引擎自然排名、地址栏搜索、网站链接策略等。

搜索引擎营销方法与企业网站密不可分。从搜索引擎营销的发展来看，它经历了将网站免费提交到主要的搜索引擎（如雅虎），到技术型搜索引擎崛起（如谷歌）引发的搜索引擎优化策略，再到搜索引擎营销从免费转向付费（如搜狐），直到更加丰富的如关键词定位、网页内容定位等搜索引擎营销方式（如百度）。

搜索引擎营销大行其道的原因是消费者网络购物行为的特点，即 1/3 的搜索者会产生购买行为，四成网民利用搜索站点来做购物前的调研。如果公司的网站不在消费者搜索之列，基本意味着该公司被剔除出消费者的选择集。因此，吸引搜索者访问是十分重要的。

## 二、搜索引擎营销的基本方法和步骤

企业利用搜索引擎工具可以实现五个层次的营销目标，由浅至深依次为：被搜索引擎收录，在搜索结果中排名靠前，增加用户的点击率，将浏览者转化为顾客，成为企业的忠诚客户。

**（一）搜索引擎营销的基本方法**

1. 竞价排名

竞价排名服务，是由客户为自己的网页购买关键词排名，按点击计费的一种服务。竞价意味着付费越高者排名越靠前。客户可以通过调整每次的点击付费价格，控制自己在特定关键词搜索结果中的排名，并设定不同的关键词捕捉不同类型的目标访问者。目前在国内最流行的点击付费搜索引擎有百度、360 和搜狗。

2. 购买关键词广告

即在搜索结果页面显示广告内容，实现高级定位投放。用户可以根据需要调整关键词，类似于在不同页面轮换投放广告。

3. 搜索引擎优化（SEO）

即通过对网站优化设计，使得网站在搜索结果中排名靠前。搜索引擎优化有很多方式，包括网站内容优化、关键词优化、外部链接优化、内部链接优化、代码优化、图片优化、搜索引擎登录等。相对于其他搜索引擎营销方式，搜索引擎优化是不需要付出广告成本的。

4. 按照有效通话收费（PPC）

如 TMTW 来电付费，就是根据有效电话的数量进行收费的。

**（二）搜索引擎营销的步骤**

（1）在明确产品或服务的客户群的基础上，了解目标客户的搜索习惯，如使用什么关键词搜索；

（2）了解目标客户经常会访问的网站类型；

（3）分析目标客户最关注的产品或服务特性，如品牌、价格、性能、服务优势等；

（4）规划竞价广告账户及广告组；

（5）选择相关关键词，选择关键词时可以借鉴搜索引擎公司的关键词分析工具（如百度竞价后台的关键词分析工具），这些工具具有很大的参考价值；

（6）撰写吸引人的广告文案；

（7）投放内容网络广告。

# 任务训练

## 一、实操题

请根据以上资料，总结搜索引擎营销的实施步骤。

## 二、自测题

**（一）单选题**

1. 搜索引擎优化的英文缩写是（　　）。

A. SEO　　B. URL　　C. CMS　　D. SEM

2. 以下关于网页标题的说法,正确的是(　　)。

A. 包含所有的产品信息　　B. 标题内容中突出关键词

C. 核心词无关紧要　　D. 尽量详细,包含尽量多的关键词

**(二)判断题**

搜索营销只适用于百度、搜狗等网页搜索软件。　　(　　)

**(三)简答题**

1. 简述搜索引擎营销的定义。
2. 简述搜索引擎营销的优势。
3. 简述搜索引擎营销的步骤。

# 任务六　认识短视频营销

## 任务目标

**➢ 知识目标**

1. 了解短视频的发展现状
2. 理解短视频营销的理念与方式
3. 掌握短视频营销的方法与技巧

**➢ 能力目标**

1. 掌握短视频营销的基本理论
2. 掌握短视频营销的方法

## 任务引入

### 短视频营销的代表——李子柒的故事

自2017年以来,短视频媒体发展迅速,无数自媒体工作者通过短视频拍摄、制作而火爆全网。其中,“90后”四川女孩李子柒无疑是典型代表。2015年,李子柒开始拍摄短视频;11月,发布短视频《兰州牛肉面》;6月16日,获得新浪微博超级红人节十大美食红人奖。从2016年开始,李子柒就尝试摄制短视频,且凭借这些短视频作品收获众多粉丝:截至2021年11月,抖音上有5 510.8万粉丝,微博上有2 761.1万,李子柒抖音橱窗有24件产品,抖音月销售额达千万元。2018年,获得YouTube银牌奖。2019年8月,获得超级红人节最具人气博主奖、年度最具商业价值红人奖。

李子柒的视频内容主要传播渠道在抖音、微博、YouTube、小红书等各大新媒体平台。在“李子柒”品牌的内容营销中,短视频是内容的载体,也是传播的手段。李子柒在短视频中所展示出来的传统文化元素在某种程度上满足了国人对于中华传统文化的向往,勾起了中国人心中的文化认同感,这使得“李子柒”具有一定的独特性,而具有独特性的品牌往往会吸引消费者的目光。

类似于李子柒这样的新自媒体人还有成千上万,他们正在新的营销领域——短视频营销

不断发展。

**思考题：**

你认为李子柒短视频营销成功的原因有哪些。

## 知识分析

2020 年 12 月，中国短视频用户规模为 8.73 亿，较 2020 年 3 月增长 1.00 亿，占网民整体的 88.3%；2021 年底，短视频用户规模达 8.88 亿。最近几年，短视频用户规模持续增长，短视频也成为人们在网络休闲的第一选择，那么短视频到底是什么？为什么有如此大的魅力呢？

### 一、认识短视频

短视频即短片视频，是一种新型的互联网内容传播方式，一般是指在网络新媒体上传播的时长在 5 分钟以内的视频。因短视频适合在各种新媒体平台上播放，适合在移动状态和短时休闲状态下观看，且其内容较短，可以单独成片，也可以成为系列栏目。短、平、快的大流量传播内容逐渐获得各大平台、“粉丝”和资本的青睐。

随着“网红”经济的出现，网络视频行业逐渐崛起一批优质的 UGC（user generated content，用户原创内容）制作者，快手、抖音、今日头条、微博、秒拍纷纷入局短视频行业，募集了一批优秀的内容制作团队入驻。据 2020 年 10 月发布的《2020 年中国网络视听发展研究报告》显示，短视频已成为仅次于即时通信的第二大网络应用，用户规模达 8.18 亿，近九成网民使用短视频。

### 二、短视频的特点

相对于传统视频来讲，短视频更能吸引大家的注意力，受人欢迎，这源于短视频具有以下特点：

**（一）时长短，内容丰富**

短视频时长一般控制在 15 秒至 5 分钟，时间短，非常适合大家在闲暇时间观看。同时各类型的内容都可以通过短视频表达出来，而且相对于文字、图片来说，视频能够带给用户更好的视听体验。因为时长有限，就需要创作者们花费更多的心思去吸引观众，于是一条短视频就需要放入大量的精彩内容，所以虽然短视频短小，但是它的内容还是完整的。俗话说“浓缩的就是精华”，这句话用在短视频的范畴可以说是非常合适的。

**（二）制作过程简单**

在短视频诞生之前，大家对于制作视频的第一印象应该就是电视剧。因为在我们的认知中，制作视频是需要专业团队才能做到的事情，门槛极高。随着短视频的兴起，用户可以通过手机自行拍摄，通过简单的处理就可以上传至网络，收获流量，收获关注，于是创作者大量增加。短视频之所以能逐步发展起来，靠的就是这些创作者，当人人都能参与制作的时候，大家的兴趣就会被调动起来。

**（三）有创意**

任何时候，有创意的内容总是会让人眼前一亮，对于短视频来说更是如此。现在的短视频创作百花齐放，吸引着人们去观看，如果想在其中脱颖而出，就需要大量的想法和创意。许多充满个性和创意的短视频，会让人看完一遍还觉得不过瘾，想再看一遍，这就是短视频的优秀之处。

### （四）传播性强

由于短视频的制作门槛低，发布渠道多样，可以很轻松地实现直接在平台上分享自己制作的视频，以及观看、评论、点赞他人的视频，因此容易促成裂变式传播和在熟人间传播。丰富的传播渠道和方式能够让短视频传播的力度更大、范围更广、交互性更强。在快节奏的生活方式下，大多数人在获取日常信息时习惯追求“短、平、快”的消费方式。短视频传播的信息观点鲜明、内容集中、言简意赅，容易被用户理解与接受。一个短短的视频，播放量会比长篇视频播放量高得多。

### （五）方便营销

与其他营销方式相比，短视频营销可以准确地找到目标用户，更加精准。因为不同身份、年龄的人看的视频类型不同，可以根据想吸引的用户去精准垂直制作视频，所以更方便带出货品。目前，多数短视频运营平台都会植入广告，用户在看短视频的时候经常会“刷”到广告，短视频中或者直播中还会插入购物链接，方便大家在观看视频的同时购买自己所需要的商品，也能达到更好的营销效果。

## 三、短视频营销的优势

### （一）灵活的互动性，沟通更方便

短视频营销吸取了网络营销互动性很强的优点。几乎所有的短视频都可以进行单向、双向甚至多向的互动交流。对于用户而言，他们可以通过与企业发布的短视频进行互动，从而对企业的品牌进行传播，或者表达自己的意见和建议；对于企业而言，短视频的这种优势能够帮助企业获得用户的反馈信息，从而更有针对性地对产品或服务进行改进。这种互动性使得短视频能够快速传播，还能使得企业的营销效果实现有效提升。

### （二）低成本打造高效传播

与传统的广告营销少则几百万元，多则几千万元的资金投入相比，短视频营销的成本算是比较低的，即制作的成本低、传播的成本低及维护的成本低。虽然制作短视频的门槛很低，但是随着用户对短视频内容的要求逐步提高，如果想要借助短视频获得良好的营销效果，则必须以专业化团队的力量作为支撑。

### （三）购物方式快捷方便

短视频是一种时长较短的图文、影音结合体，因此短视频营销能够带给消费者单纯图文、音频所不能提供的感官上的冲击，这是一种更为立体、直观的感受。短视频营销的效果比较显著，一是因为画面感更强，二是因为短视频可与电商、直播等平台结合，直接赢利。它的高效性体现在消费者可以边看短视频，边购买产品。

### （四）锁定目标用户，精准营销

与其他类型的营销方式相比较，短视频营销还具有指向性强这一优势，因为它可以准确地找到企业的目标受众，从而达到精准营销的目的。短视频平台通常都会设置搜索框，对搜索引擎进行优化。目标用户一般都会在短视频平台上通过关键词进行搜索，漫无目的闲逛的可能性不大，这一行为使得短视频营销更加精准。

### （五）迅速传播，激发兴趣

短视频营销还拥有传播速度快、难以复制的优势，所以短视频能够迅速地在网络上传播开来，再加上其时长短，适合现在快节奏的生活，因此更能赢得广大受众的青睐和欢迎。此外，用户在与短视频进行互动的过程中不仅可以点赞、评论，还可以转发。一条内容精彩的短视频，如果能够引发广大用户的兴趣并被他们积极转发，那么就很有可能达到病毒式传播的效果。

## 四、短视频行业发展历程

短视频行业萌芽于 2011 年，而后在智能手机、移动互联网、4G 和 5G 技术的发展推动下实现爆发式增长，现已形成“两超多强”的竞争格局，商业模式逐渐成熟，变现手段多样化。Mob 研究院整理了中国短视频行业的发展演进情况，如今短视频行业已进入成熟稳定期。

### （一）萌芽发展期（2011—2015 年）——“从无到有”短视频平台兴起

随着移动互联网的发展、智能手机普及、4G 技术的提升，短视频行业从无到有，用户习惯逐渐养成，关注度逐步攀升。

这一时期的行业发展大事件有：2011 年 3 月，快手推出“GIF 快手”；2013 年 7 月，快手由工具应用转型为短视频社区；2013 年 9 月，腾讯推出微视。

### （二）增长爆发期（2016—2017 年）——“从有到多”短视频应用大爆发

短视频应用爆发式增长，掀起短视频全民化风潮。字节跳动横空出世，依靠智能算法抢占大批用户，占据风口。PGC（professional generated content，专业生产内容）、MCN（ multi-channel network，多频道网络）机构入局，内容专业化程度提升，行业走向正规化。

这一时期的行业发展大事件有：2016 年 9 月，抖音上线；2017 年 6 月，头条视频升级为西瓜视频；2017 年 11 月，好看视频上线。

### （三）成熟稳定期（2018 年至今）——“从多到优”抖音和快手杀出重围

市场格局逐渐稳定，形成“南抖音、北快手”的两超多强格局。商业模式逐渐成熟且变现手段多样化，短视频直播营销爆发，“巨头”们以视频号为切入点，对短视频平台发起挑战。

这一时期的行业发展大事件有：2020 年 1 月，微信视频号内测；2020 年 8 月，小红书上线视频号。

当前，短视频平台有抖音、快手、火山和西瓜、微博、秒拍和美拍、淘宝哇哦等。

## 五、短视频制作步骤

### （一）内容定位

内容定位是指短视频的内容方向和目标确定，是在服务于用户群体的基础上通过内容本身来进行人设完善和优质信息输出。这是短视频创作的核心。在进行内容创作前，我们首先应明确什么样的内容能吸引用户的注意力。

1. 能引起共鸣和认同

这一定位多指热点式，从众心理会使用户不由自主地与多数人保持一致。追热点是吸引用户观看的最简单途径。

2. 引起好奇心和思考

介绍用户未知领域或新鲜、新奇的内容，或在视频封面、开头等设置刁钻问题，通过用户对真相的追求来吸引用户观看。

3. 欲望和利益刺激

吸引用户的视频往往能使用户从视频中获取价值，例如，情绪价值、认同价值等。总的来说，短视频创作者可以结合自身的兴趣和特长，选择要创作的内容细节。结合热点进行长期创作，可以实现内容持续高质量产出，从而增加账号的权威和忠诚度。

**(二)软文策划**

找准内容定位后,接下来要进行的是视频文案的撰写。视频文案是一个视频的内核,但由于短视频的时长较短,往往为1—2分钟,对创作者精简概括的能力要求较高,因此创作难度较大。那么,如何能抓住视频的核心要点,通过文案快速吸引用户的注意力?接下来主要从视频文案的开头、中间、结尾进行拆解。

1.视频开头文案——抓住黄金3秒

视频开头的文案是最为重要的,如何利用黄金3秒,吸引用户眼球,是文案策划的关键。视频开头可以通过设置悬念、给用户留下疑问的方式,让用户通过视频的后续内容探清答案到底是什么、究竟会发生什么事情、结局会怎么样等,如"生活小妙招:油烟机滤油格难清理怎么办?"。

2.视频中间文案——增加完播率

视频中间文案要求尽可能短小、精悍,避免长篇叙事。符合"短、平、快""短、精、深"特点的文案,能够在一定程度上增加视频的完播率。

3.视频结尾文案——引发用户关注、互动

视频的最后,可以通过文案引导用户进行点赞、关注、分享等行为。

(1)引导关注,如"加关注,下次更新早知道!"。

(2)引导点赞,如"认同的朋友们给我个赞"。

(3)引发评论互动,如"还想知道什么内容,评论区告诉我!"。

**(三)视频剪辑与后期制作**

这是最后一步后期制作,视频制作完成后还需进行适当的后期处理,比如说添加滤镜、配乐、字幕什么的。视频最好有统一的片头片尾,这样看起来会比较有特色。后期剪辑时各种细节问题都需要注重。现在的短视频平台相继推出了自己的视频制作软件,操作起来相对简单,但如果想要推出优质的原创短视频,则需要精心策划,准备剧本,后期制作剪辑也是非常重要的。

## 延伸知识

**6种短视频拍摄技巧**

如今的短视频拍摄门槛极低,拿起手机就可拍摄。但门槛低并不代表就能随意拍摄。想要拍出效果好的短视频,还是需要注意技巧的。下面简单讲解以下6种短视频拍摄的技巧。

1.依据拍摄视频主题来确定背景色彩搭配

在想到了好的拍摄视频主题后,就要依据主题来取不同的背景,不要用浅色的背景。这样一来,拍摄的小视频就可以得到角度和深度。

2.横屏拍摄小视频是最佳的呈现形式

在看到好的美景时,用手机拍小视频要采用横向拍摄视频,并固定好拍摄视频的位置。这样一来,看起来有电影感,用工具固定智能手机,以免手抖动,让画面也会抖动。

3.取景角度要注意与主题相关

有时候,在拍摄视频时角度没有选择好,与主题相关的素材元素只拍摄视频到一半。这样一来,看视频就不好看,可以把主题人物放在画面的黄金分割线的位置,拍摄视频就能突出主题,美观。

4.切忌逆光拍摄,要调整好光线

当拿手机在户外拍摄视频时，不要逆光拍摄。光线对拍摄视频的效果有影响，可以选择不同的角度来拍摄视频，通过调焦距来拍摄视频。个人站在顺光的位置，长焦拍摄视频，缓慢拉近镜头，突出表现光线的变化。

5. 拍摄视频时，注意主题人物和背景选择

在用手机拍摄时，背景不要单调无趣，在拍摄视频主题人物时，可以用好的背景拍摄视频，这样一来可以使画面感丰富、画面有深度。

6. 适当增加一些景深镜头，凸显意境

一般在拍摄小视频时，画面比较单调无趣，可以将画面分出前景、背景，让主题人物处于其中，缓慢移动，这样一来可以创造景深，拍出有意思的视频。通过这些较常用的手机拍照技巧，就可以把小视频拍好了。

资料来源：http://view.inews.qq.com/a/20210805A03T4400?startextras=undefined&from=ampzkqw.

## 任务训练

### 一、实操题

请选择一个产品，拍摄一个3分钟的营销视频。

### 二、自测题

**（一）单选题**

根据景别的大小，由远及近排列正确的是（　　）。

A. 远景—中景—特写　　B. 远景—近景—全景

C. 全景—近景—中景　　D. 中景—近景—全景

**（二）判断题**

1. 在内容消费上，长视频给用户的沉浸感比短视频更好。（　　）
2. 用户画像分析是短视频创作者进行创作的第一要务。（　　）
3. 目前人们拍摄短视频用得最多的拍摄设备是单反相机。（　　）
4. 短视频创作者要尽可能地在第一时间回复用户的评论。（　　）

**（三）简答题**

1. 简述短视频营销的特点。
2. 简述短视频营销的步骤。

# 任务七　认识直播营销

## 任务目标

**▶ 知识目标**

1. 了解直播营销的概念、优势

2. 理解直播营销的发展背景
3. 理解直播营销平台规范

➢ **能力目标**

1. 掌握直播营销的本质含义
2. 掌握直播营销的准备过程

## 任务引入

### 直播营销崭露头角

2021年10月20日，2021年“双十一”首播战绩揭露。淘宝主播销售榜显示，李佳琦昨天直播最终销售额达到106.53亿元。据淘宝直播数据，10月20日晚，李佳琦直播间共上架商品439个，预估销量达到3 615.8万，客单价为294.63元，单品最高销量超过187.77万，单品最高销售额破1亿元，直播间累计交易额破百亿元，成为名副其实的淘宝直播“带货一哥”。

自2020年以来，直播带货就成了新媒体营销领域的宠儿，抖音、快手、淘宝、京东等各大平台相继推出直播功能，其发展趋势非常迅速，那么直播带货到底为什么这么火呢？又为什么发展如此迅速呢？

**思考题：**

讨论直播带货为什么这么火。

## 知识分析

《连线》杂志创始主编凯文·凯利在2012年出版的《技术力量》一书中提出1 000个“铁杆粉丝”的理论，即无论创作者从事什么职业，只要他拥有1 000名“铁杆粉丝”，就足以让他的影响力变现。直播营销就是通过培养忠实的“粉丝”来盈利，因为“粉丝”＝流量＝商业价值。

## 一、了解直播营销的概念与优势

### （一）直播营销的概念

所谓直播营销，是指在现场随着事件的发生、发展进程制作和播出节目，以直播平台为载体的营销活动，以使企业品牌提升或销量增长。直播的核心价值在于其聚集注意力的能力。未来直播营销将成为每一种产品营销的标配。

**直播营销能做什么**

### （二）直播营销的优势

1. 精准用户

在观看直播时，用户需要在一个特定的时间共同进入直播播放页面。这种直播时间上的限制，确保在特定时间里进入直播页面的大多是具有较高忠诚度的精准目标人群。所以，直播吸引到的都是较为精准的“目标用户”。

2. 实时互动

在直播过程中，由于是即时性的内容，用户可以发起弹幕发表自己的看法，与主播产生有效的互动，甚至还能动用民意的力量改变节目进程。这种实时互动的真实性和立体性，大幅提升了用户的参与感。

3. 维系情感

现在许多企业在直播营销时非常注重营造“粉丝”的归属感，将一批志趣相投、有共同爱好的人聚集在一起。“粉丝”之间、“粉丝”与主播之间的情绪相互感染，达成情感气氛上的高位时刻，增强了“粉丝”对于企业品牌的黏性。

4. 增加认同

在互联网时代，用户的目光总是聚焦在热点周围，喜欢集体性的吐槽，这就是从众心理的体现。在直播营销的过程中，利用从众心理让用户参与到品牌的整个建设过程之中，自然可以增加大众对此品牌后期的一种认同感。

## 二、直播营销的发展

直播营销的发展经历了三个时期：成长期、变现期、爆发期。

**（一）成长期**

这个时期主要是在 2015—2017 年。当时 4G 网络正处于高速发展的状态，依靠网络的工具型产品衍变行业爆发，逐渐形成内容产业百花齐放的局面。在成长期中，直播行业以娱乐为主，当时泛娱乐盛行，吸引大批用户，为以后的发展积累了粉丝。然而，由于发展初期监管不严、行业不规范，直播平台违法违规的现象很多，乱象横生。

**（二）变现期**

这个时期主要是在 2017—2019 年。经历过乱象横生的现象后，政府对直播平台开始作出相关规范，以此约束违法违规行为。在监管趋严的状态下，很多不合规的直播平台和企业相继倒闭，资本进入脚步放缓，企业融资遭遇困境。

至此，直播平台开始谋求变现。当时打赏和广告是主要的变现模式。然而好运不久，直播平台的竞争逐渐呈现白热化以及受到直播内容的同质化影响。上述两种变现模式不再适用于当时的情况，直播平台开始谋求新的发展——电商直播。经历了各种爆款，电商、短视频等头部开始布局电商直播，竞争加剧。

**（三）爆发期**

东北小伙一年卖出百万元山货特产

2018 年，短视频平台纷纷加入直播带货行列，MCN 等专业化服务商出现，电商直播行业开始专业化。2019 年，行业规模爆发式增长，大量的明星开始参与直播，政府电视台也加入了直播带货大军，李佳琦、罗永浩等主播成为家喻户晓的明星，电商直播成为全民热议话题。2020 年，行业进入规范期，电商直播成为风口，受到疫情的影响，直播用户突破 5 亿。“直播＋”被应用于教育、金融、医疗、办公、电竞等行业，其使用效果也得到各领域的一致好评。在疫情防控期间，电商直播带货备受人们的青睐，在 2020 年，直播营销激活了万亿市场。

## 三、直播营销的流程

直播营销过程分为直播前准备、直播中运营、直播后数据分析三个模块。

**（一）直播前准备**

1. 优异脚本设计

脚本的优异程度与本场直播的受欢迎程度是正相关的。在开播前准备好一份适合自己的、有结构的、有层次的脚本，使得观众收看也更加顺畅，从而获得更好的效果。

2. 恰当的布景

直播间的背景不要过于暗沉或花哨，尽量保证简单、干净、整洁、明亮，根据售卖商品的类目可以调整适合的直播背景，如美妆类可以选择纯色背景＋小桌子组合，用来放置化妆品；服装类则可以安置简易衣架，放置今日直播服装。

3. 适宜的妆容及穿着

主播的着装和妆容决定了直播是否有代入感，能否给观众带来感同身受的体验。选择适宜的着装和妆容会给本场直播带来一定的加分。

4. 精选直播商品

确定好直播的主题后应为本场直播精选商品，选择合适的商品切合直播主题，能够更好地提升售卖转化。对于选择的商品，必须详细了解商品背书及相关知识，保证专业度，为每一个待推荐的商品预设一个或若干个惊喜亮点，能够瞬间吸引用户。

5. 选择合适的标题和封面图

直播标题和封面图开播后会被用户看到，因此选择合适的标题与封面图有助于吸引用户看到直播入口，进入直播间。封面图可选择今日精选一件商品/高颜值主播与商品的合拍/商品广告图，标题则用一句话简明概括当场直播亮点。

**（二）直播中运营**

1. 直播前期

（1）测试直播设备

直播前应确认手机的麦克风、摄像头等设备处在正常的工作状态，提前设置好美颜与滤镜。准备两台手机：一台用于直播，与用户进行互动；另一台用于观看直播，确保从用户视角直播画面是符合预期的。

（2）通过分享进行宣传

流量对于直播的重要性不言而喻，主播应主动利用分享功能进行宣传，为自己的直播预热，鼓励粉丝进行分享，以便获得更多的粉丝。

2. 直播中期

（1）观众互动

直播中会收到来自观众的评论及诉求，积极地为观众解答问题，耐心地为用户讲解商品，有助于赢得观众的信任，利用想看功能也会为你的直播增加曝光的机会。

（2）制造话题

话题的选择非常灵活。选择合适的话题，与直播深入结合，有助于活跃直播间气氛，避免用户一直沉浸在商业的推销性广告中。

**（三）直播后数据分析**

查看成交总结及互动总结的数据可以客观地反映本场直播的效果，总结本场直播的优点和不足，为下场直播做好准备；查看商品成交详细占比，总结观众下单的原因，作为下场直播改进和着重突破点。

## 延伸知识

### 直播运营团队岗位及职责

1. 负责人：设计直播脚本、制定直播目标、选品、申请商品折扣等；负责直播宣传预热、直播数据监测与总结。运营负责人是负责整个团队的，所有的事情都需要懂得，也负责监控主播的状态和提醒主播，所以运营负责人是需要全能的。

2. 主播：主要介绍产品、活动、粉丝互动。

3. 副播：带动气氛、配合主播介绍产品、介绍促销活动、卖点提醒、引导关注。

4. 助理：了解销售额、订单数，提醒主播，画外音互动。

5. 场控：现场改价、直播间布置和氛围营造、特殊情况处理。

6. 运营：直播间“种草”，数据收集运营。

7. 拍摄剪辑：视频拍摄剪辑。

## 四、直播营销的注意事项

2021 年 4 月 23 日，国家互联网信息办公室、公安部、商务部等 7 部门联合颁布《网络直播营销管理办法（试行）》（以下简称《办法》），将从事直播营销活动的直播发布者细分为直播间运营者和直播营销人员，明确直播人员应年满 16 周岁，直播营销行为不得发布虚假或者引人误解的信息，不得欺骗、误导用户等 8 条行为红线。直播营销的禁止行为包含以下 11 条：

（1）不得发布危害信息，包括但不限于政治敏感、色情淫秽等；

（2）不得进行地域性攻击、诋毁或谩骂攻击他人；

（3）不得伪造任何官方活动信息；

（4）不得违规推广，包括但不限于售卖假冒、盗版商品等；

（5）不得售卖违禁商品；

（6）不得存在易导致交易风险的行为，包括但不限于引导用户进行线下交易、发布外站商品及信息；

（7）不得侵犯他人权益，包括但不限于泄露他人信息、不当使用他人权利、骚扰他人；

（8）不得宣传第三方平台信息，禁止为第三方平台导流；

（9）主播昵称、简介、标题等不得导流站外（如涉及站外平台名称或涉及个人联系方式等），否则会被限制直播；

（10）直播间不得录播，一旦发现会给予警告；

（11）直播间不得长时间无人，系统将会强制下播处理。

## 延伸知识

**偷逃税 6.43 亿元，被追缴并处罚款共 13.41 亿元**

近日，浙江省杭州市税务局稽查局查明，网络某大咖主播在 2019—2020 年间通过隐匿个人收入、虚构业务转换收入性质虚假申报等方式偷逃税款 6.43 亿元，其他少缴税款 0.6 亿元，依法对黄薇做出税务行政处理处罚决定，追缴税款、加收滞纳金并处罚款共计 13.41 亿元。

国家税务总局坚决支持杭州市税务部门依法严肃处理偷逃税案件，同时要求各级税务机关对各种偷逃税行为，坚持依法严查严处，坚决维护国家税法权威，促进社会公平正义；要求认真落实好各项税费优惠政策，持续优化税费服务，促进新经济新业态在发展中规范、在规范中发展。

资料来源：人民网，2021-12-20。

## 任务训练

### 一、实操题

请选择一种家乡特产，设计一段300字的直播话术。

### 二、自测题

**(一)单选题**

1. 下列不属于直播特征的是(　　)。

A. 真实性　　B. 实时性　　C. 互动性　　D. 严肃性

2. 常见的直播带货模式不包括(　　)。

A. 店铺直播模式　　B. 直播分享商品　　C. 砍价模式　　D. 用户打赏模式

3. 在设计直播封面图时，需要注意的问题不包括(　　)。

A. 展现固定信息　　B. 干净、整洁　　C. 使用拼图　　D. 展示直播间特色

**(二)判断题**

1. 带有营销性质的直播应追求“在线观看人数”，而不是“目标用户在线观看人数”。(　　)

2. 直播过程中，即使没有名人参与直播也可以使用名人的照片作为封面图。(　　)

**(三)多选题**

1. 关于直播电商模式与传统电商模式的比较，下列说法正确的有(　　)。

A. 传统电商模式的消费路径是用户—商品，直播电商模式的消费路径是用户—主播—商品

B. 传统电商模式的社交属性弱，直播电商模式的社交属性强

C. 传统电商模式的用户消费方式为用户主动搜索商品，直播电商模式的用户消费方式为主播向用户推荐商品

D. 传统电商模式的消费体验反馈主要是客服连接，情感联系密切；直播电商模式的消费体验反馈主要是主播连接，与用户互动，情感联系密切

2. 下列主播的直播话术中，正确的有(　　)。

A.“大家好，这里是××的直播间，欢迎大家的到来!”

B.“谢谢大家的礼物!”

C.“时间不早了，我要下播了，谢谢大家的陪伴，明天同一时间再见!”

D.“觉得我的直播不错的，记得点一下关注。”

**(四)问答题**

1. 简述直播营销的定义。

2. 简述直播营销的优势。

# 参考文献

[1]周志民.品牌管理(第2版)[M].天津:南开大学出版社,2015.
[2]戴维·阿克.管理品牌资产[M].北京:机械工业出版社,2012.
[3]朱立,皮永生.符号学视野下的包装色彩设计[J].艺术教育,2018(18):86—88.
[4]陈祎.绿色环保理念下的包装设计研究[J].造纸装备及材料,2021,50(5):43—45.
[5]郭国庆,陈凯.市场营销学(第6版)[M].北京:中国人民大学出版社,2019.
[6]岳俊芳,吕一林.市场营销学(第5版)[M].北京:中国人民大学出版社,2019.

本教材是安徽省级精品课程、安徽省教学示范课、安徽省现代职业教育体系建设改革重点任务“一流核心课程”配套教材，配套线上教学资源运行于智慧树网(https://www.zhihuishu.com/)，学生也可以通过扫码学习。